Du hast das Zeug zum Zeichnen!

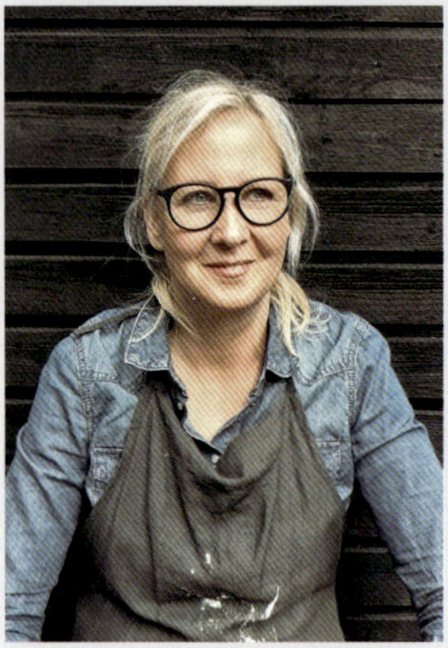

Katja Blume zeichnet, seitdem sie einen Stift halten kann. Nach dem Studium der Innenarchitektur betreute die Diplom-Ingenieurin jahrelang die Planung von Bauprojekten. Dabei verlor sie nie die Leidenschaft fürs kreative Zeichnen, arbeitete mit der Zeit verstärkt als selbstständige Künstlerin und stellte ihre Werke aus. Zudem illustriert sie Bücher und gibt Lehrerfortbildungen an Schulen für den Fachbereich Kunst. Neben Auftragsarbeiten leitet sie Kurse mit künstlerisch-kreativem Schwerpunkt in ihrem eigenen Atelier in Großburgwedel bei Hannover.

Mit der Gründung des Labels »smune« entstand eine Plattform für ihre kreativen Arbeiten, die geprägt sind von fantasievollen Illustrationen und Handletterings. Diesem Thema hat sie bereits ein Buch gewidmet: »Letter Love«, das 2021 im dpunkt.verlag erschienen ist. Ihre Liebe zum Zeichnen und Skizzieren möchte sie nun mit diesem Buch gern weitergeben.
Instagram: *smunedesign*

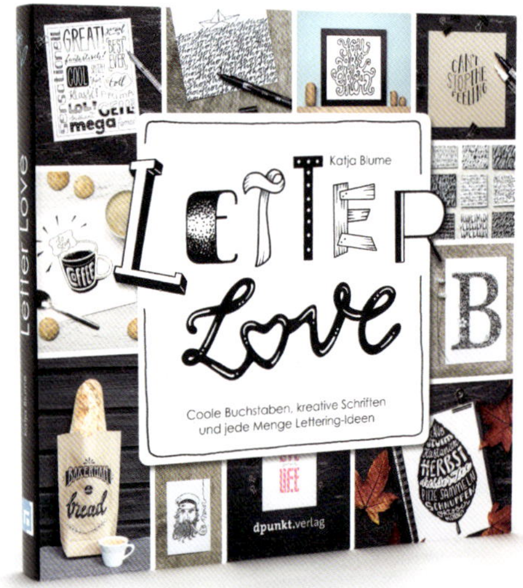

Letter Love

Coole Buchstaben, kreative Schriften
und jede Menge Lettering-Ideen

256 Seiten, komplett in Farbe
Broschur, € 22,90 (D)
ISBN: 978-3-86490-849-1
Auch als E-Book und Bundle erhältlich

Katja Blume

Du hast das Zeug zum Zeichnen!

Sofort loslegen mit kreativen Motiven und jeder Menge Zeichenideen

dpunkt.verlag

Katja Blume
design@smune.de
smune.de

Lektorat: Barbara Lauer
Copy-Editing: Anja Weimer
Layout und Satz: Veronika Schnabel
Fotos und Abbildungen: Katja Blume
Herstellung: Stefanie Weidner, Frank Heidt
Umschlaggestaltung: Katja Blume, Veronika Schnabel
Druck und Bindung: Schleunungdruck GmbH, Marktheidenfeld

Bibliografische Information der Deutschen Nationalbibliothek
Die Deutsche Nationalbibliothek verzeichnet diese Publikation in der Deutschen Nationalbibliografie; detaillierte bibliografische Daten sind im Internet über *http://dnb.d-nb.de* abrufbar.

ISBN:
Print 978-3-86490-908-5
PDF 978-3-96910-929-8
ePub 978-3-96910-930-4
mobi 978-3-96910-931-1

1. Auflage 2022

Wieblinger Weg 17
69123 Heidelberg

Hinweis:
Der Umwelt zuliebe verzichten wir auf die Einschweißfolie.

Schreiben Sie uns:
Falls Sie Anregungen, Wünsche und Kommentare haben, lassen Sie es uns wissen: *hallo@dpunkt.de*.

5 4 3 2 1

Hello liebe Kreative,

dieses Buch richtet sich an alle, die gern kritzeln, skizzieren, illustrieren und doodeln – also zeichnen. Es richtet sich auch an jene, die glauben, nicht zeichnen zu können. Hier geht es nicht vorrangig darum, Dinge perfekt und realistisch darzustellen, sondern möglichst kreativ und einfach, dekorative Motive zu Papier zu bringen. Und das auf ganz unterschiedliche Art und Weise: grafisch, geometrisch, verspielt, schwarz-weiß, in Farbe, mit Fantasie, mit geschlossenen Augen, auf Reisen … Egal, ob du gerade viel Zeit und Muße hast oder es eher schnell gehen soll, hier findest du eine passende Idee zum Zeichnen.

Lass dich inspirieren von vielen originellen Varianten zu unterschiedlichen Zeichenthemen wie Doodles, Line Drawing, Alltags- und Reiseskizzen, Muster, Florales, erfinderische Sammlungen, fantasievolle Füllungen, Strukturen aus Linien, optische Illusionen, Urban Style und einigen mehr. Dazu bekommst du technische Hilfen und nützliche Tipps. Außerdem findest du in diesem Buch viele praktische Step-by-Step-Anleitungen sowie verschiedene Anwendungsmöglichkeiten für deine Zeichnungen. Ich zeige dir, wie du farbenfrohe Hintergründe kreierst und wie unterschiedlich deine Zeichnungen wirken können. Gestalte persönliche Karten oder verwandle beispielsweise Packpapier in schmuckvolles Geschenkpapier und überrasche damit deine Liebsten. Oder bereite dir selbst eine Freude, indem du deine Werke rahmst und dein Zuhause verschönerst. Du bekommst tolle Anregungen für eine Menge Zeichenideen.

Ich möchte dich zum kreativen Zeichnen motivieren – also spitz deinen Bleistift und halte dich bereit!

Katja Blume

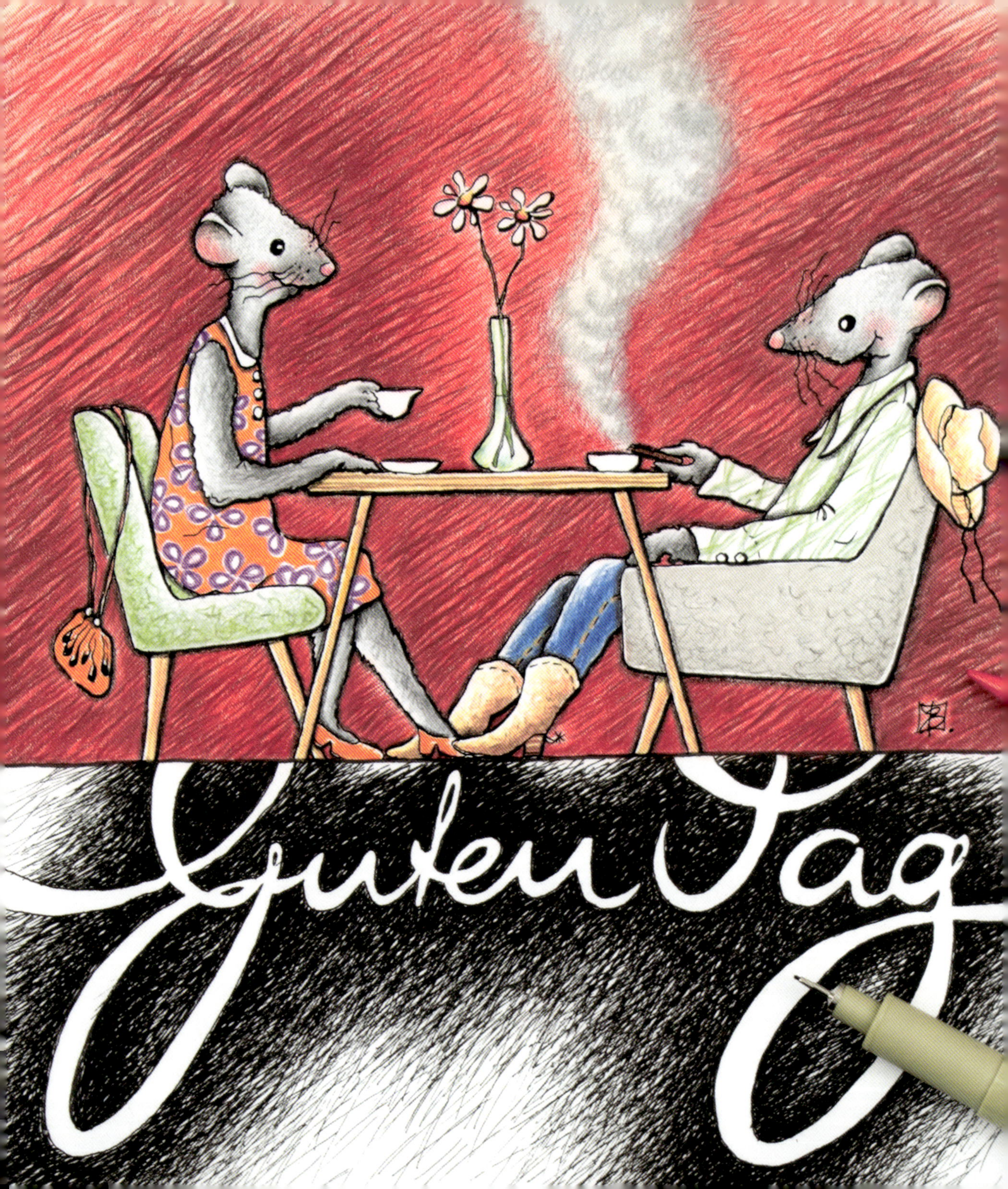
Guten Tag

INHALT

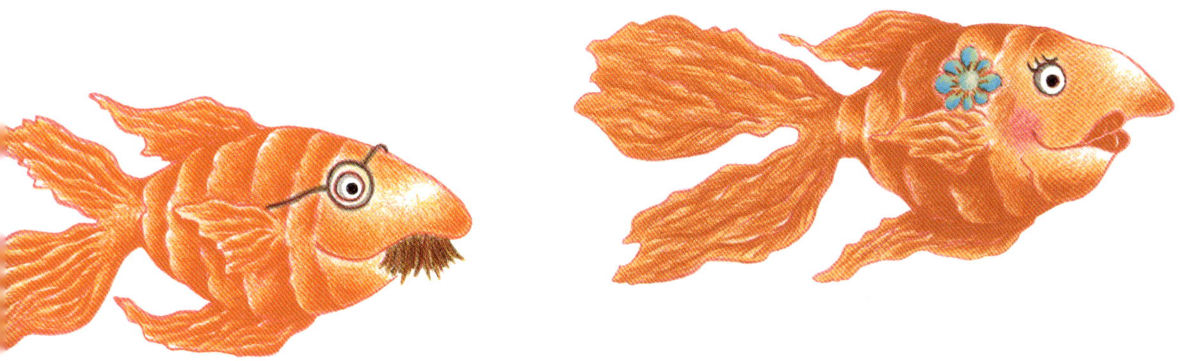

ICH
ZEICHNE
MIR'N
~~WOLF~~
DACKEL.

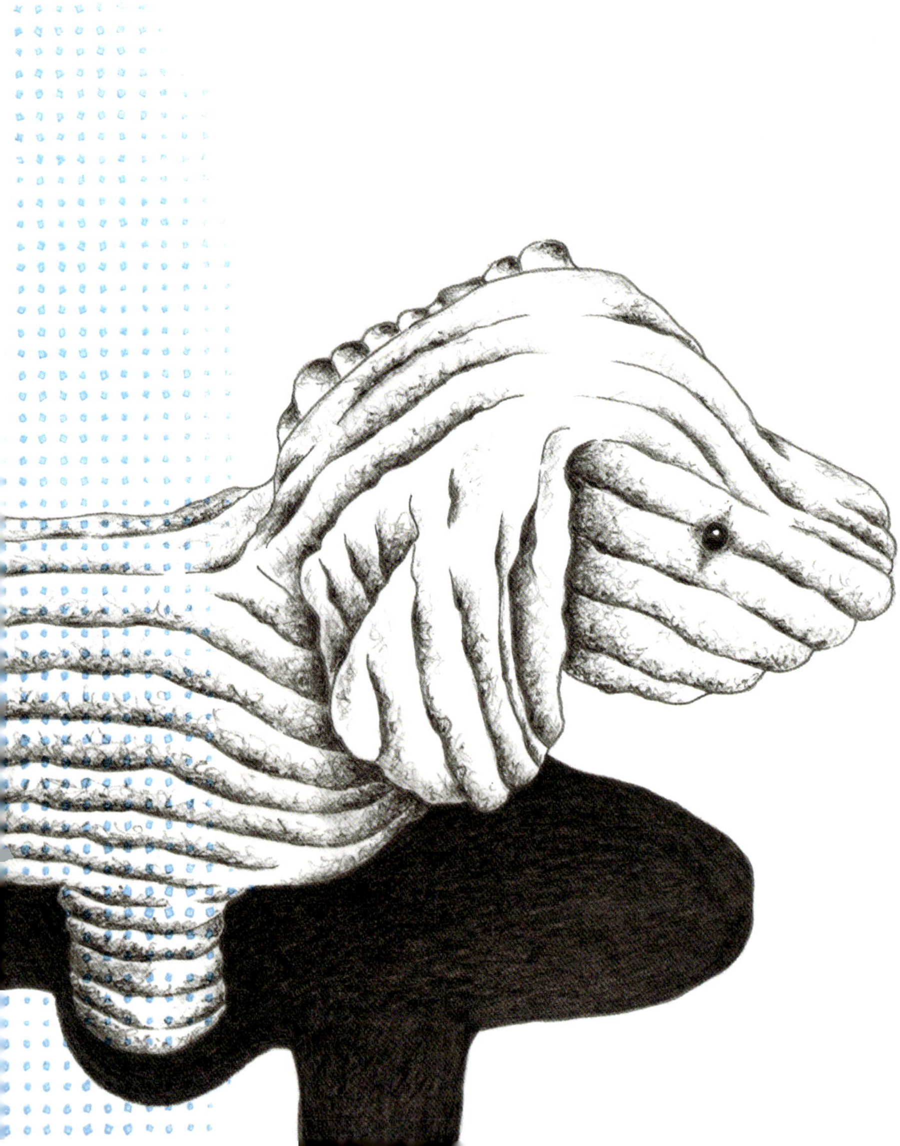

Einleitung

»Ich melde mich erstmal nur zum Painting-Kurs an. Eigentlich würde ich viel lieber zeichnen, aber da traue ich mich noch nicht heran. Für den Anfang ist das Malen bestimmt einfacher. Zeichnen kann ich nicht.« Das sind die Worte einer Kursteilnehmerin in einem meiner Zeichenkurse. Ja, Zeichenkurs! Ich habe sie davon überzeugen können, ihrem Herzenswunsch zu folgen.

In meinen Kursen sitzen immer wieder »Angsthasen«. Viele befürchten zu versagen oder sich vor anderen zu blamieren. Zögerlich wird der erste Strich gezogen, voller Ehrfurcht vor dem weißen Blatt Papier. Vorsichtige Blicke wandern nach links und rechts zu vermeintlich Talentierteren, um zu prüfen, ob man vor Scham gleich wieder alles wegradieren sollte. Schön ist, dass sich diese falschen Erwartungen nach kurzer Zeit in Wohlgefallen auflösen. Bei allen! Immer! Ich beobachte mit großer Freude die Verwandlung. Unsicher betreten die Kursteilnehmenden das Atelier und verlassen es deutlich erleichtert und entspannt wieder. Am allermeisten freut mich zu sehen, wie stolz sie auf sich selbst sind. Stolz auf die ungeahnten Fähigkeiten und die tollen Resultate. Nach einer Weile lässt sich eine fortschreitende Weiterentwicklung erkennen. Einmal war eine Oberstufenschülerin sehr empört darüber, dass ihr die Lehrerin aus dem Leistungskurs Kunst nicht glaubte, eine Zeichnung selbst angefertigt zu haben.

Aber nicht nur der Stolz auf die eigenen Kunstwerke, sondern auch der Spaß am Zeichnen motiviert viele, dieses Hobby fortzusetzen. Besonders viel Freude bereiten kreative Themen, für die kein konzentrationsintensives oder zeitaufwendiges Training nötig ist wie es beispielsweise das Zeichnen von Porträts, Aktmotiven oder fotorealistischen Stillleben verlangt.

Schon als Kind habe ich leidenschaftlich gern fantasievolle Motive gezeichnet, Muster entworfen, Tagebucheinträge mit passenden Abbildungen dekoriert und meine Zeichnungen mit schönen Schriften verziert – also »gedoodelt«, »illustriert« und »geletter«. In der Schule und im Studium musste ich mein Können beweisen. Nachdem ich als Innenarchitektin überwiegend technische Pläne erstellt hatte, packte mich erneut die Lust am kreativen Zeichnen. Inzwischen zeichne ich nur noch, was mir gefällt. Auch gern mal schief, krumm, ungenau und in verzogener Perspektive oder mit zugekniffenen Augen, mit voller Absicht. Wie das dann aussieht, zeige ich später im Buch.

Packt euch auch die Lust?

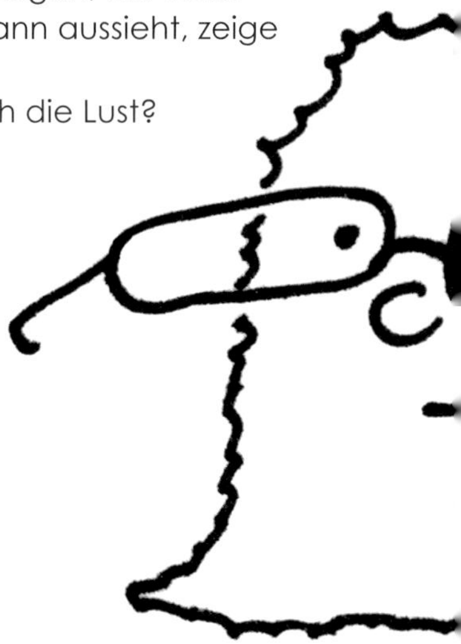

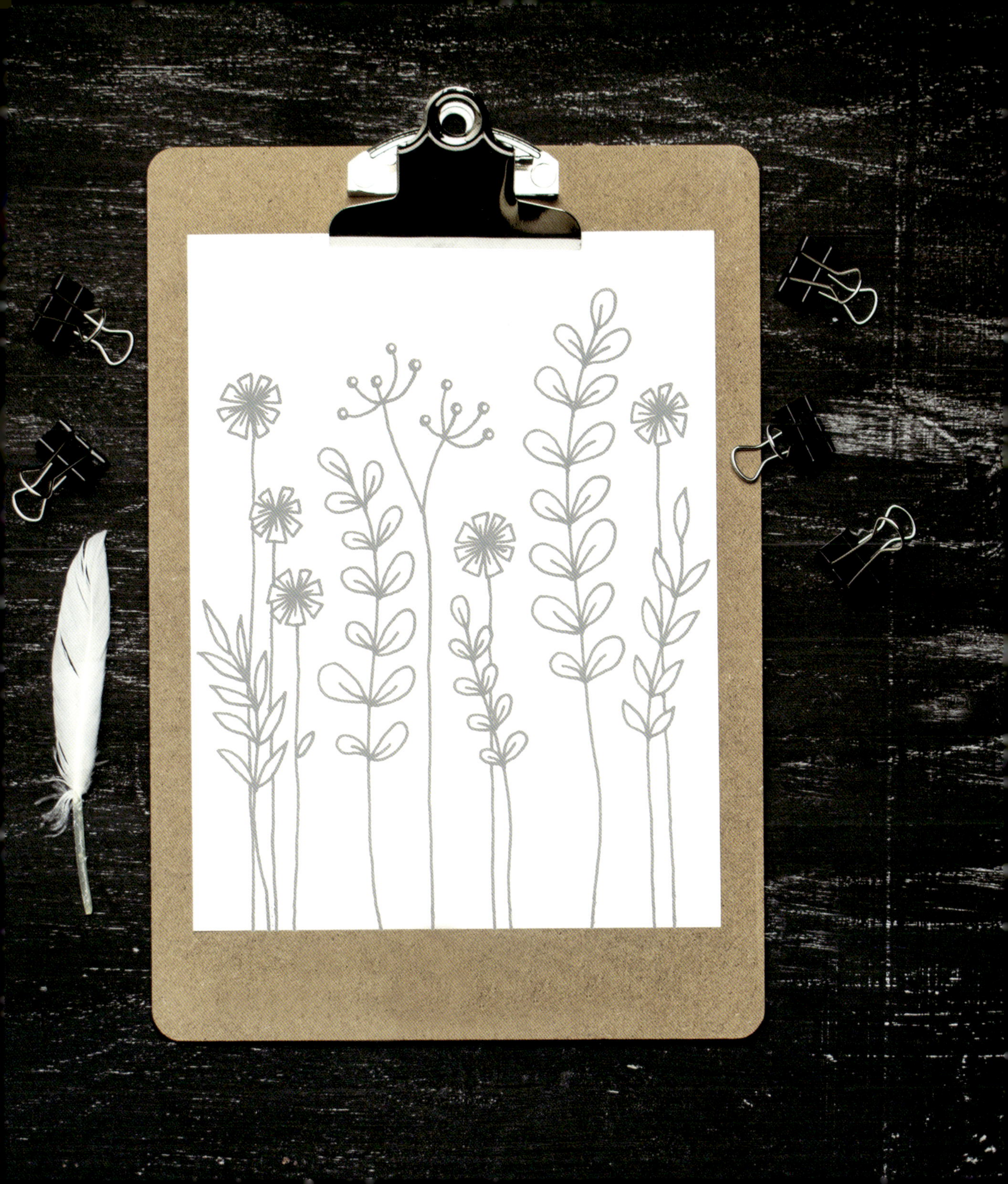

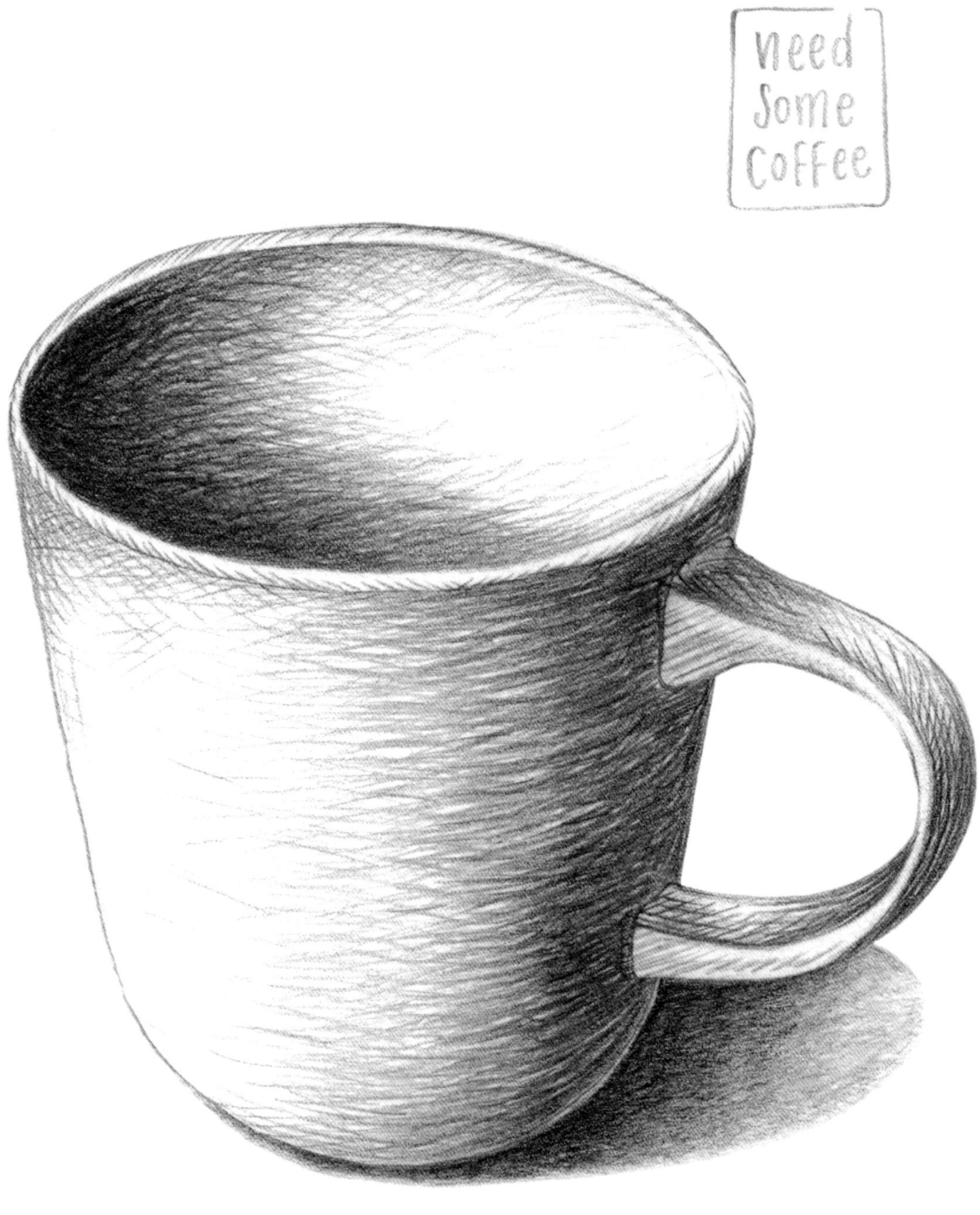
Need Some Coffee

1 Bevor es richtig losgeht

Zeichnen macht glücklich!

Seit ich einen Stift halten kann, zeichne ich. Als kleines Kind diente es sicherlich meiner Entwicklung und um Gefühle auszudrücken. Später zeichnete ich Dinge, um sie bildlich festzuhalten, weil ich sie schön fand. Im Grunde wie ein Erinnerungsfoto. Kürzlich fiel mir – beim Aussortieren alter Sachen – diese Zeichnung aus Kindheitstagen in die Hände. Da so gut wie keine meiner »Gemälde« von früher mehr existieren, war ich über diesen Fund sehr glücklich.

Ich erinnere mich daran, dass ich als Kind meine Werke gern verschenkt habe. Gefiel jemandem ein Bild, so bekam er es.

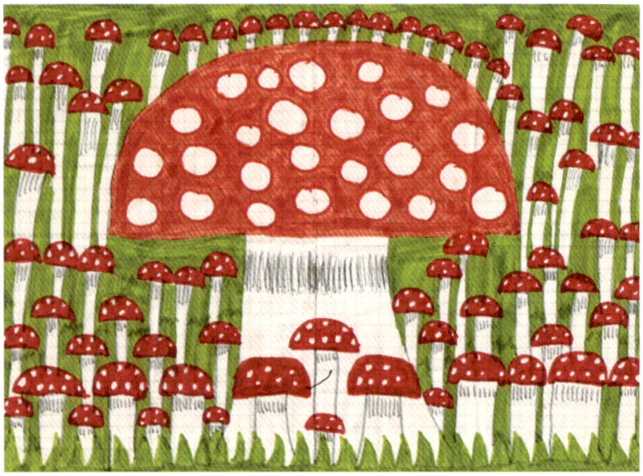

So viele Fliegenpilze bringen bestimmt besonders viel Glück!

Es machte mich glücklich, anderen mit einer Zeichnung eine Freude zu bereiten. Aber nicht immer gelang das. Als Fünfjährige verschönerte ich den kahlen, weißen Treppenaufgang des Mehrfamilienhauses, in dem ich mit meiner Mutter wohnte. Besonders dicke Stifte, die ich einmal geschenkt bekommen hatte, waren hervorragend für Wandflächen geeignet. Viel besser als für Papier im DIN-A4-Format. Ich war stolz und voller Vorfreude auf die begeisterten Reaktionen. Doch das mit Spannung erwartete »Endlich hat jemand das Treppenhaus schön gestaltet!« oder »Wer hat denn die Wände so schön bemalt?« blieb aus.

Nach dieser langen Zeit habe ich wieder eine Zeichnung auf eine kahle, weiße Wand gebracht. Eine Wand in der Toilette meines Ateliers. Und wieder habe ich ganz dicke Stifte benutzt. Deshalb verwende ich auch hier den Begriff »Zeichnen«. Sicherlich ist in diesem Fall der Übergang von zeichnen zu malen fließend, aber ich habe Acrylmarker mit einer Spitze verwendet und keine flächigen Pinsel. Gefällt es dir?

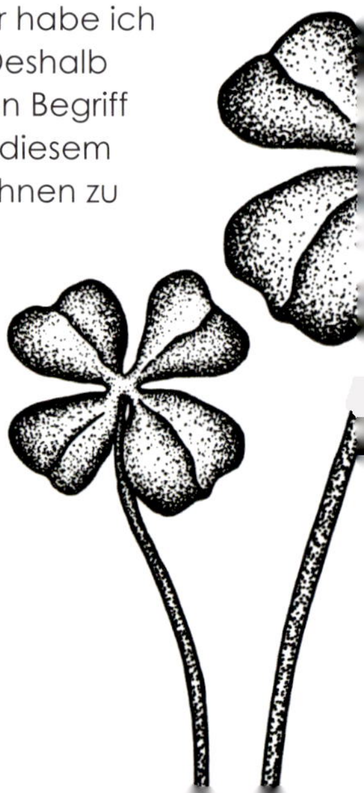

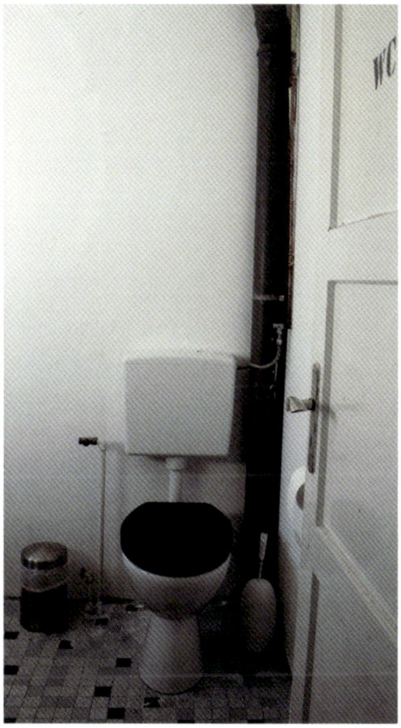

1

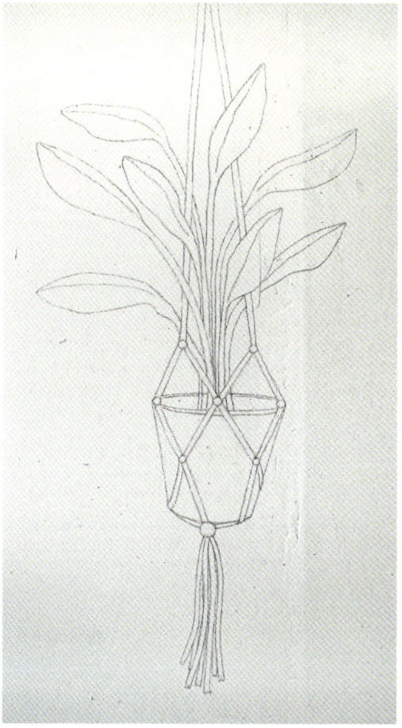

2

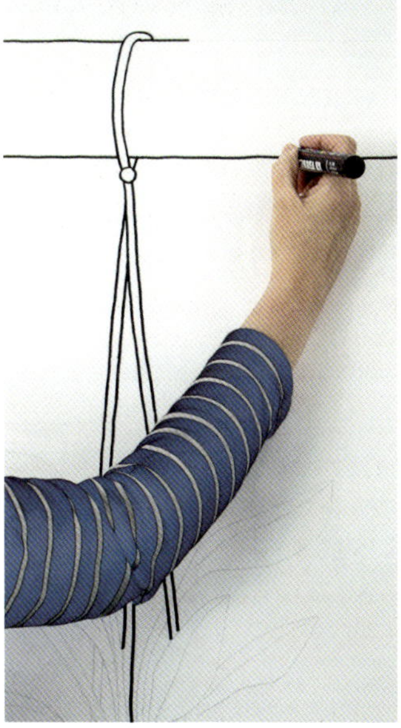

3

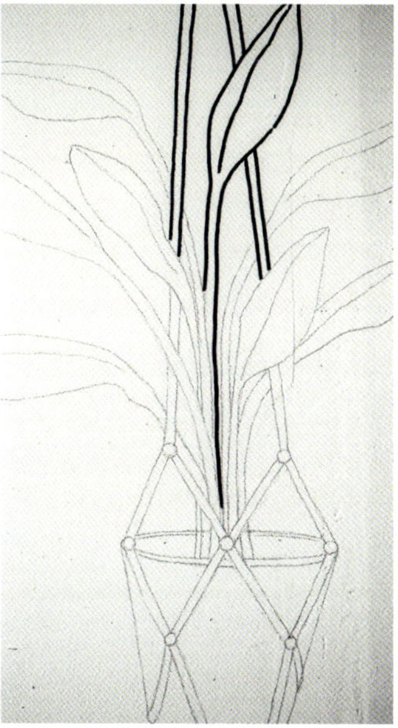

4

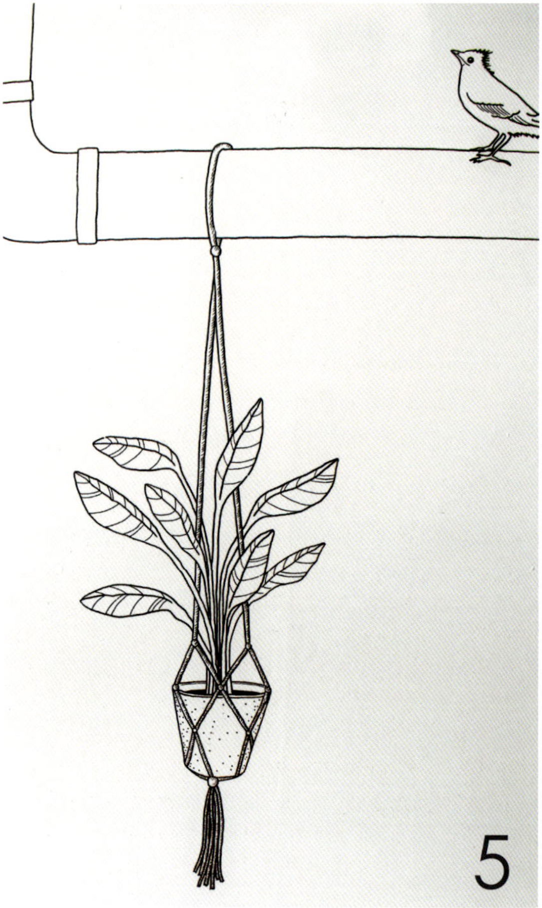

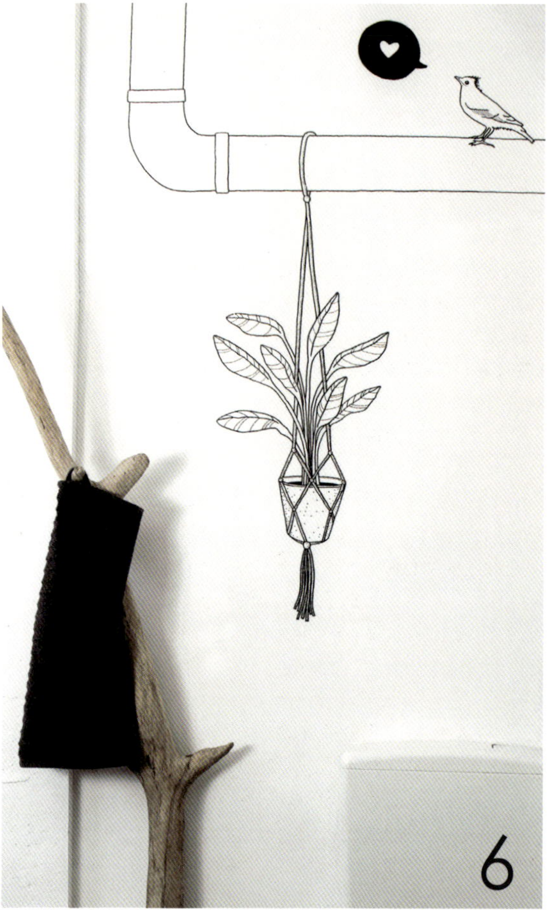

Natürlich ist es schön, eine dekorative Wand zu erhalten, und ebenso, liebe Menschen mit einer selbst gezeichneten Geburtstagskarte zu beglücken. Aber das Beste daran ist, dass das Zeichnen selbst – also der Prozess – Entspannung und innere Ruhe bringt.

Beim konzentrierten Zeichnen bleibt die Zeit stehen. Alltagsstress wird abgeschaltet. Zeichnen entschleunigt und setzt Endorphine frei. Es ist wie Schuhe kaufen, nur ohne Schuhe. Zeichnen macht glücklich!

Kreativität, Inspiration und Fantasie

»Du bist so kreativ. Wo bekommst du bloß immer deine tollen Ideen her?« Das wurde ich schon oft gefragt. Es ist gar nicht so leicht, darauf zu antworten. Das leidenschaftliche Interesse am Zeichnen motiviert mich dazu, kreativ zu sein. Aber das allein reicht nicht. Es braucht auch Inspiration, um die Kreativität in Gang zu setzen. »In Gang setzen« hört sich etwas träge an, eine »Lawine lostreten« trifft es eher. So wie es Marie von Ebner-Eschenbach schon 1911 sehr treffend formulierte: »Ein Gedanke kann nicht erwachen, ohne andere zu wecken.« Inspiration finde ich im Alltag. Das können Gefühle sein, liebliche Klänge genauso wie störende Geräusche, Frühnebel, lange Schatten in der Abendsonne, geriebener Käse … Inspiration mit Fantasie ergänzt ergibt eine gute Idee. Diese kann beispielsweise in Form einer Musikkomposition, eines Ölgemäldes, einer lyrischen Dichtung, einer Zeichnung kreativ umgesetzt werden.

Mir wurde schon immer eine blühende Fantasie nachgesagt. Sicherlich kennst du es auch, in Dingen irgendetwas zu sehen. Wir haben doch alle als Kind im Gras gelegen und in den Himmel geblickt. In den vorbeiziehenden Wolken waren ständig wechselnde Figuren zu erkennen. Für mich war es damals verblüffend, dass jemand anderes einen Fisch in einer Wolke sah, wohingegen es doch eindeutig ein Elefant war. Einfach fantastisch!

Vor einigen Jahren war ich mit meiner Familie in Schweden zelten. Eines Morgens entdeckte ich in den Knicken und Falten des Zeltstoffs die Umrisslinien zweier Vögel. Sie sahen aus wie mit Origami gefaltet oder

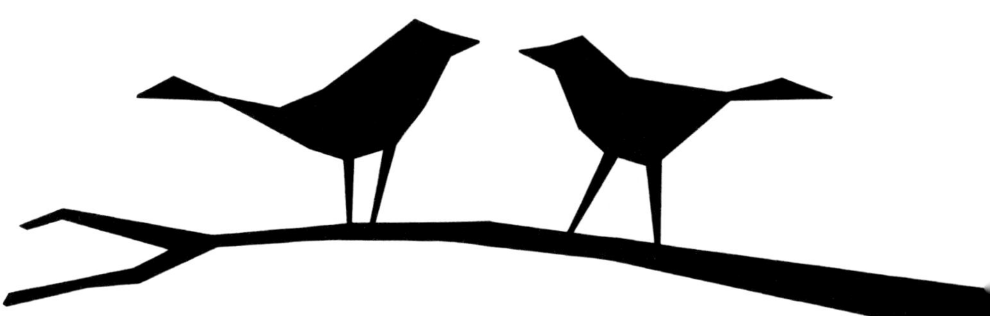

aus Tangram-Täfelchen gelegt. Für gewöhnlich gilt für mich im Urlaub »Der frühe Vogel kann mich mal«, aber ausnahmsweise skizzierte ich noch im Liegen ihre Gestalt in meine Kladde. Nach dieser Vorlage habe ich Stempel angefertigt, so gut gefielen mir meine geometrischen Freunde, die du auf der vorigen Seite siehst

Wenn ich heute in meinem Lieblingssessel sitze und zeichne, bin ich umgeben von einem lachenden Schwein, einem erschrockenen Pavian und einem traurigen Wolf. Sie sind immer da, ich werde sie nicht los. Ich sehe sie in der Holzmaserung des Parkettfußbodens. Seltsamerweise scheinen sie nur für mich sichtbar zu sein. Ob mir meine Fantasie einen Streich spielt?

Viele Erwachsene glauben, dass sie die Fantasie und die Kreativität mit ihrer Kindheit verloren haben. Wir haben tatsächlich etwas verloren, nämlich unsere Spontaneität und unseren Mut, zu zeichnen. Oft verhindert unser Kopf schon von vornherein eine schöne Idee und vertreibt die Lust am Zeichnen – unüberwindbar scheint die Befürchtung, zu versagen und sich zu blamieren.

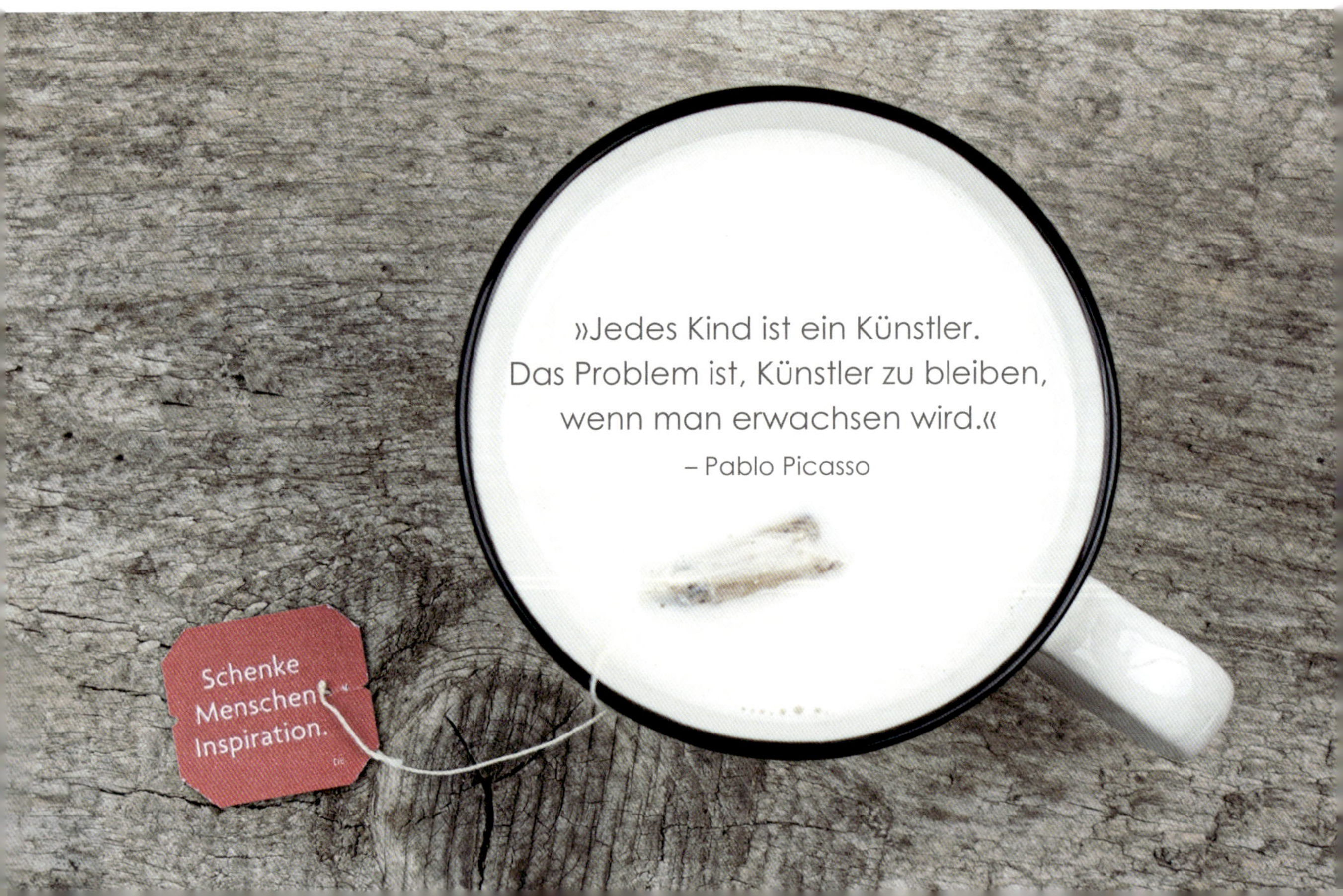

MENSCHEN MIT

Phantasie

LANGWEILEN SICH NIE.

JAKOB BOSSHART

Was soll ich bloß zeichnen?

Wer kennt es nicht, mit dem gespitzten Bleistift in der Hand auf ein weißes Blatt Papier starren, bereit zum Zeichnen. Aber was denn bloß?

Kinder zeichnen einfach drauf los. Sie sind frei von Zwängen wie »Welches Motiv wähle ich?«, »Stimmen die Proportionen?«, »Passt meine Blattaufteilung?«, »Harmonieren die Farben miteinander?«, »Sieht meine Darstellung realistisch aus?«, »Kann jemand anderes besser zeichnen als ich?«. Von solchen Zweifeln löst man sich am besten, indem man einfach loslegt. Spontan, egal wann und wo. Einfach loskritzeln. Kritzeln, ohne nachzudenken. Wenn ich morgens, noch nicht ganz wach, bei einer Tasse Kaffee die Tageszeitung lese, dann greife ich schon zum Kugelschreiber. Ich liebe diese angenehme Haptik von Kugelschreibermine auf Zeitungspapier. Dabei spielt das, was ich zeichne, überhaupt keine Rolle. Es können einfache Linien sein oder alberne Veränderungen von Personen auf den Bildern. Setze den abgebildeten Leuten doch mal Hörner auf, eine Sonnenbrille oder einen Strohhut.

Das Schöne am Kritzeln auf der (bereits gelesenen) Zeitung ist die geringe Erwartungshaltung in diesem Moment. Du bist frei von »Das muss jetzt gut werden«, denn die Zeitung gehört ja sowieso schon zum Altpapier. Genauso verhält es sich, wenn du auf Einkaufszetteln zeichnest oder alten Rechnungen, die herumliegen.

Ebenfalls unverbindlich und frei lässt sich in den Sand zeichnen, beispielsweise bei einem langen Strandspaziergang im Urlaub. Die temporäre Kunst ist nur bis zur nächsten Welle zu bestaunen. Auch kreative Spuren im Schnee halten meistens nicht lang.

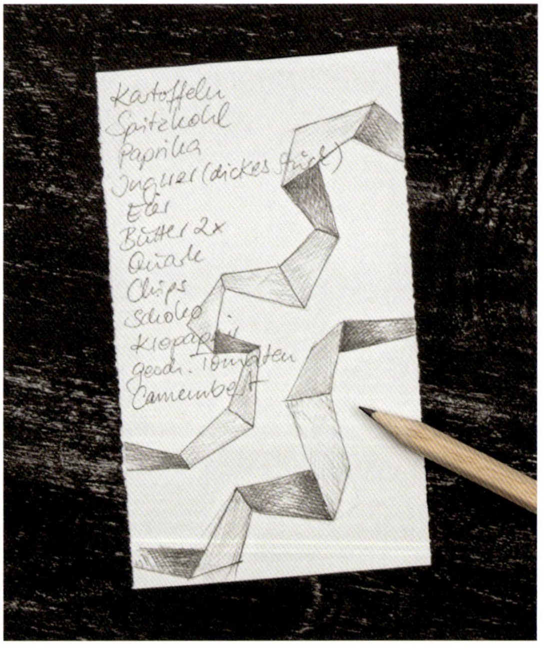

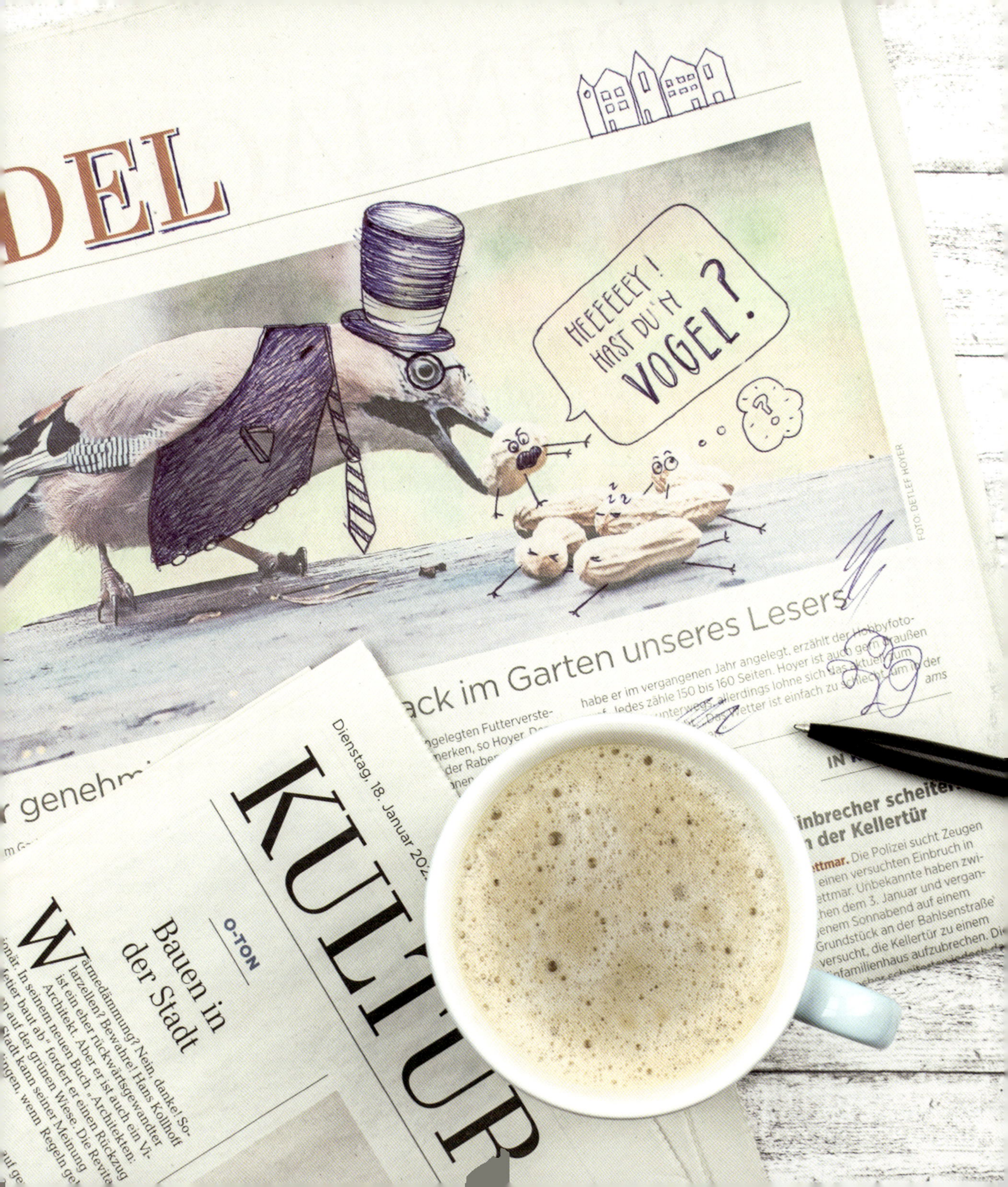
DEL
HEEEEEY! HAST DU'N VOGEL?
FOTO: DETLEF HOYER
ack im Garten unseres Lesers
KULTUR
Dienstag, 18. Januar
O-TON
Bauen in der Stadt
der Kellertür

Immer wieder bewundere ich die Menschen, die Street Art machen, wenn sie stundenlang Kreidegemälde auf den Asphalt bringen, mit der Gewissheit, dass der nächste Regenschauer die Werke wieder verschwinden lässt. Auch wenn diese Bilder vergänglich sind, bringen sie dennoch Freude und bleiben in unserer Erinnerung.

Nun aber nochmal zurück zum »Sofort-Loslegen« auf Papier. Verschwende erstmal keine Gedanken an ein mögliches Motiv, sondern zeichne das, was du vor der Nase hast. Zum Beispiel Gegenstände, die sich auf dem Tisch befinden. Skizziere die Dinge, ohne dabei die korrekte Perspektive oder eine fotorealistische Darstellung zu verfolgen. Wie du siehst, ist nach kurzer Zeit schon eine Zeichnung fertig.

Um meine Kursteilnehmenden auf kreative Gedanken zu bringen, habe ich zu einer Art-Challenge aufgerufen. Zu jeder Stunde habe ich ein neues Thema vorgegeben. Alle Techniken waren erlaubt und ausdrücklich erwünscht. Am Ende hatten wir Schraffurzeichnungen mit Tinte, Bleistiftskizzen, Stillleben mit Buntstiften, Fineliner Doodles und vieles mehr. Alles zum gleichen Thema, trotzdem sahen die Bilder absolut unterschiedlich aus. Das macht nicht nur viel Spaß, es fördert auch die Kreativität.

Ich zeige dir eine Reihe von Themen, die mich zum Zeichnen motivieren. Bestimmt ist auch etwas für dich dabei!

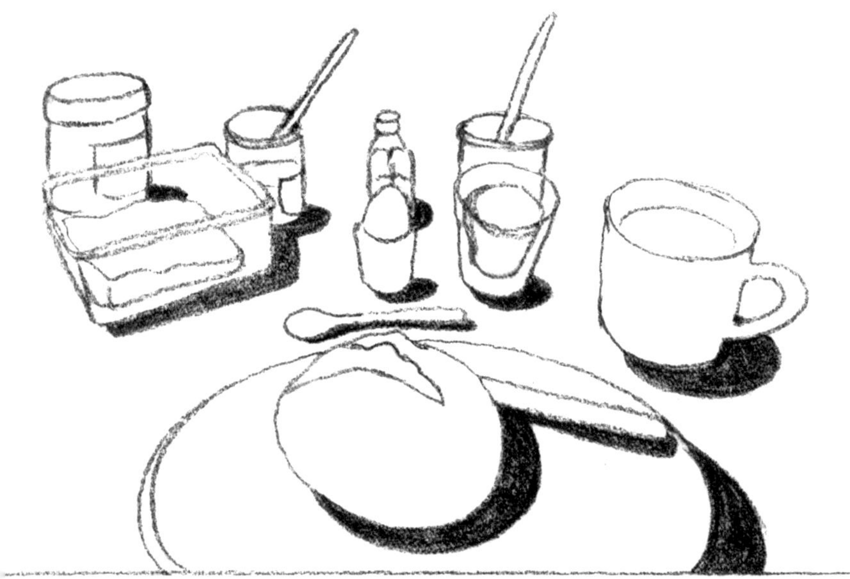

TIPP!

Ein gesetztes Thema oder ein Motto ist eine gute Starthilfe im kreativen Bereich. Nach anfänglichem Brainstorming und einigen Entwurfsskizzen entwickelt sich eine gute Idee. Baue dir ein Gerüst aus Themen, die dich inspirieren. Daran kannst du dich entlanghangeln – und der leere Blick aufs weiße Blatt gehört der Vergangenheit an.

Essen

Was gibt's denn heute? Zeichne doch mal dein Lieblingsgericht, skizziere dein Frühstück oder setze einzelne Zutaten in Szene.

Auf mein Brötchen kommt heute Quittengelee – selbstgemacht von einer Freundin. Lecker! Danke Ulrike!

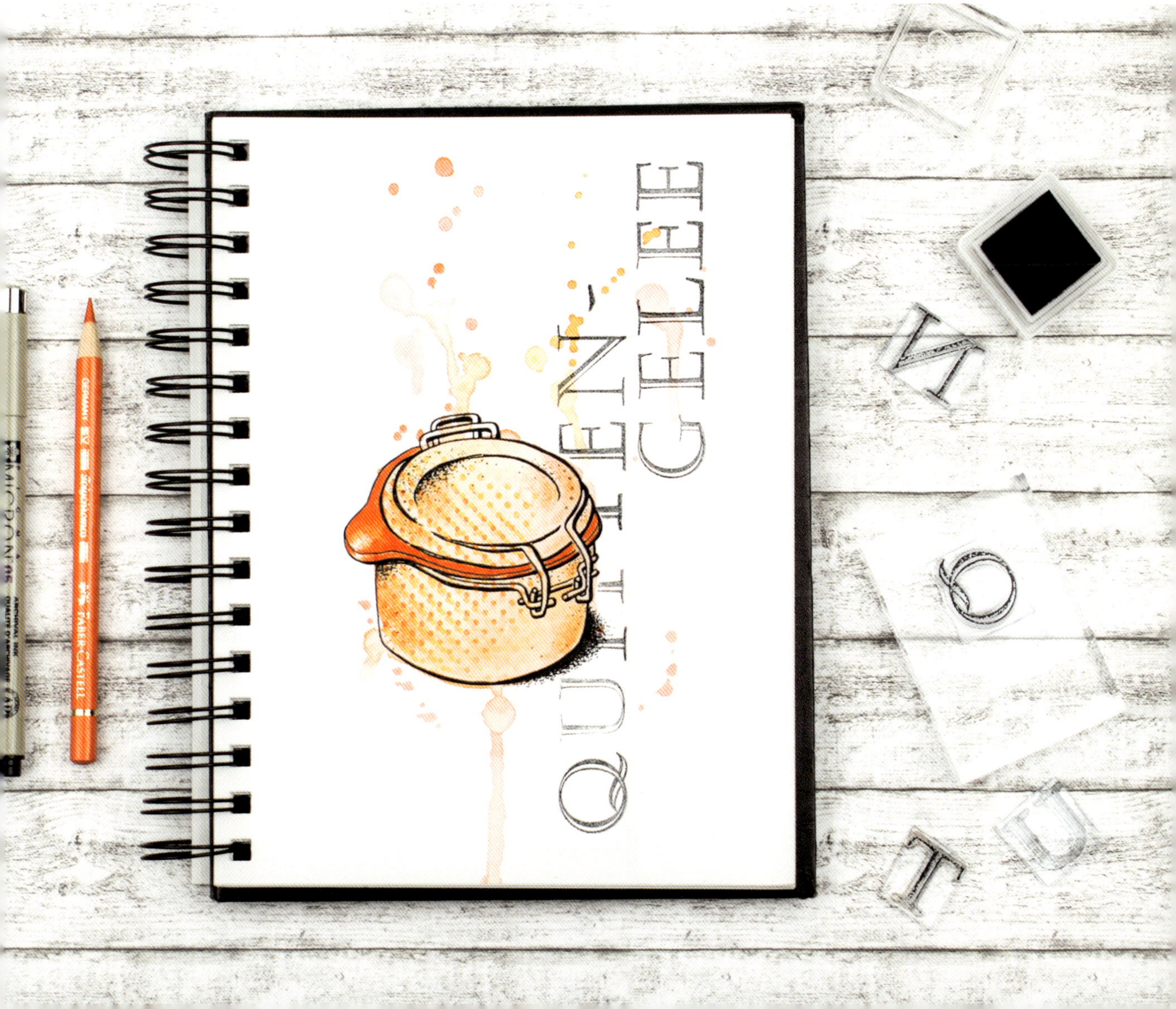

Musik

Zum Bedauern meiner Familie begleite ich mich gern summend und singend auf der Ukulele. Gerade spiele ich »These boots are made for walking« von Nancy Sinatra. These boots are made for drawing …

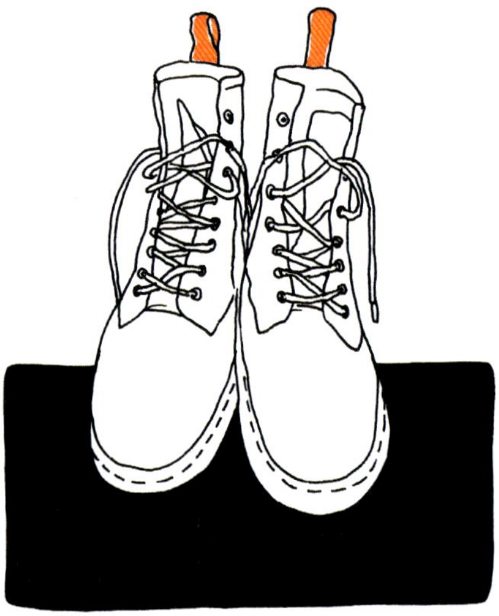

Natur

Die Natur bringt die allerschönsten Kunstwerke hervor. Ich bin immer wieder fasziniert von den Maserungen auf Muscheln und Schneckenhäusern.

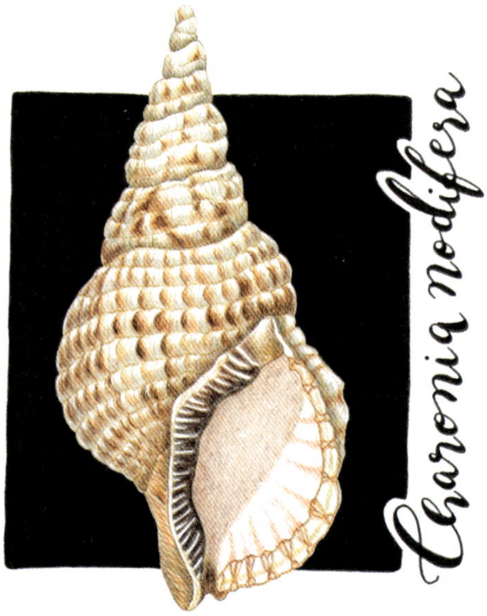

TIPP!

Packe einige Stifte und ein Skizzenbuch in deine Reisetasche. Damit bist du gut gerüstet, wenn dich unterwegs die Zeichenlust überkommt. Mein Survival-Urlaubs-Set besteht aus einem Bleistift, einem Radiergummi, einem Anspitzer, zwei Finelinern, drei Farbstiften und einem kleinen Skizzenbuch. Okay, das ist ausreichend für den Wochenendtrip, für den Sommerurlaub brauche ich etwas mehr Equipment. Nimm am besten dein aktuelles Lieblingsmaterial mit.

Urlaub

Im Urlaub klingeln weder Wecker noch Telefon. Völlig entspannt kann man schöne Momente, eine Sehenswürdigkeit oder eine Aktivität bildlich festhalten. Es gibt unendlich viele Möglichkeiten. Diese Skizze entstand während eines Urlaubs an der Ostsee. Nachdem ich vom Baden aus dem Meer kam, bemerkte ich einen blinden Passagier. Beim Schwimmen hatte sich eine Qualle in meinen Badeanzug geschlichen. Weitere Urlaubsskizzen siehst du unter »Travel-Sketch« auf den Seiten 167 bis 173.

Hobbys

Egal ob du gern häkelst, Tennis spielst oder auf der Flöte musizierst, gestalte eine Liebeserklärung an eine Freizeitbeschäftigung, die du mit Leidenschaft betreibst. Bevor ich meiner Ukulele einen neuen Look verpasse, probiere ich es zunächst auf Papier aus.

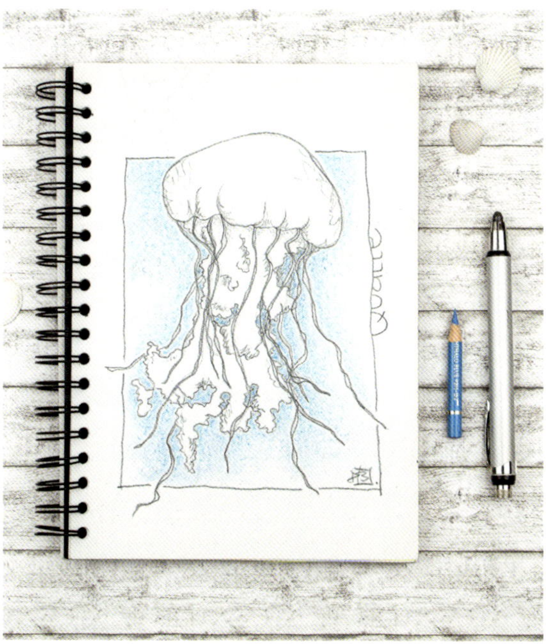

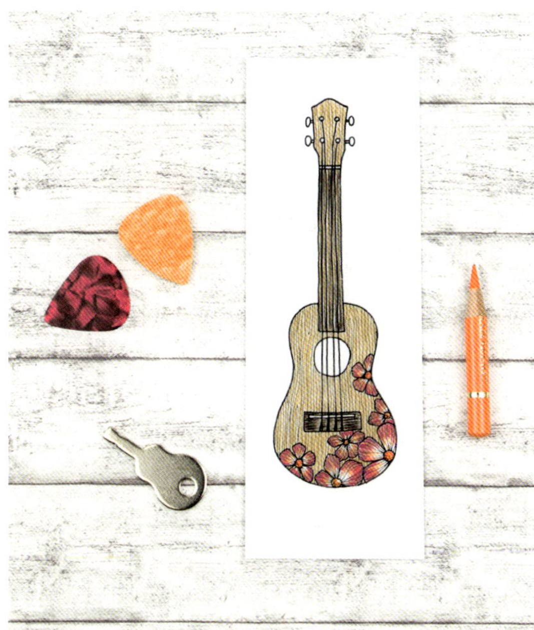

Anlässe

Anlässe zum Zeichnen gibt es immer. Besondere Anlässe sind zum Beispiel Geburtstage. Eine selbstgezeichnete Glückwunschkarte ist immer sehr persönlich.

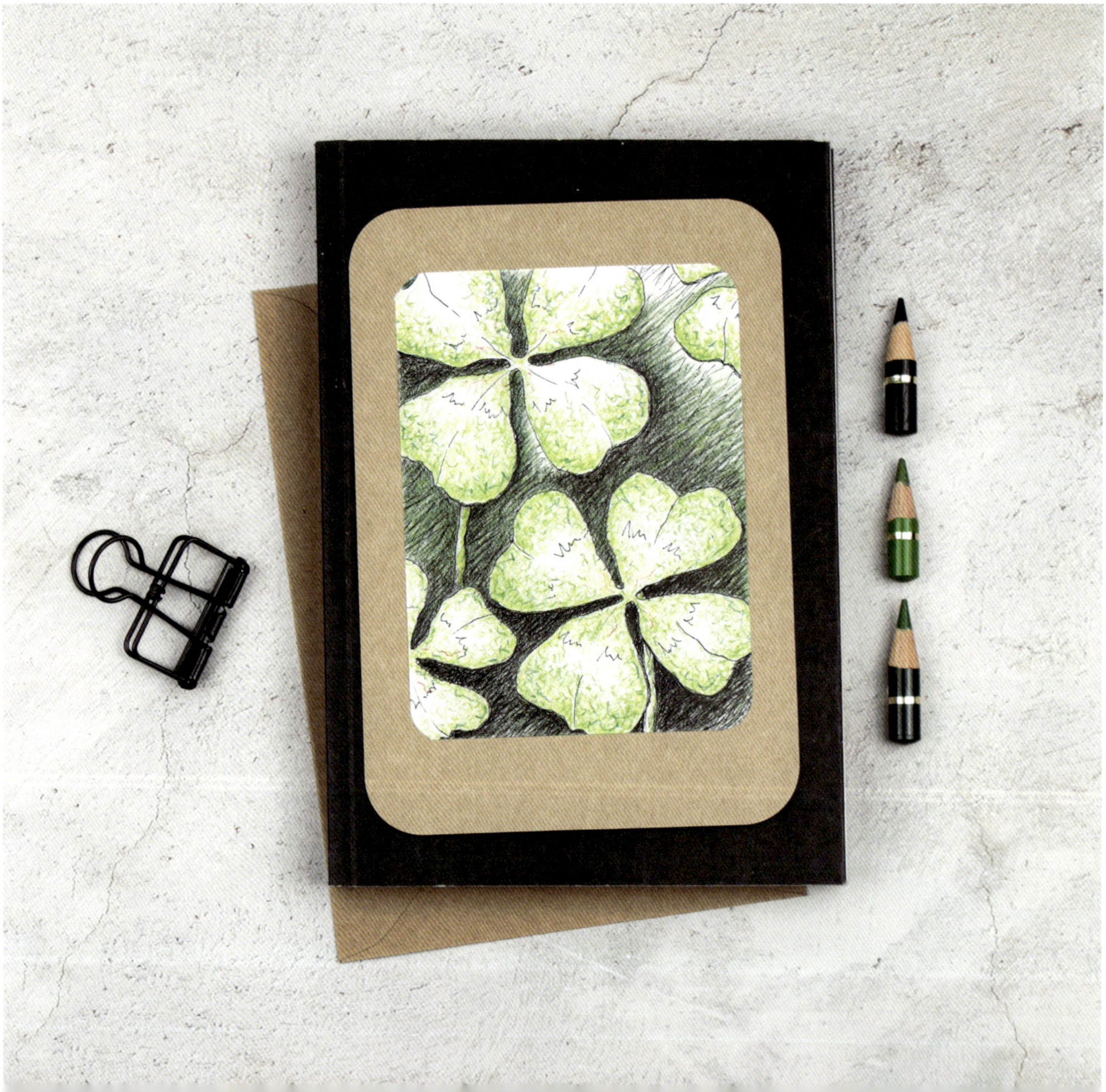

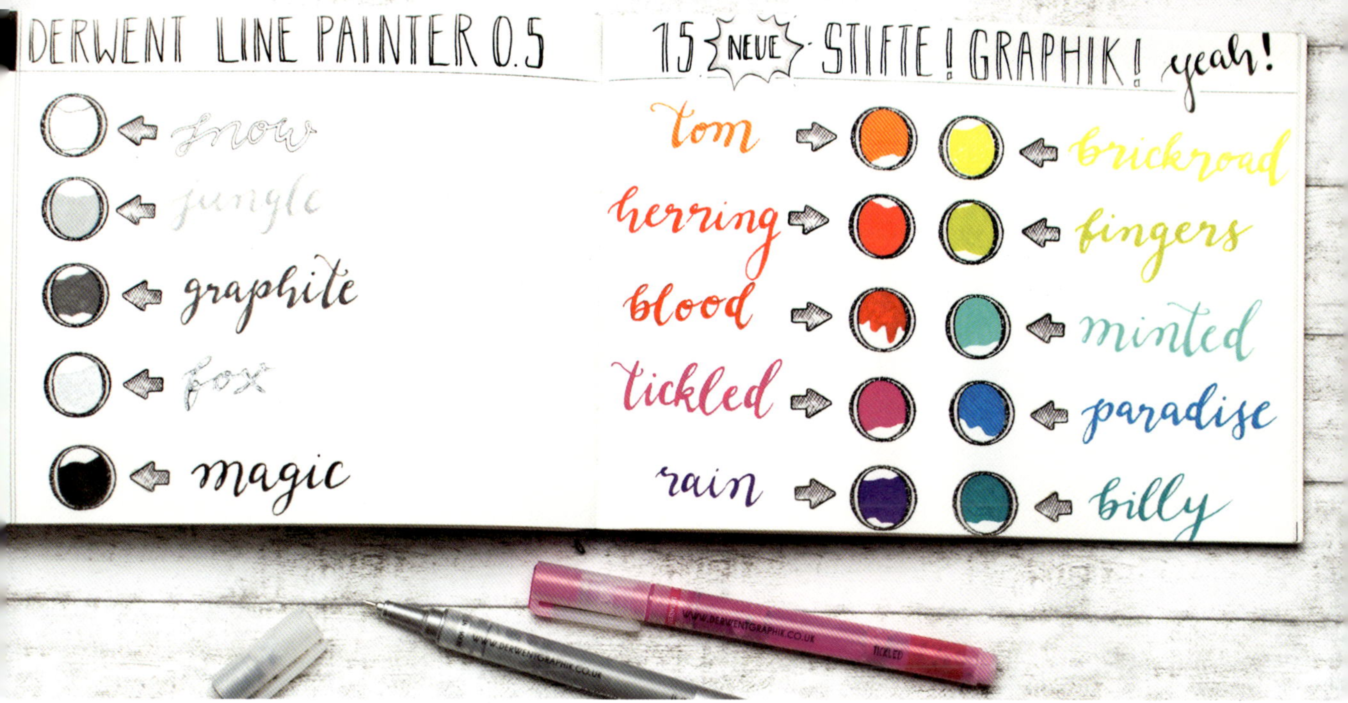

Farben

Farben geben mir Kraft, besonders beim Malen und Zeichnen. Sie wirken auf unsere Psyche und unseren Körper. Weil sie unsere Gefühle beeinflussen, können wir sie gezielt einsetzen, um bestimmte Stimmungen zu erzeugen. Ich probiere erstmal meine neuen Stifte aus und schaue mir die Farben an.

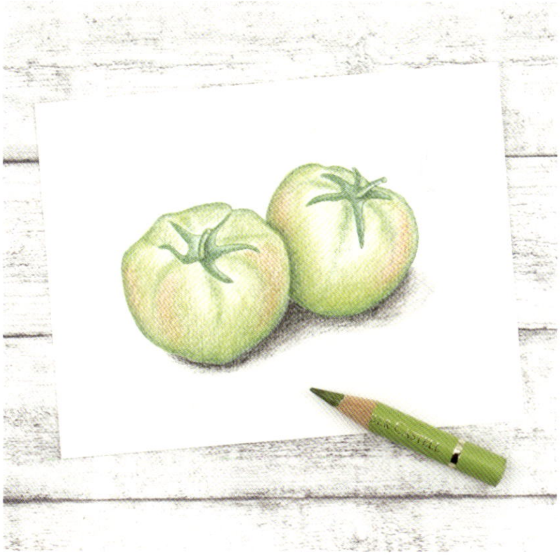

Movies

Gehst du auch gern ins Kino? Welche Filme magst du? Zeich(ne) mal! Errätst du, welchen Film ich gut finde?

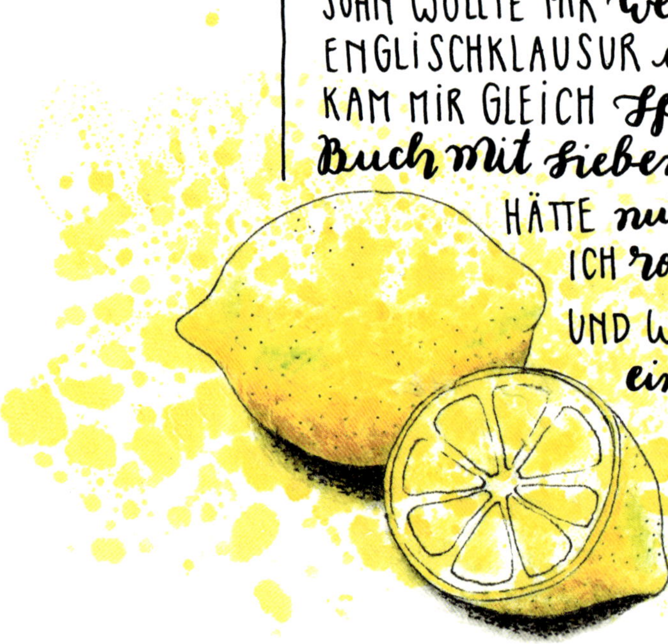

Heute bin ich aus allen Wolken gefallen. Mein Sohn wollte mir weismachen, er habe die Englischklausur in den Sand gesetzt. Das kam mir gleich spanisch vor. Es wäre ein Buch mit sieben Siegeln gewesen, er hätte nur Bahnhof verstanden. Ich roch den Braten sofort und wusste, dass mir mein Sohn einen Bären aufgebunden hatte. Zwar bin ich leicht auf's Glatteis zu führen, aber mich so auf die Schippe zu nehmen, das geht auf keine Kuhhaut. In Englisch schüttelte er eine 1 aus dem Ärmel. Nun wolle er blaumachen und sich auf seinen Lorbeeren ausruhen. Ich sagte ihm durch die Blume, dass er da mit Zitronen gehandelt habe.

Sprüche und Redewendungen

Täglich nutzen wir Redewendungen und Phrasen, geflügelte Worte, lustige Sprüche, kluge Weisheiten und bekannte Zitate.

Getränke

Egal, ob du die kalte Limo zeichnerisch festhältst oder den heiß geliebten Kaffee. Oder was trinkst du gerade?

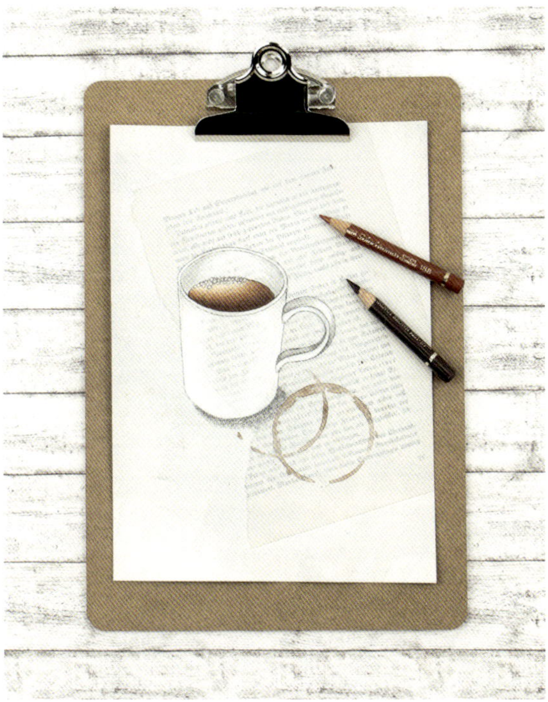

Wünsche

Hast du einen Herzenswunsch? Ob ganz allgemein oder nur für dich, halte ihn auf jeden Fall fest. Am besten mit dem Stift auf Papier.

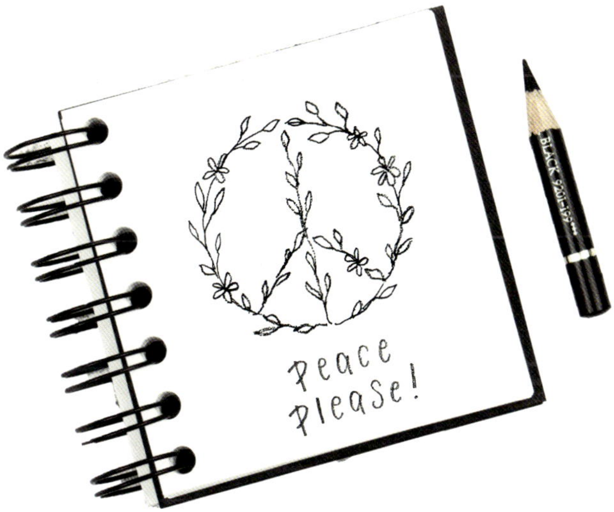

Jahreszeiten

Frühling, Sommer, Herbst und Winter lassen sich vielfältig kreativ interpretieren. Lass deiner Fantasie freien Laut!

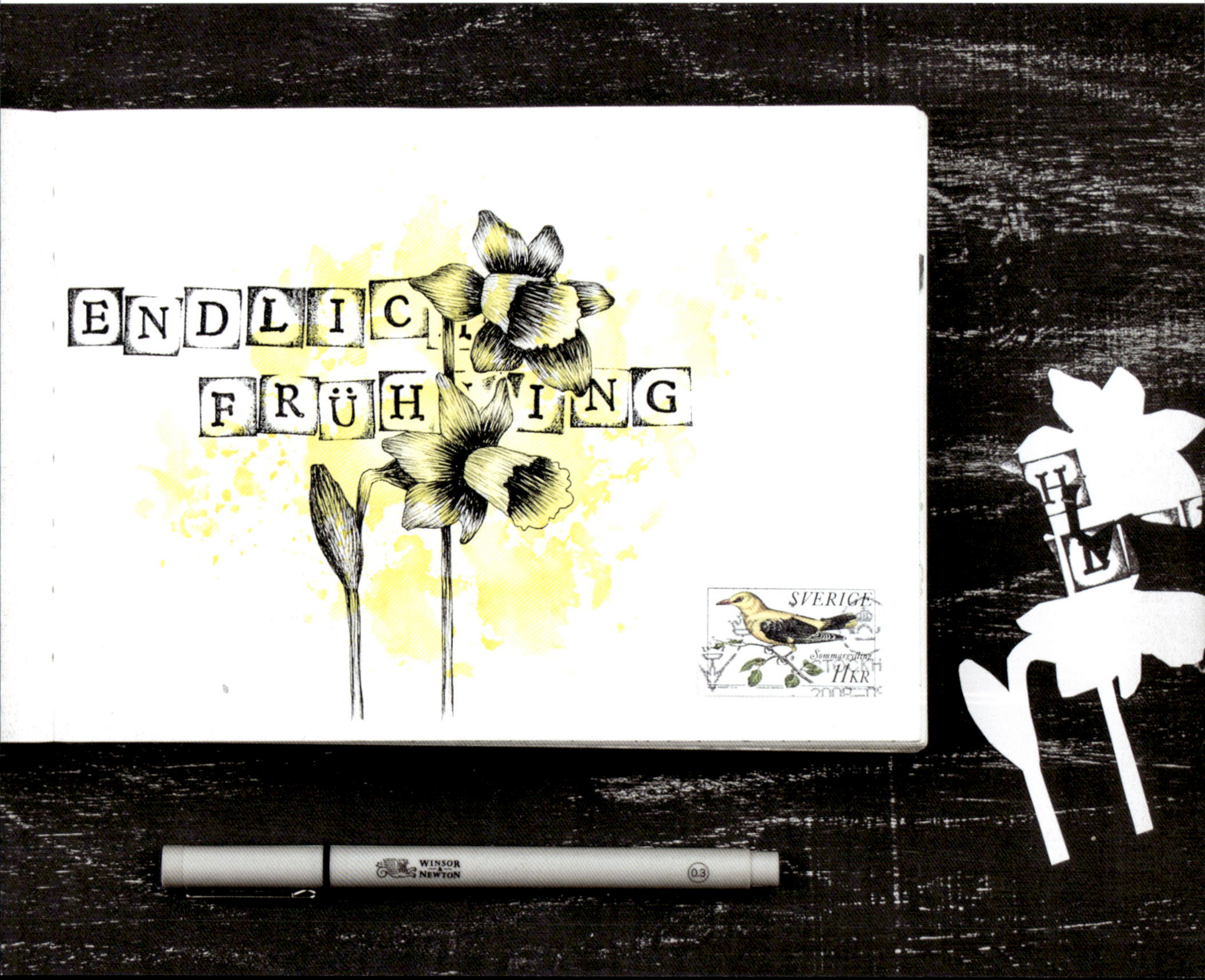

Feiertage

Besonders zu Weihnachten und zu Ostern lassen sich viele schöne Motive finden. Zeichne doch einfach mal deinen Baumschmuck.

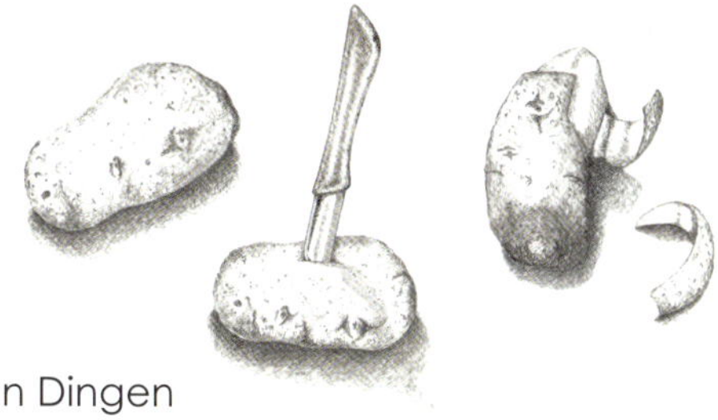

Alltag

Von alltäglichen Dingen lasse ich mich immer wieder inspirieren. Heute steht tatsächlich nichts Besonderes an. Ich schäle erstmal die Kartoffeln für das Mittagessen …

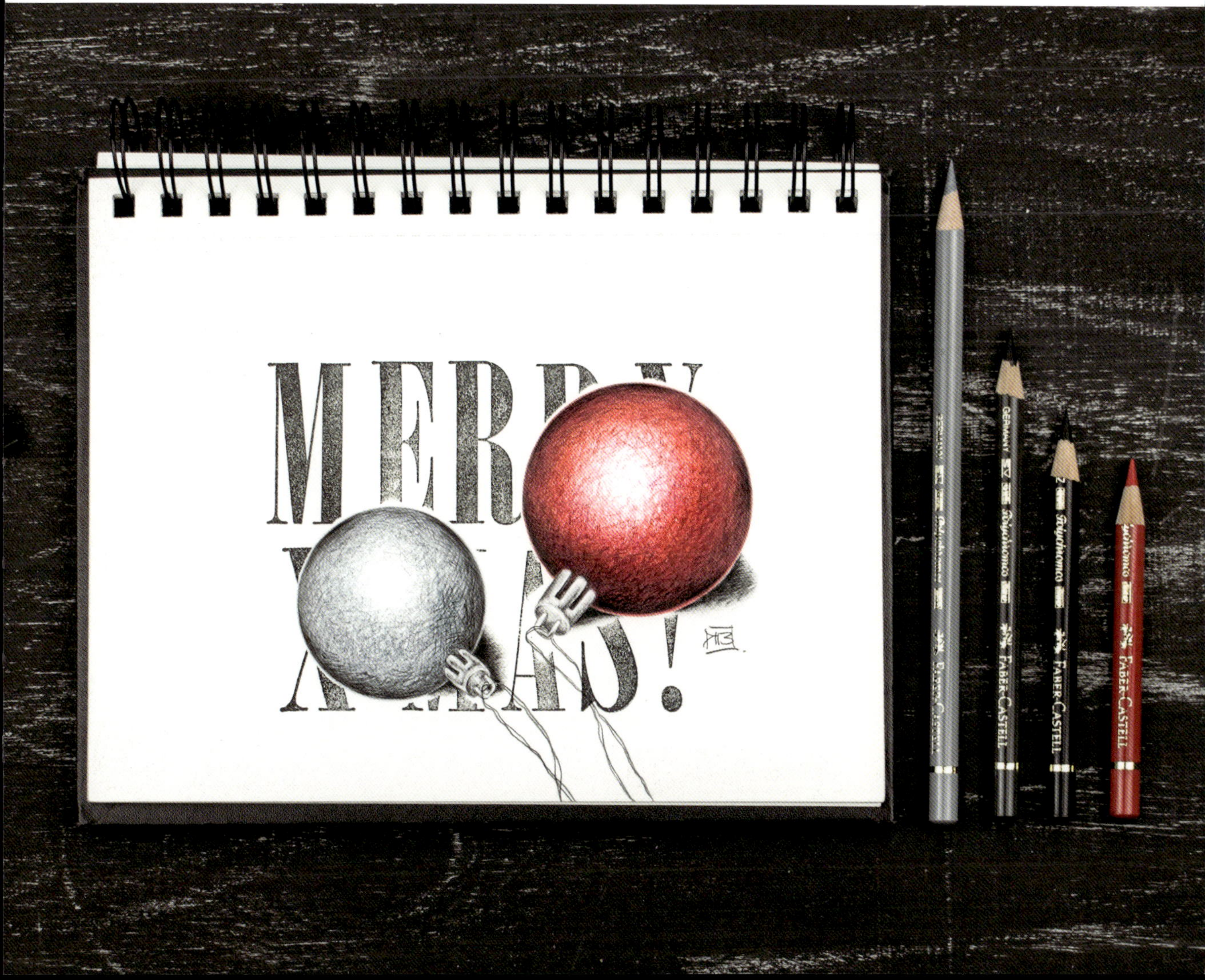

Ich sehe was, was du nicht siehst

Hast du schon einmal auf deinen Malgrund gekleckert oder ist versehentlich Farbe darauf gespritzt? Oder hat deine Tasse einen Kaffeerand auf dem schönen Zeichenpapier hinterlassen? Bloß nicht wegwerfen! Sieh dir den Fleck erstmal genauer an. Kannst du noch etwas daraus machen? Erkennst du etwas in ihm? Oder erinnert er dich an irgendwas? Könnte er etwas darstellen? Einige meiner Bilder sind »Malheur-made«. Einmal ist Tinte aus meinem Füller gelaufen, es entstand ein grimmiger Mann mit Schnauzbart. Ein anderes Mal bekam eine Apfelblüte dicke Farbläufer durch eine Unaufmerksamkeit beim Siebdruck. Dieser Blütendruck hängt in meinem Atelier und wird regelmäßig bestaunt, als wäre es das bedeutendste Kunstwerk aller Zeiten. Die kreativsten Ideen entstehen unvorhergesehen, nicht geplant und meistens dann, wenn man sie am wenigsten erwartet. Diesen »Pannen-Prozess« kannst du auch absichtlich hervorrufen, das funktioniert ebenso gut. Folgende Übungen sollen dich in einen »Kreativmodus« bringen, bevor es richtig losgeht.

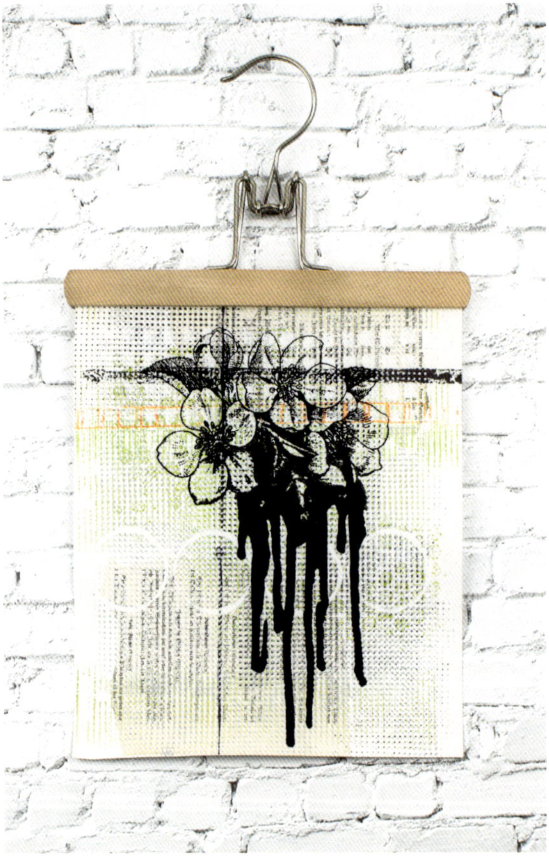

Kreativübung mit Spritzern

Tauche einen Pinsel in Farbe und schlage ihn über deinem Papier aus. Fertige auf diese Weise einige Spritzbilder an. Jeder Spritzer ist ein Zufallsprodukt. Nun lass deiner Kreativität freien Lauf und mach was draus. Ergänze deine Spritzer mit einer Zeichnung, sie bildet einen schönen Kontrast dazu. Ich wünsche dir viel Vergnügen!

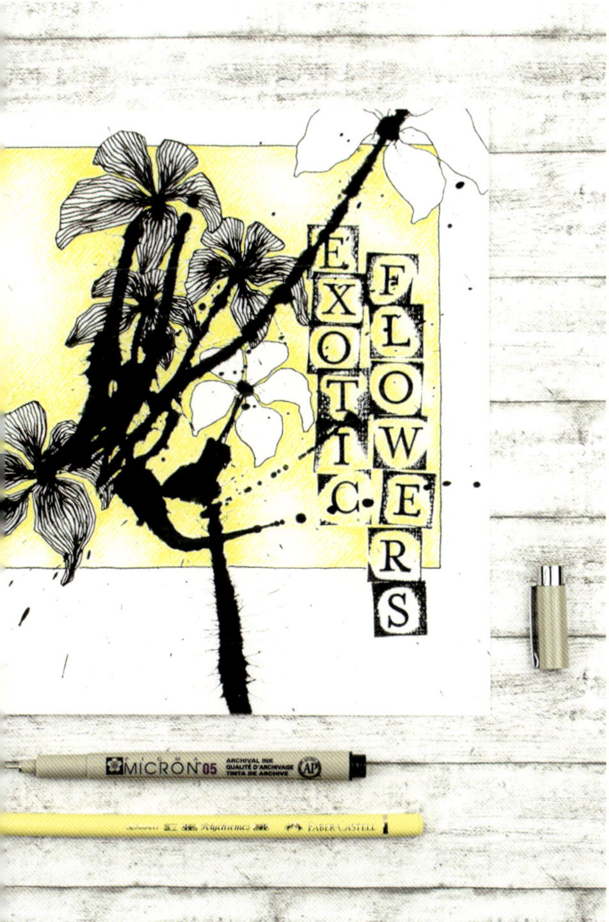

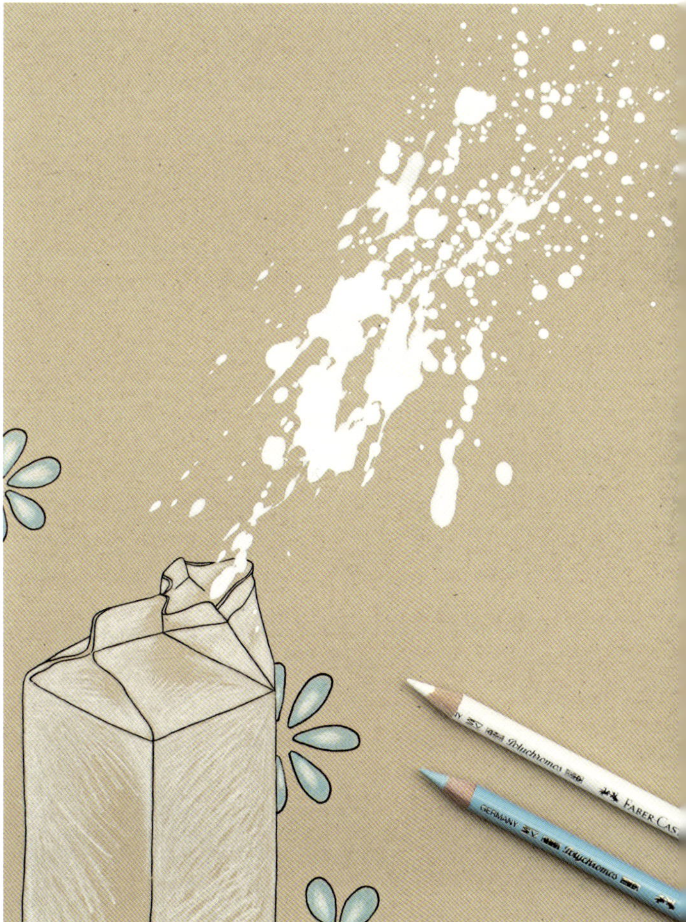

Kreativübung mit Flecken

Eine weitere kleine Idee soll deine Fantasie anregen. Diese »Flecken-Übung« habe ich mit Sechstklässlern ausprobiert. Wir hatten sehr viel Spaß. Später stellte sich heraus, dass die Eltern dies zu Hause nachgemacht haben. Für manche Sachen ist man einfach nie zu alt.

Diese kreativen Flecken erzeugst du mit einfachen Filzstiften und einer Prospekthülle. Wie man den »Folien-Trick« anwendet, zeige ich dir ausführlich auf Seite 216. Nachdem du die Flecken auf dein Papier gebracht hast, sieh sie dir genau an und erkenne Formen in ihnen. Dann kannst du sie in Dinge verwandeln. Für die ergänzende Zeichnung verwendest du am besten einen Fineliner oder einen Bleistift.

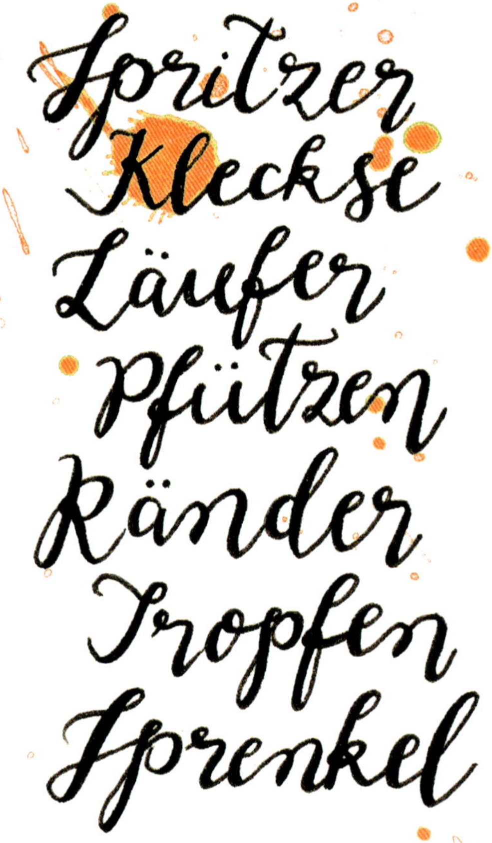

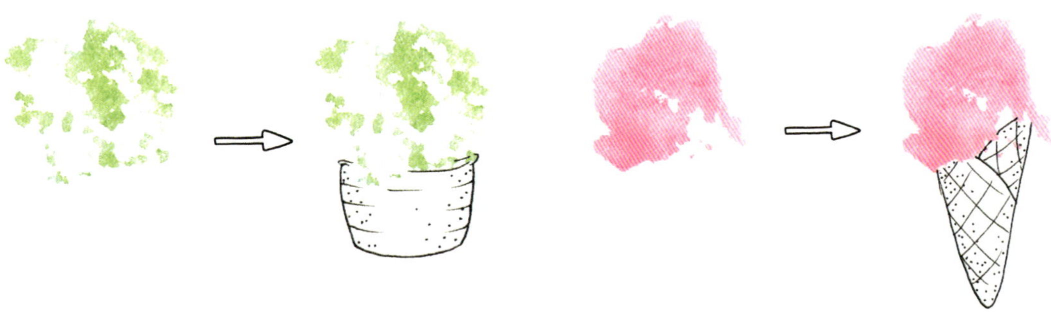

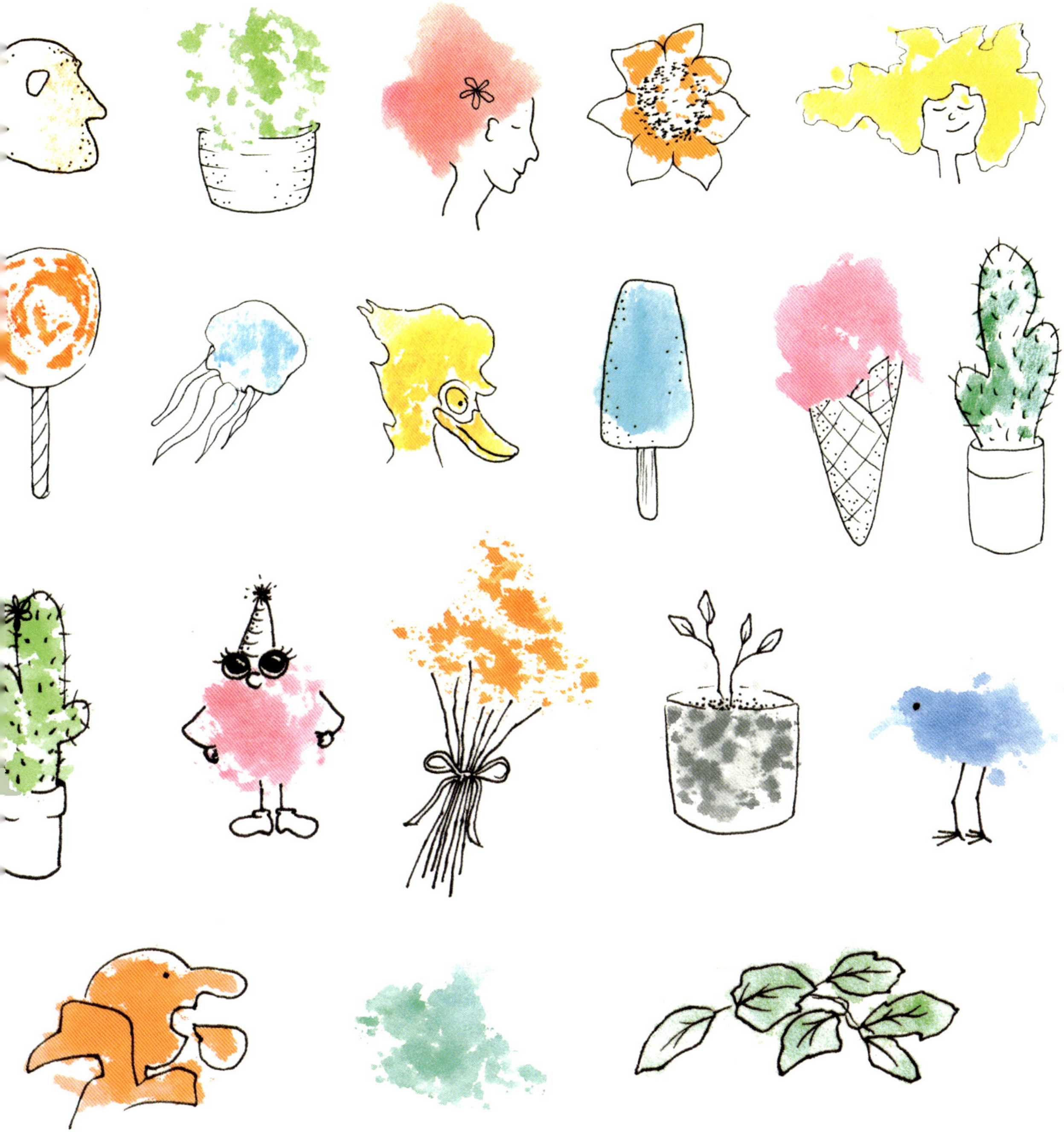

Ideen sammeln und skizzieren

Um meine Ideen festzuhalten, nutze ich **Skizzenbücher** und -hefte. Skizzenbücher gibt es in verschiedenen Ausführungen – unterschiedliche Größen, Formate, Papierbeschaffenheiten, Grammatur, Bindungen und anderes mehr. Ich zeichne meistens parallel in mehreren Büchern. Das ist wie bei der Kleiderfrage »Was ziehe ich heute an?« Jeans oder Kleid? Grün oder Schwarz? Je nach Stimmung und Wetter, beziehungsweise im Skizzenbuchfall: Je nach Motiv und Stiftwahl. Glattes Papier für Marker oder raues Papier für Buntstifte? Quadratisch oder Querformat? Groß oder eher klein für unterwegs?

Gegenüber losen Blättern haben Skizzenbücher viele Vorteile. Du hast immer alles beisammen und kannst an jeder angefangenen Zeichnung weiterarbeiten. Du kannst von Seite zu Seite deine Fortschritte erkennen (sofern du dich zu den Übenden zählst). Es ist ein tolles Gefühl, wenn sich dein Buch füllt und du es wie ein Bilderbuch durchblättern kannst. Dein eigenes Bilderbuch! Skizzenbücher sind wahre Schätze. Gebundene Ideen zum Angucken.

Einige meiner Kursteilnehmenden plagt die Sorge, dass Zeichnungen nicht gelingen und sie somit ihr Skizzenbuch ruinieren. Fehler und Patzer passieren einfach! Sei nicht so streng zu dir selbst und lege deinen Perfektionismus ab. Wahrscheinlich nimmst nur du »verunglückte« Zeichnungen als solche wahr. Lass dich von Fehlern keinesfalls entmutigen. Zeichne einfach weiter. Die nächste Zeichnung wird dir schnell über deinen Kummer hinweghelfen.

Meine Kursteilnehmenden lassen sich gern von meinen Skizzenbüchern inspirieren. Bilder können unglaublich anregend sein und dich zum Zeichnen motivieren.

TIPP!

Halte deine guten Ideen jederzeit fest, damit du sie nicht im nächsten Moment vergisst und sie dir verloren gehen. Deponiere dir dafür Skizzenbücher oder -hefte an verschiedenen Orten, zum Beispiel an deinem Bett, neben dem Lieblingssessel oder -sofa und an deinem Arbeitsplatz. Ein kleines Notiz- oder Octavheft für unterwegs findet in jeder Handtasche und in jedem Rucksack Platz. Denn auch im Wartezimmer deines Zahnarztes bist du nicht vor einer plötzlichen Vision sicher. Skizziere, was dir durch den Kopf geht: in der Kaffeepause, beim Friseur, wenn du nachts nicht schlafen kannst, in der Straßenbahn, …

Bilder, die mich inspirieren, hänge ich an mein **Moodboard**, meine »Stimmungstafel«. Das Moodboard ist eine Art Pinnwand, an die ich eine Sammlung aus schönen Dingen hänge, beispielsweise Fotos, Zeitungsausschnitte, Gedichte, Farbkombinationen, Abbildungen von Mustern etc. Der Blick auf meine schöne Sammlung weckt kreative Impulse und Assoziationen für neue Projekte. Die einzelnen Dinge müssen nicht zusammenpassen, können es aber. Je nach Stimmung verändert sich mein Moodboard. Die Exponate wechseln ständig.

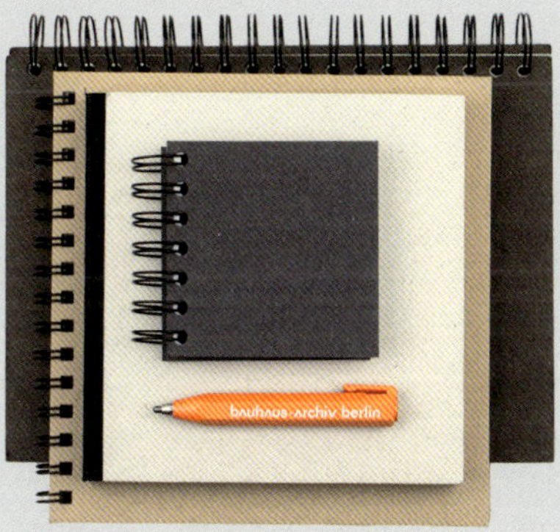

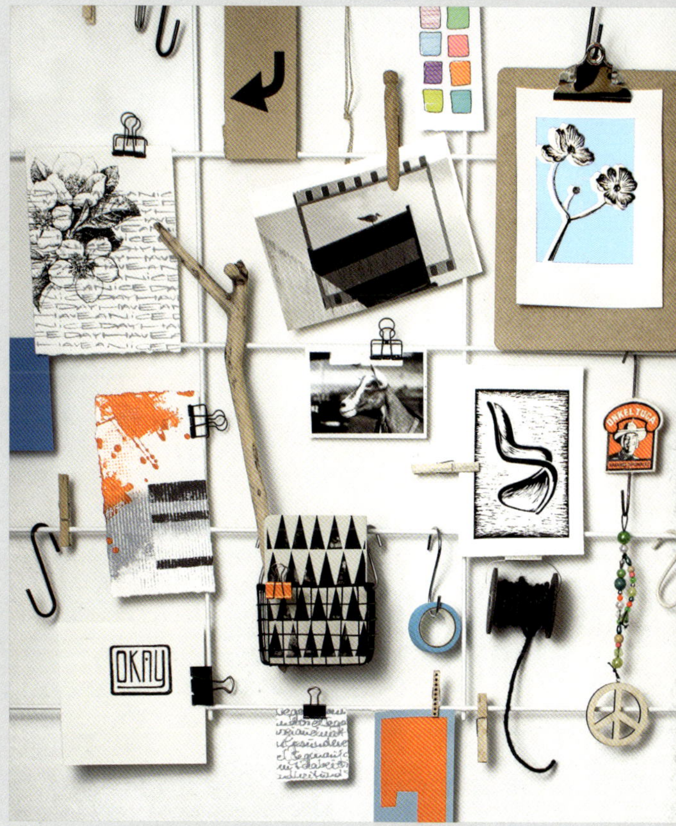

TIPP!

Ein optimaler Platz für ein Moodboard ist an deinem Kreativarbeitsplatz. Das Moodboard kann eine Pinnwand aus Kork sein, eine Magnettafel oder auch die nackte Wand. Auf Putz oder Tapete solltest du Washi Tape verwenden, es lässt sich rückstandslos wieder ablösen. Du bekommst es in verschiedenen Farben und Designs. Für mein Moodboard habe ich ein Rankgitter zweckentfremdet. Hier lassen sich die Dinge mit Wäscheklammern, Büroklemmen und Fleischerhaken anbringen.

Die richtige Haltung

Meine Haltung zur richtigen Haltung kennen bereits diejenigen, die mein Handlettering-Buch »Letter Love« gelesen haben. »Entschuldigung« an dieser Stelle, dass ich mich hier wiederhole.

Natürlich kenne ich die korrekte **Schreib- und Zeichenhaltung**. Eine aufrechte Sitzhaltung trägt dazu bei, dass du keine Rückenprobleme bekommst oder eingeschlafene Gliedmaßen. Eine waagerechte, glatte Zeichenunterlage verhindert Krämpfe in der Hand. Dazu noch eine gute Beleuchtung, dann ist alles perfekt. Eigentlich. Ich muss gestehen, dass ich diese Erkenntnis oft unbeachtet lasse. Ich möchte zwar auf die richtige Haltung hinweisen, aber keinesfalls mit dem erhobenen Zeigefinger. Meine schönsten Skizzen und Entwürfe entstehen abends liegend im Bett oder auf dem Sofa herumlümmelnd. Bei schlechtem Licht, ohne feste Unterlage und bei extrem schlechter Haltung. Manchmal wundere ich mich später über gut gelungene Linien, trotz dieser Umstände. Oft, wenn es eigentlich unmöglich ist, etwas ordentlich zu Papier zu bringen, entstehen tolle Entwürfe. In solchen Momenten ist, wie schon bei der Tageszeitung und dem Einkaufszettel erwähnt, die Erwartungshaltung sehr gering. Es lastet überhaupt kein Druck auf mir, dass diese Zeichnung gut werden muss.

Im Grunde geht es mir meistens darum, einen Gedanken festzuhalten oder einfach nur herumzukritzeln. Wenn daraus eine schöne Skizze entsteht, ist es gut, wenn nicht, ist es auch okay. Hinzu kommt der Aspekt, dass man in einer bequemen »Sofaposition« völlig entspannt ist. Das wiederum führt zu einer lockeren, mutigen Strichführung, die deiner Zeichnung einen interessanten Charakter verleiht. Du siehst also, für eine Moralpredigt bin ich nicht die richtige Person. Und ausgefallene Einfälle kommen, wann Sie wollen, sie warten nicht, bis du ordentlich am Tisch sitzt.

TIPP!

Mir wurde oft gesagt, dass man meine persönliche Note in meinen Bildern erkennt. Es war die Rede von typischen »Katja-Bildern«. Schön, dass mein individueller Charakter meine Zeichnungen prägt, auch wenn das ohne Absicht geschieht. Sei beim Zeichnen einfach du selbst und kopiere keinen fremden Stil. Dann sind deine Linien frei und du wirst einen eigenen Duktus entwickeln.

Ganz ähnlich verhält es sich mit der **Stifthaltung**. Ich halte meinen Stift »richtig«. So, wie man es als Kind lehrbuchmäßig lernt. Der Stift liegt zwischen Zeigefinger und Daumen und wird am Mittelfinger abgestützt. Diese Stiftposition halte ich für sinnvoll, ich selbst kann so am besten schreiben und auch zeichnen. Meinen Kindern habe ich ebenfalls diese Haltung beigebracht. Und trotzdem möchte ich auch hier nicht Personen kritisieren, die eine andere Stifthaltung bevorzugen. Ich habe zwei begnadete Zeichnerinnen in meinem Mappenkurs, die ihren Stift in einer Art geballter Faust führen. Für mich ist das unvorstellbar, wie auf diese Weise gewollte Linien entstehen sollen. Aber ihre Zeichnungen sprechen für sich, sie sind sensationell gut. Sicherlich werden diese beiden »Mappen-Mädels« für den Studiengang Grafikdesign angenommen werden, da habe ich überhaupt keine Zweifel. Und ich werde ihnen nicht raten, den Stift anders zu halten – vermutlich würde sich das negativ auf ihren Duktus auswirken.

Halte deinen Stift so, wie du ihn am besten führen kannst. Wichtig ist, dass du deine Hand gut abstützt. Arbeite langsam und atme. Ich beobachte immer wieder, dass einige meiner Kursteilnehmenden, die freihändig eine Linie zeichnen, die Luft anhalten. Das führt nur zu Verspannungen. Die Linie wird dadurch nicht besser oder »gerader«.

Zu guter Letzt möchte ich noch das **Arbeitstempo** ansprechen. Wobei ich nicht das Tempo als schnelle Geschwindigkeit betonen möchte. Damit du die Kontrolle über deinen Stift behältst, solltest du langsam arbeiten. Das Lob für eine schöne Zeichnung wirst du nicht für eine schnelle Rekordzeit erhalten. Auch nicht dafür, dass du schneller warst als jemand anderes. Es wird dich auch niemand fragen, ob du eine Stunde oder eine Stunde und dreißig Minuten gebraucht hast. Arbeite so lange an einer Zeichnung, bis sie dir gefällt. Auch wenn es eine Woche oder einen Monat dauert. Wenn du zufrieden mit deinem Werk bist, vergisst du die vielen Stunden. Sei stolz auf dich!

HINWEIS!

In der Kunst beschreibt der **Duktus** die Merkmale der Linienführung beim Schreiben, Zeichnen und Malen. Die künstlerische Formgebung einer Linie ist ein besonderes Kennzeichen eines eigenen, persönlichen Stils. Der Duktus beim Zeichnen kann zum Beispiel grob, fein, dynamisch oder statisch sein. Seine individuellen Merkmale stehen für den Wiedererkennungswert eines Künstlers oder einer Künstlerin. Mit einer unverwechselbaren Linienführung bringst du einen ganz persönlichen Ausdruck in dein Werk.

Material und Werkzeug

Mit gutem Material und Werkzeug macht das Zeichnen viel Spaß! Ich beginne mit den **Stiften**. Ich liebe Stifte! Davon kann ich nicht genug haben. Ein Besucher meines Ateliers sagte einmal ganz fassungslos: »Wie kann ein einziger Mensch nur so viele Stifte haben?!« Egal ob Blei-, Bunt-, Filz-, Aquarell- oder Gelstifte, Fineliner, Marker, Tintenroller und viele andere mehr – in meinen Zeichnungen kommen sie alle mal zum Einsatz. Aber natürlich benutze ich einige öfter und andere seltener. Das Tolle am Zeichnen ist, dass man wirklich nicht viel dafür braucht. Im Grunde reichen ein Stift und Papier aus, um loszulegen. Meine Basisausrüstung sieht so aus: Bleistift, Radiergummi, Papier (Skizzenbuch), Fineliner und Anspitzer (ganz wichtig!). Und um die Zeichenzeremonie perfekt zu machen, noch etwas Leckeres! Ich bevorzuge wahlweise Schokolade, Milchkaffee oder Chai Latte.

Je nach Art und Ausgestaltung einer Zeichnung kann die »Ausrüstung« expandieren. Ich habe sehr viel zusätzliches Material. Das ist natürlich nicht unbedingt nötig. Um etwas Farbe in deine Zeichnung zu bringen, könntest du dich für eine »Stiftsorte« entscheiden. Wenn du am Anfang stehst, würde ich dir Buntstifte empfehlen.

Ich stelle dir hier eine Reihe von Materialien vor, die ich für die kreativen Zeichenideen in diesem Buch verwendet habe und natürlich auch sonst bevorzugt nutze.

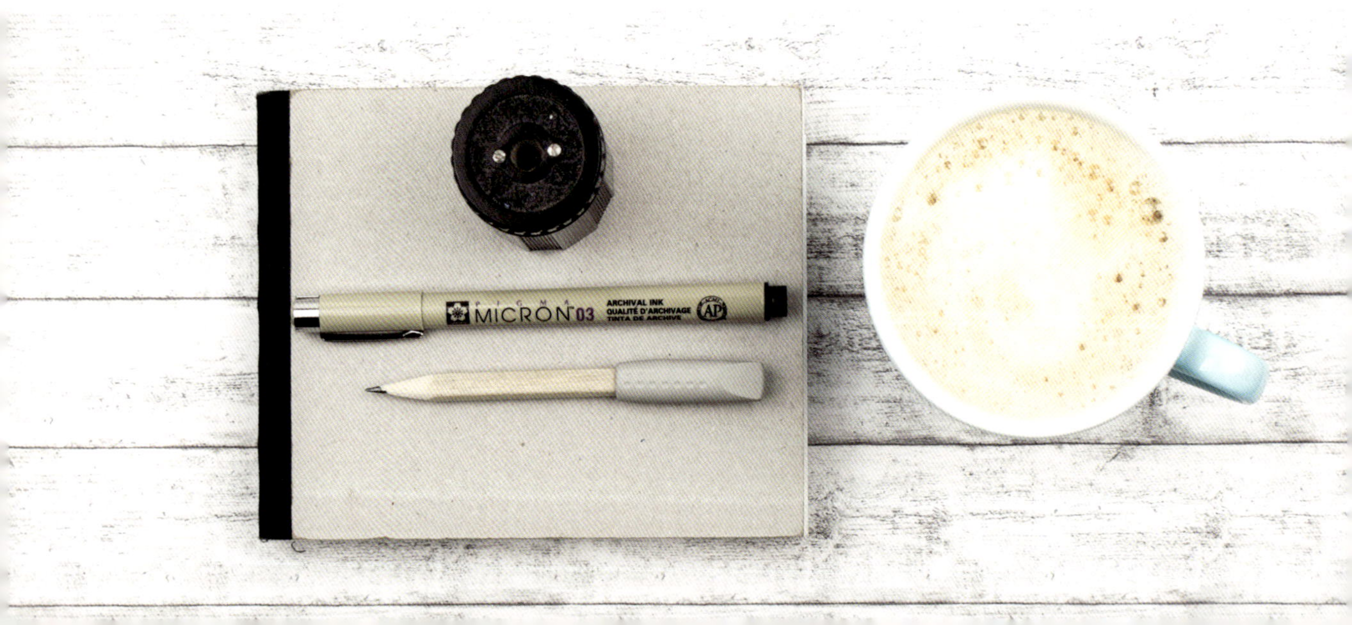

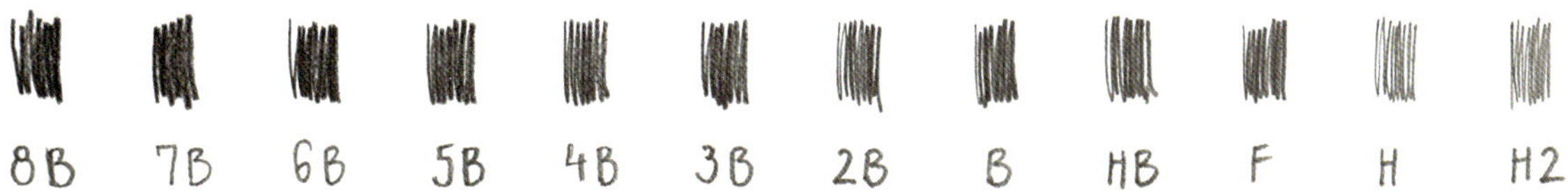

Bleistift

Mein absoluter Lieblingsstift – der Bleistift. Mit einem Bleistift kannst du vorzeichnen, skizzieren, schattieren und schraffieren. Jeder Strich lässt sich korrigieren, also radieren. Ein Bleistift tropft nicht, läuft nicht aus, drückt nicht durch das Papier und trocknet auch nicht aus. Weder extreme Temperaturen noch die Art der Lagerung können ihm etwas anhaben. Er ist allzeit bereit. Ob du mit einem klassischen Bleistift zeichnest oder einen Zimmermannsbleistift, Druckbleistift oder Fallminenbleistift bevorzugst, ist reine Geschmackssache. Lediglich für den Druckbleistift brauchst du keinen Anspitzer.

Für den Fallminenbleistift ist ein spezieller Spitzer nötig. Damit werden die Minen besonders spitz, spitzer als bei gewöhnlichen Bleistiften. Minen in einer Stärke von 0,5 mm sind fürs Zeichnen gut geeignet. Für Bleistiftminen gibt es unterschiedliche **Härtegrade**. Die Härtegrade der Grafitminen werden in vier Grundstärken unterteilt: B (Black) = weich, HB (Hard Black) und F (Firm) = mittel, H (Hard) = hart. Die harten und weichen Grade unterteilen sich in weitere feine Abstufungen. Sie reichen von 9B (am weichsten) bis 9H (am härtesten). Für Vorzeichnungen und Hilfslinien empfehle ich

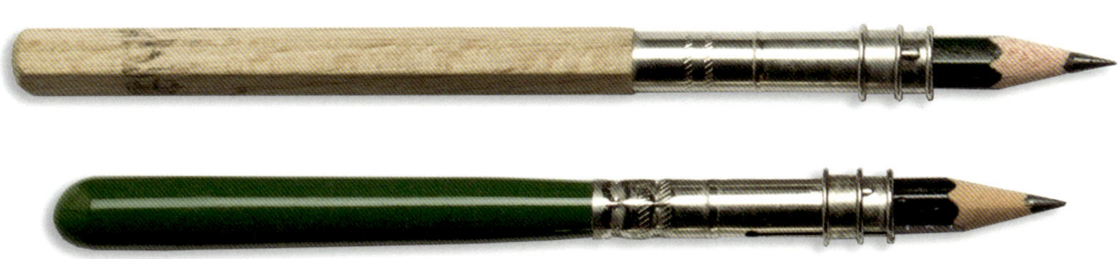

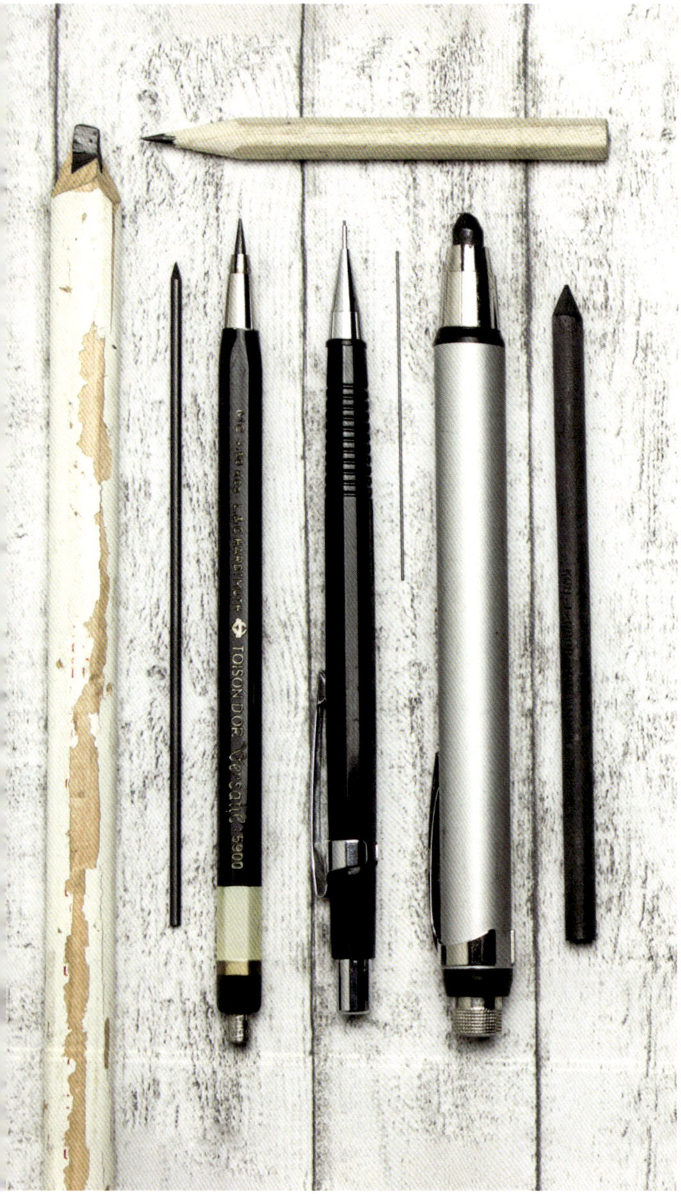

die Härtegrade HB und H. Sie lassen sich leicht wegradieren. Weichere Härtegrade wie B bis 7B benutze ich, um stärkere Kontraste und Schatten darzustellen. Am liebsten verwende ich die Bleistifte und Minen von Staedtler und Faber-Castell.

TIPP!

Wenn dein Stift zu kurz geworden ist, um ihn halten zu können, benutze eine Stiftverlängerung. So dient dir dein Stift noch für eine weitere Skizze – und du schonst Ressourcen.

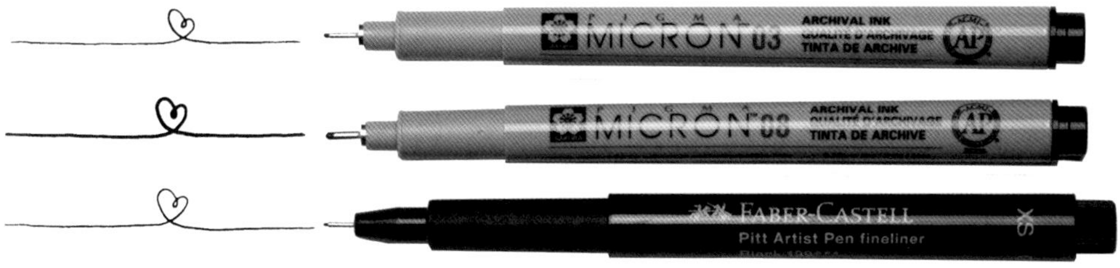

Fineliner

Der Fineliner ist ein weiterer Stift, auf den ich nicht verzichten möchte. Neben dem Bleistift nutze ich ihn am meisten. Fineliner gibt es in verschiedenen Farben, wobei Schwarz die gebräuchlichste ist. Sie sollten hochpigmentiert, lichtecht und wasserfest sein. Das bedeutet satte Farbe, die nicht im Sonnenlicht ausbleicht, wenn du beispielsweise eine Zeichnung einrahmst und an die Wand hängst. Wasserfeste Tinte ist wichtig, wenn du mit wasserbasierten Farben über die Linien malst – sie verwischen dann nicht. Fineliner gibt es in unterschiedlichen Stärken, meistens von 0,05 bis 0,8 mm. Viele Hersteller bieten sie im Set an. Die Strichstärken 0,3–0,8 mm verwende ich für Konturen, während sich die dünneren Strichstärken optimal für eine detaillierte Ausarbeitung und feine Schraffuren eignen. Die Kombination aus dicken und dünnen Linien ist zum Zeichnen absolut empfehlenswert.

Hier zeige ich dir einige Fineliner, mit denen ich gern zeichne. Zu meinen Favoriten gehören der »Pigma Micron« von Sakura und der »Pitt Artist Pen Fineliner« von Faber-Castell.

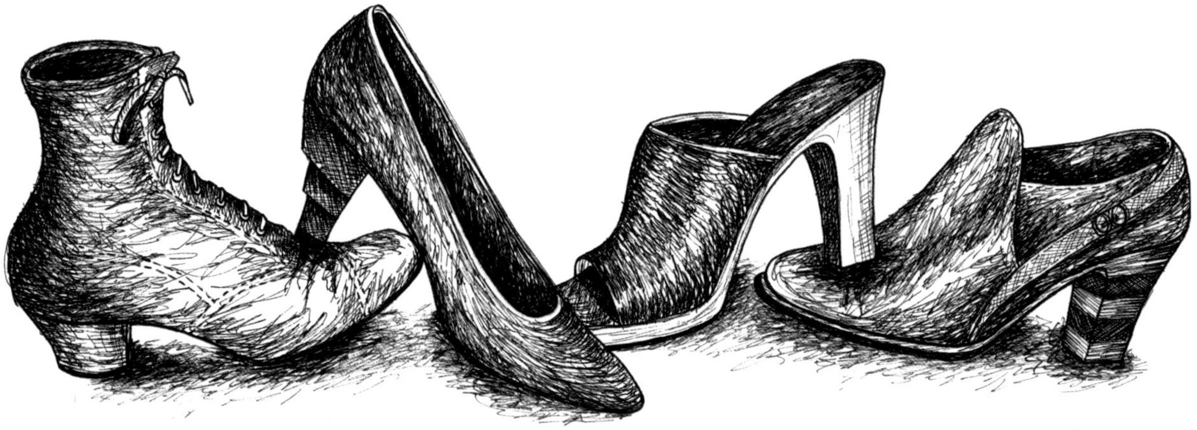

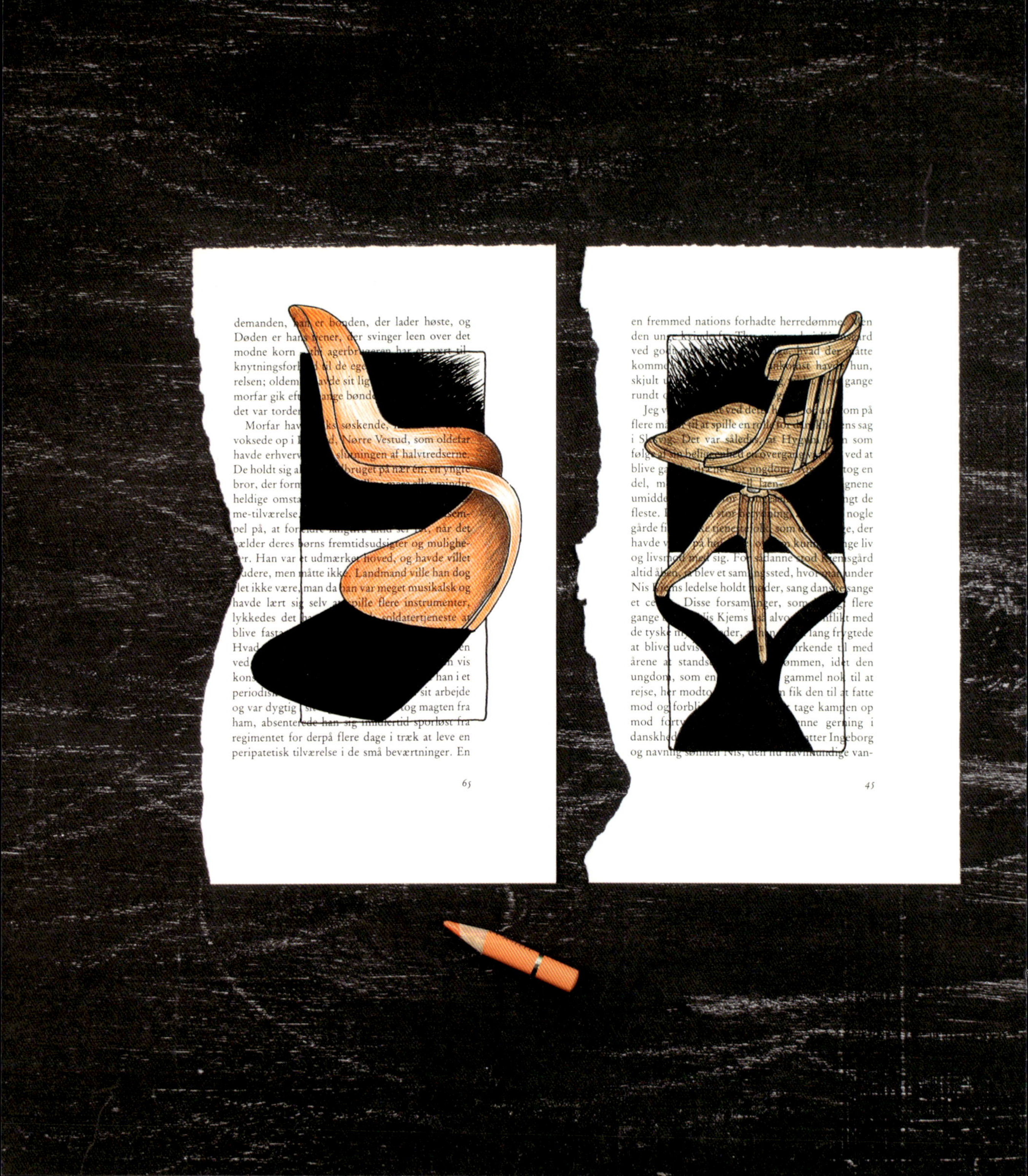
regimentet for derpå flere dage i træk at leve en
peripatetisk tilværelse i de små beværtninger. En
65
en fremmed nations forhadte herredømme
45

Buntstifte

Meine ersten Farbstifte waren Buntstifte. Buntstifte begleiten mich schon mein ganzes Leben. Nach wie vor zählen sie für mich zum absoluten Must-have. Das Kolorieren mit Buntstiften hat viele Vorteile. Die Farbe drückt nicht durch dein Papier, du benötigst kein Wasser, Buntstifte können auf nahezu allen Papierarten benutzt werden und sie trocknen nicht aus. Du kannst ihre Farben sogar mischen, indem du verschiedene Farbschichten übereinanderlegst. Buntstifte werden von Faber-Castell, Derwent, Staedtler und vielen anderen Herstellern angeboten. Ihre Farbpalette ist mittlerweile sehr groß. Die »Polychromos« von Faber-Castell verwende ich besonders gern. Sie sind sehr ölhaltig, dadurch sind sie gut miteinander vermalbar. Durch ihre hochwertigen Pigmente sind die Farben extrem brillant, die Farbauswahl ist riesig. Die gute Qualität macht sich beim Zeichnen sehr bemerkbar. »Polychromos« sind in unterschiedlich großen Sets sowie als Einzelstifte erhältlich.

TIPP!

Die Minen öl- und wachshaltiger Buntstifte sind sehr weich. Sie sollten möglichst nicht vom Tisch rollen, denn ihre Minen brechen leicht. Wenn du deine Stifte auf ein ausgebreitetes Handtuch legst, ist die Gefahr gebannt. So hast du länger Freude an deinen Stiften.

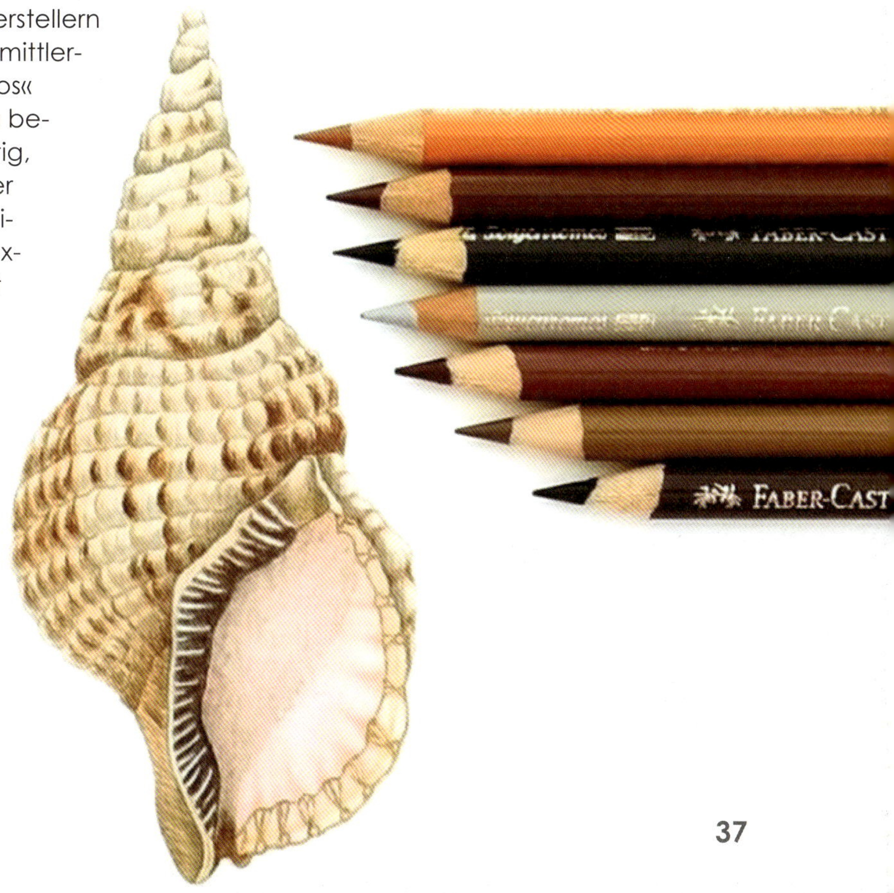

Aquarellstifte

Aquarellstifte beziehungsweise Aquarellfarbstifte haben Minen mit wasserlöslichen Farbpigmenten. Sie können mit Wasser vermalt, aber auch trocken genutzt werden. Es wirkt schön, wenn aquarellierte Zeichnungen nach dem Trocknen mit trockenen Strichen im Detail akzentuiert werden. Diese Stifte können, wie herkömmliche Bunt- und Künstlerfarbstifte, angespitzt werden. Aquarellstifte werden von Faber-Castell, Derwent, Staedtler, Stabilo und anderen Herstellern angeboten.

Aquarellfarbe in Näpfchen

Aquarellfarbe, diesmal mit dem Pinsel aufgetragen, kann ebenfalls gut zum Kolorieren von Zeichnungen und Skizzen verwendet werden. Die Farben sind mischbar und können, je nach verwendeter Wasser- und Farbmenge, zart lasierend bis leuchtend intensiv wirken. Aquarellfarben sind hochpigmentiert, dadurch sind sie sparsam im Verbrauch. Schöne Aquarellfarben gibt es zum Beispiel von Schmincke und von Boesner, aber auch von vielen anderen Herstellern.

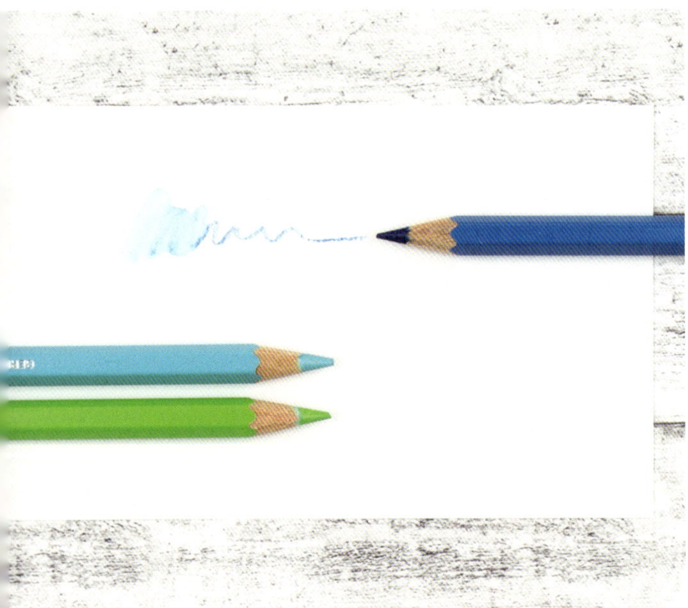

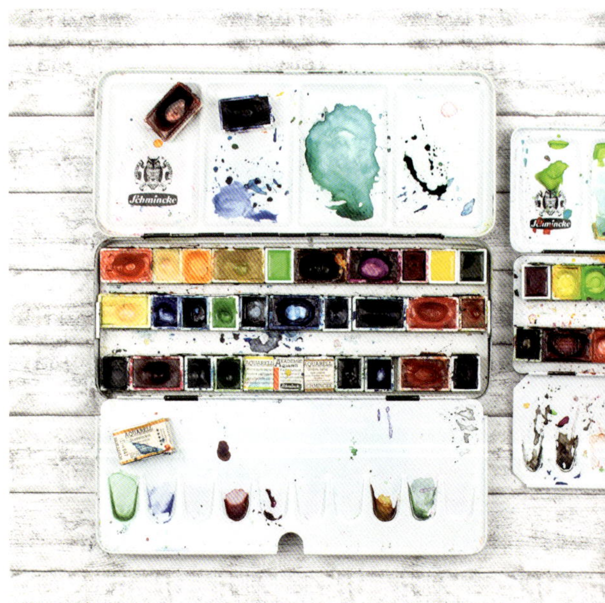

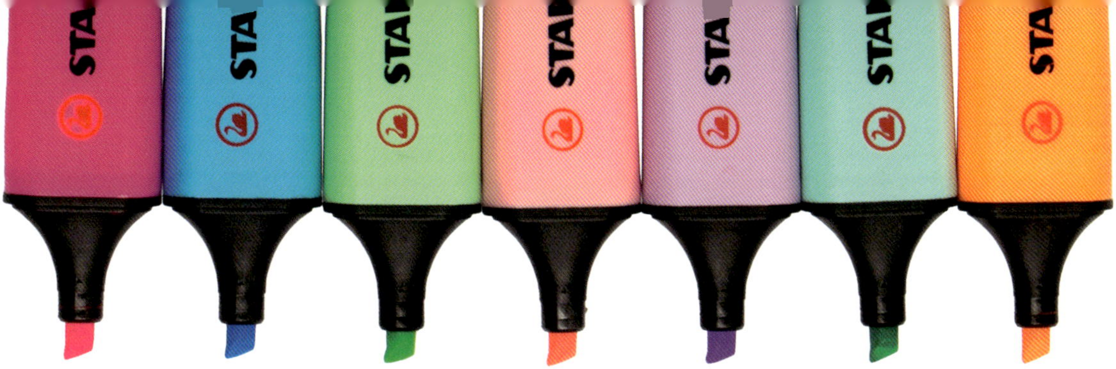

Layoutmarker

Layoutmarker gibt es in unglaublich vielen Farben. Wenn du mit ihnen kolorierst, solltest du glattes Papier verwenden. Geeignete Papierarten findest du auf Seite 45. Die Tinte dieser Marker basiert auf Alkohol, somit trocknet sie schnell und verwischt nicht. Bekannte Produkte gibt es von Copic und Stylefile. Du bekommst sie mit unterschiedlichen Spitzen: breit und keilförmig, rund, fein und als Pinsel.

Textmarker

Ebenfalls toll zum Kolorieren sind Textmarker. Ihre Tinte ist wasserbasiert und ihre Farben leuchten besonders stark. Es gibt sie in Neon- und Pastellfarben zum Beispiel von Stabilo Boss.

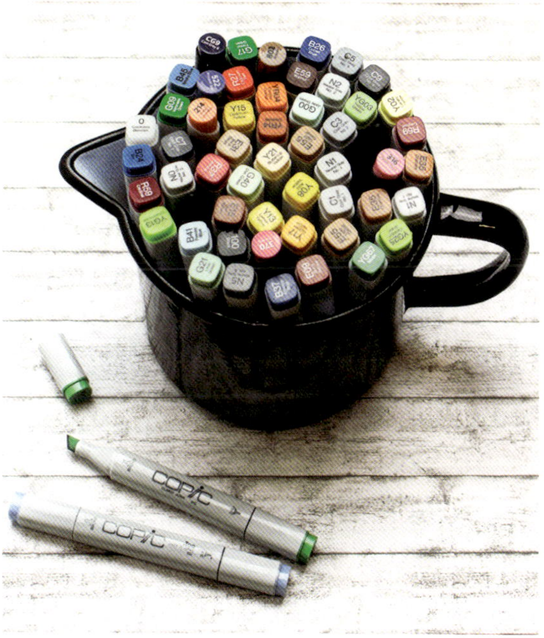

TIPP!

Diese Stifte eignen sich hervorragend für den Folien-Trick, den ich auf Seite 216 zeige.

Tintenroller

Tintenroller kennt man aus der Schul- und Bürobedarfsecke im Schreibwarenladen. Man bekommt sie meistens als Einzelstifte, mittlerweile in richtig schönen Farben. Ich setze gern farbliche Akzente mit diesen Stiften, denn oft sind Marker- oder Filzstiftspitzen zu groß für kleine Details. Am liebsten benutze ich den »Uni-ball Eye fine« von Mitsubishi.

Gelstifte

Gelstifte verwende ich ebenfalls zum Kolorieren von Details. Es gibt sie oft im Set, aber auch als Einzelstifte. Du hast die Qual der Wahl aus Neon-, Metallic-, Pastell-, Glitzer- und normalen Farben. Und natürlich Weiß – damit lässt sich besonders gut auf dunklem Papier arbeiten. Empfehlenswerte Gelstifte sind beispielsweise »Paper Poetry« von Rico Design und der »Uni-ball Signo broard« von Mitsubishi, aber auch No-Name-Stifte benutze ich gern.

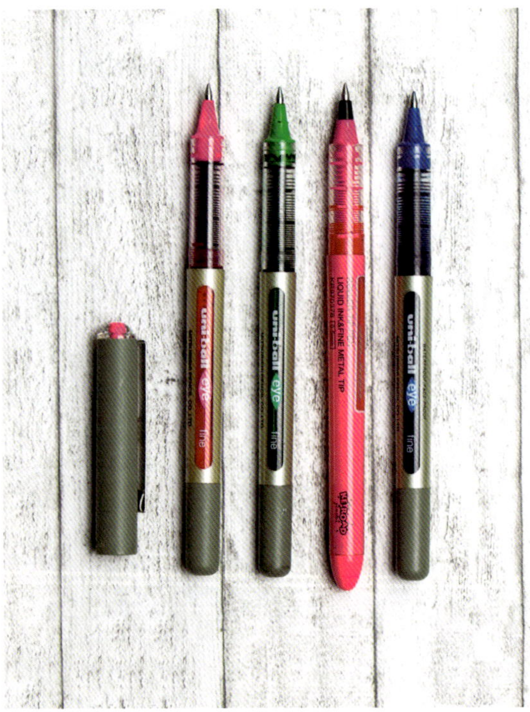

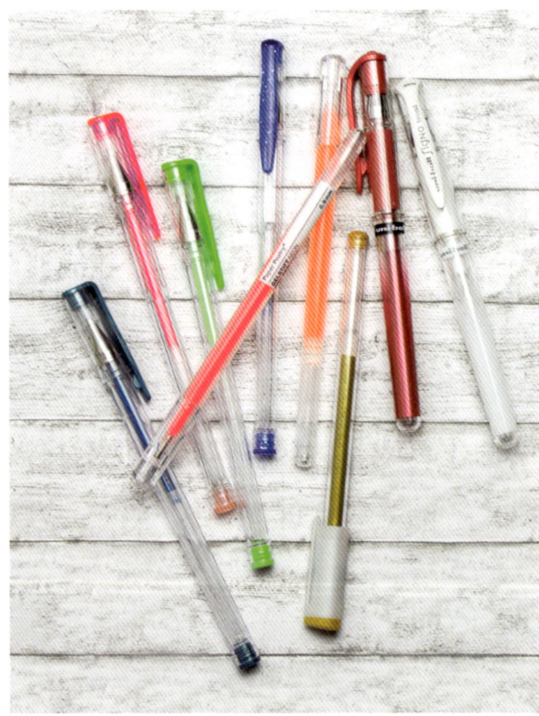

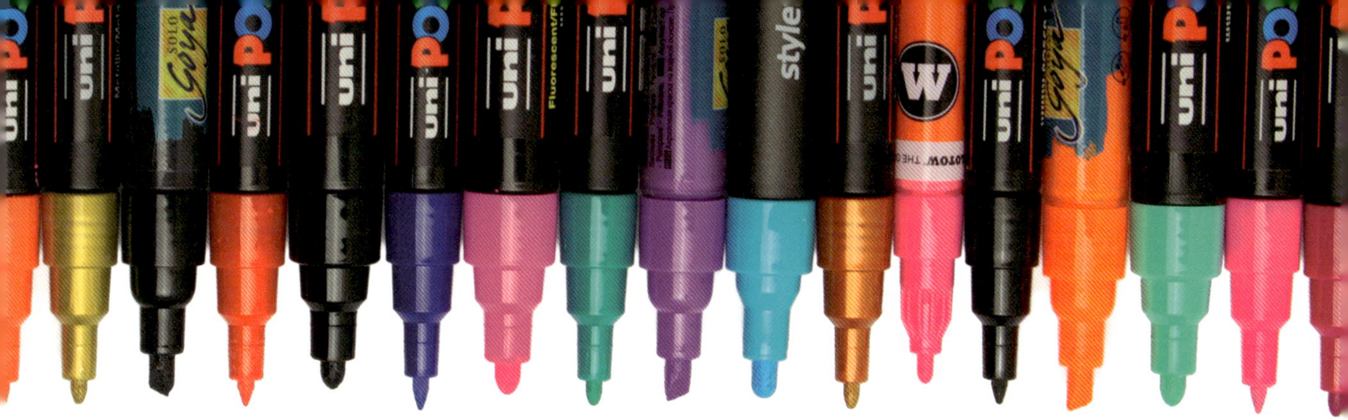

Acrylmarker

Normalerweise finden Acrylmarker keine Erwähnung in einem Zeichenbuch. Normalerweise. Da es sich aber um Stifte mit einer Spitze handelt und man mit Ihnen ganz wunderbar kreative Linienzeichnungen auf größere und andere Oberflächen bringen kann, stelle ich sie hier vor. Ich habe unter anderem mit diesen Stiften die Toilettenwand meines Ateliers verschönert, siehe die Seiten 7 und 8. Ihre wasserbasierte, hochpigmentierte, flüssige Farbe ist deckend und matt. Ich habe einige Stifte von verschiedenen Herstellern ausprobiert, darunter Acrylmarker von Stylefile, Molotow und Liquitex, den »Triton« von Kreul Solo Goya und die »Paint Pens« von Posca. Sie sind alle gut, aber die Uni-Posca-Farben haben es mir besonders angetan. Schön ist auch, dass diese Acrylmarker mit besonders kleinen Spitzen erhältlich sind – ideal zum Zeichnen. Die Farbauswahl ist groß, auch Pastell-, Neon- und Metallic-Töne sowie Farben mit Glitzereffekt sind im Angebot. Besonders schön kommen die Farben auf dunklen Untergründen zur Geltung. Du kannst sie zum Bemalen und Beschriften vieler Oberflächen verwenden, zum Beispiel von Glas, Papier, Holz, Kunststoff, Karton, Stein und Leinwand. Alle Stifte sind einzeln und als Set erhältlich.

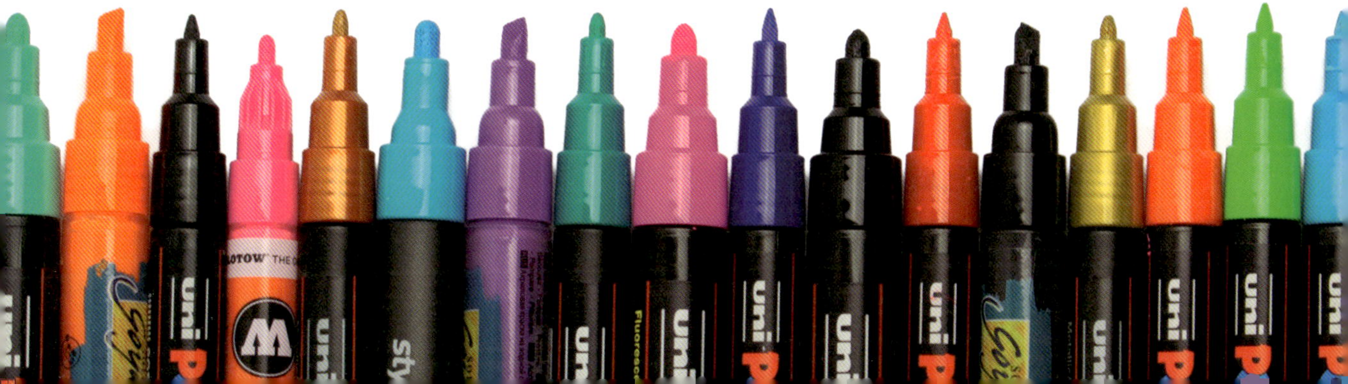

Werkzeug

Nicht weniger wichtig, aber oft nicht oder kaum erwähnt, sind Zeichenwerkzeuge. Ein extrem nützliches Hilfsmittel ist beispielsweise das **Lineal**. Ich besitze Lineale in unterschiedlichen Längen, Metalllineale zum Entlangschneiden mit dem Cutter und Geodreiecke in unterschiedlichen Größen. Um Hilfslinien zu zeichnen, empfehle ich dir ein **Geodreieck**. Es ermöglicht dir, parallele Linien zu bestehenden Linien in deinem Bild zu ziehen.

Wie würden wohl unsere Blätter ohne dieses »Zauberwerkzeug« aussehen? Ein **Radiergummi** kann unsere Fehler vertuschen und macht unsere Hilfslinien unsichtbar. Ein gutes Radiergummi muss weich sein und darf nicht schmieren oder bröseln. Absolut empfehlenswert finde ich die weißen Kunststoffradierer von Factis in »extra soft«, die PVC-freien Varianten von Faber-Castell und »Mars plastic« von Staedtler. Ich benutze auch gern die »Eraser Caps« von Faber-Castell. Sie bestehen ebenfalls aus Kunststoff und haben den Vorteil, dass sie auf

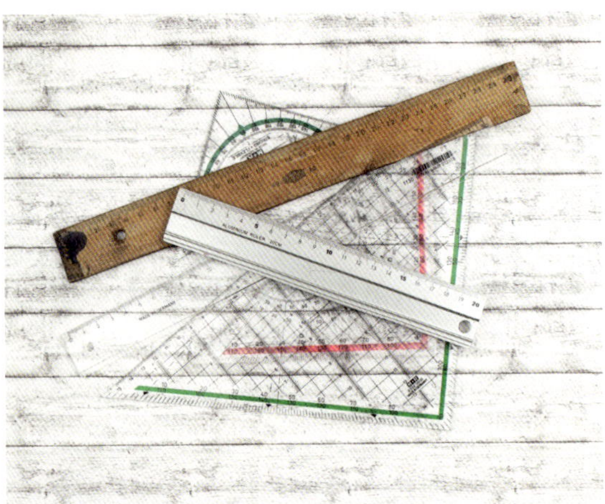

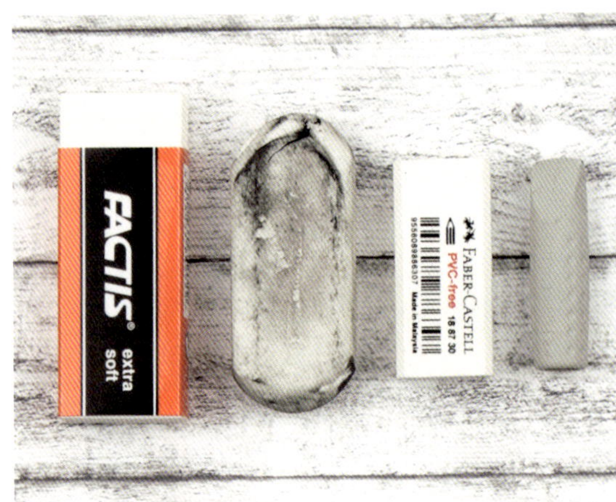

den Bleistift aufgesteckt werden können. So ersparst du dir möglicherweise lästiges Suchen.

Wenn ich mich entscheiden müsste, auf welches Utensil ich am wenigsten verzichten könnte, dann wäre es der **Anspitzer**. Er ist mein meistgenutztes Werkzeug. Ständig fordere ich meine Kursteilnehmenden dazu auf, ihre Bleistifte anzuspitzen – Sie mögen es mir nachsehen. Manchmal vergisst man vor lauter Konzentration das Anspitzen, dadurch verändert sich die Gleichmäßigkeit der Linien. Zeichnungen mit stumpfen Bleistiften werden ungenau.

TIPP!

Egal, ob du Metallspitzer oder Dosenspitzer verwendest: Die Spitzmesser werden irgendwann stumpf. Im Schreibwarenladen oder online bekommst du Universal-Ersatzklingen. Tausche nur die Klinge aus und behalte das Gehäuse deines Lieblingsspitzers. So schonst du wieder Ressourcen.

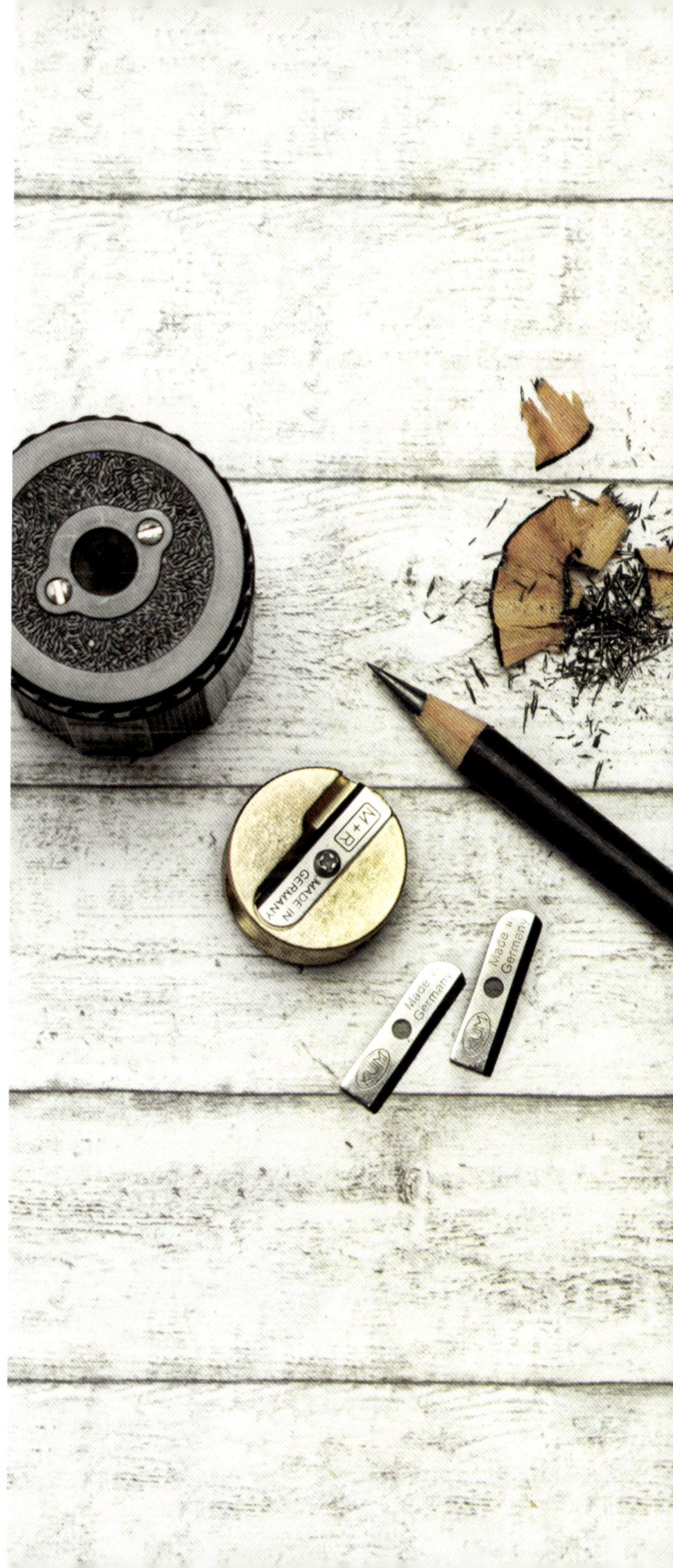

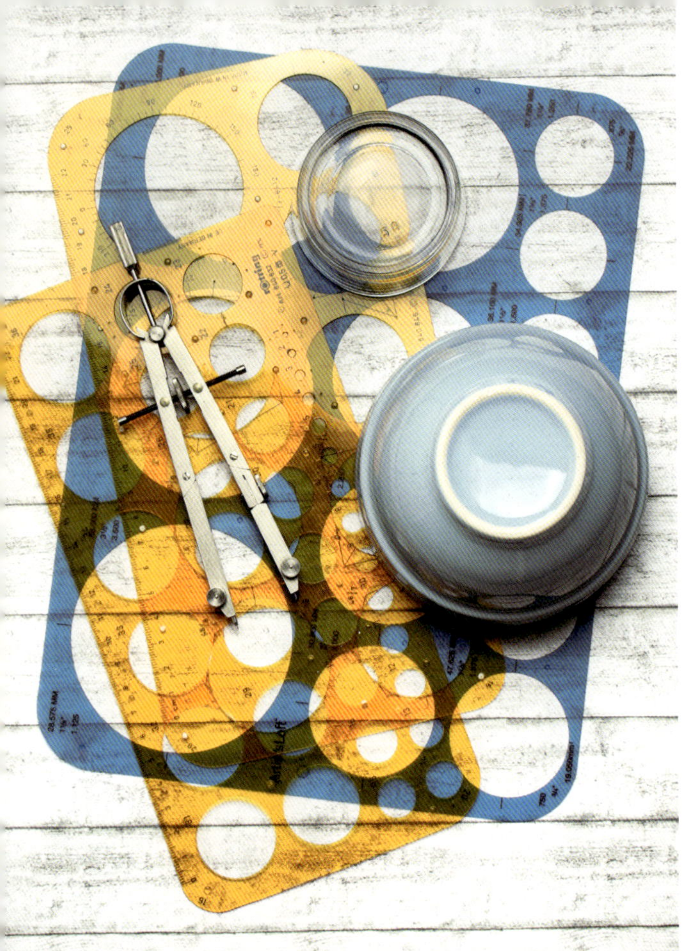

Zirkel und Kreisschablonen sind hilfreiche Werkzeuge, um schöne Bögen und Kreise zu zeichnen. Mit einer Schablone kannst du die Kreise direkt mit Finelinern oder anderen Stiften ziehen.

TIPP!

Auch runde Gegenstände lassen sich gut mit dem Stift umranden. Ich habe oft Tassen, Schälchen, Teller oder Kerzenhalter dazu zweckentfremdet. Besonders in Urlauben, wenn man nicht alles dabeihat oder wenn es sich gerade ergab, dass beispielsweise eine Vase mit einem passenden Durchmesser auf dem Tisch stand.

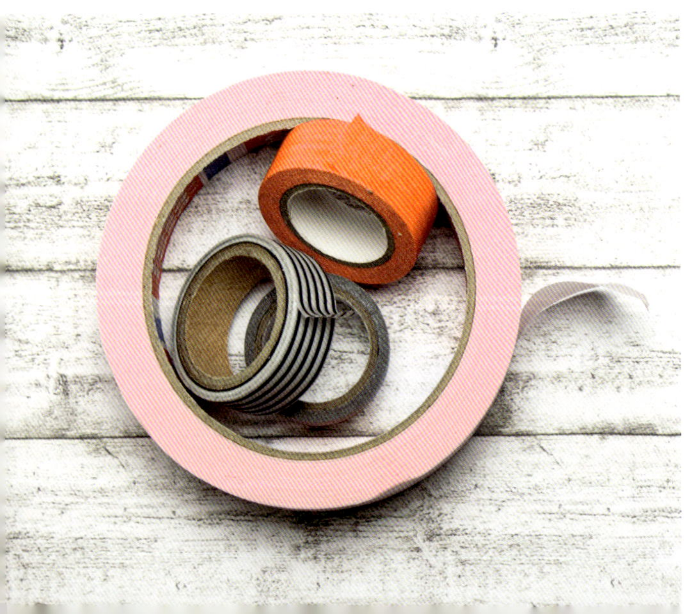

Manchmal muss man ein Blatt Papier fixieren, beispielsweise zum Befestigen an der Wand oder damit es beim Durchpausen nicht verrutscht. Dazu benötigst du **Klebeband**. Ganz wichtig ist hier, dass es das Papier beim Ablösen nicht beschädigt. Für diesen Zweck empfehle ich dir das »Präzisionskrepp Sensitiv« von Tesa und Washi-Tape. Sie lassen sich rückstandslos vom Papier entfernen.

Papier

Zum Üben und Skizzieren eignet sich normales **Druckerpapier** sehr gut. Im DIN-A4-Format und einer Stärke von 80 g/m^2 bekommst du es sogar im Supermarkt günstig.

Schönes **Zeichenpapier** als Block, in Einzelbögen und gebunden als Skizzenbuch gibt es in verschiedenen Formaten, Größen, Papierbeschaffenheiten und Grammaturen. Das Papier ist geeignet für Zeichnungen mit Blei- und Buntstiften, Finelinern, Gelstiften und Tintenrollern. Ich bevorzuge etwas stärkeres Papier, ab ca. 140 g/m^2, damit die Fineliner nicht durchdrücken. Mein meistverwendetes Zeichenpapier, mal abgesehen von den Skizzenbüchern, ist das Papier des Zeichen- und Skizzenblocks von Boesner. Das Papier hat 170 g/m^2 und eine tolle Haptik. Mir gefällt besonders, dass es extraweiß ist, denn die meisten Zeichenblöcke haben naturweißes, also gelbstichiges Papier.

Für Marker und Filzstifte sind normale Zeichenpapiere nicht geeignet, die Fasern des Papiers saugen ihre Tinte zu stark auf. Dadurch kommt es zu unsauberen Linienkanten. Hier solltest du **Markerpapier** verwenden. Es ist glatt und besitzt eine nicht saugende Oberfläche. Dadurch ist es für Layoutmarker und andere Faserstifte gut geeignet. Sogenannte Layoutblöcke werden zum Beispiel von Canson, Hahnemühle und Clairefontaine angeboten. Je nach Bedarf kann man unterschiedliche Grammaturen wählen. Zum Arbeiten mit Wasser, also beim Aquarellieren, benötigst du **Aquarellpapier**. Es ist dicker und hat eine raue Oberfläche. Je nach gewünschter Optik bekommst du unterschiedlich raue Oberflächenstrukturen sowie Grammaturen.

Transparentpapier ist praktisch, um erste Entwürfe zu überarbeiten, sie schrittweise zu verändern und um Motive durchzupausen. Je geringer die Grammatur, also je dünner das Papier ist, desto besser kann man hindurchsehen. Man kann es auch zur Skizzenübertragung auf andere Untergründe verwenden. Wie das geht, zeige ich ab Seite 51. Transparentpapier ist als Block, in Einzelbögen und von der Rolle erhältlich. Ich bevorzuge das Papier von der Rolle, so kann ich immer genau so viel abreißen, wie ich benötige. Ich arbeite bevorzugt mit der Hochtransparentpapierrolle »Da Capo« von Schoellershammer (40 g/m^2).

Als Letztes möchte ich noch das **Transferpapier** erwähnen. Es dient ebenfalls der Motivübertragung auf andere Untergründe und ist daher äußerst praktisch. Auch das werde ich noch ab Seite 49 näher erläutern.

TIPP!

Grundsätzlich kannst du auf (fast) allen Papieren zeichnen. Probiere doch mal Packpapier, Pappe, Tapetenreste oder Buchseiten aus! Einige Beispiele dazu findest du in diesem Buch.

Wie kannst du deine Skizze übertragen?

In meinen Kursen wird oft nach »Schmierpapier« gefragt, weil man nur etwas ausprobieren möchte. Das Ergebnis sind die schönsten Entwürfe auf dünnen Papierresten mit den schlimmsten Befürchtungen, sie niemals wieder so perfekt hinzubekommen. Meistens verwendet man zum Skizzieren kostengünstiges Druckerpapier. Du ziehst eventuell Hilfslinien und radierst, das Papier wird unansehnlich. Nun soll der gelungene Entwurf in den gleichen Proportionen auf ein schönes, neues Blatt übertragen werden, ohne dass sich auch nur eine Linie verändert. Kennst du das? Keine Sorge! Ich zeige dir vier Methoden für eine Übertragung.

Methode 1 – Fensterscheibe

Diese Art der Übertragung kennt wahrscheinlich jedes Kind. Auch ich habe sie früher oft genutzt. Man benötigt weder besondere Papiere noch Werkzeuge, nur Tageslicht und ein Fenster. Und so wird's gemacht:

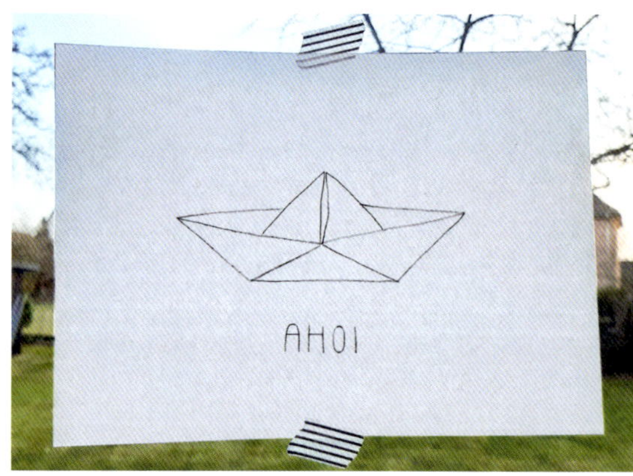

1 Befestige deine Skizze mit einem gut ablösbaren Klebeband (siehe Seite 44) an einer Fensterscheibe.

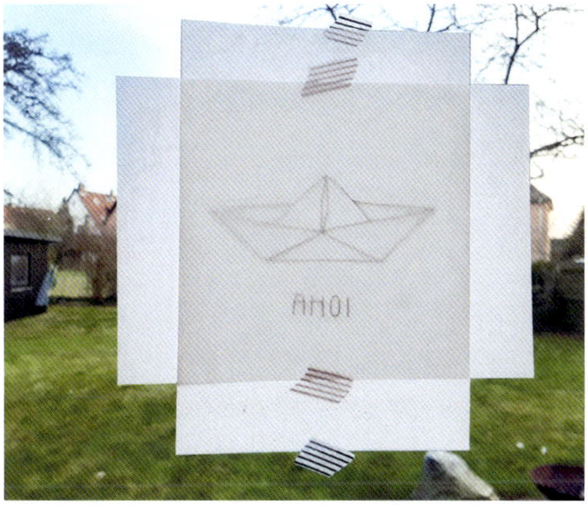

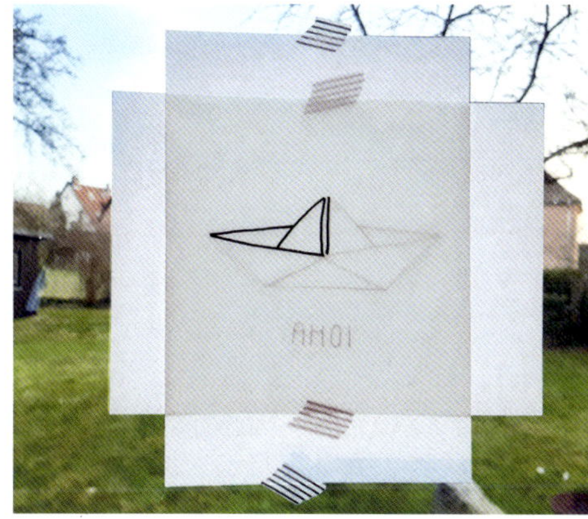

2 Positioniere nun dein »gutes« Blatt Papier darüber und fixiere es ebenfalls mit Klebeband. Das Tageslicht lässt dein Motiv durch das zweite Papier durchscheinen. Beachte, dass sich bei dunklerem Papier die Sicht verschlechtert!

3 Ziehe jetzt die Konturen mit dem Stift deiner Wahl nach. Wenn alle Linien nachgezeichnet sind, löse die Papierbögen vorsichtig ab. Nun kannst du deine Zeichnung am Tisch weiter ausarbeiten.

Methode 2 – Light Pad

Für diese Übertragung benötigst du ein Light Pad, eine Leuchtplatte. Sie gehört beim Zeichnen zwar nicht zum dringend erforderlichen Zubehör, aber das Arbeiten damit ist sehr praktisch. Ihr LED-Licht beleuchtet die Oberfläche, deine Vorlage scheint durch ein darüberliegendes Papier hindurch und du kannst das Motiv nachziehen – im Prinzip genau wie mit dem Tageslicht an der Fensterscheibe. Allerdings kannst du hier bequem im Sitzen am Tisch zeichnen, egal zu welcher Tages- oder Nachtzeit, denn du bist nicht auf die Sonne angewiesen. Die meisten Leuchtplatten sind sehr dünn, leicht und haben ein dimmbares Licht. Ein Modell in der Größe A4 bekommst du bereits für weniger als 20 €.

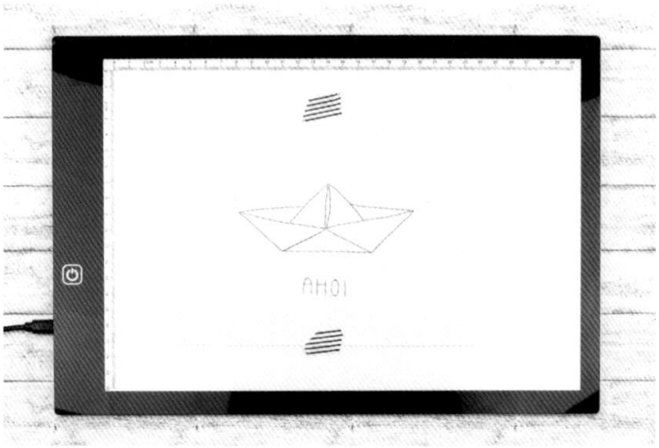

1 Fixiere auch hier dein Motiv mit einem gut ablösbaren Klebeband auf dem Light Pad.

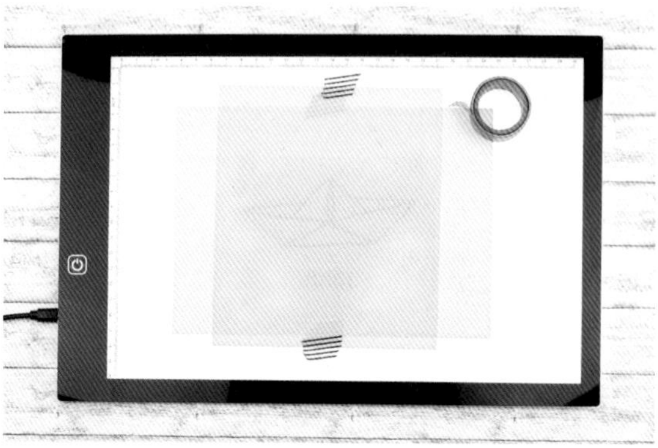

2 Platziere dein »gutes« Blatt darüber. Auch dieses Papier sollte mit Klebeband befestigt werden, damit nichts verrutscht. Bei eingeschaltetem Gerät siehst du dein Motiv durch das Papier scheinen.

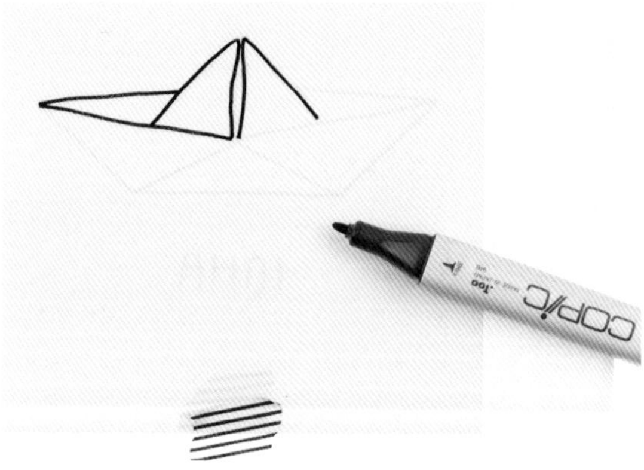

3 Zeichne nun die sichtbar gewordenen Linien nach. Verwende Stifte, die du für deine Reinzeichnung nutzen möchtest.

Methode 3 – Transferpapier

Diese Methode ist gut geeignet für die Übertragung eines Motivs auf lichtundurchlässige Untergründe. Hier kommen Methode 1 und 2 nicht infrage. Mit dem sogenannten Transferpapier kannst du dein Motiv auf unterschiedliche Untergründe übertragen, zum Beispiel auf Papier, Holz, Karton, Textil oder Stein. Dieses Papier ist auch als Kohle- oder Grafitpapier bekannt und die Anwendung ist einfach:

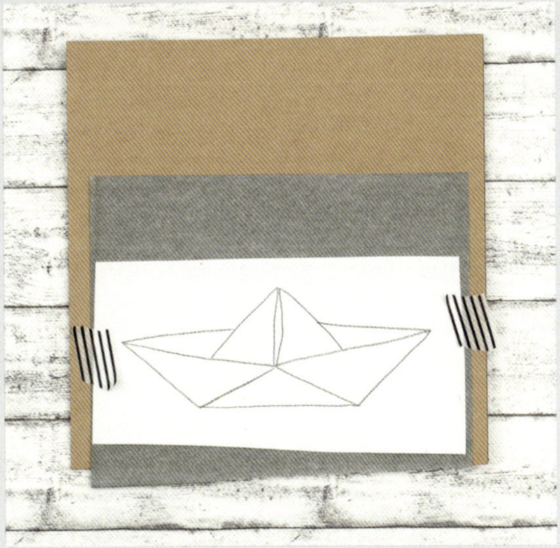

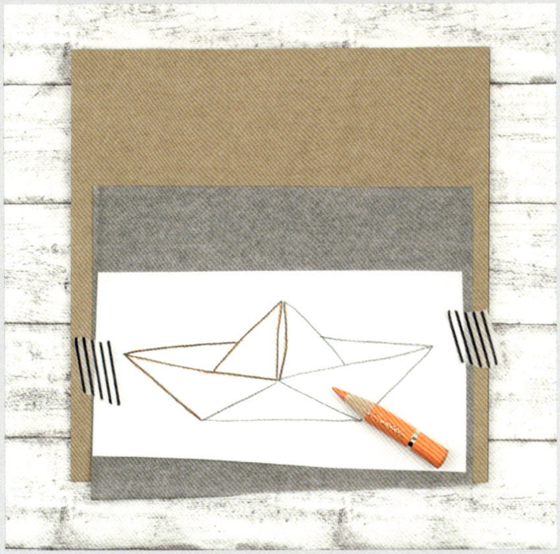

1 Lege das Transferpapier mit der beschichteten Seite nach unten auf die gewünschte Oberfläche für deine Zeichnung. Hier ist es eine Grußkarte, die verziert werden soll. Nun richtest du das Motiv auf dem Transferpapier aus und fixierst es am Untergrund. Wichtig ist, dass nichts verrutscht.

2 Zeichne nun die Linien deines Motivs mit einem möglichst spitzen Stift nach. Dadurch überträgt sich das Motiv auf die gewünschte Fläche. Du solltest etwas Druck auf deinen Stift ausüben, damit sich alle Linien gut abzeichnen. Achte außerdem darauf, dass du deine Hand beim Abstützen nicht zu stark auf die Fläche legst – dadurch kann sich Grafit an unerwünschten Stellen ablagern.

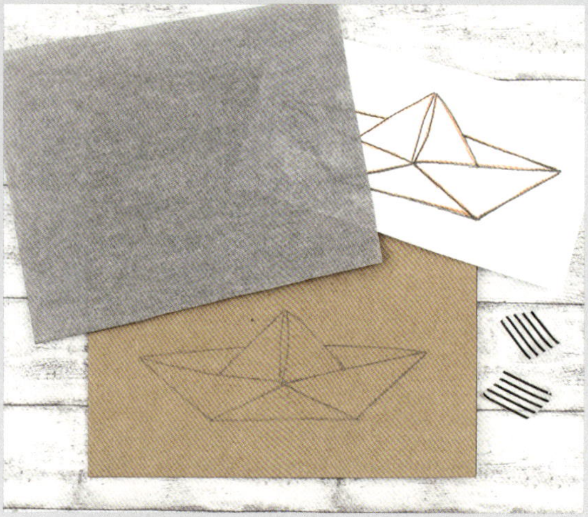

3 Anschließend entfernst du die Motivvorlage und das Transferpapier. Jetzt bekommt deine Zeichnung ihren endgültigen Schliff. Ungewollte Grafitabdrücke kannst du mit einem Radiergummi entfernen. Achte beim Kauf von Transferpapier darauf, dass sich die übertragenen Grafitlinien radieren lassen. Ich empfehle dir das Transferpapier von Saral, es ist in mehreren Farben erhältlich.

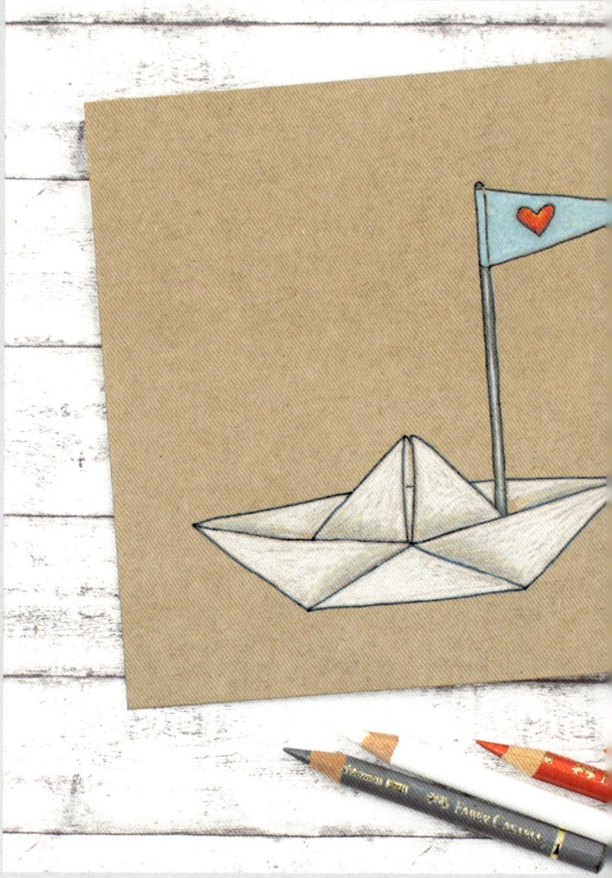

Und fertig ist die Karte.

TIPP!

Wenn du einen Buntstift zum Nachfahren der Linien verwendest, siehst du genau, welche Stellen schon übertragen wurden und welche nicht. Bleistiftlinie auf Bleistiftlinie ist dagegen nicht so eindeutig zu erkennen. Fehlen später Linien, ist es schwierig, das Motiv wieder genau gleich zu positionieren.

Methode 4 – Transparentpapier

Wie der Name schon verrät, ist dieses Papier transparent. Du legst es einfach auf deine Skizze und zeichnest alle gewünschten Linien durch. Ich verwende es oft, um Details einer Skizze zu verändern, indem ich nur Teile davon durchzeichne und sie dann um neue Linien ergänze. So entstehen neue Entwürfe. Wenn an deiner Skizze alle Änderungen abgeschlossen sind und du mit allen Linien zufrieden bist, kann die Übertragung auf ein neues Blatt Papier beginnen.

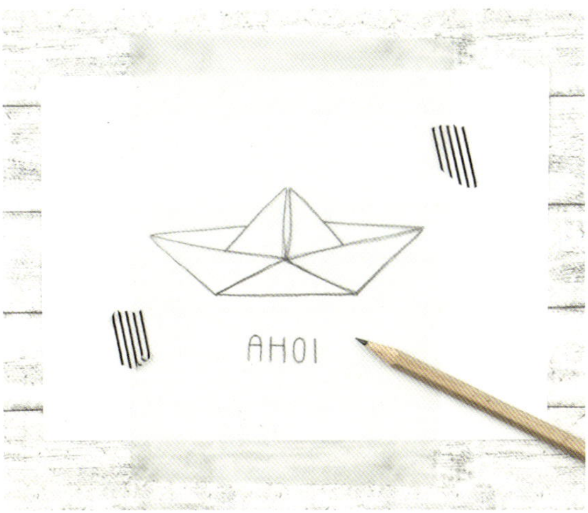

1 Befestige das Transparentpapier auf deiner Vorlage mit Klebeband. Damit verhinderst du, dass sich das Motiv verschiebt. Zeichne nun alle Linien nach, die in deiner Zeichnung sichtbar sein sollen.

TIPP!

Wenn du für deine Konturen später nicht Schwarz, sondern einen anderen Farbton verwenden möchtest, solltest du die rückseitigen Linien mit einem Buntstift in dieser Farbe nachziehen. Eine Linie »Ton in Ton« fällt nicht so auf wie eine »hässliche« Bleistiftlinie, die beispielsweise unter einem leuchtenden Orange hervorlugt oder durchscheint. Dies funktioniert übrigens auch mit einem weißen Buntstift, dessen Linien auf einen dunklen Untergrund abgedrückt werden sollen. Sie können dann ebenfalls mit einem weißen Buntstift, einem Gelstift oder Acrylmarker nachgearbeitet werden.

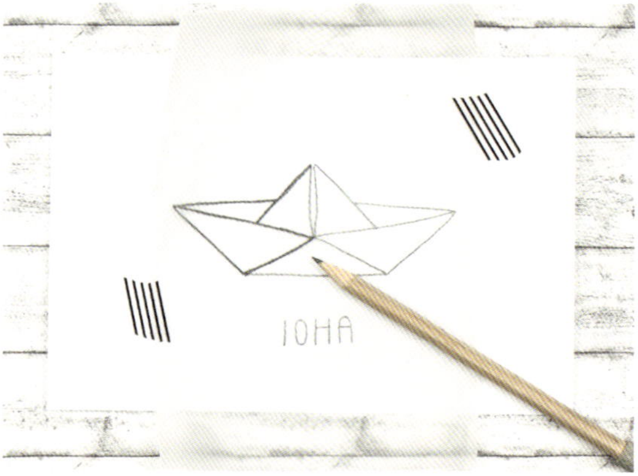

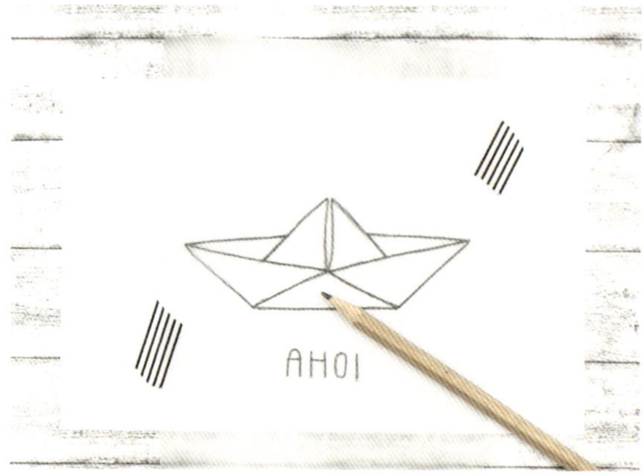

2 Wende das Transparentpapier und ziehe alle Linien deutlich mit dem Bleistift auf der Rückseite nach, damit sich die Grafitschicht später gut abdrücken kann. Hierzu sollte dein Bleistift nicht härter als HB sein. Optimal für das Nachziehen finde ich die Härtegrade HB und B.

3 Wende das Transparentpapier wieder, positioniere und fixiere es mit Klebeband auf deinem »guten« Blatt Papier. Zeichne nun erneut alle Linien nach. Übe etwas Druck auf deinen Stift aus, damit die Grafitschicht gut sichtbar wird. Hierfür sollte dein Stift nicht zu weich sein. Ein Bleistift mit dem Härtegrad HB, H oder F ist geeignet, ebenso ein Kugelschreiber. Da es nur um den Abdruck der Linien geht, kann die Kugelschreibermine auch leer sein. Du kannst auch einen anderen, nicht zu spitzen oder scharfkantigen Gegenstand verwenden, zum Beispiel eine Häkelnadel.

HINWEIS!

Hast du kein Transparent- oder Transferpapier zur Hand, »schummere« eine Grafitschicht auf die Rückseite deines Skizzenpapiers. Durch Druck auf die Schrägseite des Bleistifts schattierst du eine Fläche. Das Grafit drückt sich durch das Nachfahren des Motivs ab. Aber Achtung! Es reibt sich auch an unerwünschten Stellen ab.

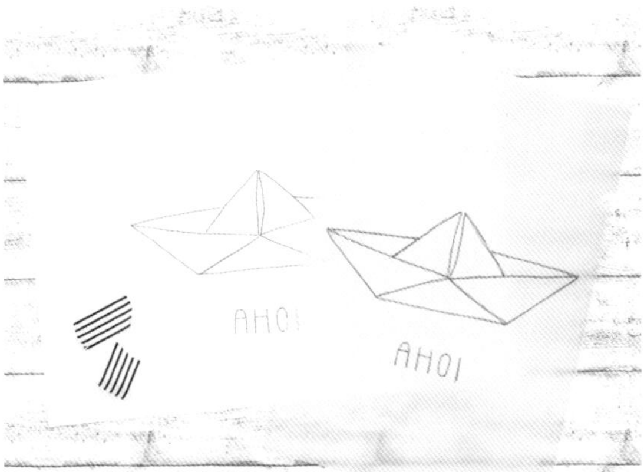

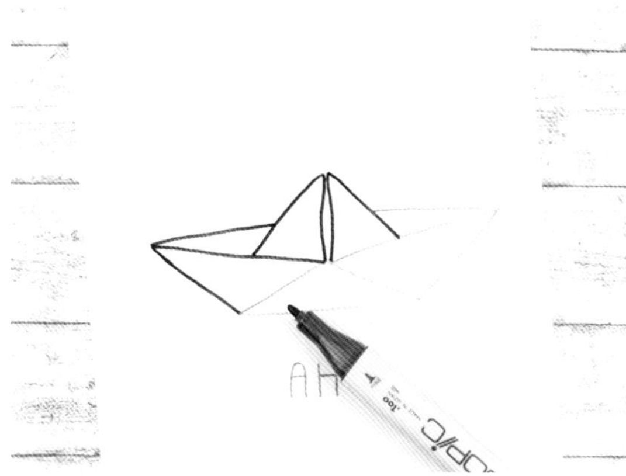

4 Löse vorsichtig die Klebestreifen ab und entferne das Transparentpapier.

5 Nun lassen sich die durchgedrückten Linien mit beliebigen Stiften nachziehen.

HINWEIS!

Wenn dein Motiv symmetrisch ist, kannst du dir den zweiten Schritt sparen. Da es hier, anders als bei Schrift oder asymmetrischen Motiven, egal ist, wenn es spiegelverkehrt auf dem Blatt ankommt, brauchst du keine Grafitschicht auf der Rückseite aufzutragen, sondern kannst von dort aus direkt die Linien der Vorderseite durchdrücken.

TIPP!

Vielleicht möchtest du dein Motiv später noch einmal verwenden. Hebe das Transparentpapier mit deiner Skizze auf, du kannst es mehrmals benutzen.

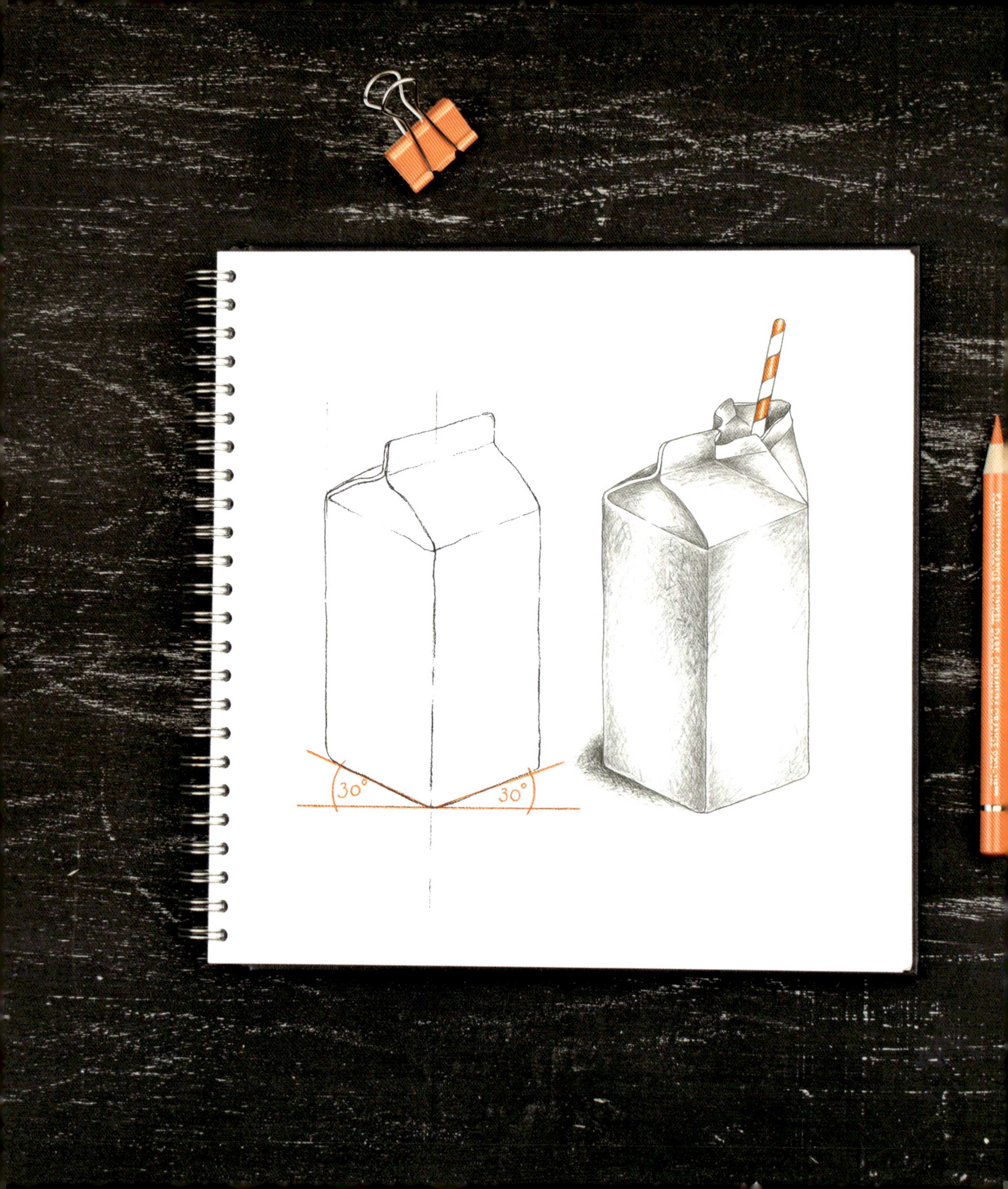
30°
30°

Basics

Schraffuren

Auch für das kreative Zeichnen sind einige grundlegende Zeichentechniken wichtig. Sie werden dir beim Zeichnen und Skizzieren sehr hilfreich sein.

Mit nur einer einzigen Linie kannst du etwas bildlich darstellen, zumindest zweidimensional. Mehrere Linien ergeben eine Fläche. Als Schraffur eingesetzt, kannst du mit ihnen Tiefe erzeugen und deine Darstellung wird plastisch. Es gibt unterschiedliche Arten von Schraffuren, einige stelle ich dir hier vor.

TIPP!

Bei runden oder organischen Motiven kann die Schraffur formunterstützend gezeichnet werden. Die Linien nehmen die Form auf. Sieh dir als Beispiel meinen Vorhang an.

»Lerne die Regeln wie ein Profi, damit du sie wie ein Künstler brechen kannst.«

– Pablo Picasso

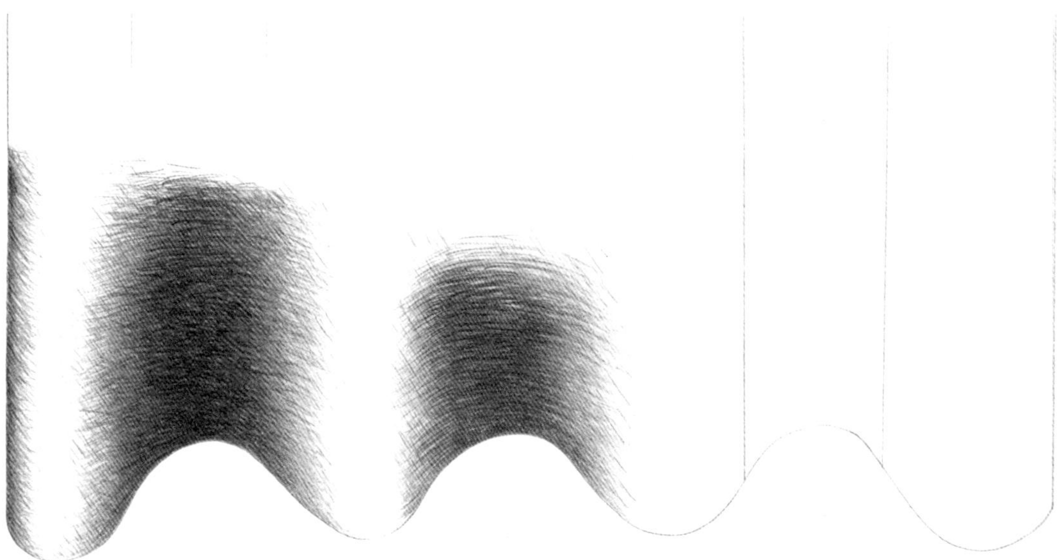

Die Parallelschraffur

Wie der Name bereits verrät, werden viele Linien parallel zueinander gezeichnet. Mehrere Linienschichten können überlagert werden. Ich zeichne sie frei Hand, manche ziehen die Linien auch mit einem Lineal. Die freihändige Schraffur verleiht einer Zeichnung allerdings einen individuellen Charakter.

Die Punktschraffur

Im Zeichenjargon wird diese Schraffur auch gern »Stippling« genannt, also »Tüpfeln«. Viele Punkte werden dicht aneinander gezeichnet und ergeben eine Fläche.

Die Kreuzschraffur

Zeichne eine weitere Parallelschraffur versetzt über die erste, dann kreuzen sich die Linien. So entsteht die Kreuzschraffur. Den Winkel der übereinanderliegenden Linien kannst du frei wählen.

Die Kreisschraffur

Ziehe Linien in kreisenden Bewegungen und setze den Stift dabei nicht ab. Die »Kreise« überlagern sich und bilden somit eine Schraffur.

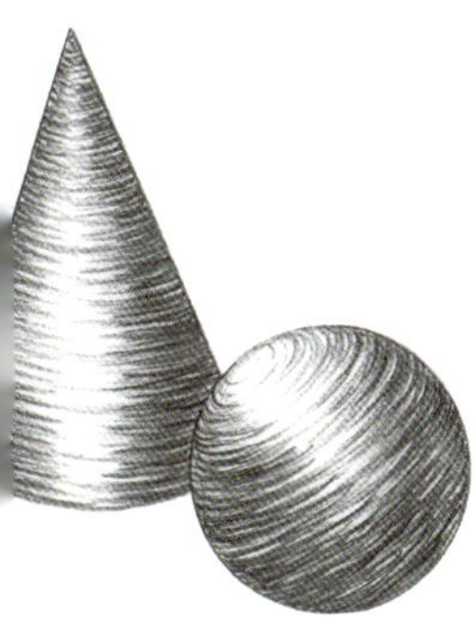
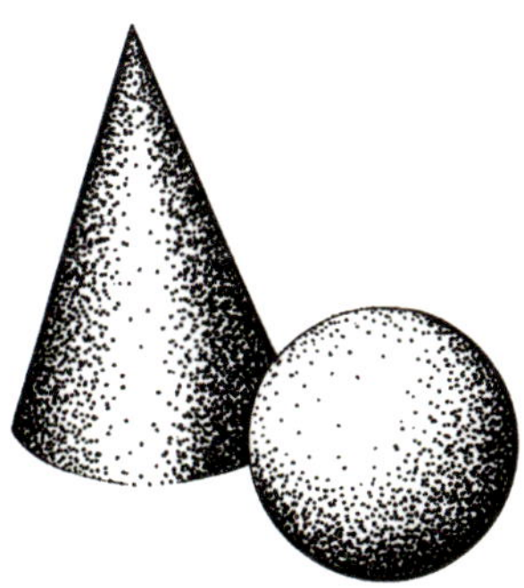
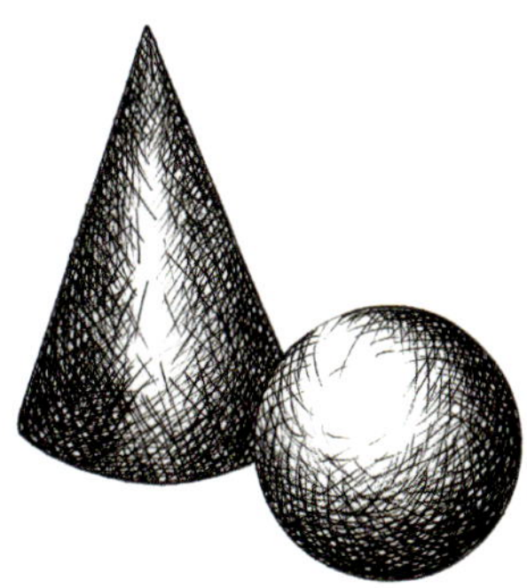
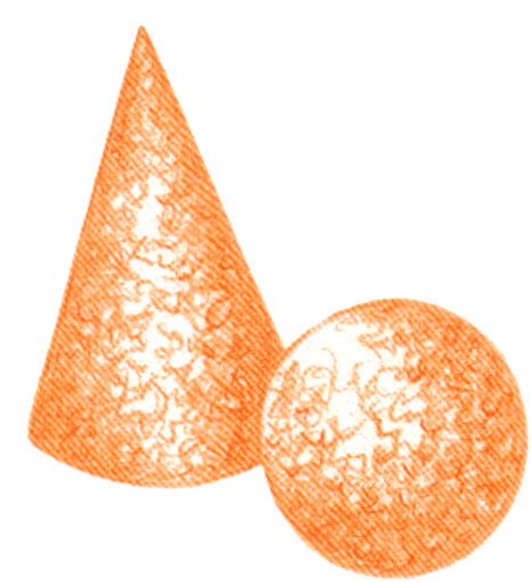

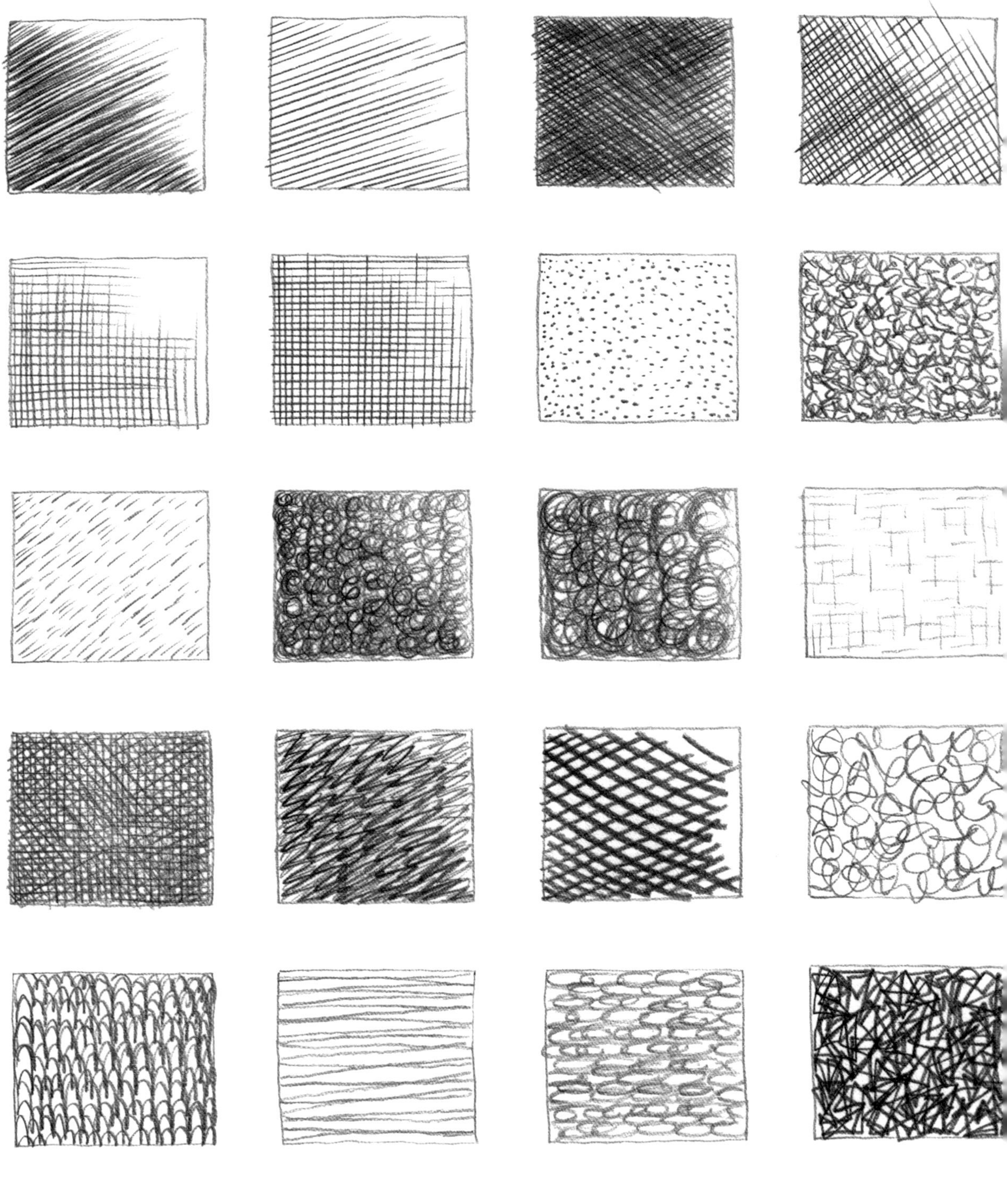

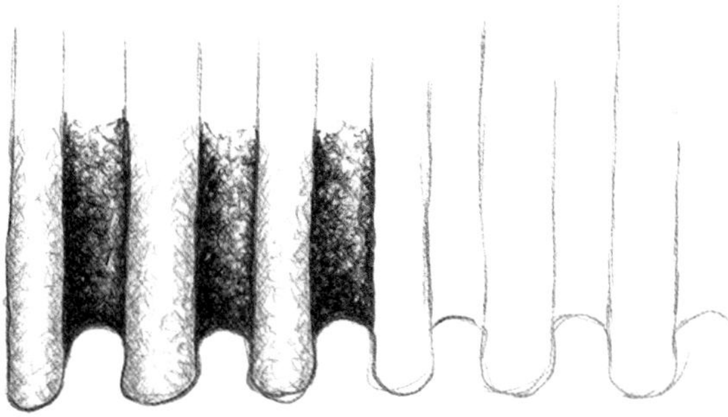

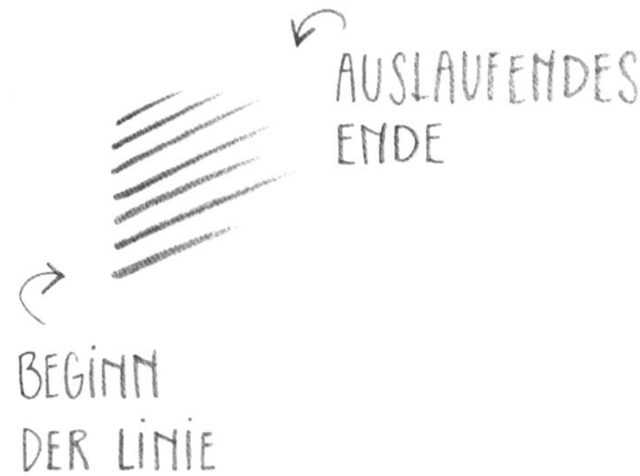

Schraffuren können aus Linien aller Art gebildet werden. Verändere die Strichform oder ihre Richtung und probiere verschiedene Freestyle-Varianten aus!

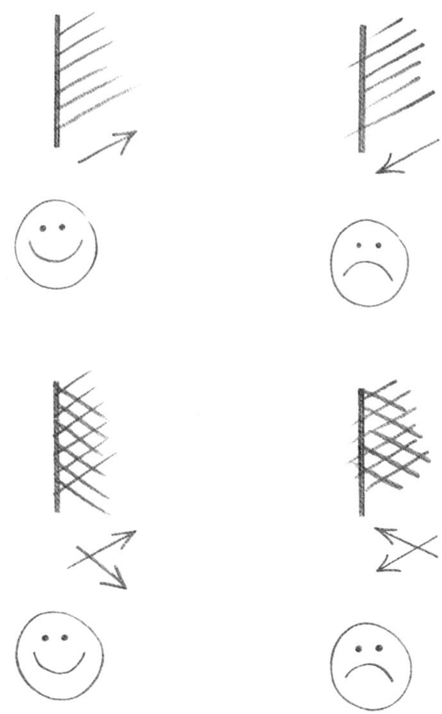

TIPP!

Beginne jede Linie deiner Parallel- oder Kreuzschraffur an der Konturlinie deines Motivs. Denn der Anfang einer Linie ist meist starr und etwas kräftiger, wohingegen sie eher schwach und auslaufend endet. So erhältst du einen fließenden Übergang zwischen Konturlinie und Schraffur und einen harmonischen Gesamteindruck. Schraffuren, die nicht an einer Außenlinie beginnen, sind natürlich ausgenommen.

Tonwerte

Als Tonwerte bezeichnet man unterschiedliche Helligkeitsabstufungen in einer Zeichnung bzw. einem Bild. Man spricht auch von Grautönen. Ein Tonwert entspricht genau einem Grauton aus einer Graustufenpalette. Diese Tonwertpalette umfasst alle Grautöne, die zwischen Weiß und Schwarz liegen.

Mit **Schraffuren** lassen sich unterschiedliche Tonwerte darstellen. Diese Helligkeitsabstufungen vermitteln den Eindruck von Licht und Schatten (siehe Seite 64). Sie lassen eine Fläche oder eine gesamte Zeichnung dreidimensional erscheinen.

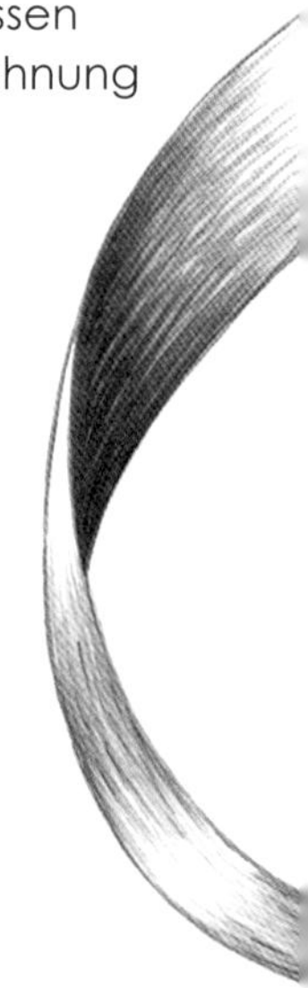

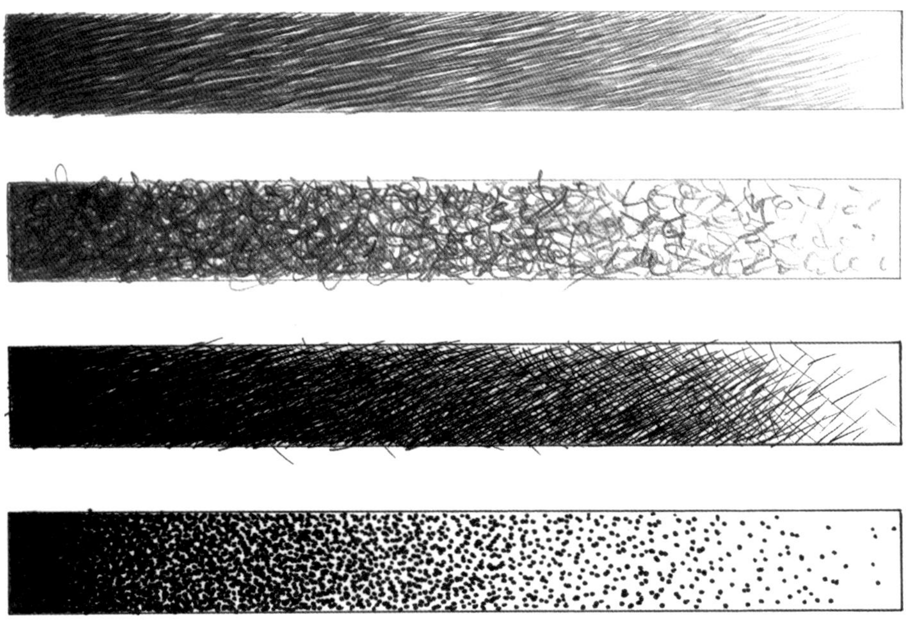

Die dunklen Linien (oder Punkte) der Schraffur und der weiße Untergrund bilden optisch eine Einheit. Es entsteht der Anschein einer grauen Fläche. Kneife etwas die Augen zu, siehst du es?

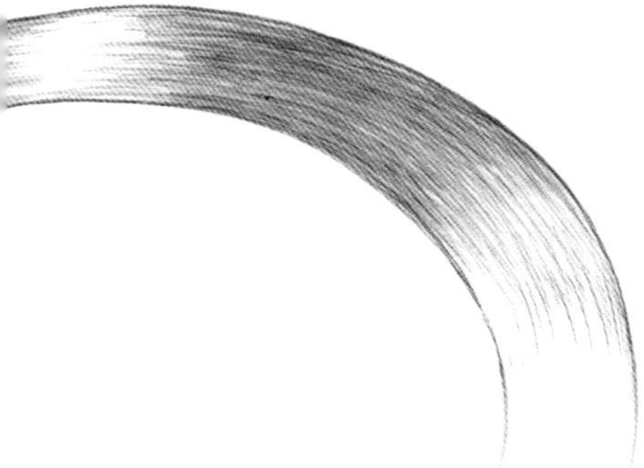

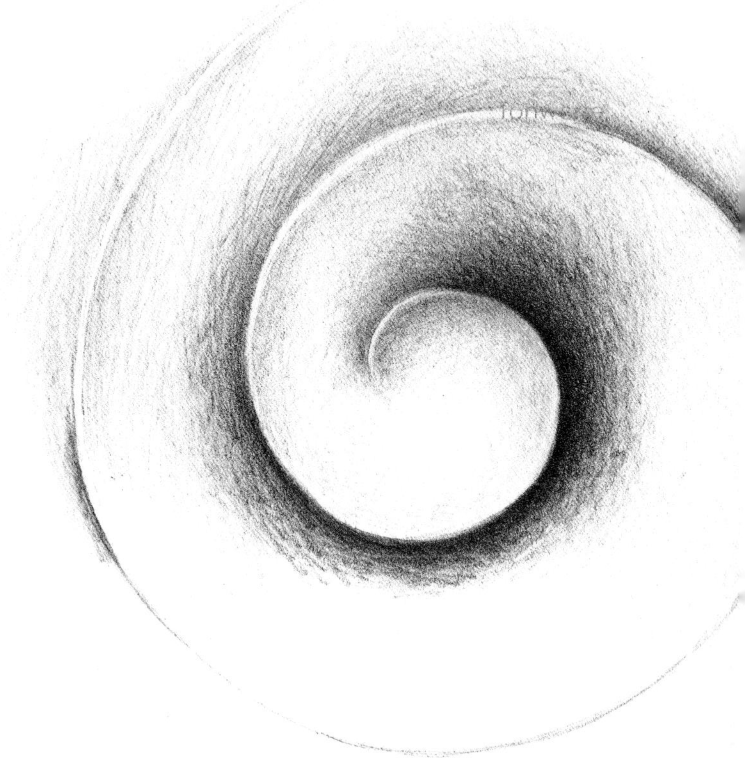

Es gibt drei Methoden, um verschiedene Tonwerte durch das Schraffieren mit dem Bleistift zu erzeugen. Du kannst dich für eine oder mehrere entscheiden. Ich nutze alle drei Methoden, sie ergänzen sich hervorragend.

HINWEIS!

Auch farbige Bilder besitzen Tonwerte. Sie sind jedoch erst erkennbar, wenn ein Farbbild in Schwarz-Weiß dargestellt wird. Ein Bild mit einer intensiven Farbigkeit besitzt wenige Tonwerte und erscheint dann eher als ein »Grau in Grau«. Tonwert und Farbe heben sich gegenseitig auf.

Methode 1 – Den Abstand der Linien variieren

Unterschiedliche Grautöne kannst du durch den Abstand der Linien deiner Schraffur bilden. Je dichter die einzelnen Linien liegen, desto dunkler wird der Tonwert. Für einen besonders dunklen Tonwert können Schraffurlinien auch beliebig überlagert werden.

HINWEIS!

Mithilfe von Methode 1 kannst du nicht nur mit Blei- und Buntstiften verschiedene Tonwerte erreichen. Du kannst ebenso Fineliner, Zeichenfedern, Kugelschreiber und viele andere Zeichenwerkzeuge nutzen. Für die Methoden 2 und 3 sind diese Werkzeuge jedoch nicht geeignet.

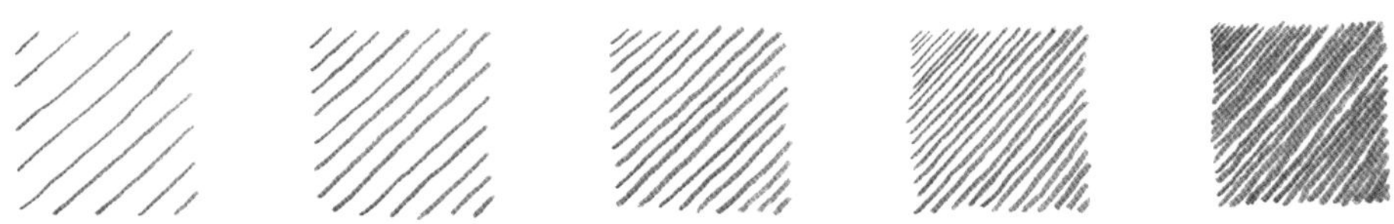

Methode 2 – Den Druck beim Zeichnen verändern

Auch durch einen unterschiedlich starken Druck mit dem Bleistift kannst du den Tonwert deiner Linien verändern. Je stärker der Bleistift beim Zeichnen auf das Papier gedrückt wird, desto dunkler und breiter werden die Linien. Bei einem leichten Druck zeichnen sich hingegen helle und dünne Linien ab. Mit geringem Druck kannst du auf diese Weise sehr dichte Linien zeichnen, ohne, dass die Schraffur zu dunkel wird.

Methode 3 – Das Einsetzen unterschiedlicher Härtegrade

HINWEIS!

Weitere Härtegrade stelle ich dir in »Material und Werkzeug« ab Seite 32 vor.

Bleistifte mit unterschiedlichen Härtegraden erzeugen auch Linien in unterschiedlichen Tonwerten. Verwendet man harte Bleistifte, so erhält man helle Linien. Mit weichen Bleistiften erzielt man wiederum dunkle Striche.

Für Bleistiftschraffuren benutze ich am liebsten die Härtegrade H, HB, B, 3B und 6B. In dieser Reihenfolge habe ich die Stifte für diese Schraffur eingesetzt.

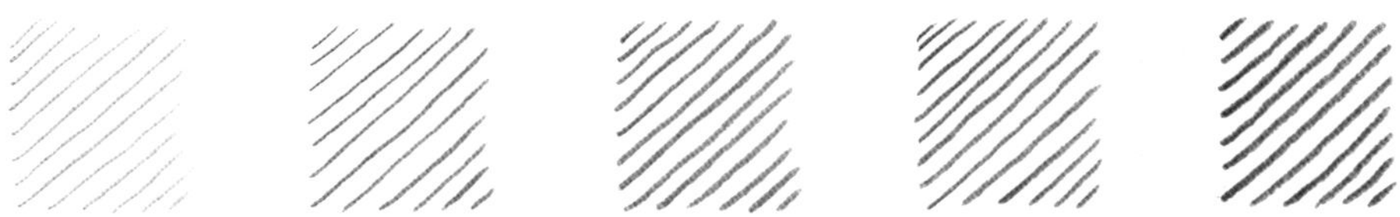

TIPP!

Wenn du weder auf die Liniendichte noch auf einen optimalen Druck auf den Bleistift achten möchtest, ist diese Methode möglicherweise die richtige für dich. Ein Bleistift eines bestimmten Härtegrades kann nur einen eingeschränkten Bereich an Tonwerten erzielen. So könnte man beispielsweise mit einem Härtegrad H niemals versehentlich zu dunkle Linien zeichnen.

Licht und Schatten

Durch das Darstellen von Licht und Schatten erzeugen wir Tiefe in unseren Zeichnungen. Dadurch erreichen wir Plastizität. Helle und dunkle Bereiche entstehen durch den Einfall des Lichts. Die dunklen Bereiche bilden den Schatten. Zum Schattieren von Flächen können Schraffuren eingesetzt werden, unterschiedliche Schraffuren hast du ja bereits kennengelernt. Je nach Lichtintensität fallen die Schatten unterschiedlich stark aus. Verschiedene Tonwerte in der Schattierung stellen dies gut dar.

So viel ist klar: Ohne Licht gibt es keinen Schatten. Auf Flächen, wo wenig oder gar kein Licht hinfällt, bilden sich Schatten. Je weniger Licht auf eine Fläche fällt, desto dunkler ist der Schatten.

»Wo viel Licht ist,
ist starker Schatten.«

– Johann Wolfgang von Goethe

Körperschatten und Schlagschatten

Es gibt zwei Arten von Schatten: den Körper- und den Schlagschatten. Der Körperschatten ist der eigene Schatten innerhalb eines Körpers. Der Schlagschatten ist der Schatten, den ein Körper wirft.

Der **Schattenwurf** eines Körpers ist abhängig von der Intensität des Lichts sowie von Richtung und Winkel des Lichteinfalls. Beispielsweise wirft die Sonne ein ganz anderes Licht auf ein Objekt als eine Deckenlampe. Auch ein indirektes, diffuses Licht lässt einen Schatten anders aussehen als ein Scheinwerfer.

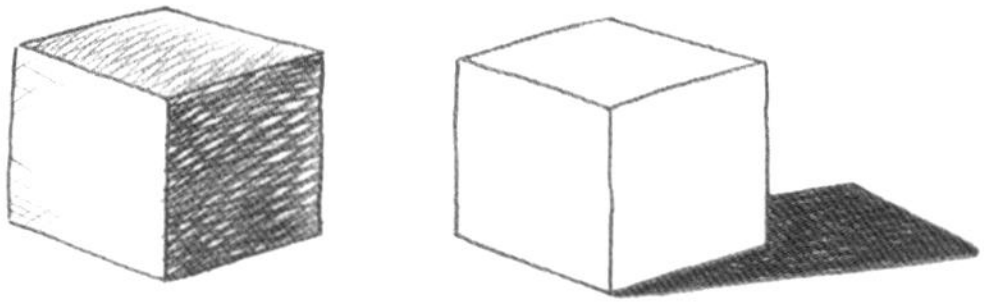

Körper- und Schlagschatten

Das **Scheinwerferlicht**, auch **Spotlight** genannt, möchte ich nun näher »beleuchten«. Von einem Scheinwerfer oder einer Taschenlampe geht ein kegelförmiges Licht aus. Der Lichtkegel wirft ein sehr helles Licht auf einen Körper und erzeugt somit einen kontrastreichen, dunklen Schlagschatten. Trifft das Licht von oben rechts auf den Körper, dann fällt der Schatten nach unten links – und andersherum.

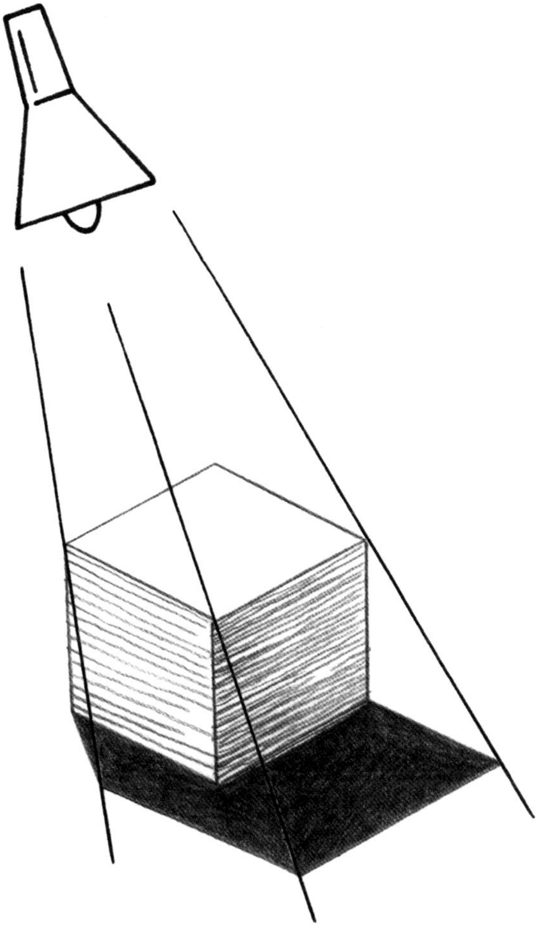

Schlagschatten bei einem Lichteinfall von oben links

TIPP!

Manchmal verwirren uns mehrere Lichtquellen. Stelle dir vor, du hättest einen Tageslichteinfall aus verschiedenen Richtungen, zum Beispiel in einen Raum mit mehreren Fenstern. Und zusätzlich ist die Deckenlampe eingeschaltet. Dein Objekt hat nun mehrere, nicht klar definierte Schatten. Auch exakt abgebildet entsteht leicht der Eindruck, dass etwas nicht stimmt. Bei deinen Zeichnungen kannst du den Lichteinfall selbst bestimmen. Lege einfach die Lichtstärke und ihre Position fest, dann weißt du genau, wohin dein Schatten fällt und wie hell oder dunkel du ihn darstellen musst.

Parallelprojektionen

Um Objekte räumlich zu zeichnen gibt es eine Reihe unterschiedlicher Darstellungsformen. Vielleicht erinnerst du dich noch an die verschiedenen **Axonometrie-Arten** aus dem Mathematikunterricht. Diese helfen sehr bei der Darstellung von geometrischen Körpern. Die drei geläufigsten Axonometrien sind die Isometrie, die Dimetrie und die Kabinettprojektion. Sie unterscheiden sich im Winkel, in dem die nach hinten laufenden Körperkanten liegen, zählen aber alle zu den **Parallelprojektionen**. Das heißt, dass alle Körperkanten, die parallel verlaufen, auch parallel gezeichnet werden. Ganz im Gegensatz zu einer Perspektive, bei der mit Fluchtpunkten gearbeitet wird. Darauf gehe ich im Anschluss ein.

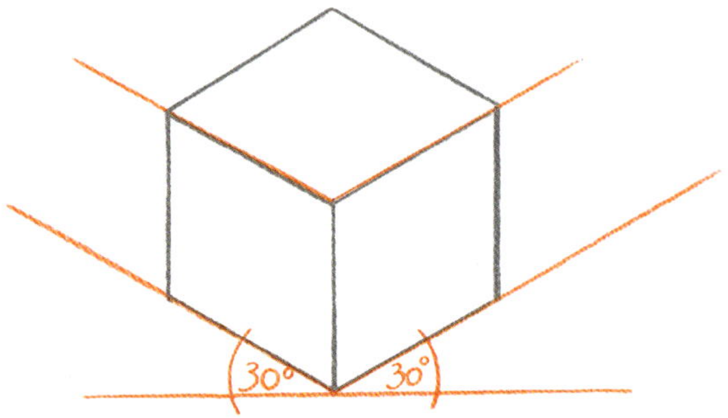

Isometrische Axonometrie – Winkel 30°/30° – Seitenverhältnis 1:1:1

Isometrie

In der isometrischen Ansicht verlaufen die Körperkanten im 30°-Winkel zur waagerechten Grundlinie. Die Kanten werden nicht gekürzt gezeichnet.

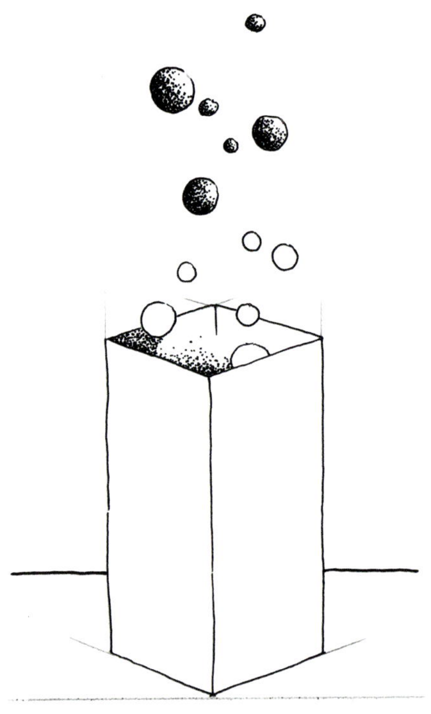

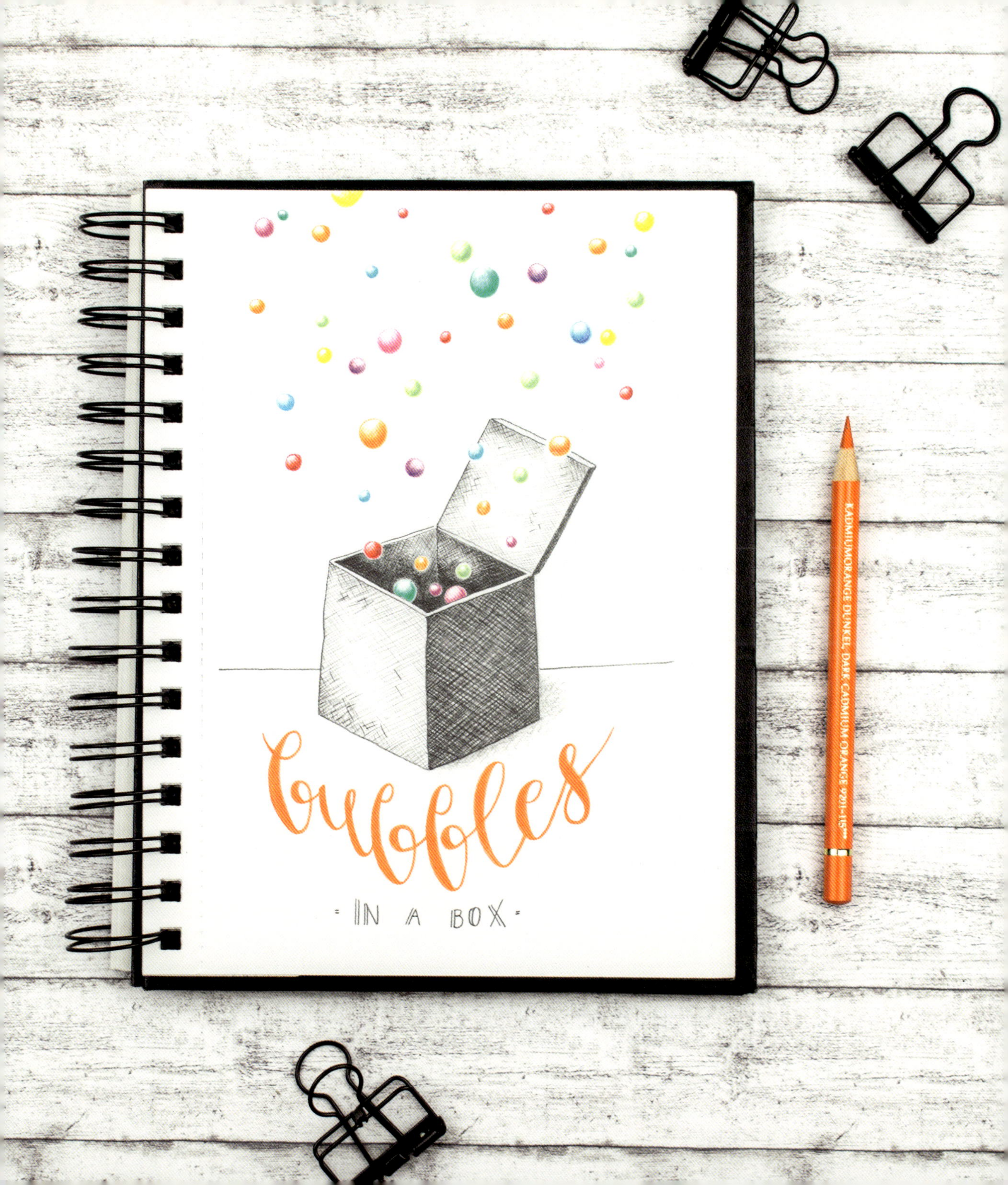
bubbles
IN A BOX
KADMIUMORANGE DUNKEL DARK CADMIUM ORANGE 9201-115

Dimetrie

In der dimetrischen Ansicht verläuft eine der Körperkanten im 7°-Winkel zur Grundlinie, die andere im 42°-Winkel. Die Länge der Kante, die im 42°-Winkel gezeichnet wird, wird halbiert. Ihre Darstellung ist also im Seitenverhältnis 1:2. Die andere Körperkante behält ihr Maß.

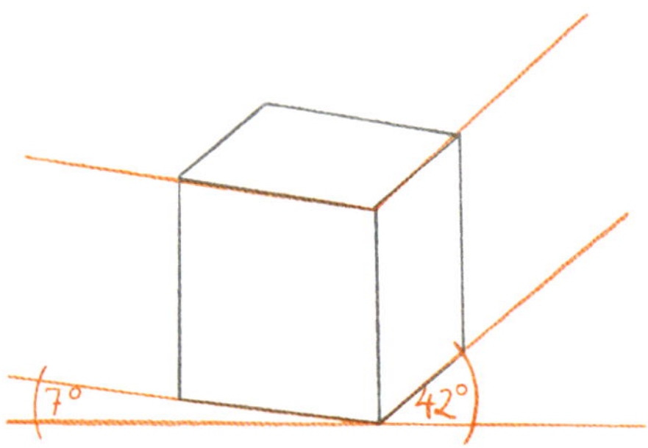

Dimetrische Axonometrie – Winkel 7°/42° – Seitenverhältnis 1:1/1:2

Kabinettprojektion

Bei der Kabinettprojektion verläuft eine Körperkante auf der horizontalen Linie, sie wird nicht gekürzt dargestellt. Der Winkel der zweiten Kante beträgt 45° und die Länge der Kante wird um die Hälfte gekürzt, sie wird also im Seitenverhältnis 1:2 gezeichnet.

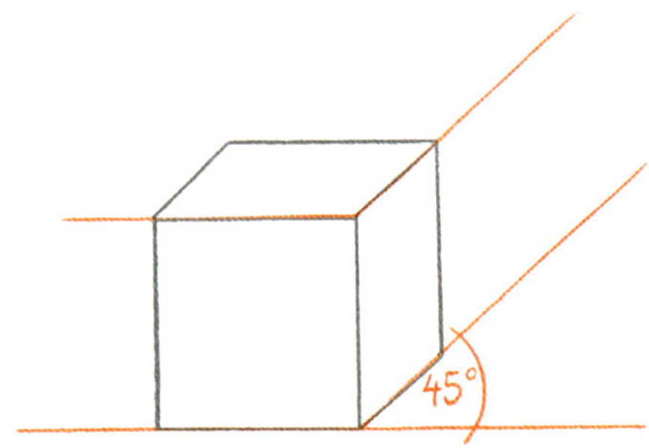

Kabinettprojektion – Winkel 0°/45° – Seitenverhältnis 1:1/1:2

TIPP!

Möchtest du beispielsweise ein Haus mit einer besonders schönen Front darstellen, sollte diese im 7°-Winkel zur horizontalen Linie stehen. So müssen wichtige oder schöne Elemente nicht gekürzt dargestellt werden.

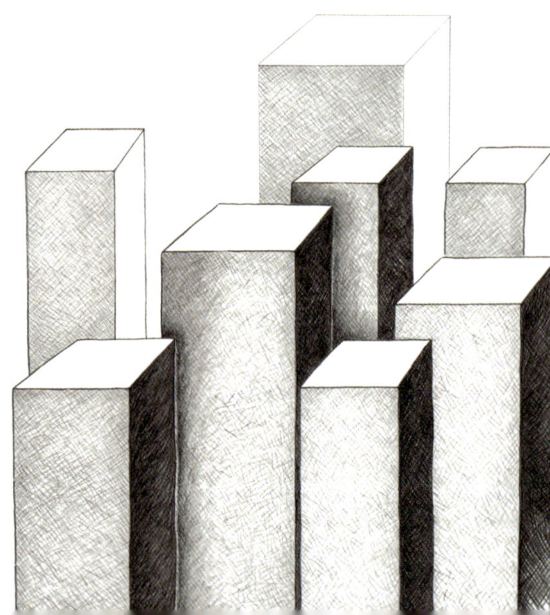

Perspektive

Nach der **Axonometrie (Parallelprojektion)** geht es nun um **Perspektive (Zentralprojektion)**. Beide Darstellungsarten dienen der plastischen, also dreidimensionalen Abbildung von Objekten. Anders als bei der Parallelprojektion, bei der die parallelen Körperkanten auch in der Darstellung parallel verlaufen, streben bei der Zentralprojektion die Kanten zu einem zentralen Punkt, dem sogenannten **Fluchtpunkt**. Dabei verjüngen und verkürzen sich die nach hinten laufenden Kanten. Mit dem folgenden Bild möchte ich dir den Unterschied verdeutlichen.

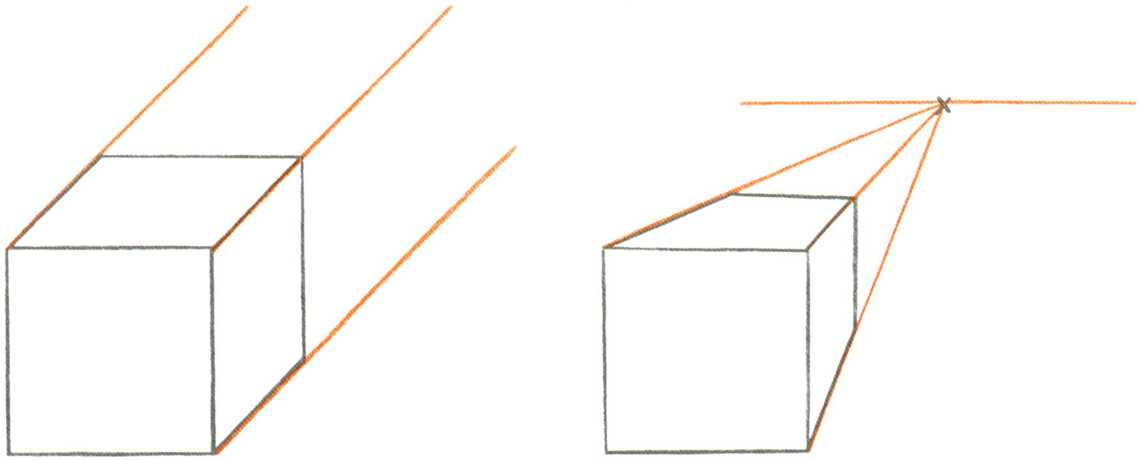

Fluchtpunkt und Horizontlinie

Die Wirkung von perspektivisch gezeichneten Objekten ist besonders realistisch. Täglich nehmen wir optisch die Dinge verzerrt wahr, ohne dem eine besondere Bedeutung zuzuschreiben. Schau zum Beispiel eine gerade verlaufende Straße herunter. Der Punkt, an dem dein Blick auf den Horizont trifft, ist der Fluchtpunkt der Zentralperspektive. Parallele Linien von Objekten laufen alle auf diesen Fluchtpunkt zu. In diesem Fall sind es die Linien bzw. Kanten der Häuser und Fenster.

Die Höhe des Fluchtpunktes, bzw. der durch diesen Punkt laufenden horizontalen Linie, hängt von der Augenhöhe der betrachtenden Person ab. Sind sie kleiner, verschiebt sich diese Höhe nach unten und somit auch der Fluchtpunkt. Ein besonders tief liegender Blickpunkt, bei dem sich der Fluchtpunkt weit im unteren Bereich des Bildes befindet, bezeichnet man als **Froschperspektive.**
Ist die Augenhöhe besonders hoch, liegt der Fluchtpunkt am oberen Bildrand und man spricht von einer **Vogelperspektive.**

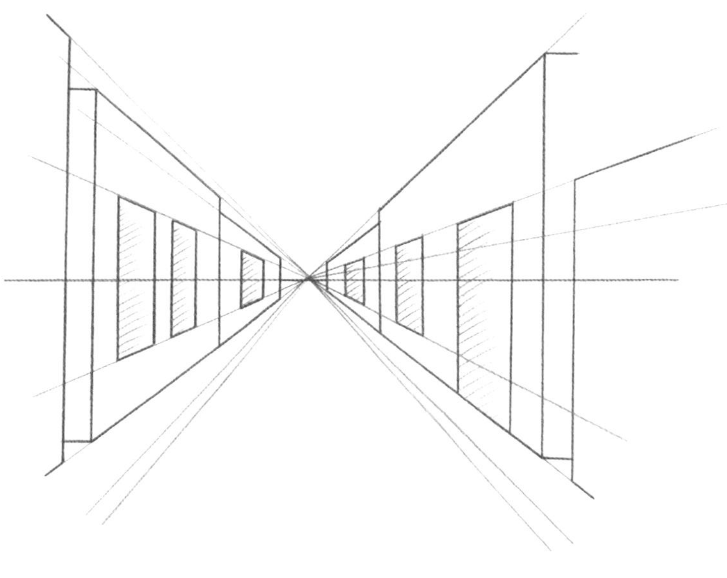

In der Zentralperspektive scheinen Gebäude bei wachsender Entfernung immer kleiner zu werden.

Kreative Beispiele dazu zeige ich dir auf den Seite 204 bis 206.

Unterschiede bei der Perspektive ergeben sich neben der Augenhöhe auch durch die Anzahl der Fluchtpunkte. Beginnen wir mit der Einpunkt-Perspektive aus dem Beispiel der Straßenflucht.

Einpunkt-Perspektive

Bei der Einpunkt-Perspektive laufen alle Fluchtlinien auf einen Punkt zu. Die horizontalen und vertikalen Linien, die sich nicht auf einer Fluchtlinie befinden, wie die Seiten eines Würfels oder Quaders, verlaufen weiterhin parallel zueinander.

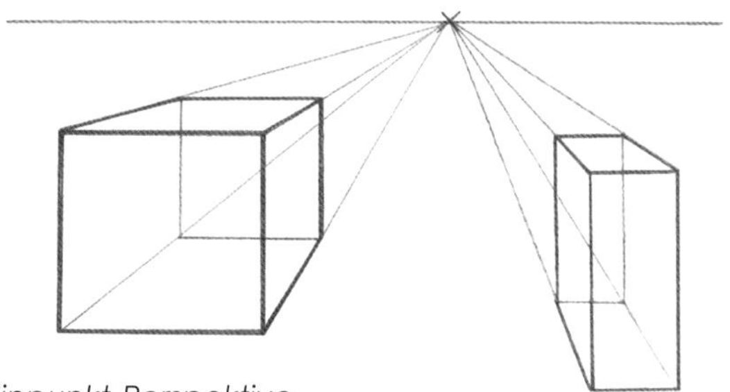

Einpunkt-Perspektive

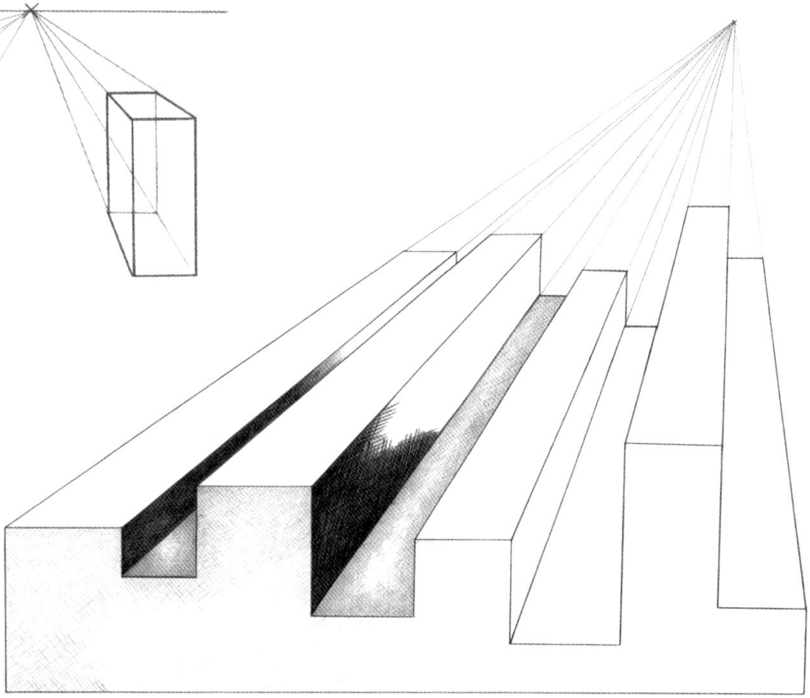

Zeichne eine Perspektive mit einer Figur, die dir gerade in den Sinn kommt.

Zweipunkt-Perspektive

Bei dieser Perspektive befinden sich zwei Fluchtpunkte auf der Horizontlinie. Du siehst hier die Perspektiven aus verschiedenen Blickhöhen. Die Frosch-, Normal- und Vogelperspektive kann sowohl mit einem als auch mit mehreren Fluchtpunkten gezeichnet werden.

MERKE!

Die Zweipunkt-Perspektive wird auch als Eckperspektive bezeichnet. Sie kommt oft zur Anwendung, wenn der Blick auf die Ecke eines Objekts gerichtet ist.

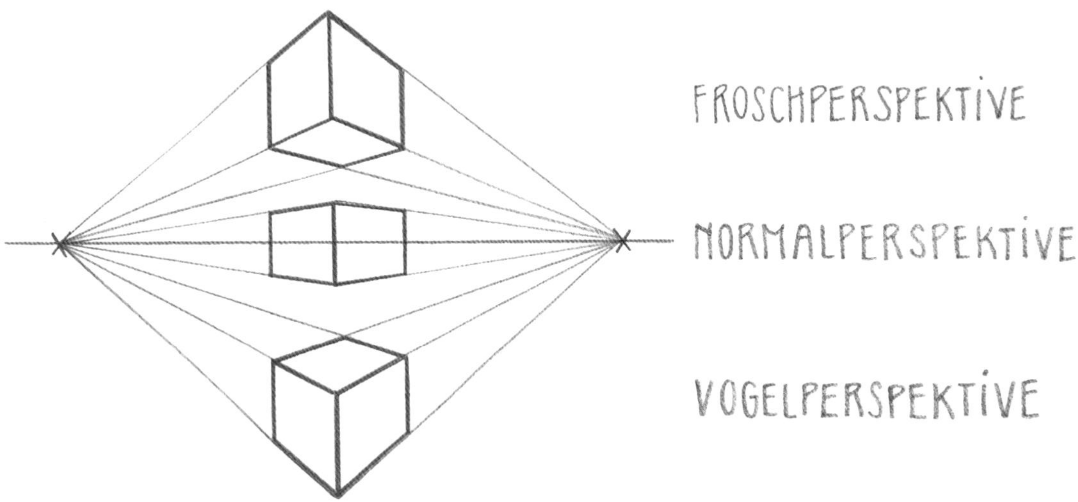

Zweipunkt-Perspektive

MERKE!

Alle Fluchtpunkte befinden sich auf der Horizontlinie.

Dreipunkt-Perspektive

Hier wird die Zweipunkt-Perspektive um einen weiteren Fluchtpunkt erweitert. Dieser liegt allerdings nicht auf der Horizontlinie, sondern kann im oberen sowie unteren Bereich des Bildes platziert werden. Alle Senkrechten laufen nun zu diesem Punkt hin. Somit verlaufen die Körperkanten eines Objekts nicht mehr parallel zueinander, sondern verjüngen sich in der Höhe bzw. in der Tiefe.

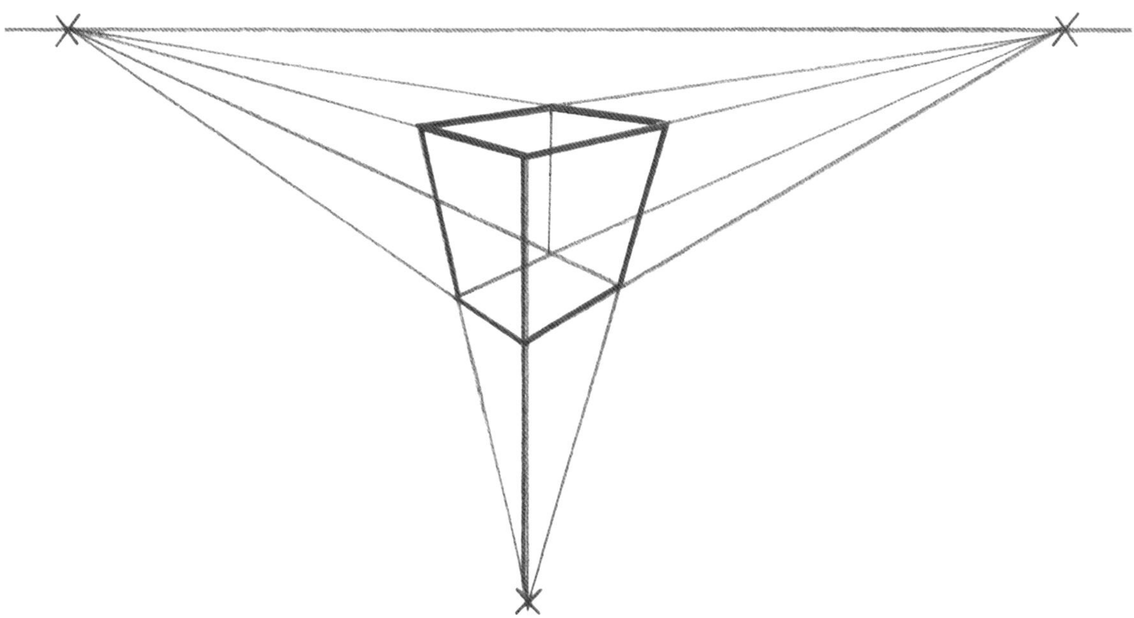

Dreipunkt-Perspektive

Ellipsen

Auch wenn du es vielleicht kaum erwarten kannst, endlich mit den kreativen Zeichenideen zu beginnen, stelle ich dir noch eine sehr wichtige geometrische Figur vor: die Ellipse. Sie wird dir beim Zeichnen immer wieder begegnen. Betrachtest du einen Kreis perspektivisch, wird er zu einer Ellipse. Sieh dir zum Beispiel den oberen Rand deines Trinkglases von schräg oben an. Oder schneide einen zylindrischen Körper, beispielsweise ein Stück Rohr, diagonal ab. Die Form ihrer Öffnung ist nicht mehr kreisrund, sondern oval. Genauer gesagt, sie ist elliptisch geformt.

Eine Ellipse folgt den gleichen Regeln wie ein Kreis. Sie besitzt ebenfalls keine geraden Linien, sondern besteht aus Bögen. Viertelst du einen Kreis, erhältst du vier exakt gleiche »Tortenstücke«. Genauso verhält es sich auch bei der Ellipse.

Das Viertel oben links ist das Spiegelbild von oben rechts. Dieses wiederum ist spiegelbildlich das Viertel von unten rechts. Jedes Teilstück spiegelt also seinen Nachbarn, vertikal sowie horizontal. Diese Erkenntnis erleichtert uns das Zeichnen für den künstlerischen Bereich. Im Gegensatz zum mathematischen Konstruieren einer Ellipse

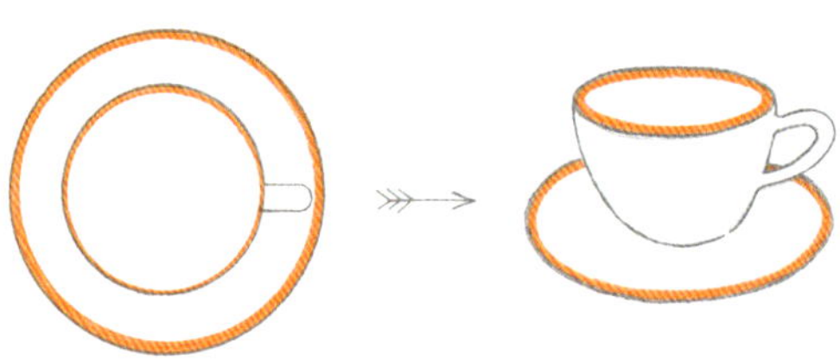

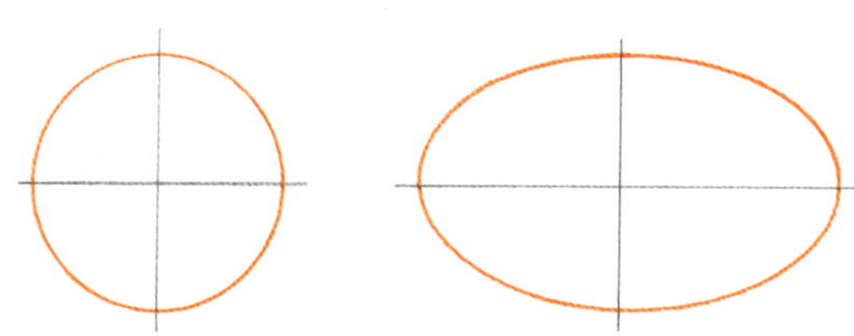

TIPP!

Drehe dein Blatt beim Zeichnen der Ellipsenbögen. Beim Zeichnen mit der rechten Hand fällt ein Schwung nach links leichter als nach rechts. Bei denen, die mit der linken Hand arbeiten, verhält es sich andersherum. Wenn du dein Blatt nach jedem Segment drehst, erhältst du immer die gleiche »Schwungrichtung«.

kommst du hier ganz ohne Formeln und Berechnungen aus. Um das Zeichnen der Ellipsenbögen zu üben, empfiehlt es sich, zuerst einen rechteckigen Rahmen zu zeichnen. Teile das Rechteck in vier gleich große Segmente. Nun kannst du jeden Viertelbogen in eines der entstandenen Felder einpassen. Jedes Bogenstück sollte identisch geformt sein. Korrigiere so lange, bis du »den Bogen raushast«.

Es kann vorkommen, dass eine Ellipsenhälfte besser oder perfekter als die andere geworden ist. In diesem Fall besteht auch die Möglichkeit, die gelungene Hälfte zu spiegeln. Falte hierzu dein Blatt Papier an der Mittelachse der Ellipse und übertrage die gewünschte Hälfte. So erhältst du zwei identische Hälften. Ebenso kann natürlich jedes Viertelstück »kopiert« werden. Verschiedene Wege zum Übertragen eines Motivs zeige ich dir auf den Seiten 46 bis 53.

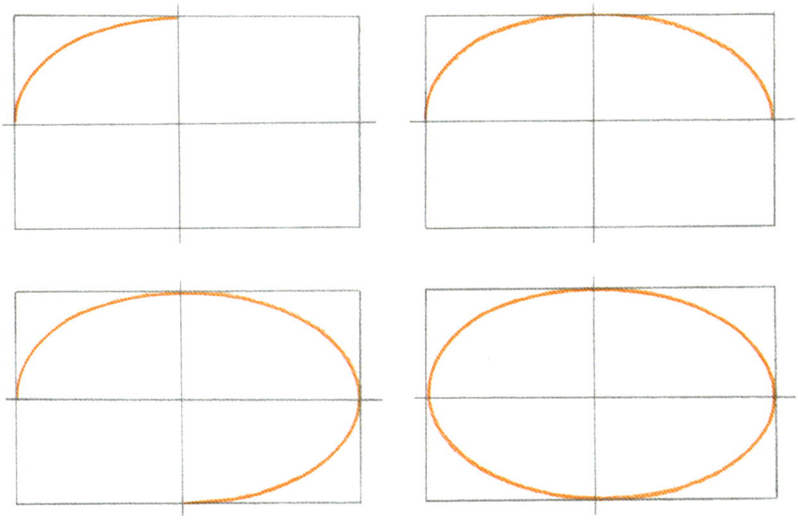

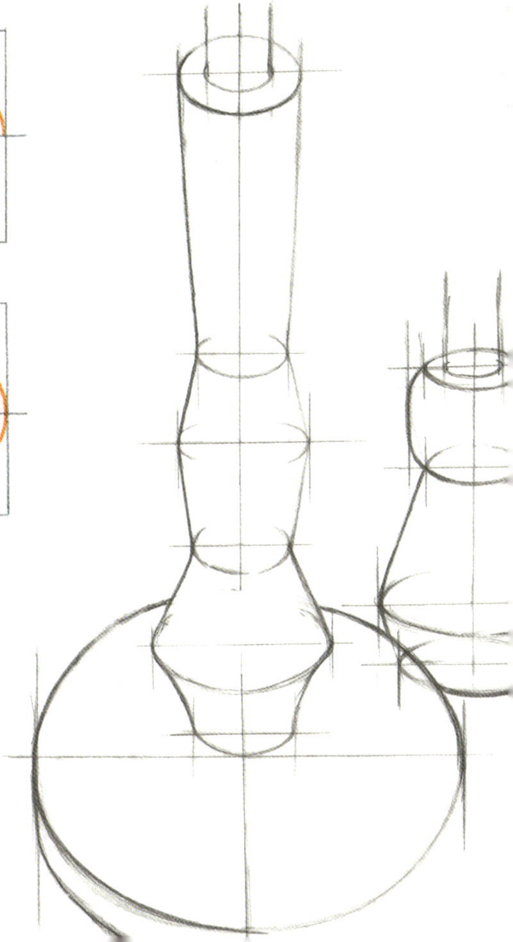

Auch kreative Skizzen sehen besser aus, wenn sie stimmig gezeichnet sind. Manchmal mache ich eine Vorzeichnung mit Lineal und Bleistift und zeichne anschließend die Linien frei Hand mit einem Fineliner nach. Diese Linien werden nicht perfekt, aber gerade das macht den Reiz der Zeichnung aus. Sie erhält dadurch einen lockeren, ungezwungenen Charakter. Die Linien wirken nicht so steif und förmlich wie in einer technischen Zeichnung. Unter Berücksichtigung einiger Regeln ergänzen sich das Arbeiten mit Lineal und freihändiges Zeichnen ganz gut.

HINWEIS!

An den Stellen, an denen sich deine Hälften oder Viertelstücke berühren, dürfen keine »Spitzen« entstehen. Die Linien enden flach, sodass ein fließender Übergang entsteht.

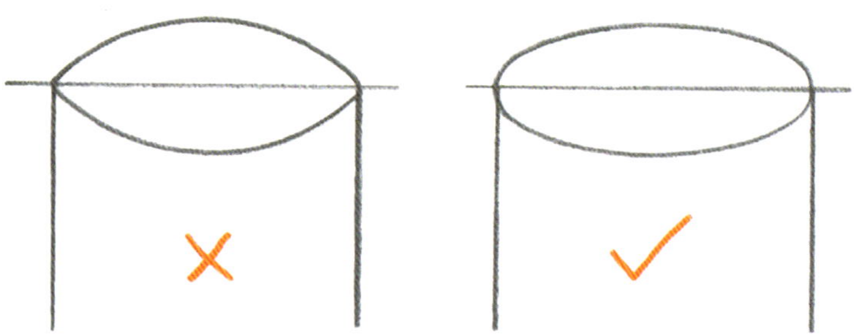

Ein häufiger Fehler beim Zeichnen von zylindrischen Objekten

TIPP!

Auch wenn es zusätzliche Mühe bereitet: Unterschiedlich große Ellipsen in Körpern solltest du einzeichnen, um die genaue Form zu erfassen. Du kannst sie später wegradieren oder die Umrisslinien deiner finalen Form auf ein neues Papier übertragen.

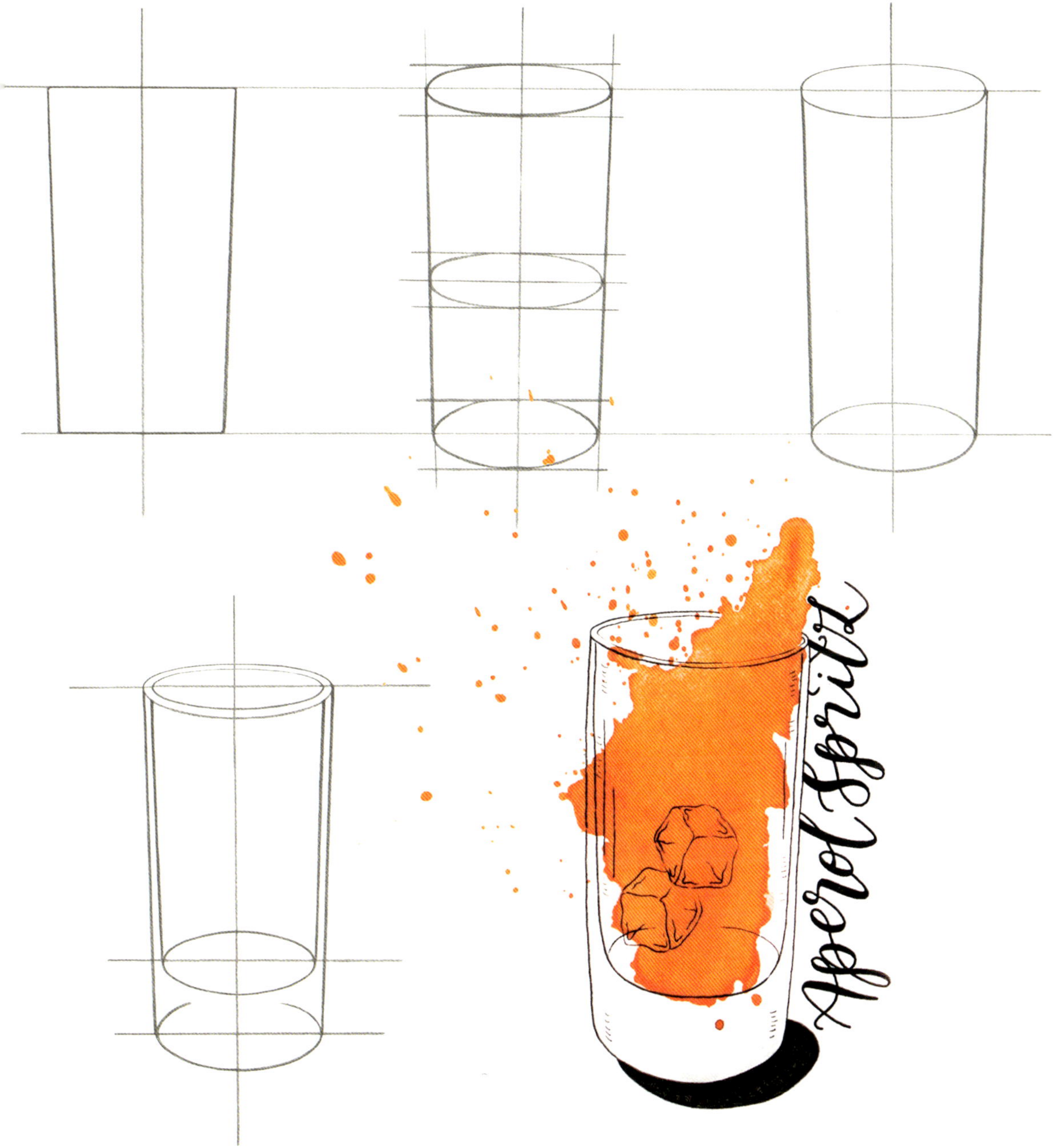
Aperol Spritz

Heute bin ich in Feierlaune, ich lasse »die Korken knallen«. Um den Korken in seiner Flugbahn zeichnerisch festzuhalten, verändert sich nun meine Augenhöhe. Das bedeutet, dass sich die Horizonthöhe verschiebt, zusammen mit meinem Blickpunkt. Dieser ist der Fluchtpunkt. Mein Korken schießt in die Luft, sein zylindrischer Körper verjüngt sich etwas. Auch auf diesen Körper kannst du alles bisher Gelernte anwenden. Jetzt kannst du auch die Korken knallen lassen!

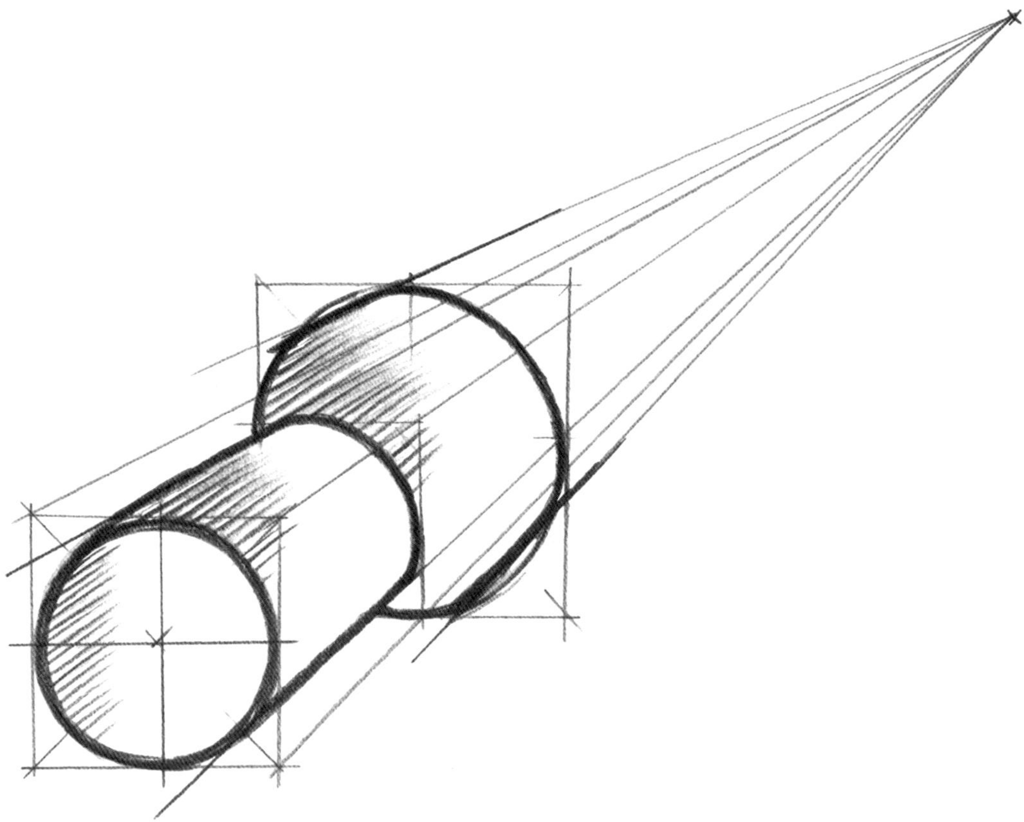

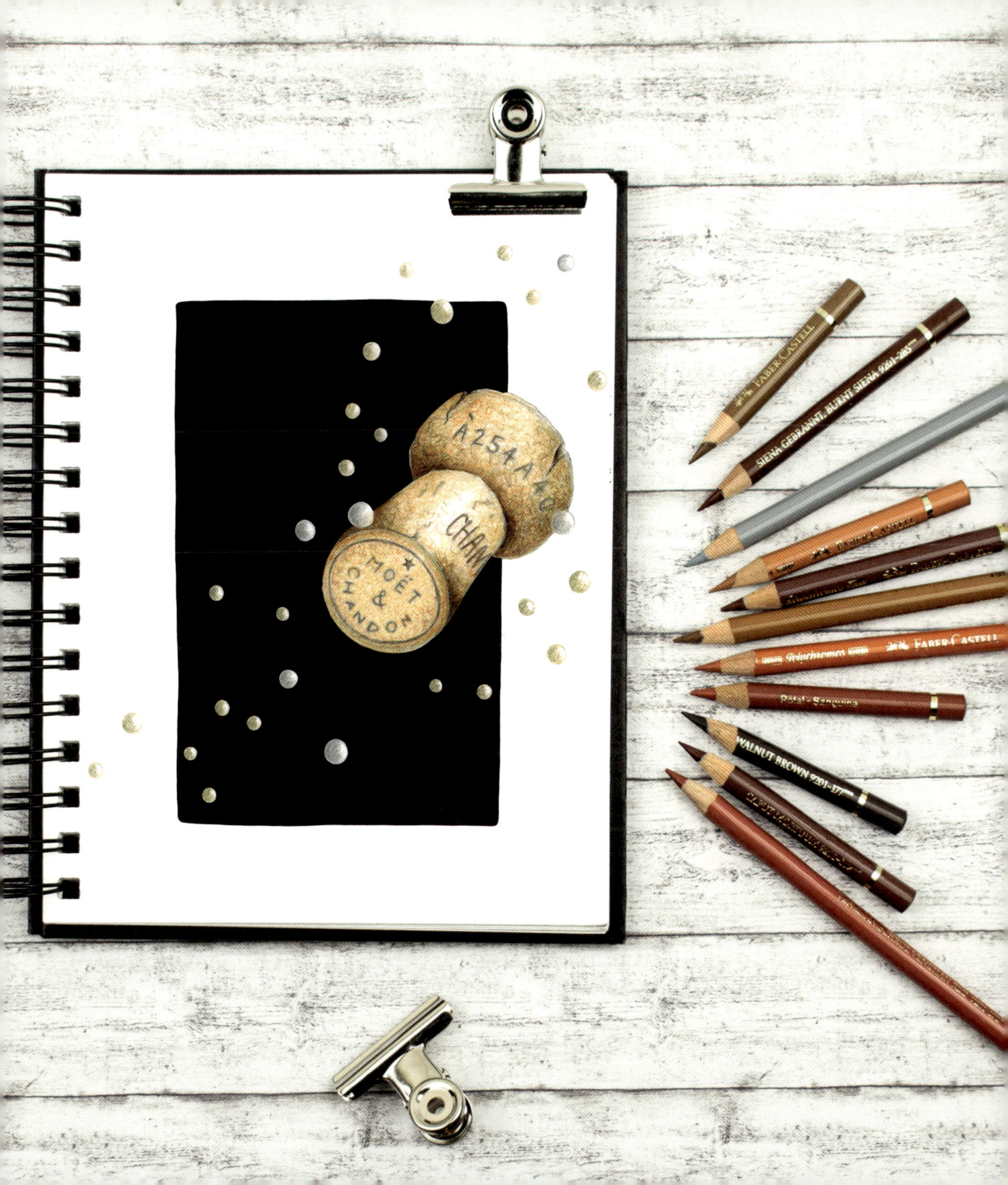

MOËT & CHANDON
CHAM
FABER-CASTELL
SIENA GEBRANNT, BURNT SIENA
WALNUT BROWN
Rötel - Sanguine

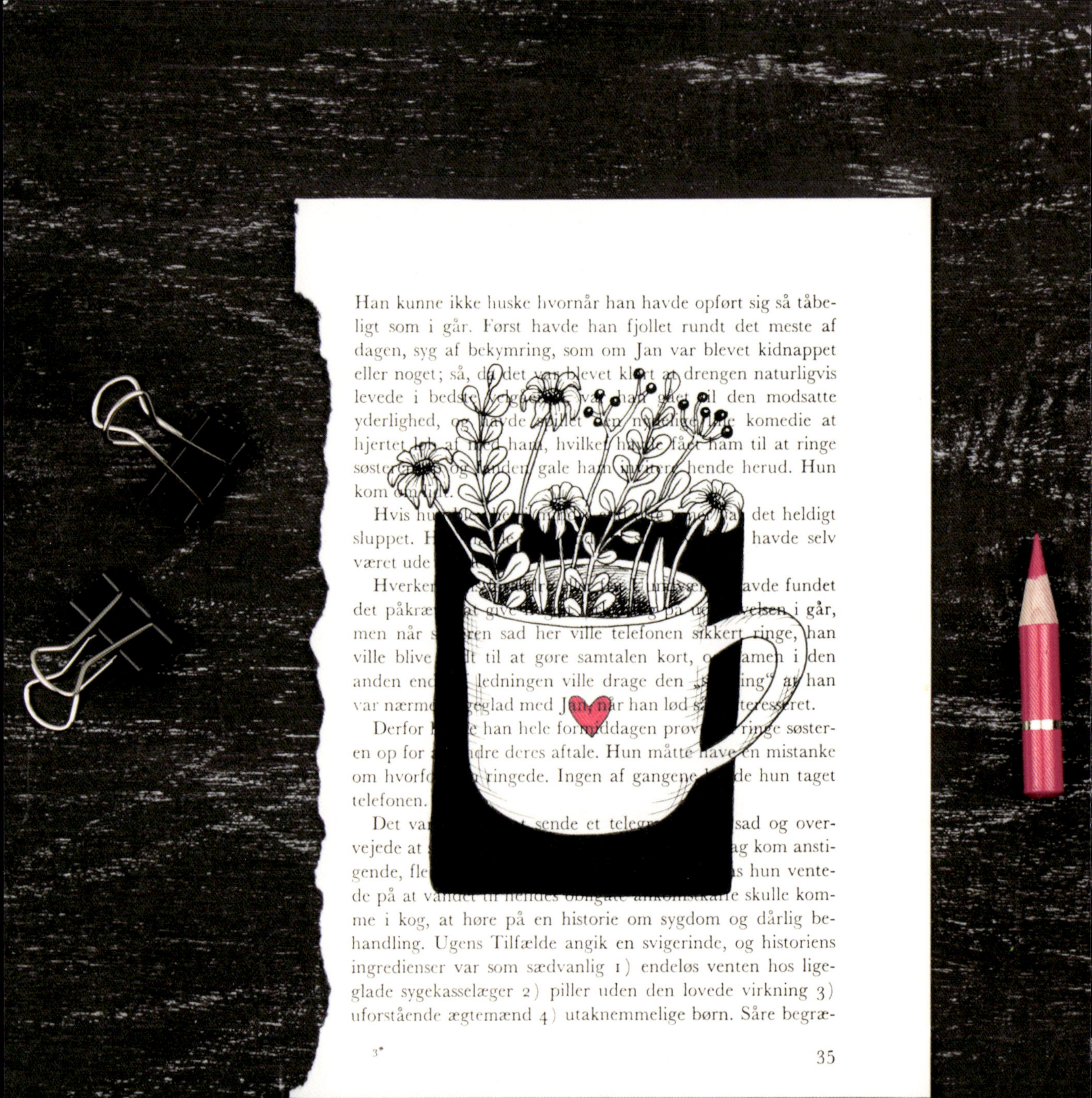

Han kunne ikke huske hvornår han havde opført sig så tåbeligt som i går. Først havde han fjollet rundt det meste af dagen, syg af bekymring, som om Jan var blevet kidnappet eller noget; så, da det var blevet kl[illegible]rt at drengen naturligvis levede i bedste [illegible] var han [illegible] til den modsatte yderlighed, og havde [illegible] komedie at hjertet [illegible] ham, hvilket [illegible] fået ham til at ringe søster[illegible] og [illegible]den gale ham [illegible] hende herud. Hun kom [illegible]

Hvis hu[illegible] det heldigt sluppet. H[illegible] havde selv været ude[illegible]

Hverken [illegible] havde fundet det påkræ[illegible] i går, men når s[illegible]ren sad her ville telefonen sikkert ringe, han ville blive [illegible]t til at gøre samtalen kort, o[illegible] i den anden end[illegible] ledningen ville drage den „s[illegible]ing" at han var nærme[illegible]geglad med Jan, når han lød s[illegible]teresseret.

Derfor [illegible] han hele formiddagen prøv[illegible] ringe søsteren op for [illegible]dre deres aftale. Hun måtte [illegible] mistanke om hvorfo[illegible] ringede. Ingen af gangene [illegible]de hun taget telefonen.

Det va[illegible] sende et teleg[illegible] sad og overvejede at [illegible]ag kom anstigende, fle[illegible]s hun ventede på at va[illegible] skulle komme i kog, at høre på en historie om sygdom og dårlig behandling. Ugens Tilfælde angik en svigerinde, og historiens ingredienser var som sædvanlig 1) endeløs venten hos ligeglade sygekasselæger 2) piller uden den lovede virkning 3) uforstående ægtemænd 4) utaknemmelige børn. Såre begræ-

3*

35

8 Kreative Projekte

Linienzeichnungen

Bestimmt hast du mittlerweile ganz viele Ideen zum Zeichnen im Kopf. Jetzt kommen noch mehr dazu. Die folgenden Techniken und Stile sind sehr unterschiedlich. Das ist mir ein großes Anliegen. Abwechslungsreiche Ideen machen Spaß.

Zeichnungen bestehen aus Linien – gerade, gekrümmte, organisch geformte, kurze, lange, dicke, dünne, helle oder dunkle Linien. Aus einzelnen Linien bilden sich Strukturen und Muster. Lockere dein Handgelenk, schnapp dir einen Stift und los geht's!

Wellenlinien

Diese wellenförmigen Linien sehen irgendwie aus wie Rauch. Findest du nicht auch? Probiere Wellenlinien mal aus, jede dieser Zeichnungen wird anders.

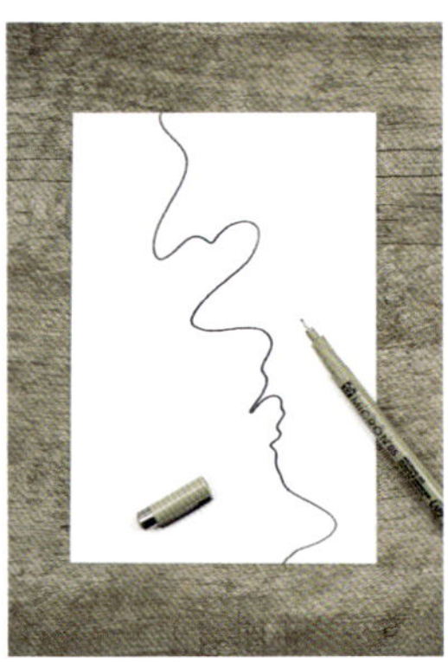

1 Zeichne eine Linie in einer ungleichmäßigen Wellenform quer über dein Blatt.

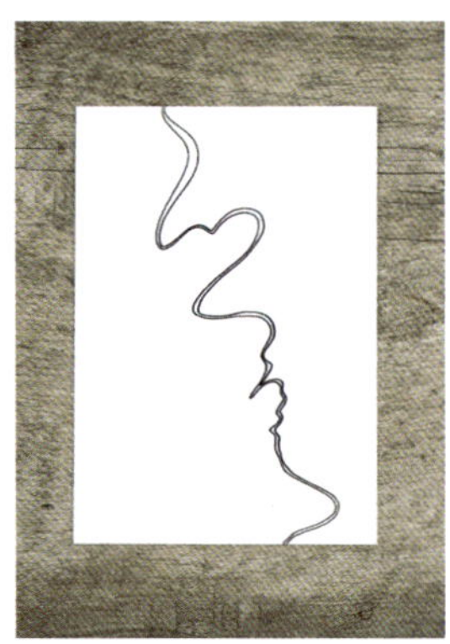

2 Ziehe nun scheinbar parallele Linien rechts und links neben deine Linie.

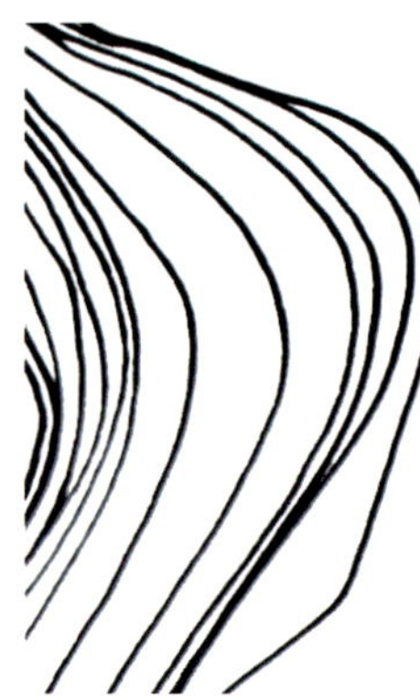

3 Füge immer mehr Linien hinzu und verändere ihre Abstände an verschiedenen Stellen.

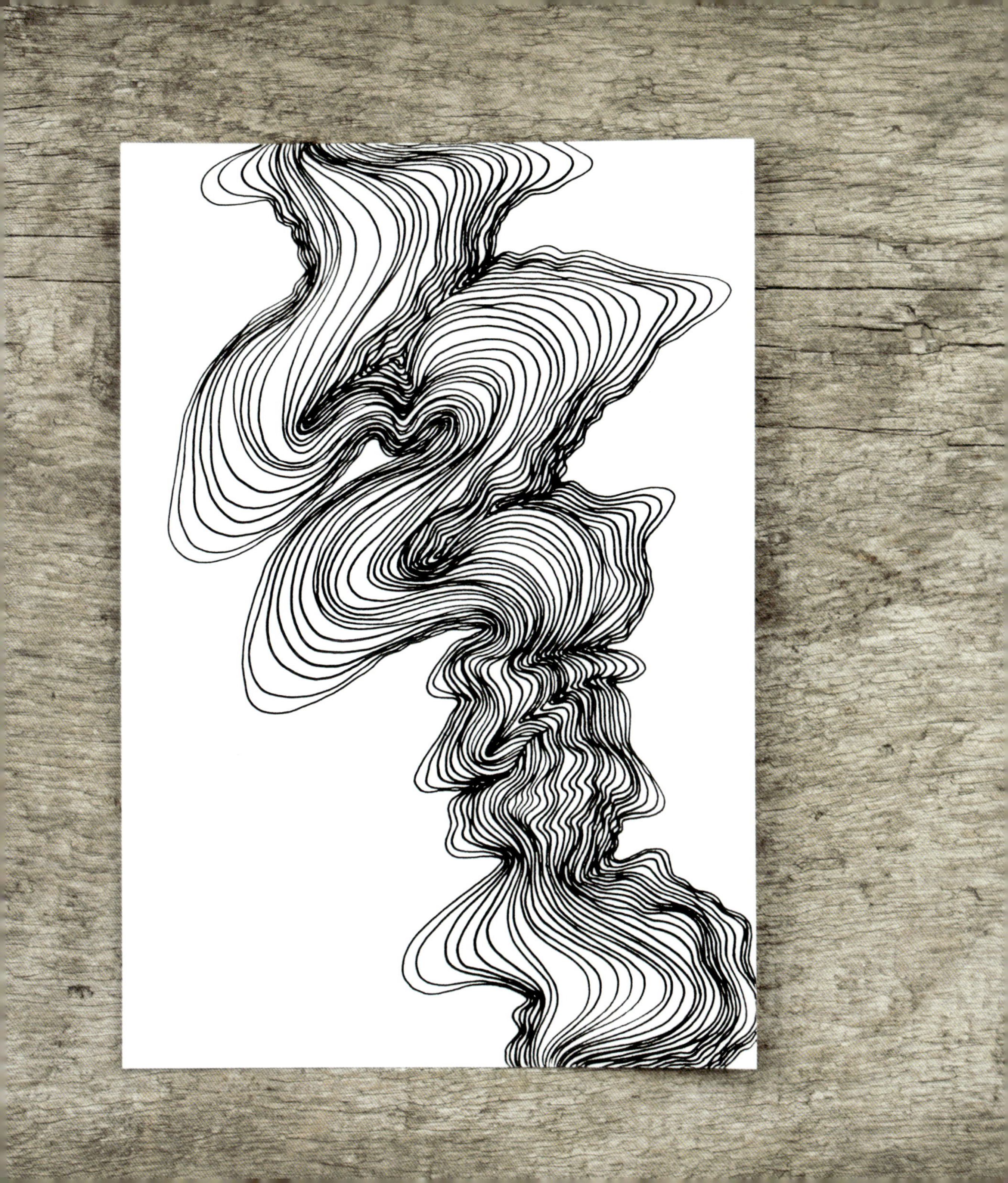

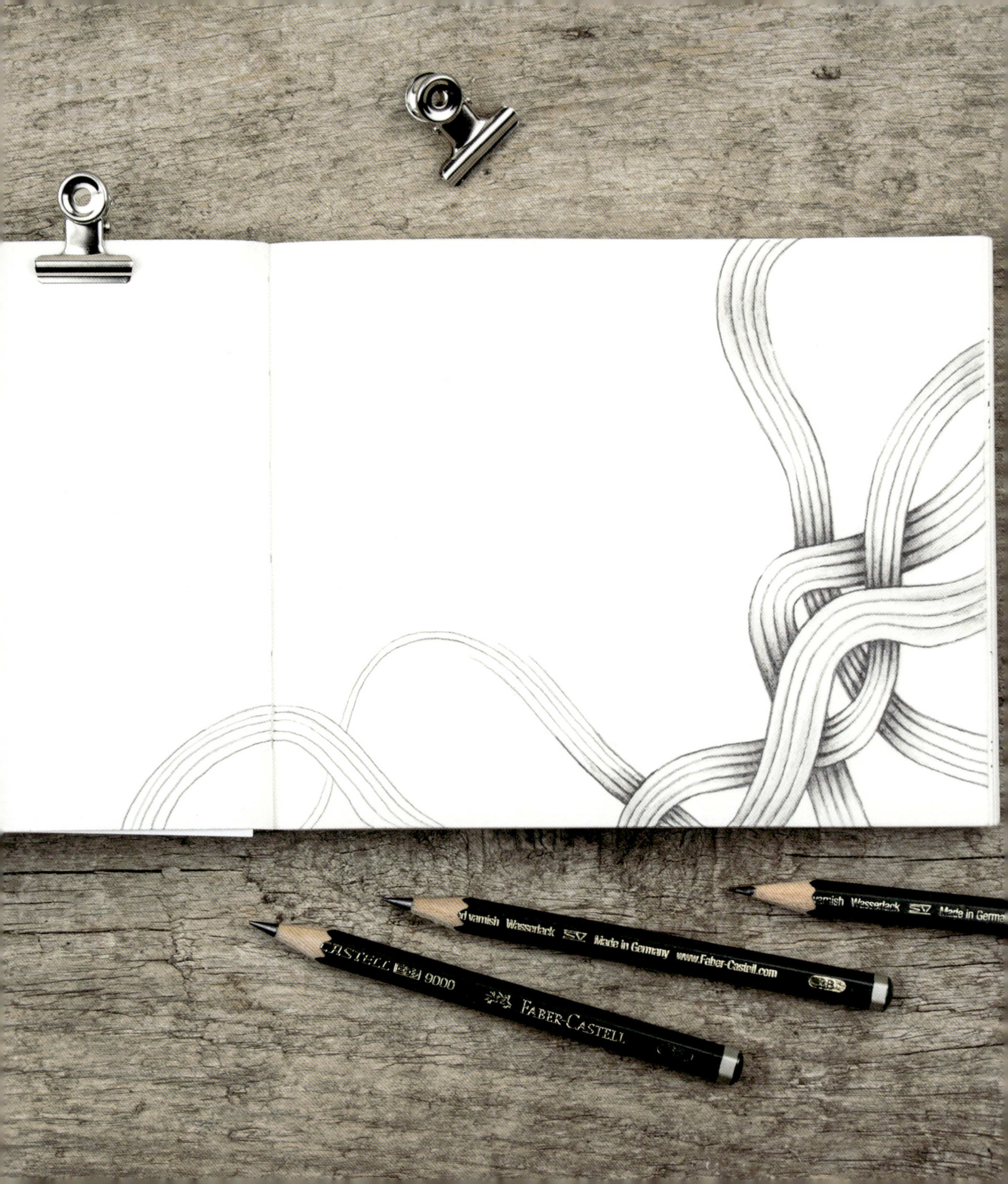

CASTELL 9000
FABER-CASTELL
Wasserlack
Made in Germany
www.Faber-Castell.com
varnish Wasserlack
Made in Germa

Mit einfachen Strichen

Im Grunde besteht die organisch geformte Blüte fast nur aus geraden Strichen. Verblüffend, oder?

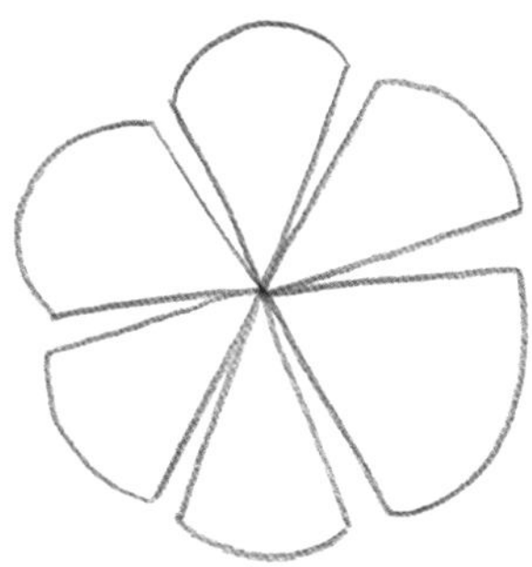

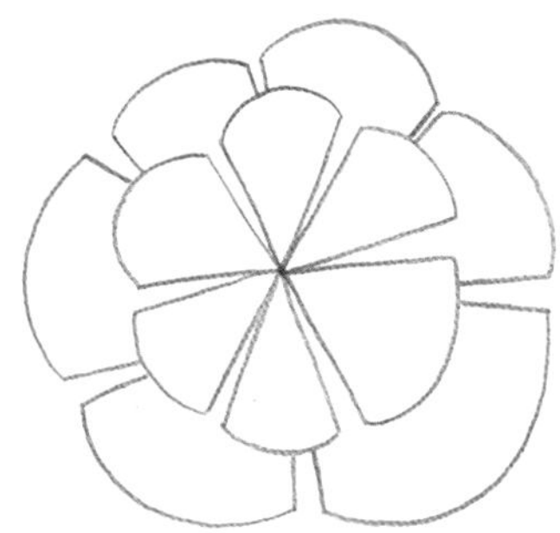

1 Skizziere die Konturen einiger Blütenblätter mit dem Bleistift. Wähle eine schlichte Form. Meine Blütenblätter haben die Form von Tortenstücken.

2 Setze eine weitere Blütenreihe an …

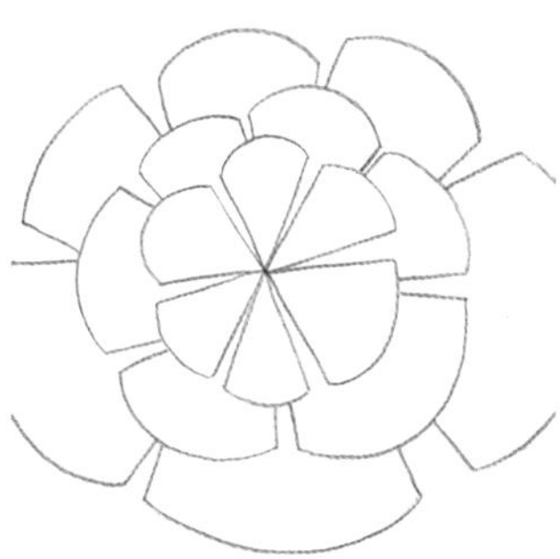

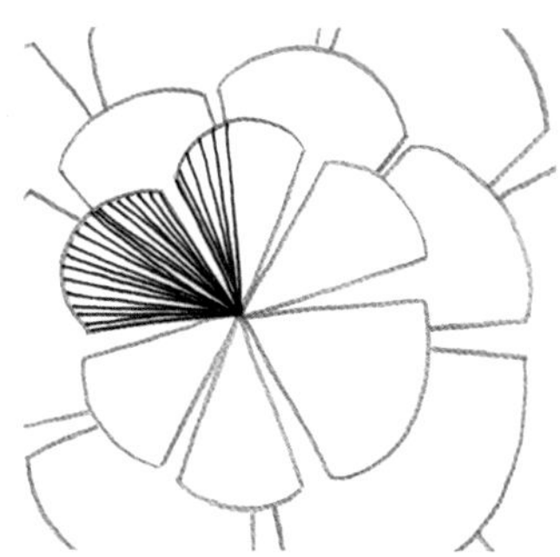

3 … und noch eine weitere Reihe. Zeichne so viele Blütenreihen, wie es dir gefällt.

4 Ziehe nun mit dem Fineliner Linien in die einzelnen Blätter. Sie verlaufen strahlenförmig von der Mitte aus.

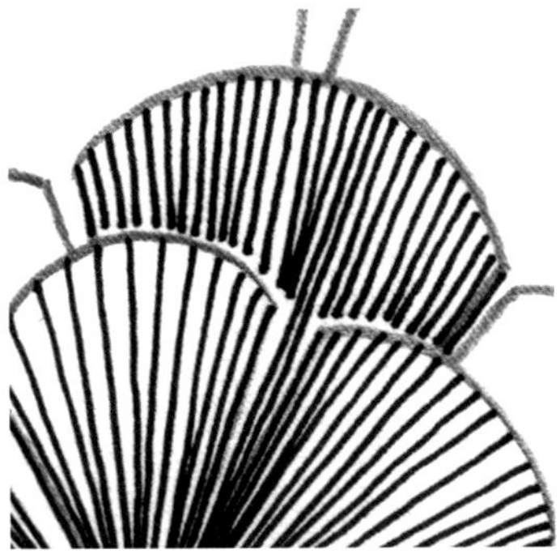

5 Damit sich angrenzende Blätter aus aufeinanderfolgenden Reihen optisch voneinander absetzen, behalte ich eine sichtbare Lücke. So berühren sich die Linien nicht.

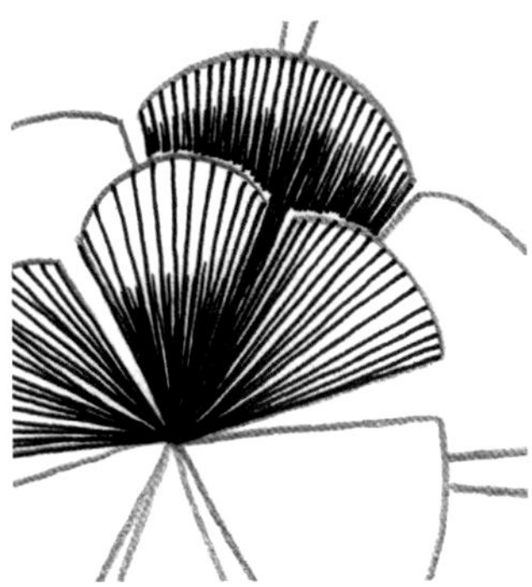

6 Um mehr Tiefe zu erzeugen, ziehe ich zusätzlich einige kürzere Linien. Sie bewirken, dass tieferliegende und verdeckte Bereiche dunkler dargestellt werden. Zum Schluss kannst du deine Bleistiftlinien wegradieren.

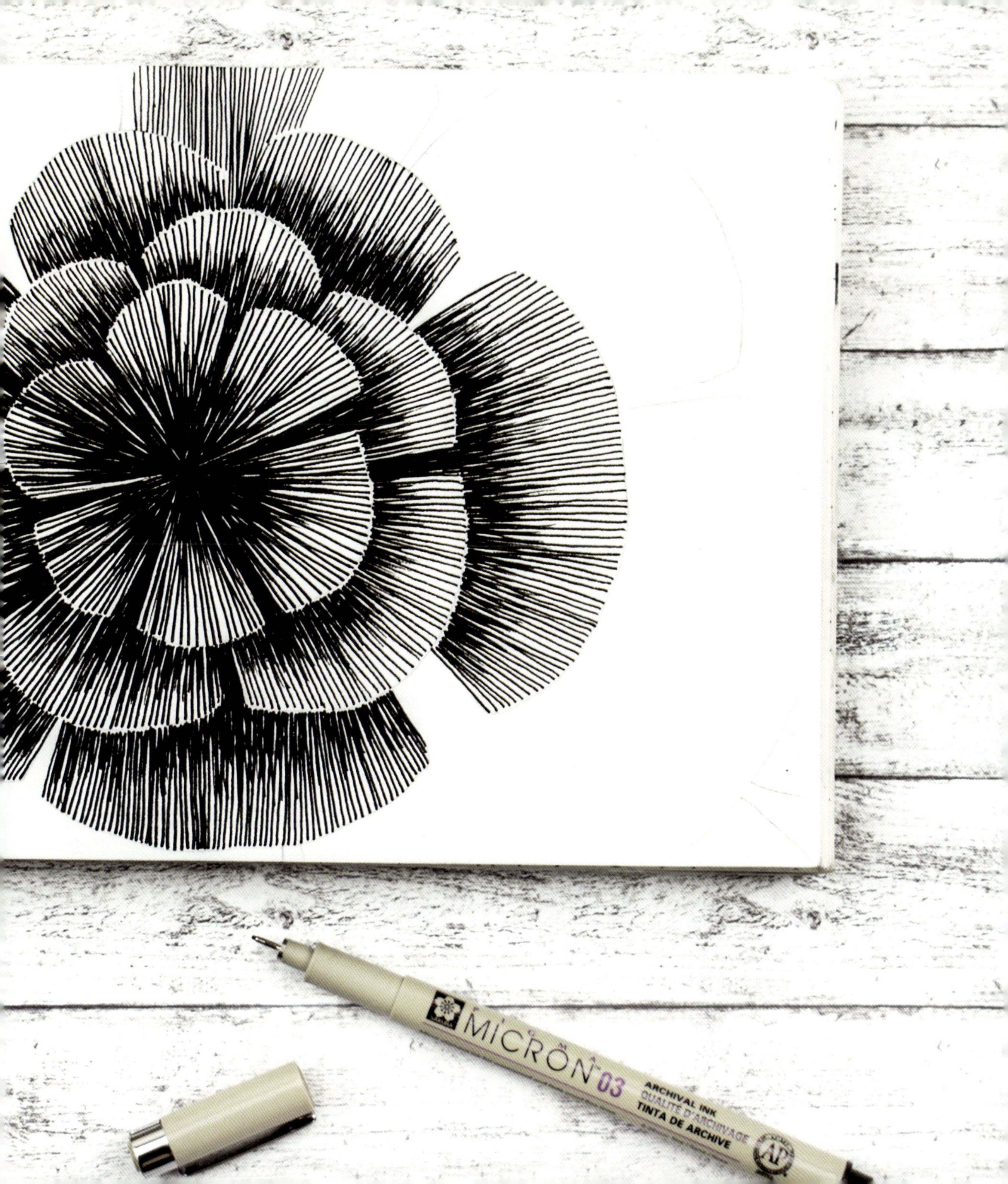
MICRON 03
ARCHIVAL INK
QUALITÉ D'ARCHIVAGE
TINTA DE ARCHIVE

Linien mit Rechteck

Dieses Linienbild erinnert mich an Strichcodes oder an Platinen. Auf jeden Fall hat es einen technischen Charakter. Um diesen Eindruck etwas zu entschärfen, habe ich die Linien farbig gestaltet.

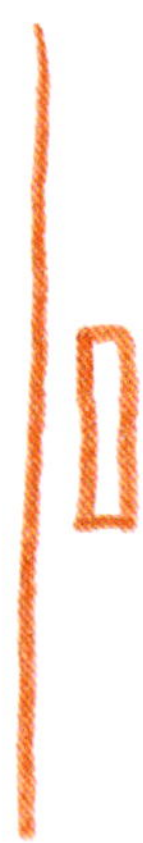

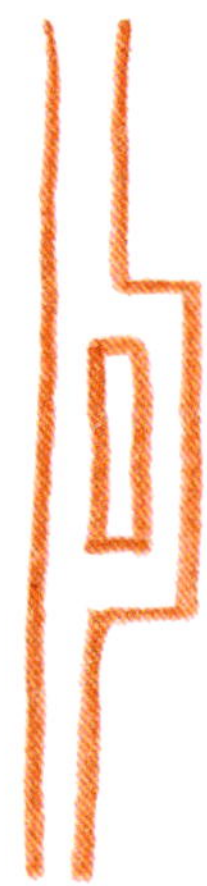

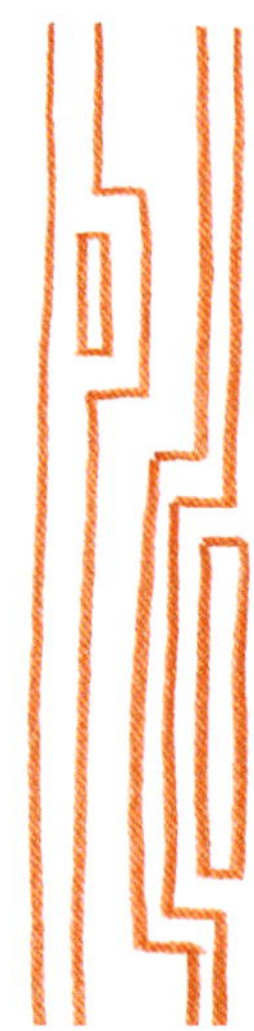

1 Beginne mit einer geraden, senkrechten Linie und setze ein kleines Rechteck daneben.

2 Eine weitere Linie führt um das Rechteck herum.

3 Die darauffolgende Linie passt sich der Form an. Platziere weitere Rechtecke, wo es dir passt. Fahre in dieser Weise fort, bis dein Blatt gefüllt ist.

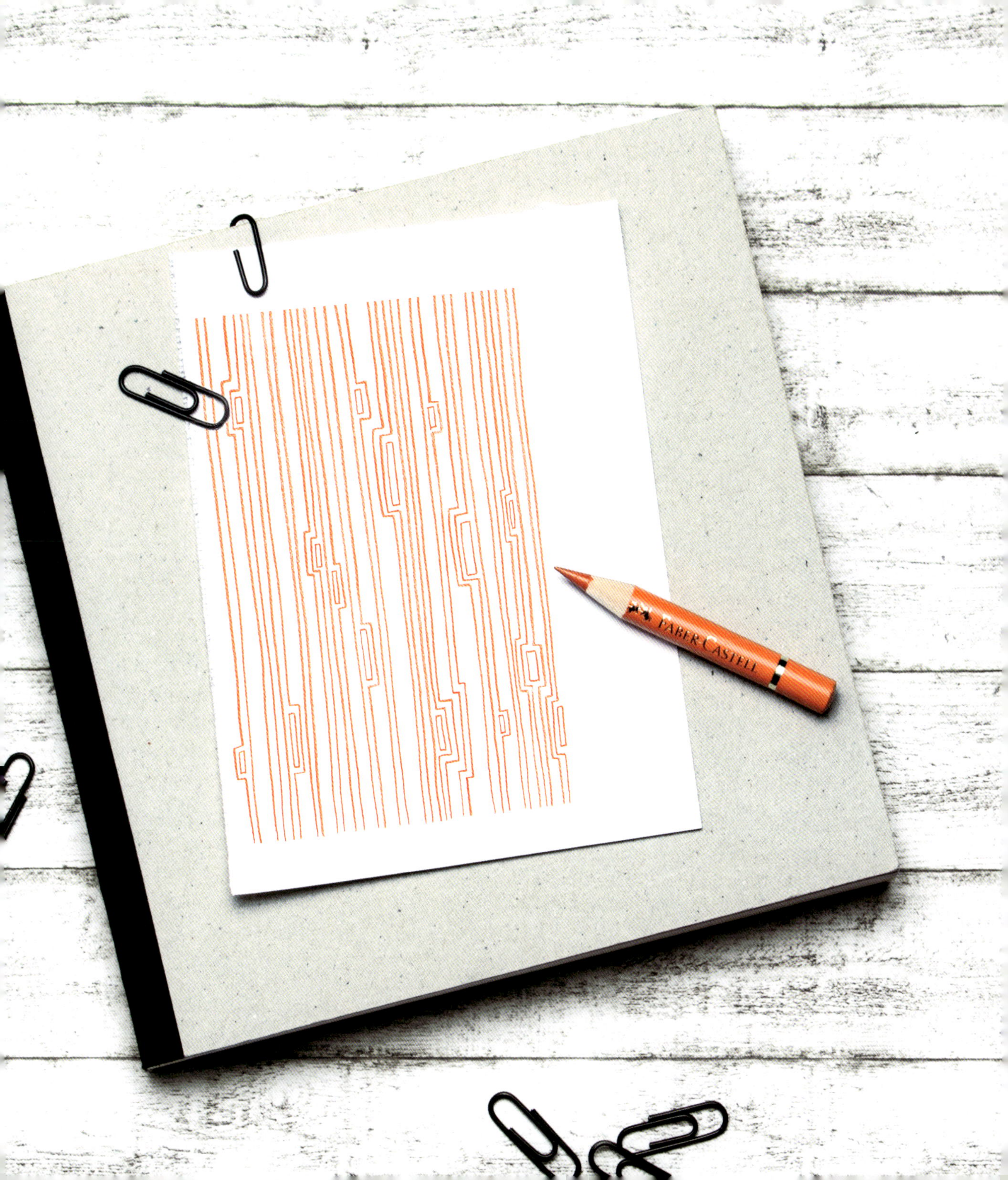
FABER-CASTELL

Gebogene Linien

Diese gebogenen Linien blühen in wiederholter Form voll auf. Aus ihnen werden prächtige Blumen.

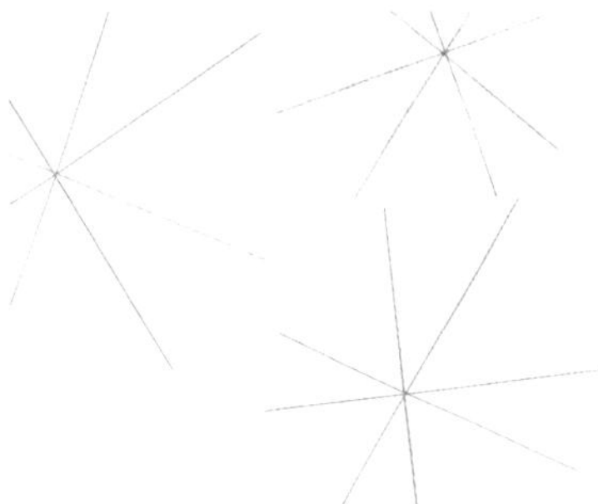

1 Ziehe gerade Bleistiftlinien mit dem Lineal, die sternförmig angeordnet sind und sich an einem Punkt überschneiden.

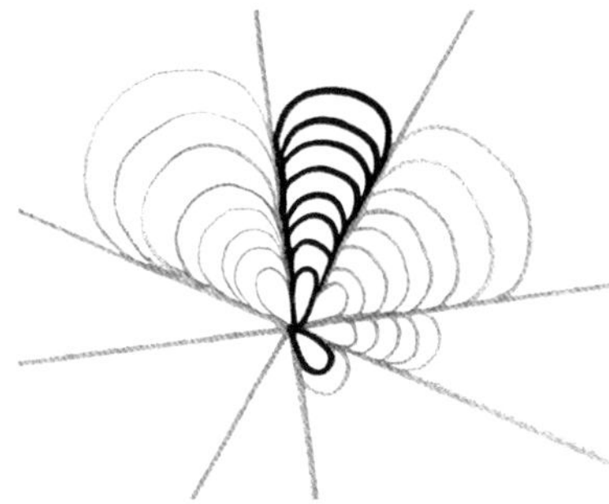

2 Zeichne nun gebogene Linien in jedes der entstandenen Felder. Ziehe deine Bleistiftlinien mit dem Fineliner nach oder zeichne gleich zu Beginn damit.

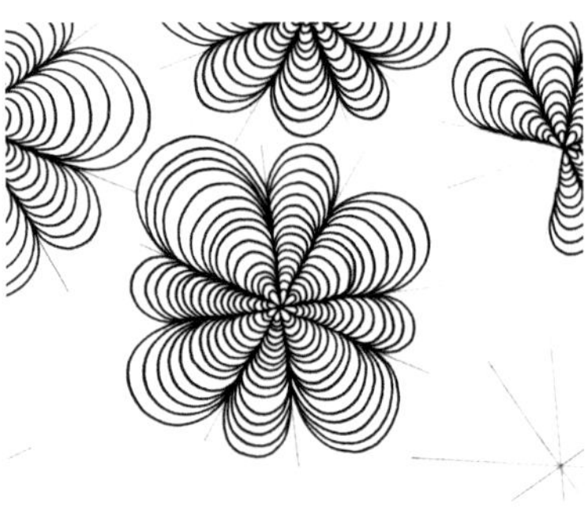

3 Je mehr »Linien-Sterne« du zeichnest, desto mehr Blumen wachsen. Fülle dein Blatt mit vielen Blumen.

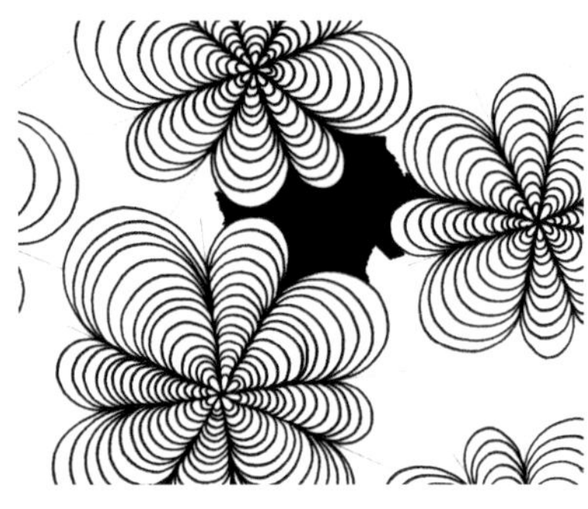

4 Für einen schönen Hell-Dunkel-Kontrast male ich den Hintergrund schwarz aus.

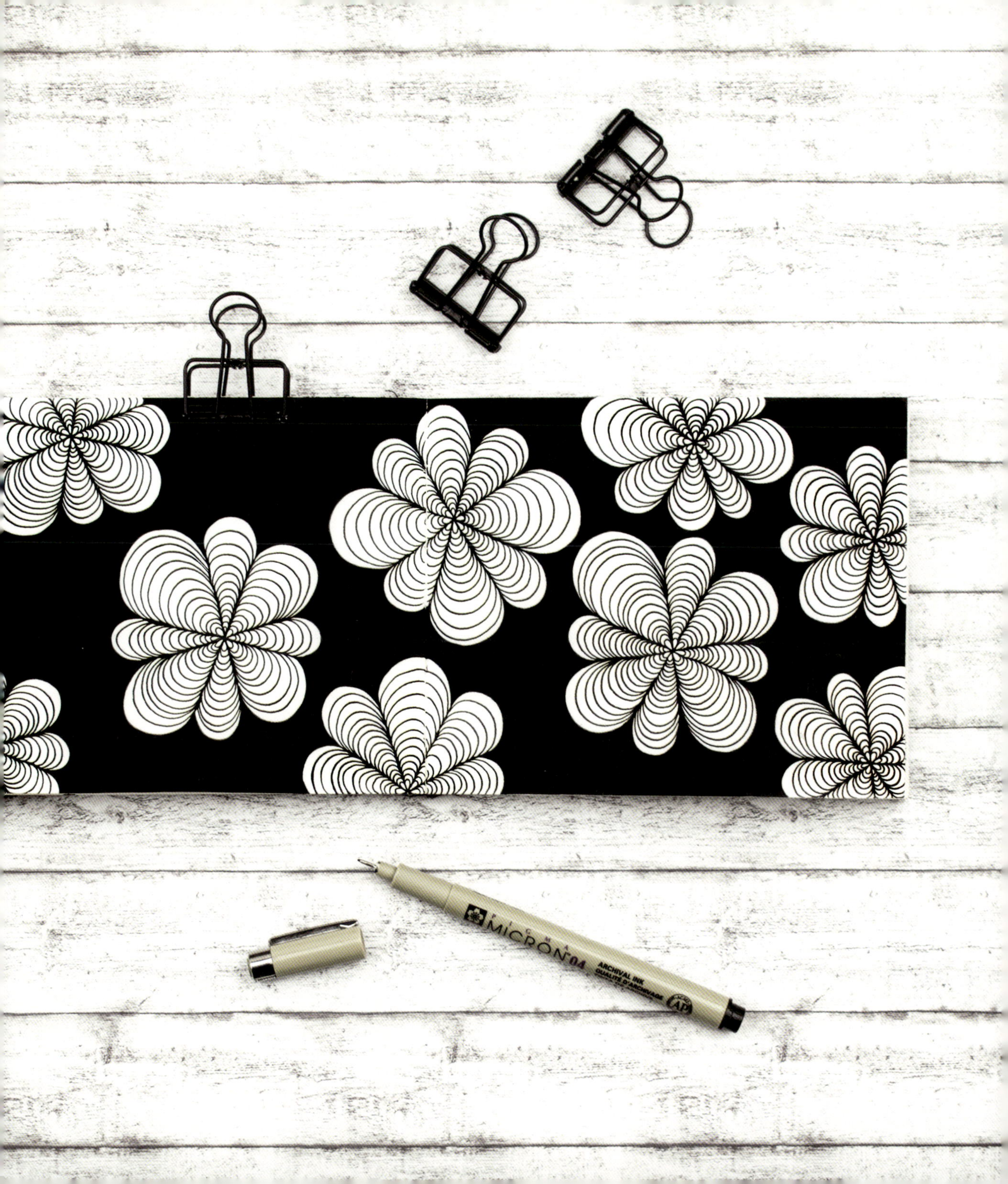
MICRON 04
ARCHIVAL INK

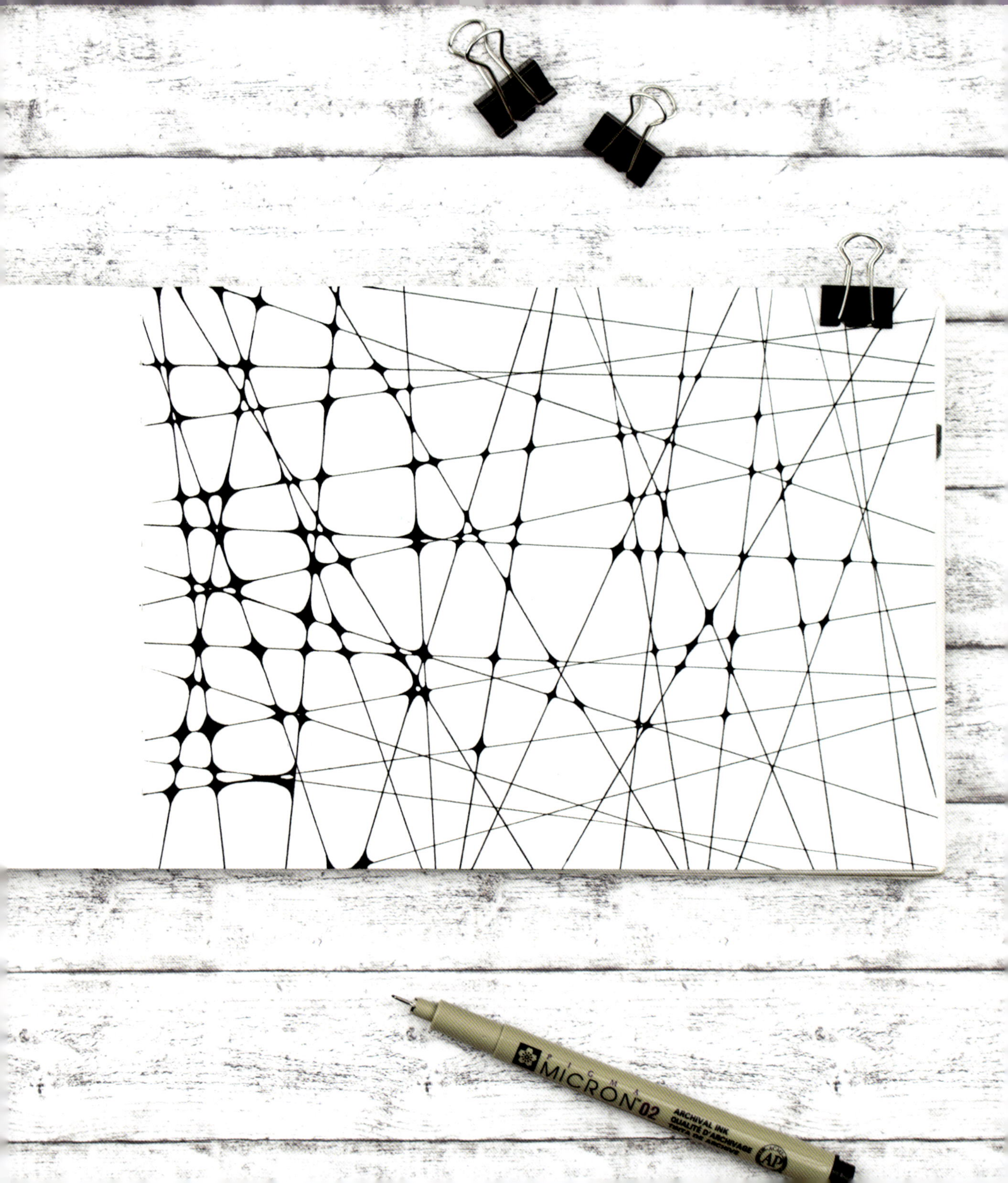
MICRON 02
ARCHIVAL INK

Liniennetz

Die vielen Linien wirken wie ein gesponnenes Netz, dessen Schnittpunkte miteinander verklebt sind. Spinne dir ein Netz aus geraden Linien.

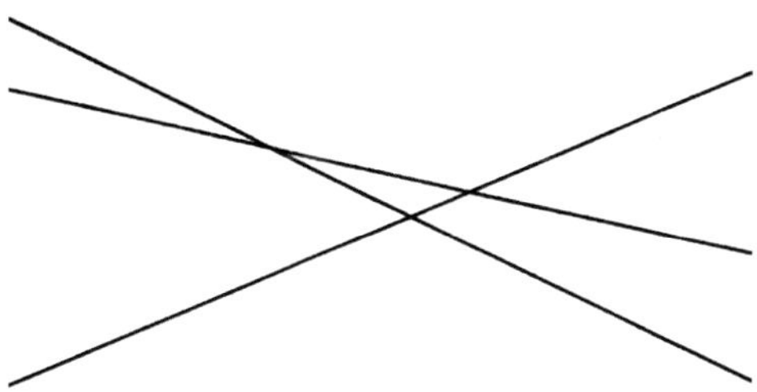

1 Ziehe Linien mit dem Lineal. Die Linien sollten sich überschneiden. Verwende hierfür einen Fineliner.

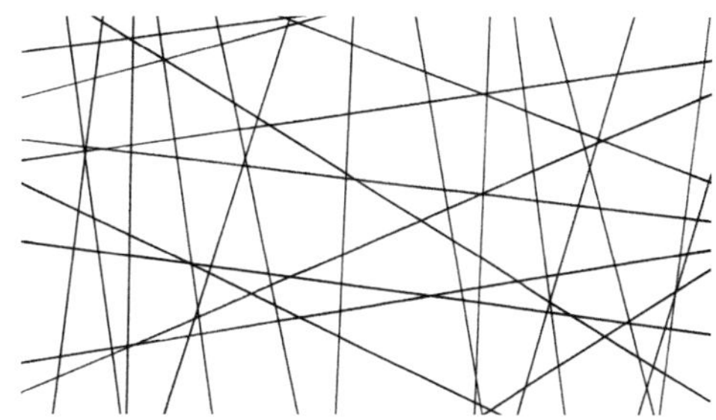

2 Zeichne viele Linien, sodass dein Blatt gefüllt ist.

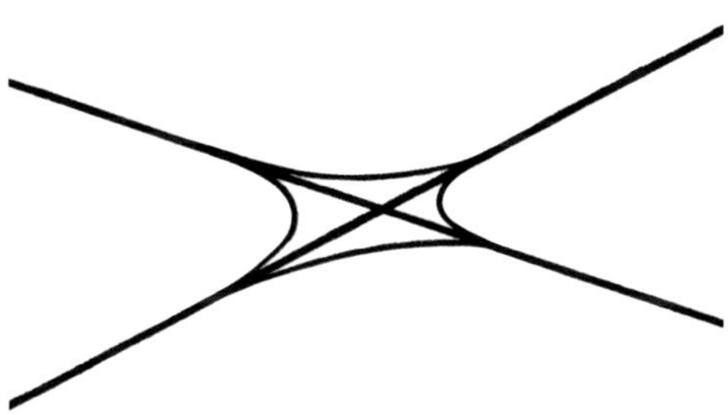

3 Setze an jedem Schnittpunkt eine geschwungene Linie, die zwei Geraden miteinander verbindet.

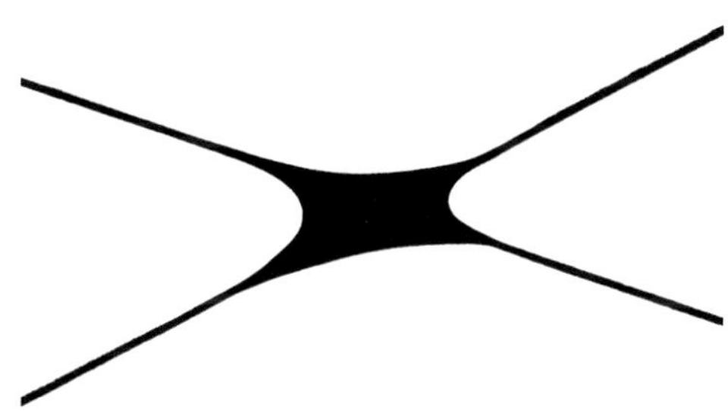

4 Fülle die »Knotenpunkte« schwarz aus. Fertig ist dein Netz.

Linienmuster

Aus vielen Linien entstehen Muster. Schnapp dir ein Geodreieck und einige Fineliner in unterschiedlichen Stärken, zeichne einfach drauf los und staune, welche Muster sich bilden.

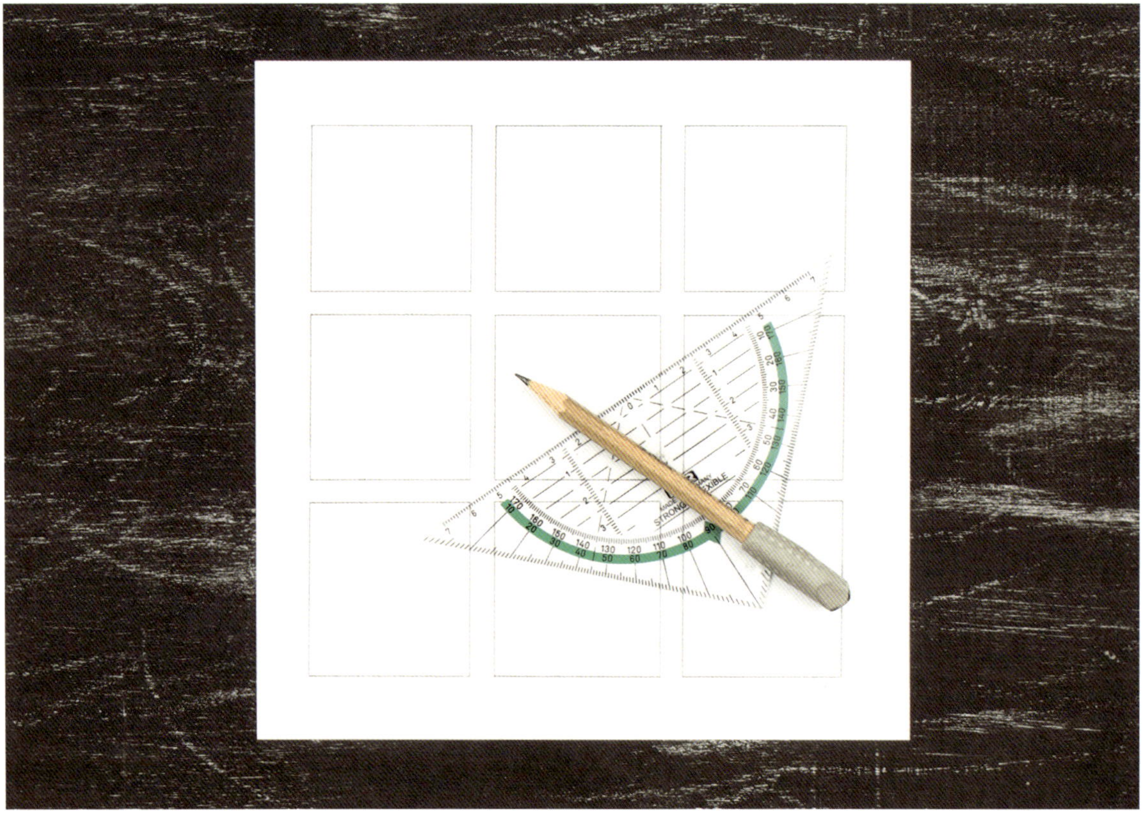

Ziehe einige rechteckige Felder mit Bleistift und Geodreieck oder Lineal. Diese dienen dir als Begrenzung für deine Linienmuster. Die Bleistiftlinien lassen sich später gut entfernen.

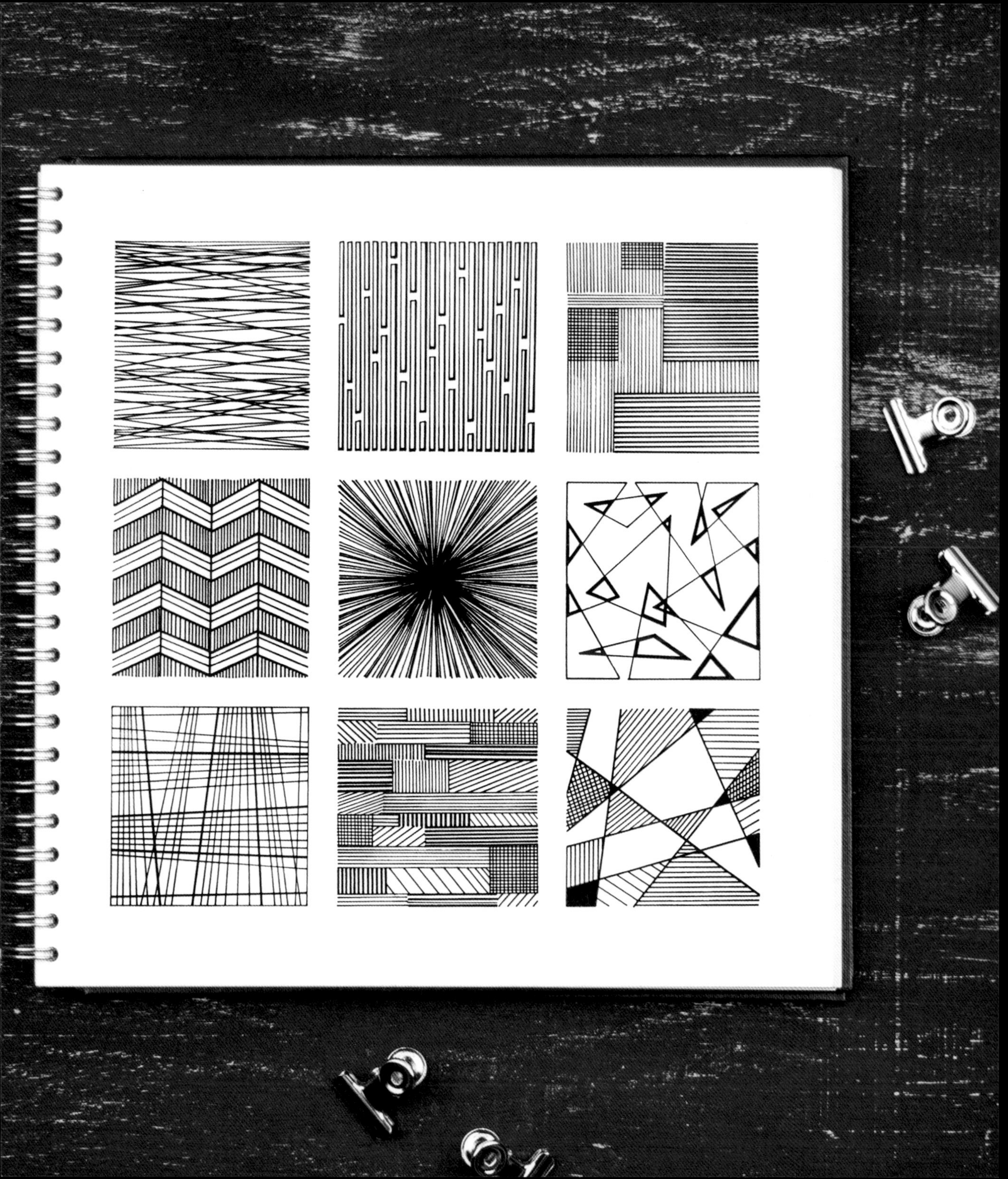

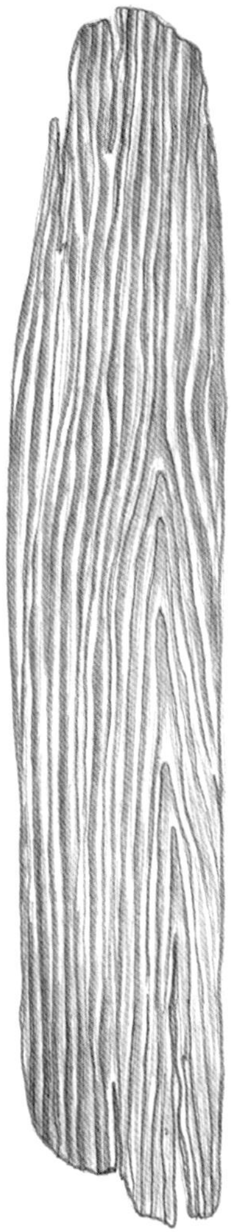

Dieses kleine Stück Treibholz habe ich vom Strandspaziergang mitgebracht.

Holzmaserung

Mit wenigen Linien kannst du eine Holzstruktur darstellen. Sieh dir beispielsweise die Maserung deines Esstisches oder deines Frühstücksbretts mal genauer an. Linien verlaufen gerade, winden sich um ein Astloch oder nehmen eine Wellenform an. Jede Holzart hat eine andere Maserung. Auch eine ausgedachte Maserung sieht gut aus.

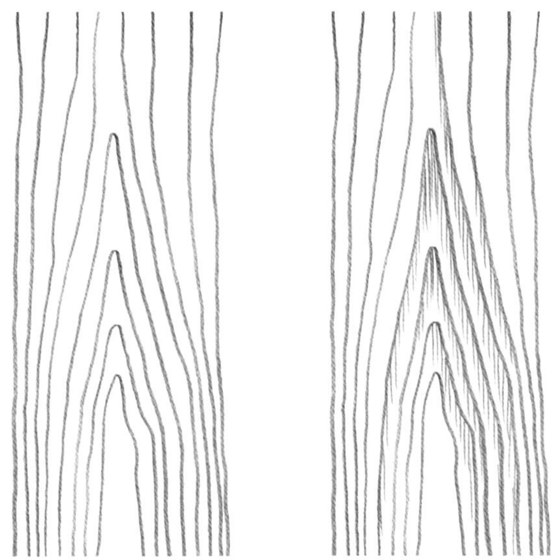

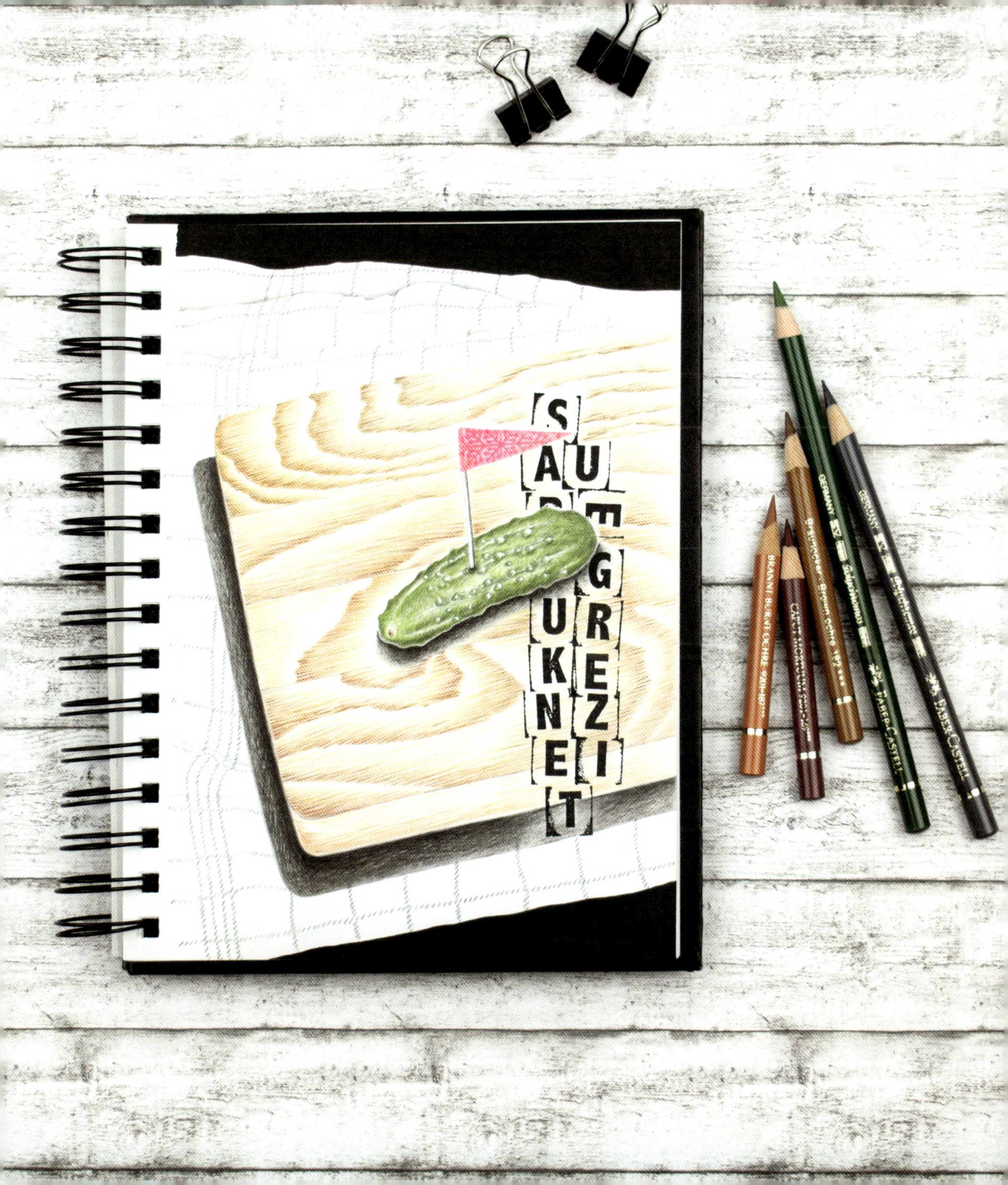
FABER-CASTELL
FABER-CASTELL

Mustermix

Wie man aus Linien Strukturen und Muster erzeugen kann, habe ich dir bereits gezeigt. Auch mit geometrischen Figuren, Kreisen, Dreiecken etc., kann man schöne Muster bilden – ebenso mit Tropfenformen. Farbig gestaltet oder in Schwarz-Weiß. In einem Muster wiederholen sich gestalterische Elemente. Muster zu zeichnen ist entspannend. Draw and chill!

Tropfen

Diese Tropfen habe ich gezeichnet, als ich krank war. Vielleicht war es eine unbewusste Assoziation mit meiner Schnupfnase oder weil ich die Nasentropfen im Blick hatte. Ich weiß es nicht. Mein Tropfenmuster hat einen starken Hell-Dunkel-Kontrast mit einem Farbtupfer in Pink.

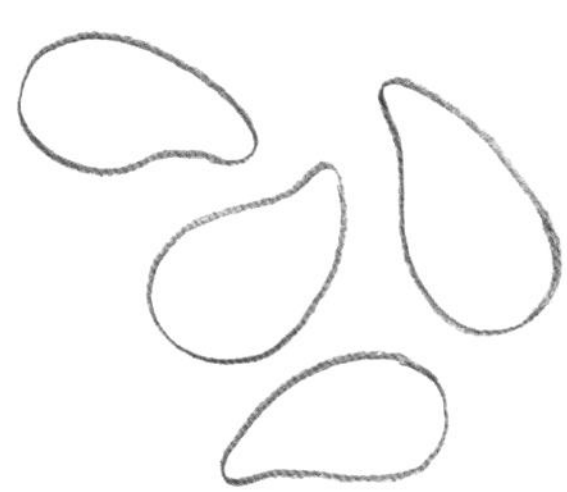

1 Fertige eine Vorzeichnung mit Tropfenformen an und fülle dein Blatt mit Tropfen aus.

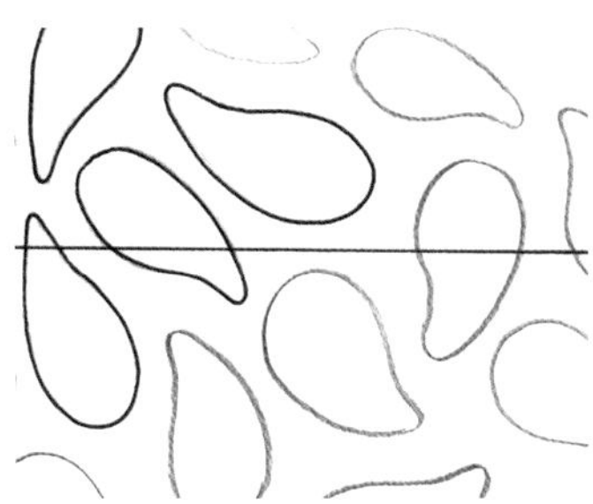

2 Teile deine Zeichnung mit einer geraden Linie in zwei Hälften und beginne deine Bleistiftlinien mit einem Fineliner nachzuziehen.

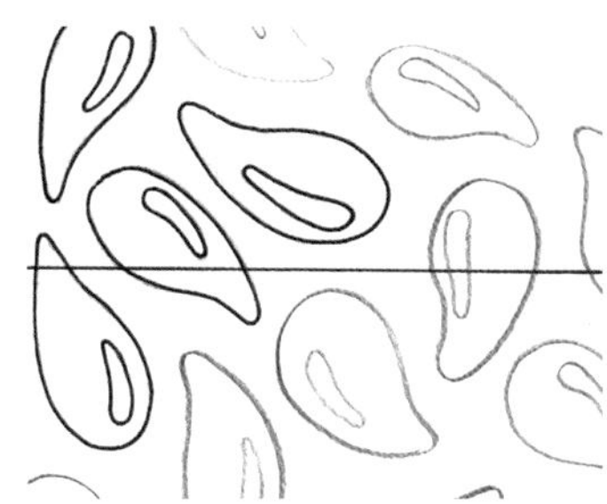

3 Zeichne die Umrisse von Lichtreflexen in deine Tropfen.

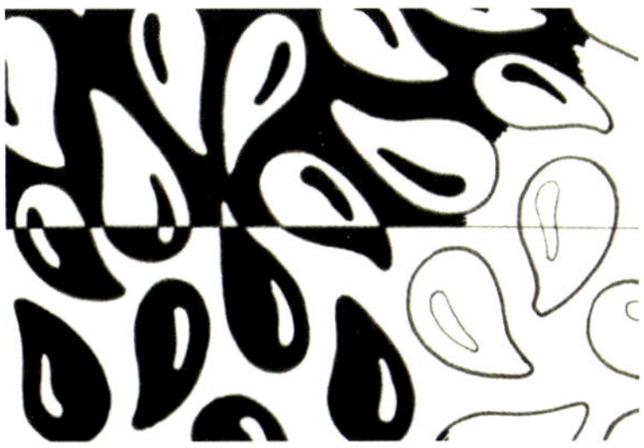

4 Färbe nun sowohl den Hintergrund als auch die Lichtreflexe einer Bildhälfte schwarz. Der Hintergrund der zweiten Hälfte bleibt weiß, ebenso die Lichtreflexe. Färbe hier stattdessen die Tropfen hauptsächlich schwarz. Das leuchtende Pink einzelner Tropfen sticht aus dem Schwarz-Weiß-Kontrast hervor.

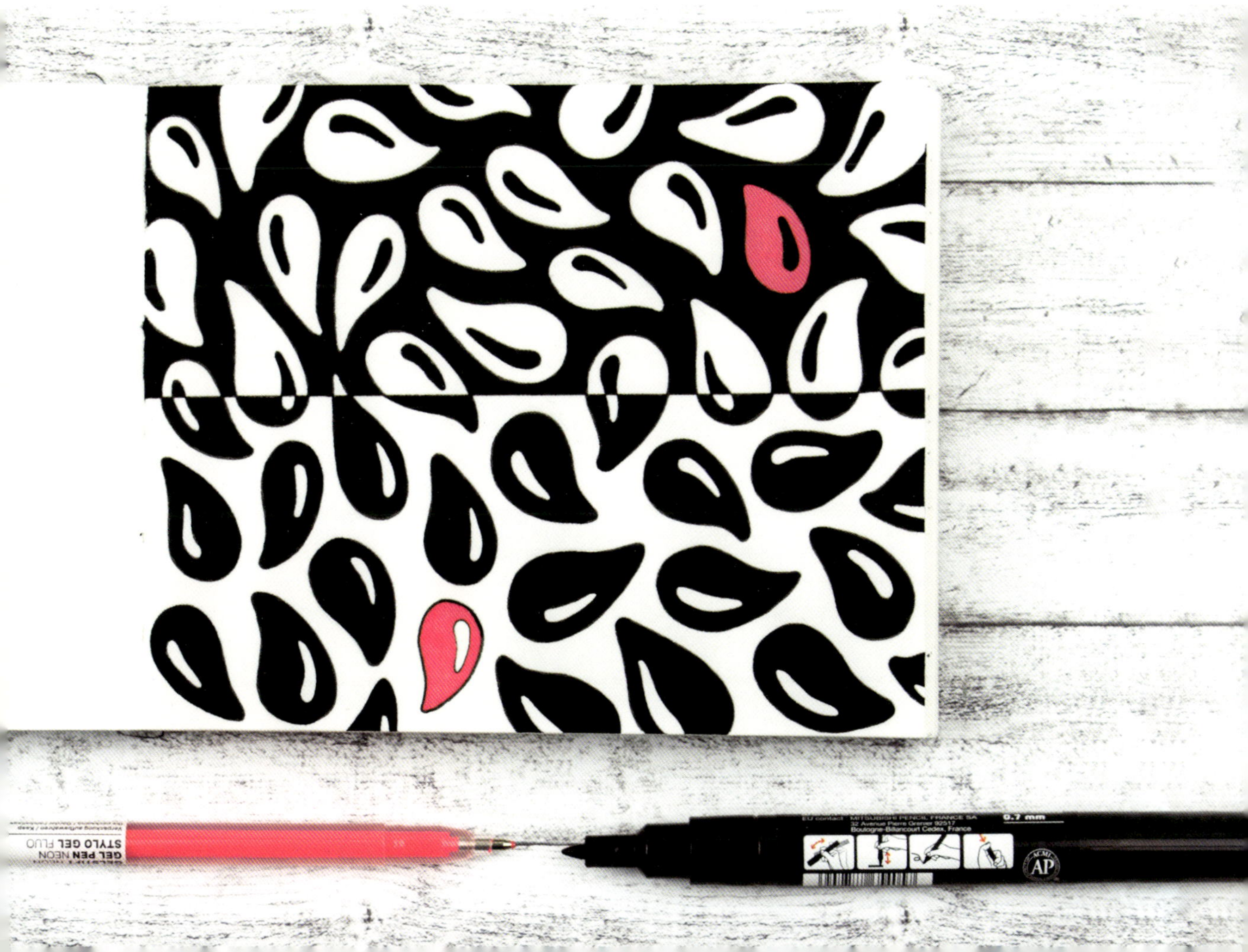

Bunte Bordüren

Hast du Lust auf einen bunten Mustermix? Dann zeichne dir »Bordüren« aus verschiedenen Formen und Farben. Du kannst deine Muster frei Hand zeichnen oder Schablonen benutzen, ganz egal.

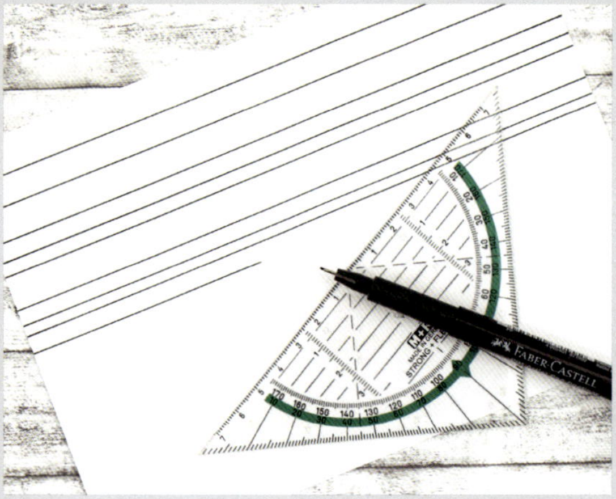

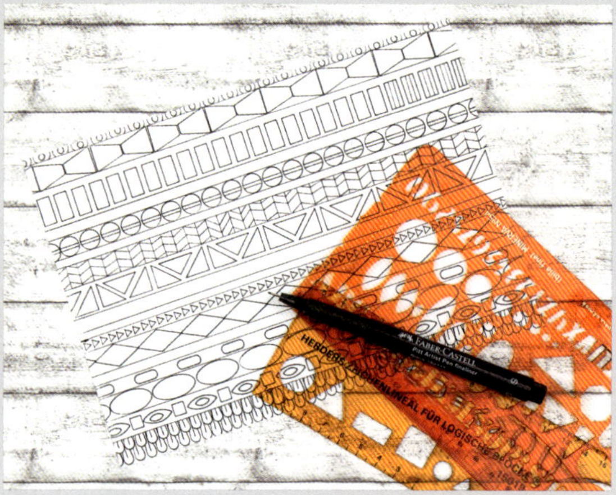

1 Ziehe parallele Linien in beliebigen Abständen.

2 Fülle die Zwischenräume mit Mustern und Farben. Fertig sind deine Musterbordüren.

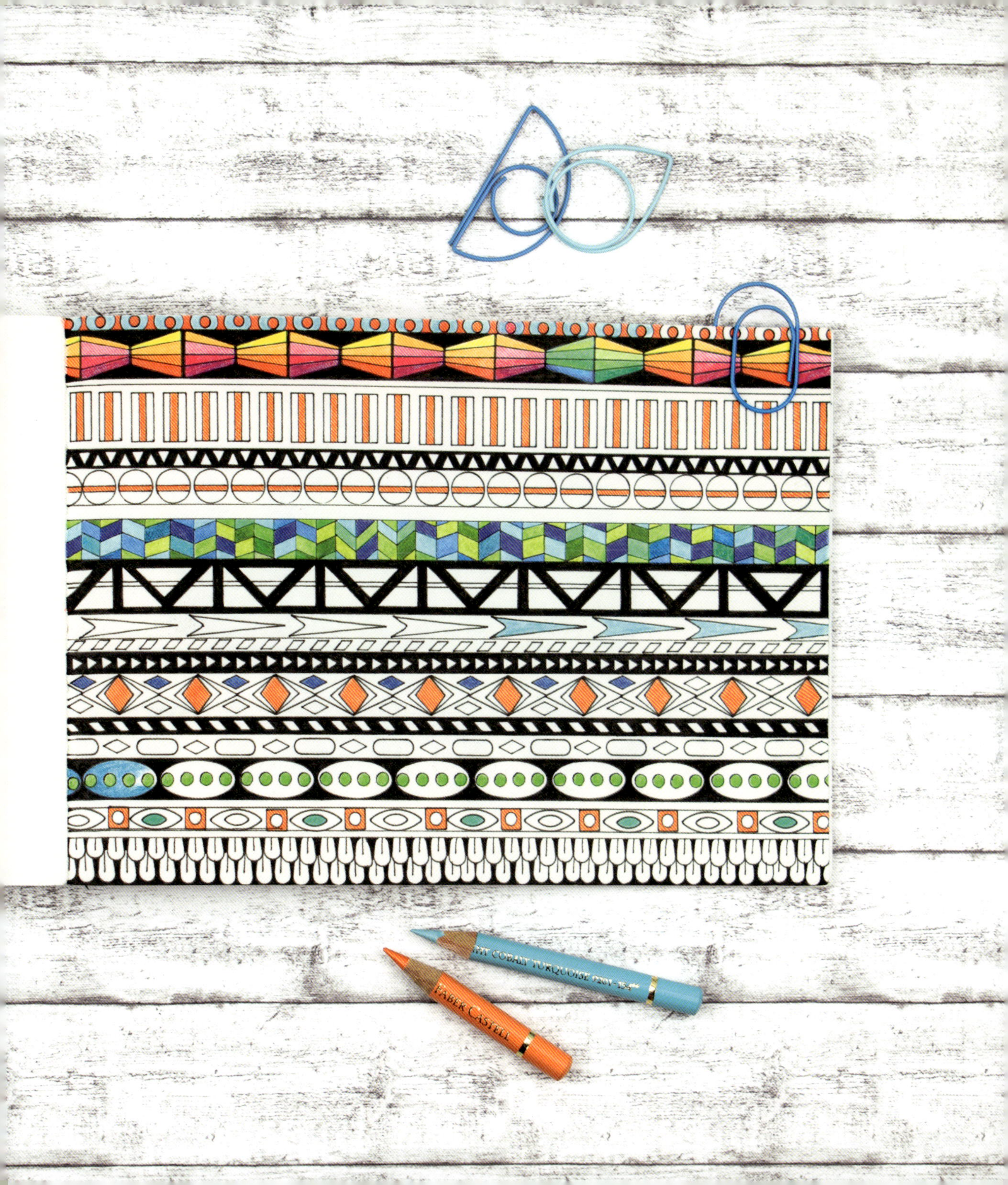
COBALT TURQUOISE
FABER CASTELL

Kreise mit Schnittmenge

Zeichne Kreise in unterschiedlichen Größen, die sich überschneiden. Schon erhältst du weitere Formen. Deine Kreise kannst du mithilfe von Kreisschablonen oder durch Umranden von Gläsern und anderen runden Gegenständen erzeugen. Entspanntes Kolorieren wünsche ich dir!

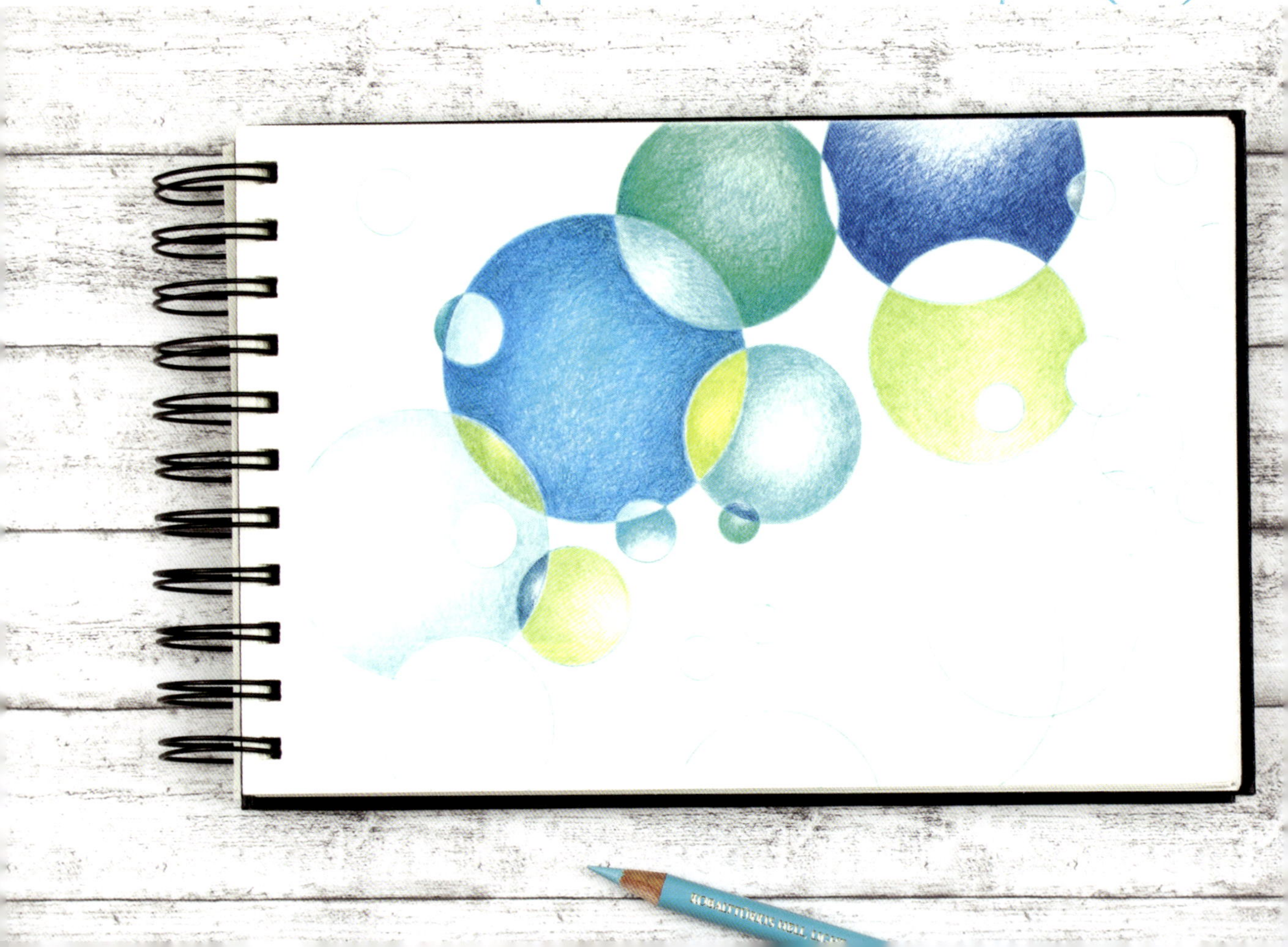

Linienkreuzungen

Durch die Überschneidung der Linien entstehen auch hier wieder neue Formen. Ziehe Linien mit dem Lineal, ganz unwillkürlich. Dann schnapp dir deine Lieblingsfarben und entspanne beim Kolorieren!

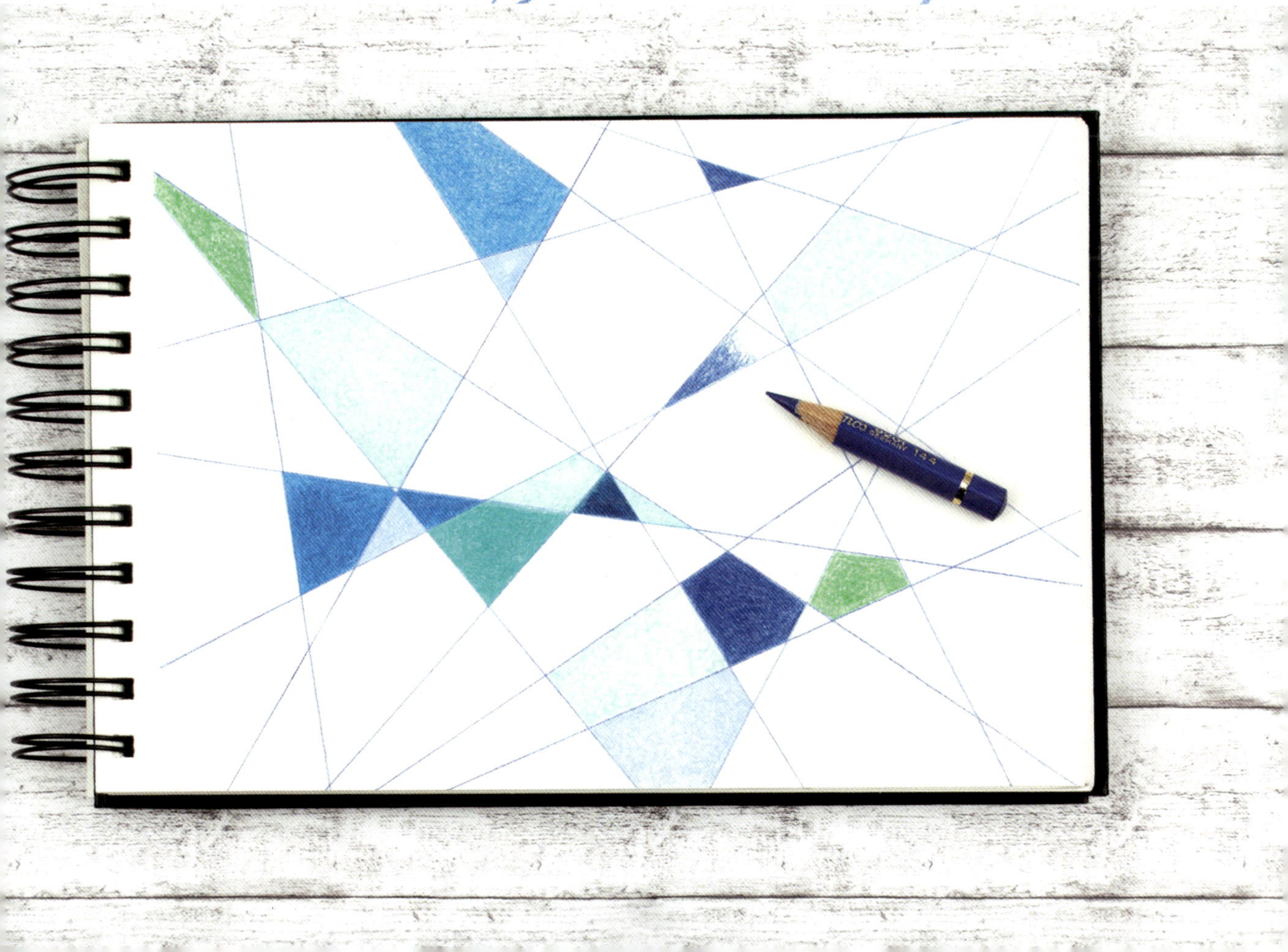

Florale Freude

Blumen und Blätter mag ich besonders gern. Sie sind ein gnädiges Motiv, halten still und verzeihen Fehler. Niemand kann bemängeln, dass beispielsweise ein Blatt zu krumm gezeichnet wurde, denn in der Natur wächst nichts im rechten Winkel.
Pflanzen kannst du auf ganz unterschiedliche Weisen zeichnen. Naturalistisch, abstrakt, grafisch, skizzenhaft, in Umrisslinien und vieles mehr. Auch ohne eine Vorlage oder eine Abbildung kannst du ganz einfach eine Blume darstellen. Wenn du jedoch zum Beispiel ein Fahrrad aus dem Gedächtnis zeichnen solltest, wäre dies schon schwieriger. Alle Arten der Darstellung haben ihren Reiz. Ich stelle dir hier eine Reihe verschiedener Stile vor sowie Anleitungen, wie du Blüten und Blätter aus einfachen Formen gestalten kannst.

Auf einen grünen Zweig kommen

In den meisten Fällen zeichne ich Dinge aus dem Kopf. Oft ohne ein Konzept oder ein bestimmtes Ziel. So wie auch hier:

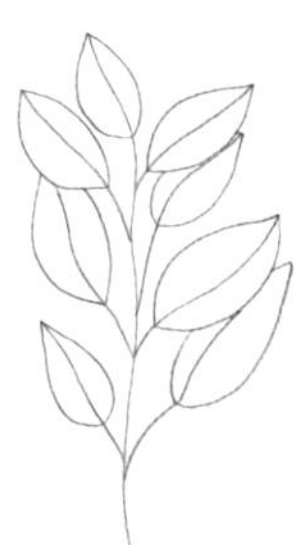

1 Fertige eine Skizze von einem Zweig mit Blättern an.

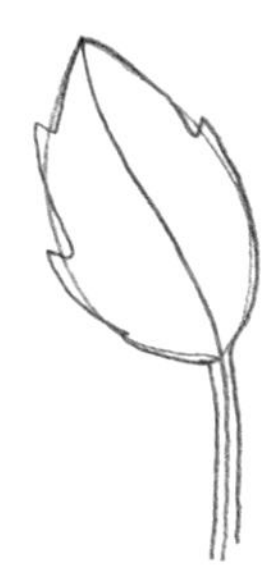

2 Denke dir eine Blattform aus. Meine Blätter bekommen einige kleine Zacken an den Rändern.

3 Ziehe die Konturen mit einem Fineliner nach und entferne verbliebene Bleistiftlinien. Arbeite Details wie Blattadern aus. Ob du deinen Zweig kolorierst, ist Geschmackssache. Wie du siehst, habe ich meine Zeichnung auf eine Buchseite übertragen und etwas Blattgrün eingesetzt.

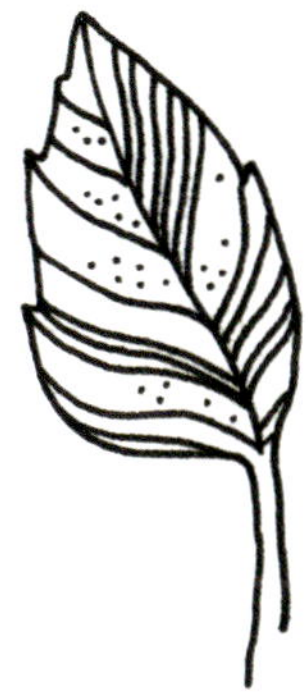

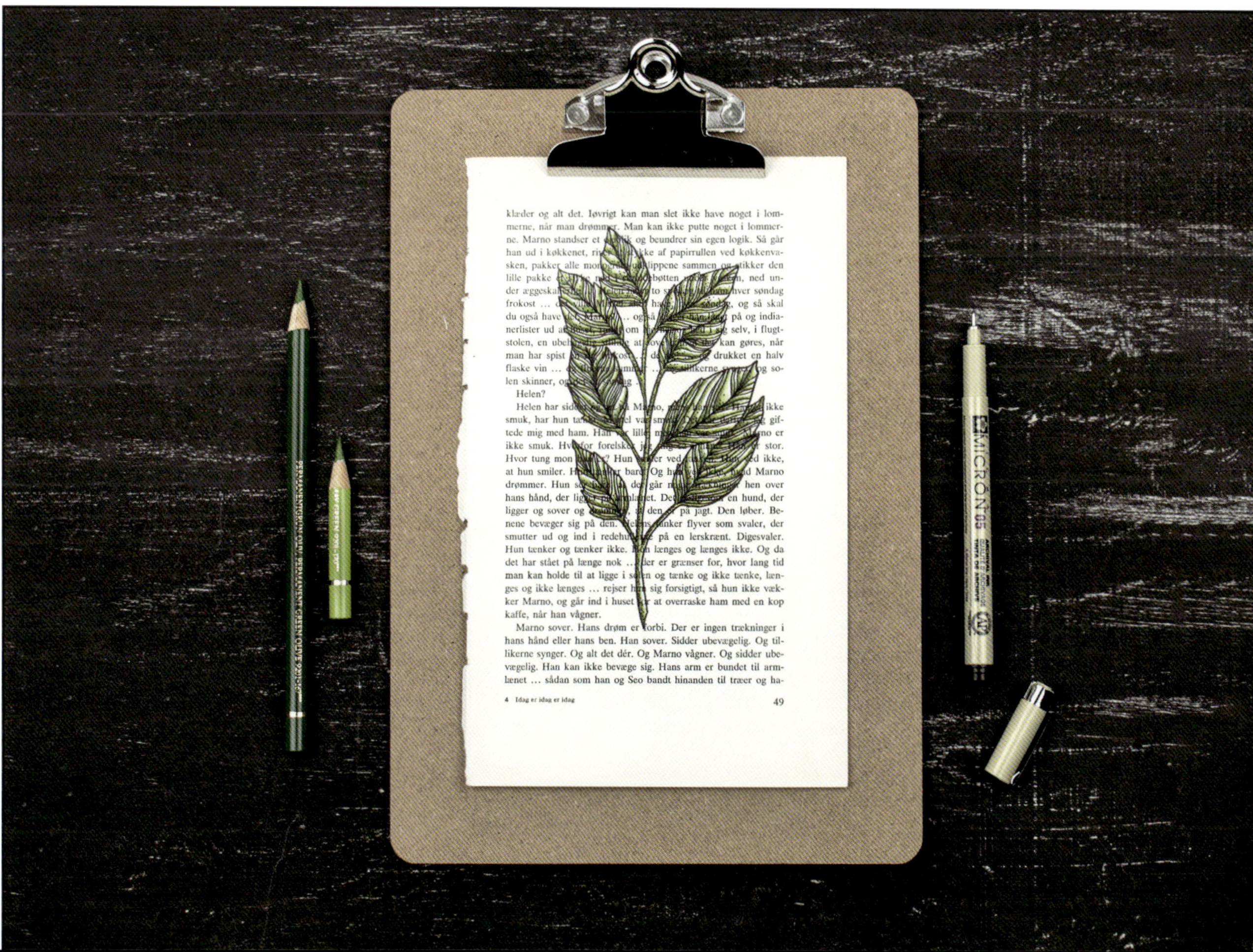

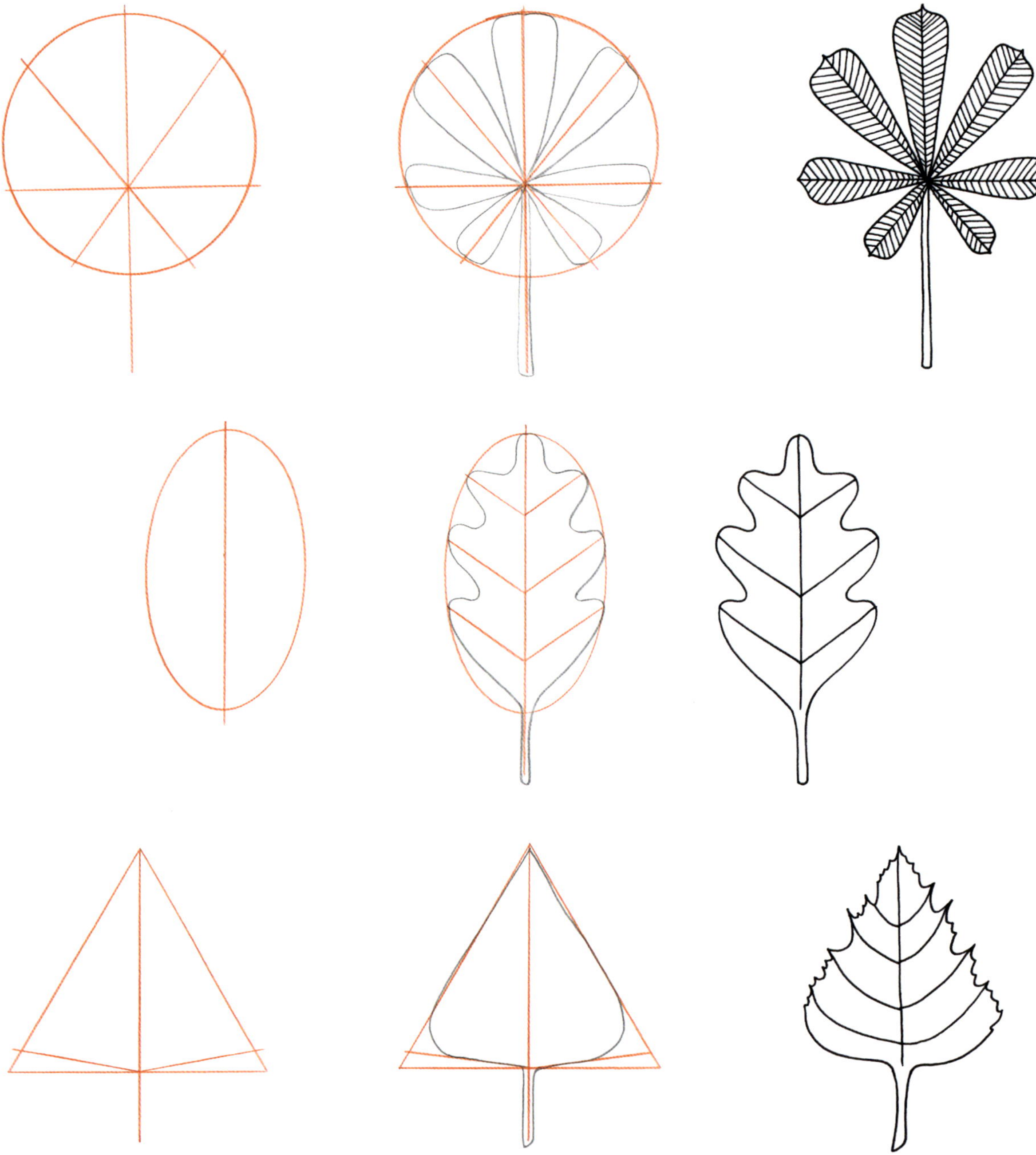

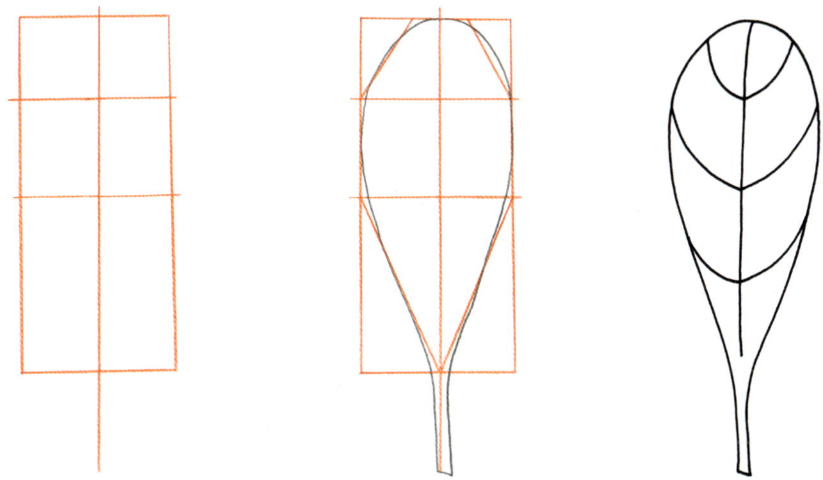

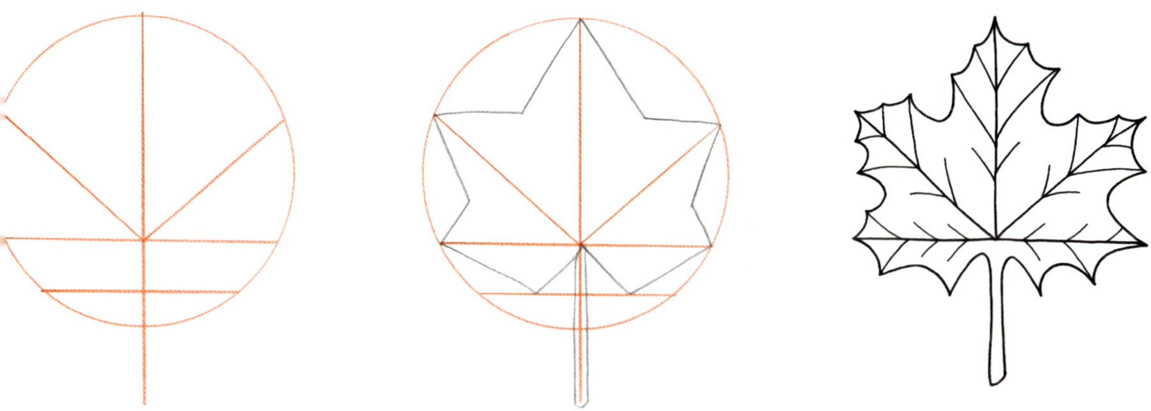

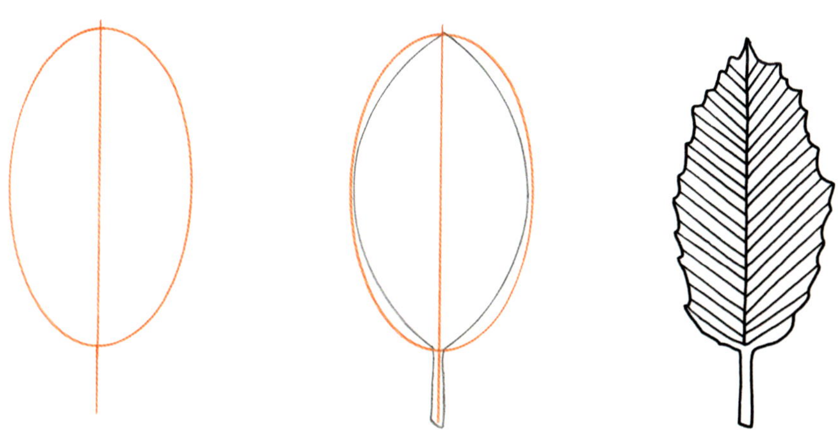

Dekorative Blätter

Diese Aquarellblätter machen nicht nur Spaß, sie sind auch als Dekoration ein Hingucker.

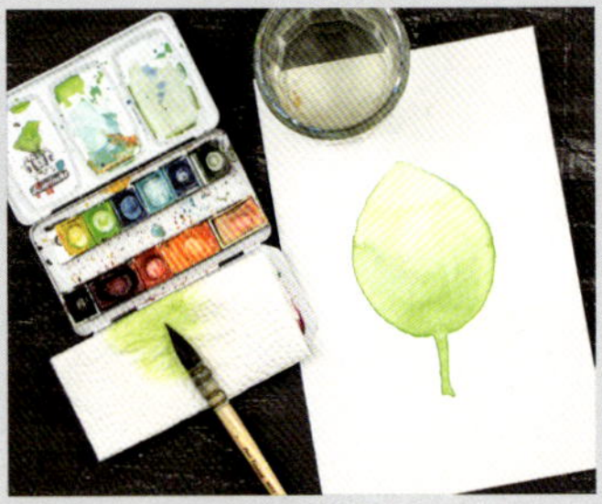

1 Male ein beliebiges Blatt mit Aquarellfarbe auf ein geeignetes Papier. Ich habe für diesen Zweck Aquarellpapier in einer Stärke von 200 g/m² verwendet. Für die transparente Wirkung der Farbe solltest du nicht zu wenig Wasser einsetzen.

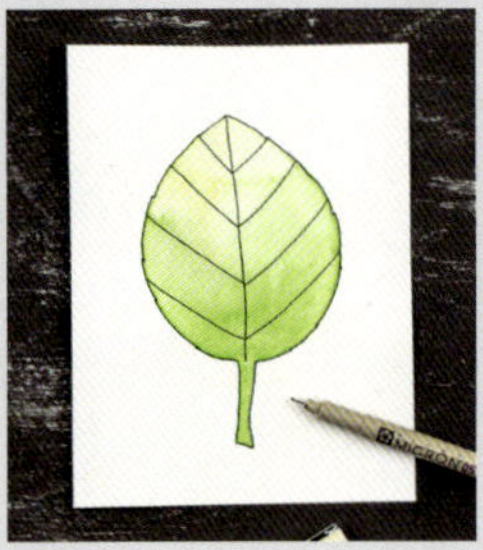

2 Nachdem die Aquarellfarbe getrocknet ist, kannst du die Kontur des Blattes mit einem Fineliner nachziehen. Zeichne auch eine Mittellinie sowie einige Blattadern ein, die das Motiv in Felder aufteilt.

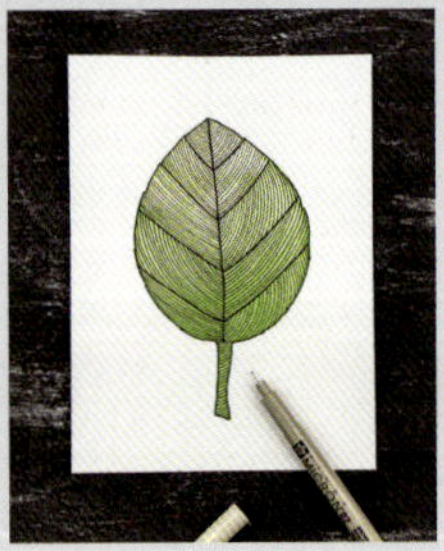

3 Ziehe nun frei Hand parallele Linien in beliebiger Richtung und Krümmung in die entstandenen Felder. Das gilt ebenfalls für den Stiel des Blattes.

TIPP!

Wenn du deine Blätter ausschneidest, kannst du mit ihnen beispielsweise ein Geschenk schmücken oder Grußkarten verzieren. Eine kleine Schere oder ein Skalpell bzw. Bastelmesser sind zum Schneiden gut geeignet.

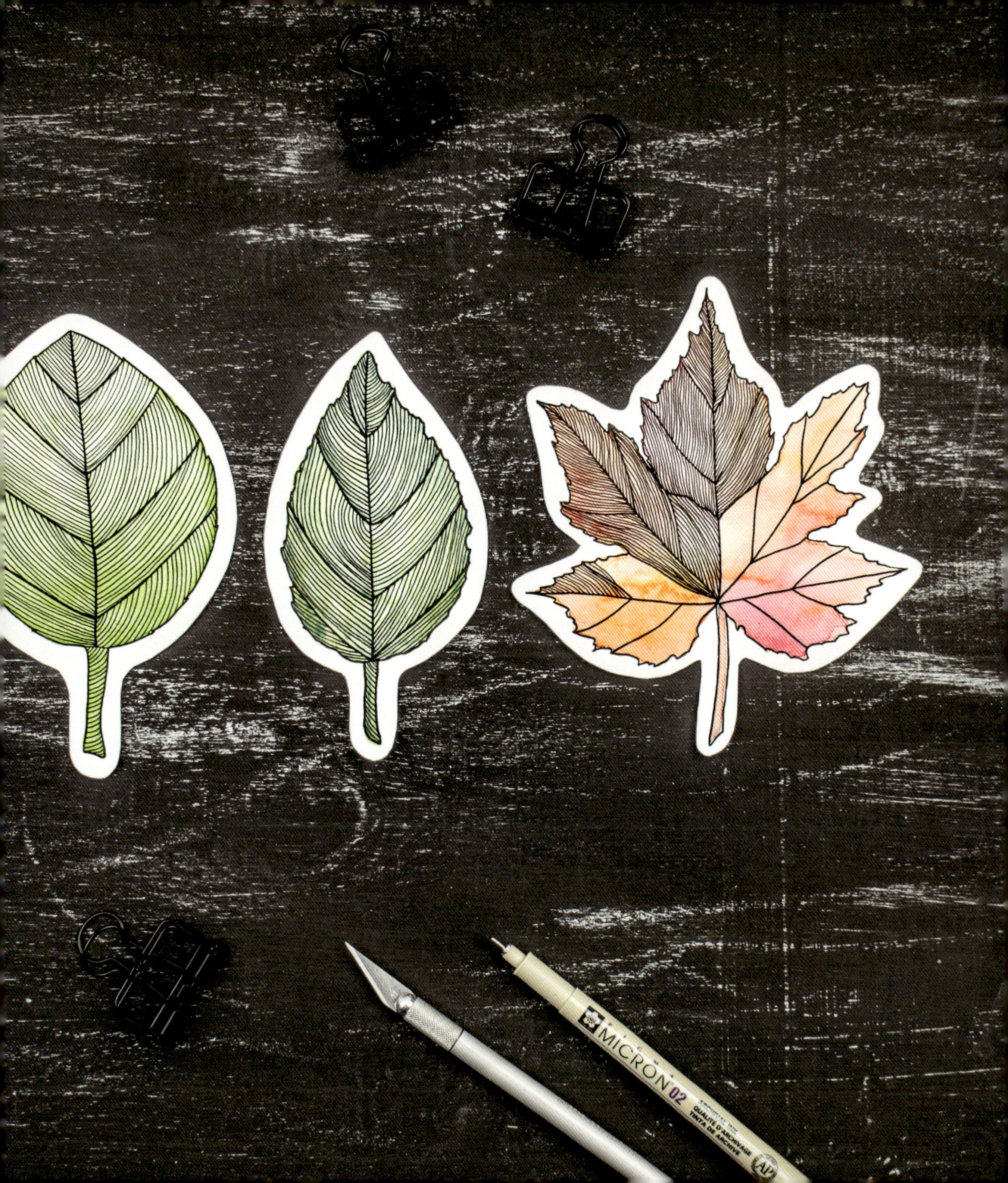
MICRON 02

Blattgrün

Für diese Idee brauchst du etwas Aquarellfarbe und einen Fineliner. Was du nicht brauchst, ist Zeit. Ein runder Farbtupfer als Hintergrund macht ein stilisiertes Blatt interessanter.

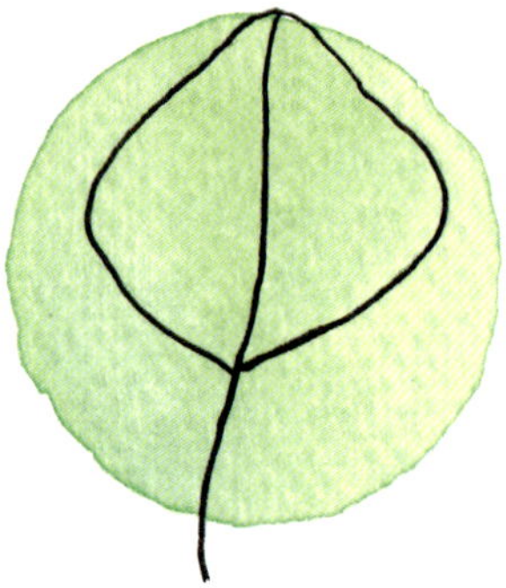

1 Zeichne einen Kreis mithilfe einer Kreisschablone. Genauso gut kannst du beispielsweise einen Klebestift oder ein Schnapsglas umranden. Zeichne deine Linie mit einem Buntstift im gleichen Farbton, mit dem du den Kreis ausfüllen möchtest. Eine Linie Ton in Ton wird nicht auffallen, eine Bleistiftlinie hingegen schon.

2 Bringe nun Aquarellfarbe mit einem Pinsel in deinen Kreis und fülle ihn aus.

3 Nachdem die Farbe getrocknet ist, kannst du die Umrisslinie deines Blattes mit dem Fineliner zeichnen.

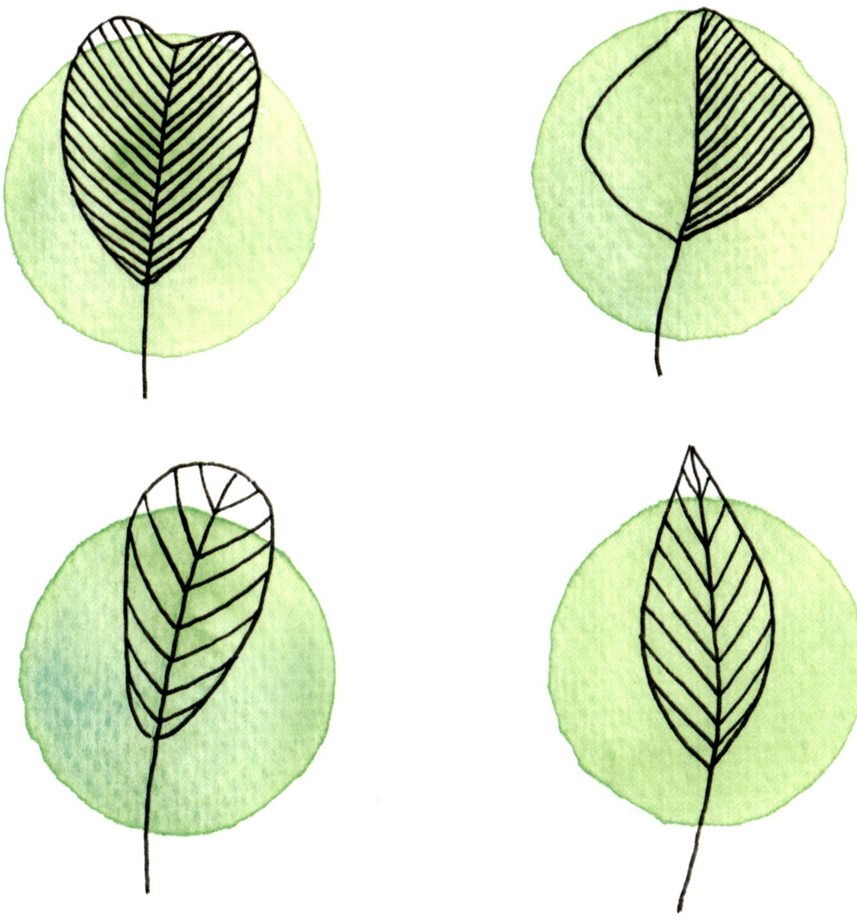

4 Ziehe auch weitere Linien, die zum Beispiel Blattadern andeuten. Probiere verschiedene Blattformen aus.

Ginkgo

Die fächerartigen Blätter des Ginkgobaumes sind wunderschön. Ich zeige dir, wie du in einfachen Schritten die äußere Form skizzieren kannst. Mein Ginkgoblatt habe ich wieder auf eine Buchseite gezeichnet und mit Buntstiften koloriert.

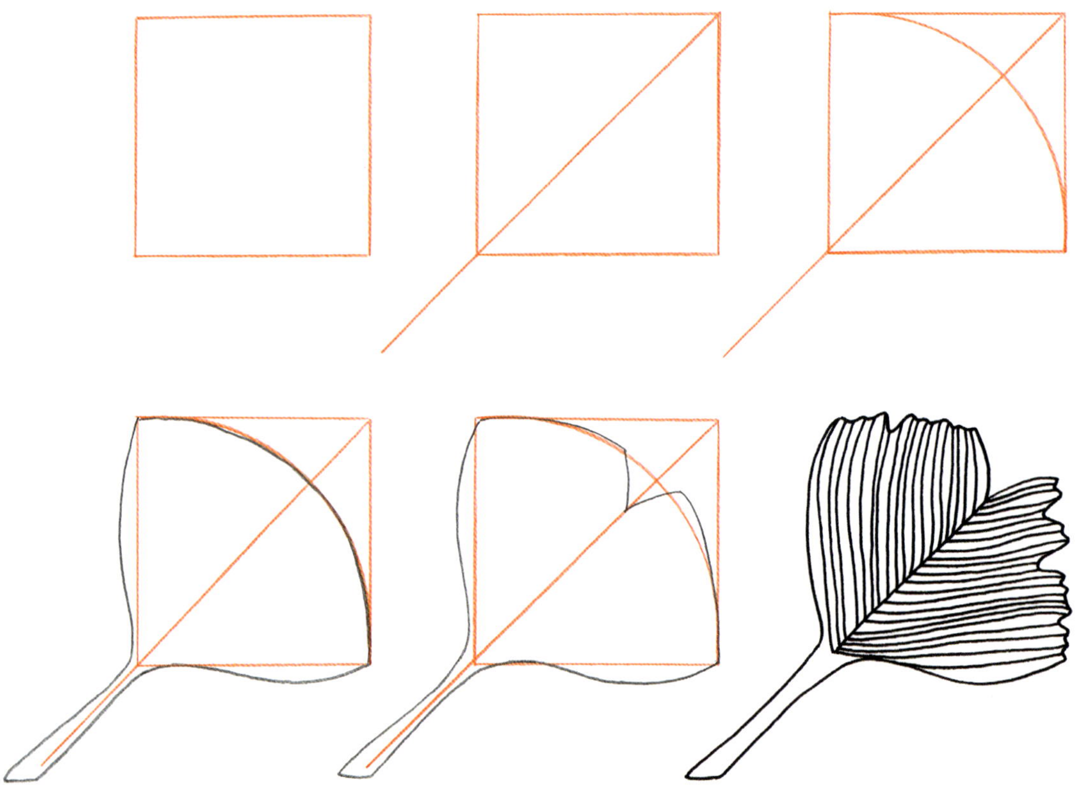

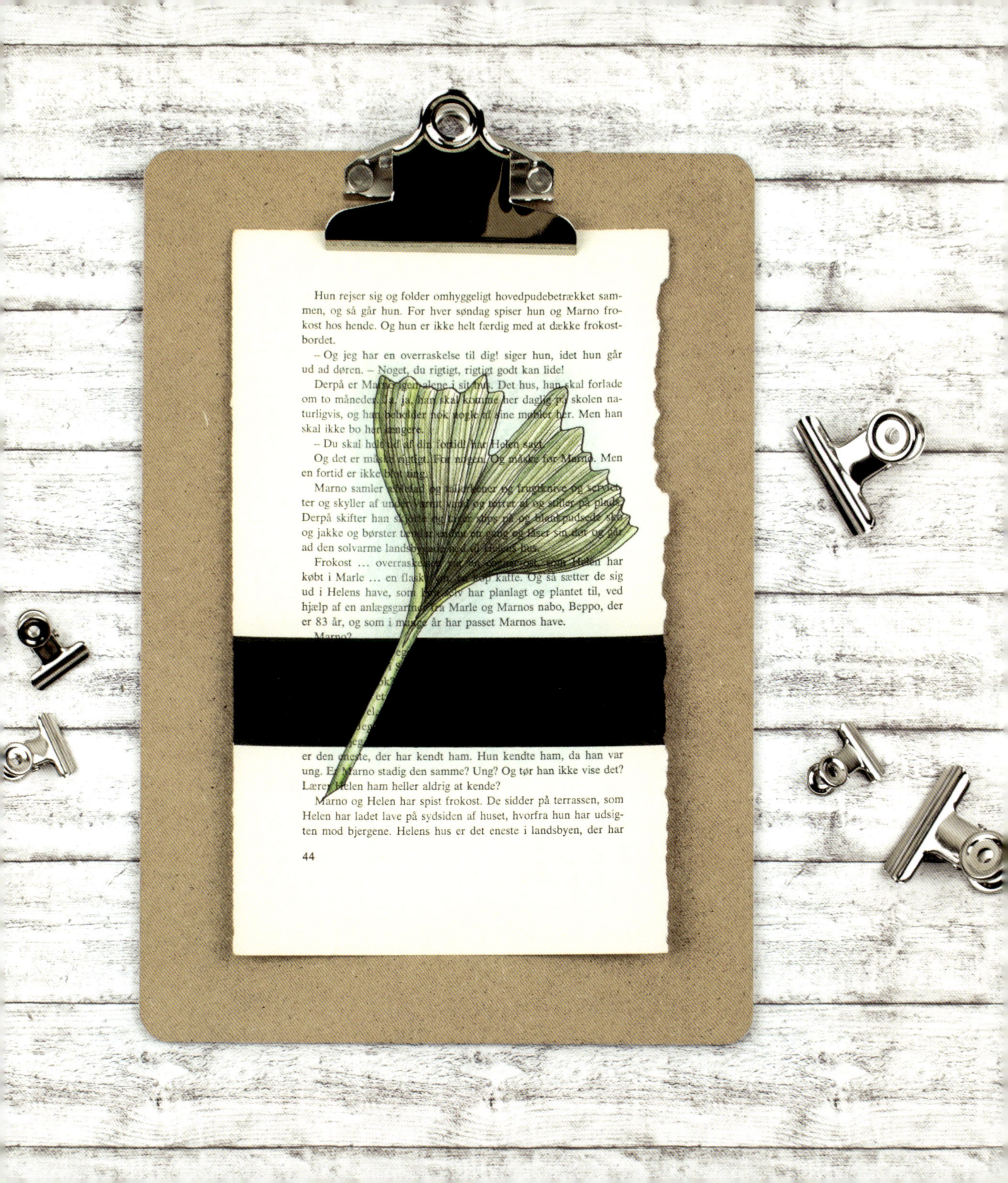
Hun rejser sig og folder omhyggeligt hovedpudebetrækket sammen, og så går hun. For hver søndag spiser hun og Marno frokost hos hende. Og hun er ikke helt færdig med at dække frokostbordet.
– Og jeg har en overraskelse til dig! siger hun, idet hun går ud ad døren. – Noget, du rigtigt, rigtigt godt kan lide!
Derpå er
Det hus,
skal forlade
om to måneder.
skolen naturligvis, og
Men han
skal ikke bo
– Du skal
Og det er
. Men
en fortid er ikke
Marno samler
ter og skyller af
Derpå skifter han
og jakke og børster
ad den solvarme lands
Frokost … overrask
har
købt i Marle … en flask
Og så sætter de sig
ud i Helens have, som
har planlagt og plantet til, ved
hjælp af en anlægsgart
Marle og Marnos nabo, Beppo, der
er 83 år, og som i
år har passet Marnos have.
er den
, der har kendt ham. Hun kendte ham, da han var
ung.
stadig den samme? Ung? Og tør han ikke vise det?
Helen ham heller aldrig at kende?
Marno og Helen har spist frokost. De sidder på terrassen, som
Helen har ladet lave på sydsiden af huset, hvorfra hun har udsigten mod bjergene. Helens hus er det eneste i landsbyen, der har
44

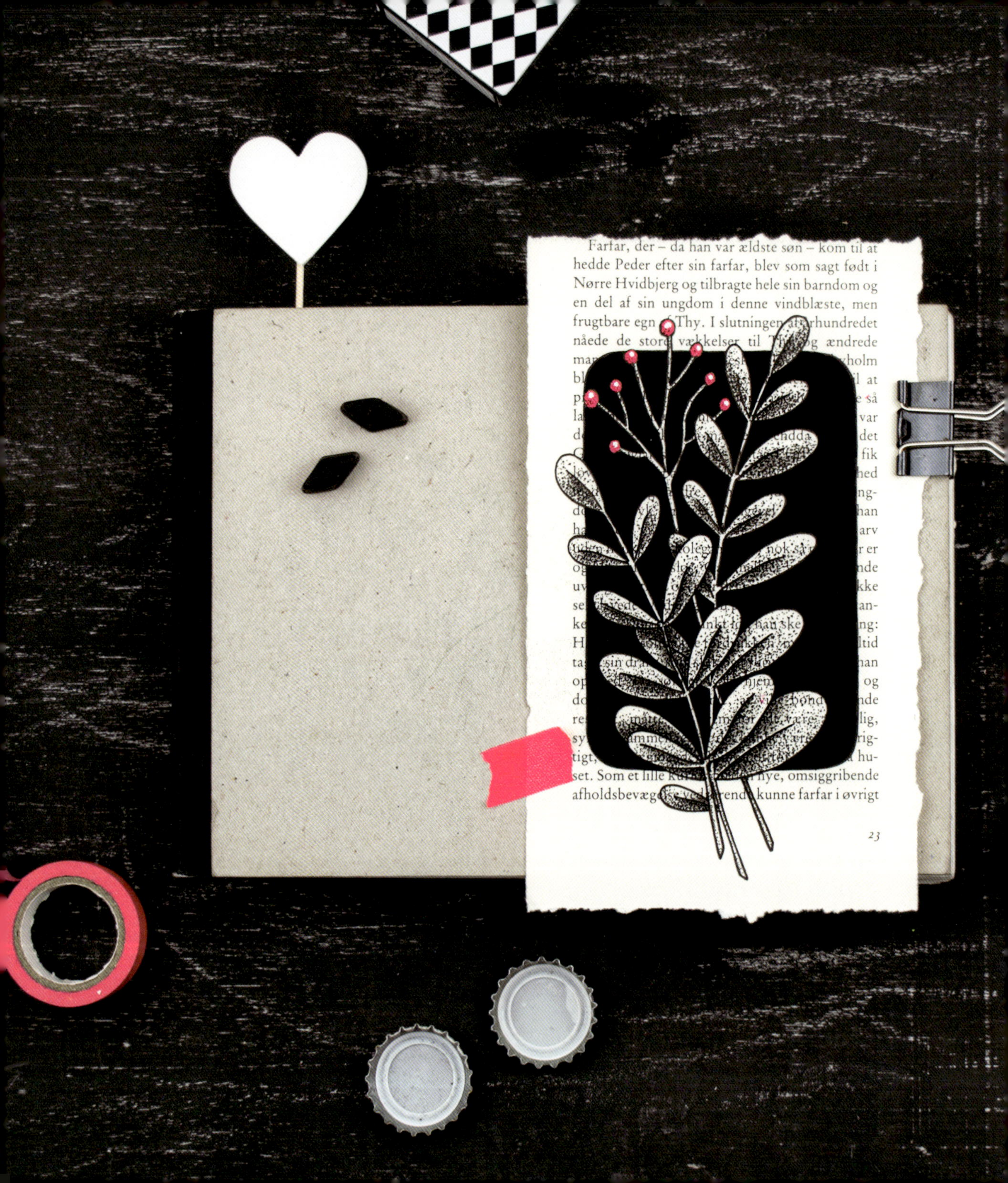
Farfar, der – da han var ældste søn – kom til at
hedde Peder efter sin farfar, blev som sagt født i
Nørre Hvidbjerg og tilbragte hele sin barndom og
en del af sin ungdom i denne vindblæste, men

Zweig mit Beeren

Eigentlich wollte ich nur ausprobieren, wie die Stifte auf den Seiten eines alten dänischen Buches zur Geltung kommen. Dabei herausgekommen ist ein Zweig mit Beeren. Bis auf die pinkfarbenen Beeren habe ich auf Farbe verzichtet. Die Punktschraffur und ein schwarzer Rahmen im Hintergrund bilden den Kontrast zur hellen Buchseite. Hier zeige ich dir, wie ich den Zweig gezeichnet habe. Damit die Linien gut sichtbar sind, habe ich für die einzelnen Schritte einen weißen Untergrund verwendet.

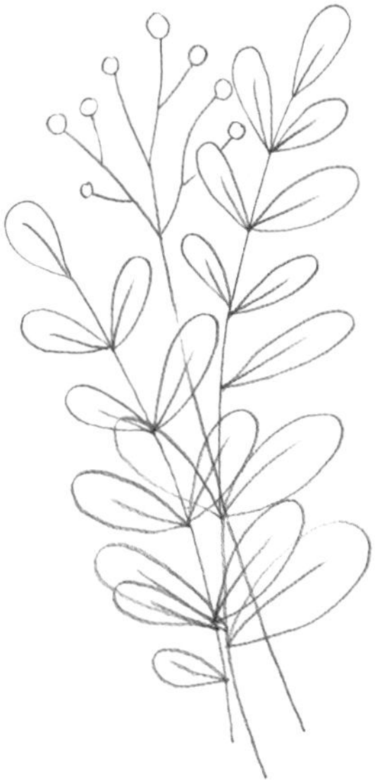

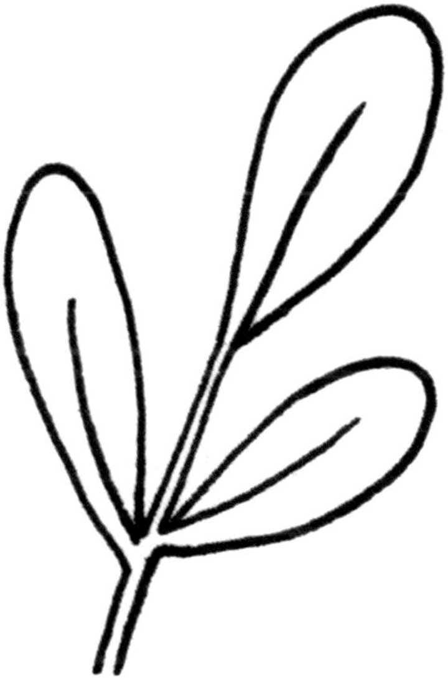

1 Skizziere einen Zweig mit beliebig geformten Blättern. Hierfür benötigst du keine Vorlage, der Zweig soll nicht zwingend realistisch aussehen.

2 Gestalte nun die Form und die Stärke des Zweiges und ziehe die Linien mit dem Fineliner nach. Entferne verbliebene Bleistiftlinien.

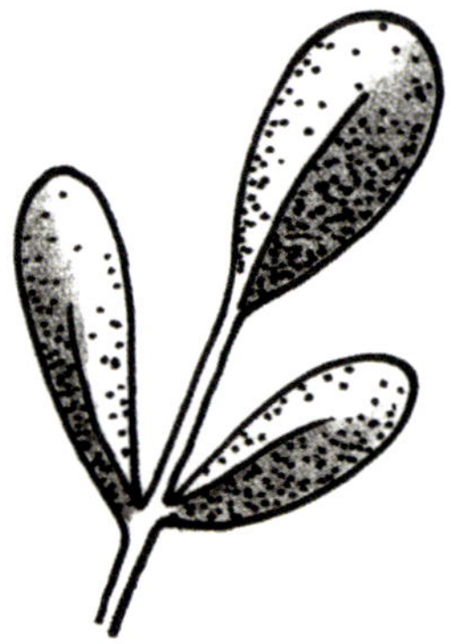

3 Setze eine Punktschraffur dort ein, wo dein Blatt dunkler sein soll. Zusätzlich habe ich den Bereich mit einem Bleistift schattiert, also nachgedunkelt.

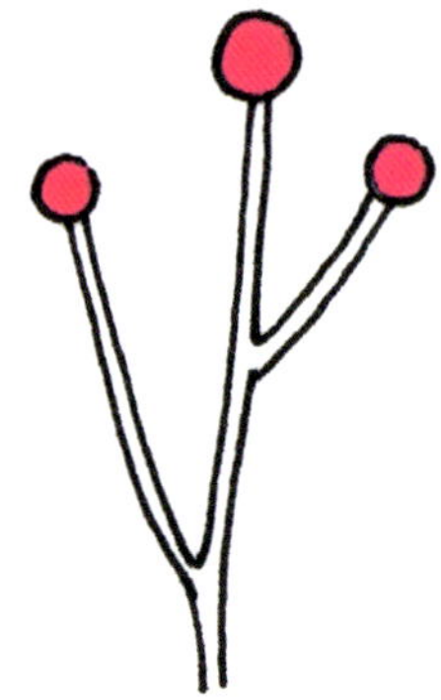

4 Meine Beeren bekommen eine Färbung in Pink. Hierfür habe ich einen Gelstift verwendet.

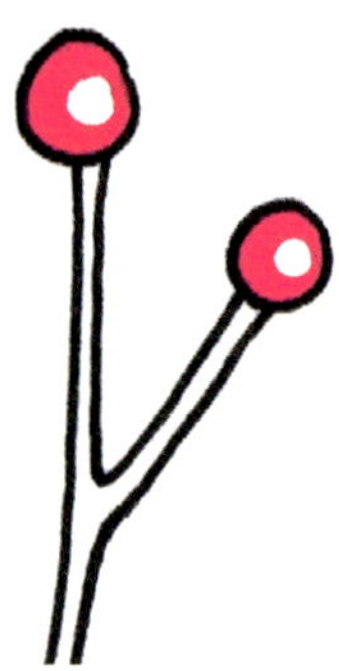

5 Mit einem weißen Acrylmarker oder einem Gelstift kannst du noch einen Lichtpunkt auf deine Beeren setzen. Für einen starken Kontrast zeichne ich einen Rahmen, den ich schwarz ausmale. So bekommt mein Zweig einen dunklen Hintergrund.

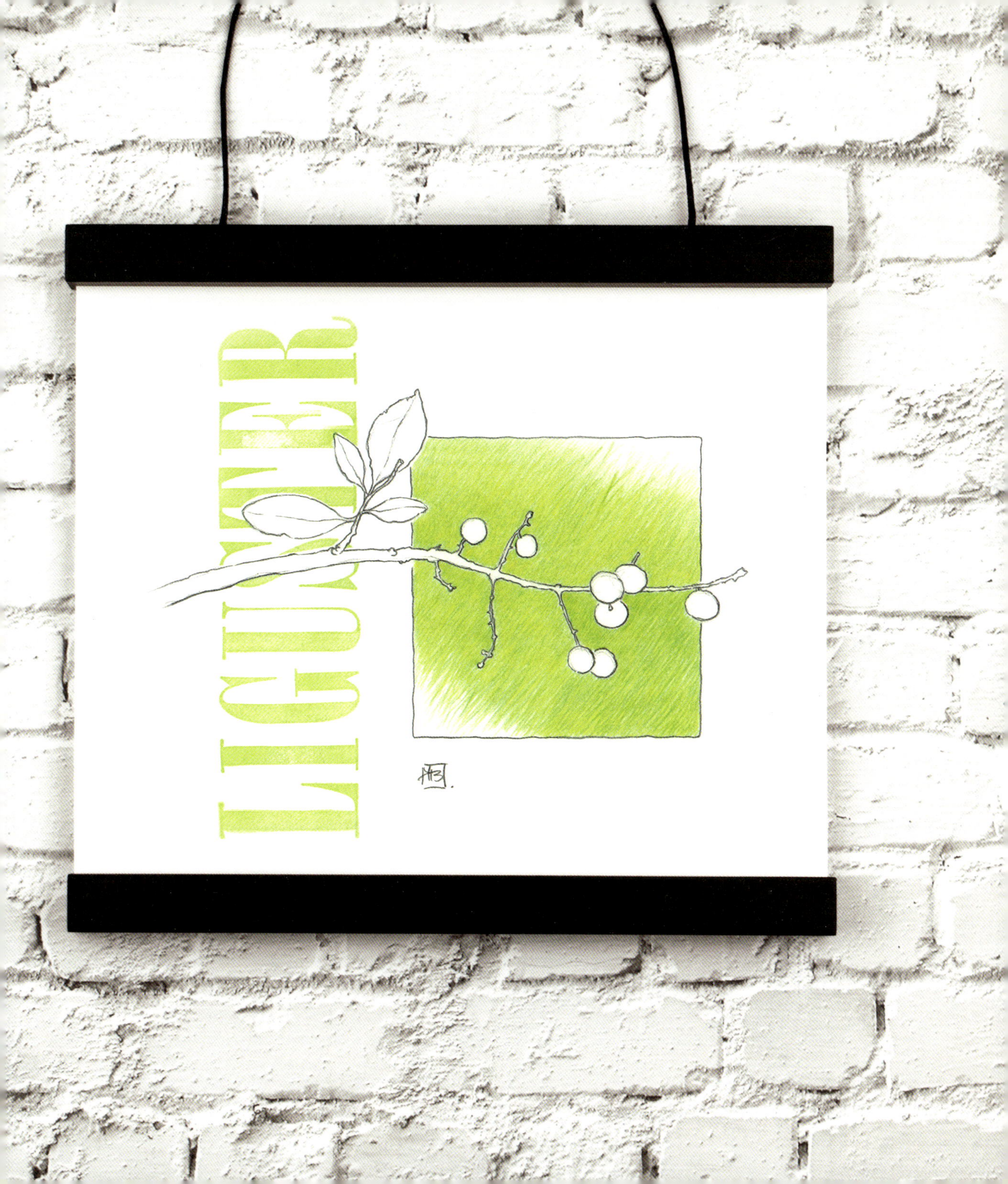
LIGUSTER

Blätter mit feinen Linien

Die Blätter dieses Zweiges wirken durch ihre feinen Linien transparent und leicht. Auch dieser Zweig ist reine Fiktion, also ohne eine Vorlage entstanden.

1 Skizziere einen Zweig mit rundlich geformten Blättern. Einzelne Blätter dürfen sich gern überlappen.

2 Ziehe parallele Linien für die Stärke des Zweiges und eine Mittellinie in jedes Blatt.

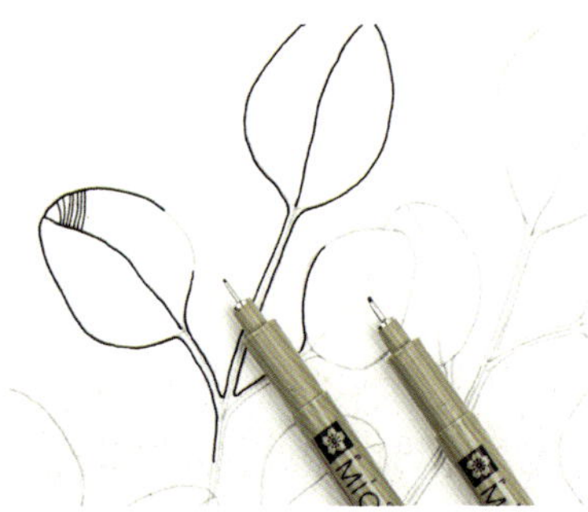

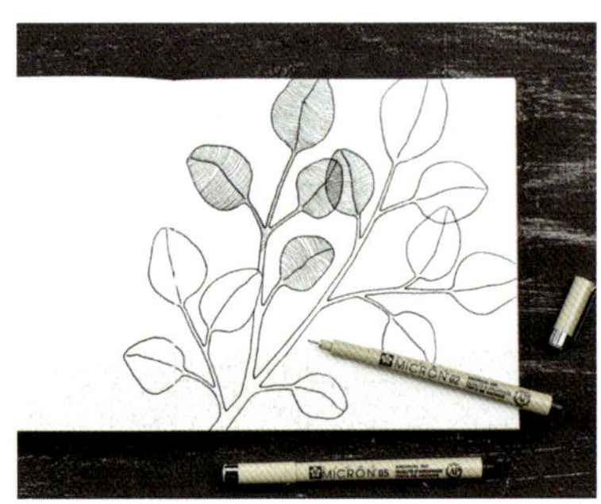

3 Beginne nun mit dem Nachziehen mit einem Fineliner. Ziehe danach feine Linien in Form von Blattadern in jede Blatthälfte.

4 Zeichne auch an überlagernden Blättern die feinen Linien ein. Dadurch wirken sie transparent.

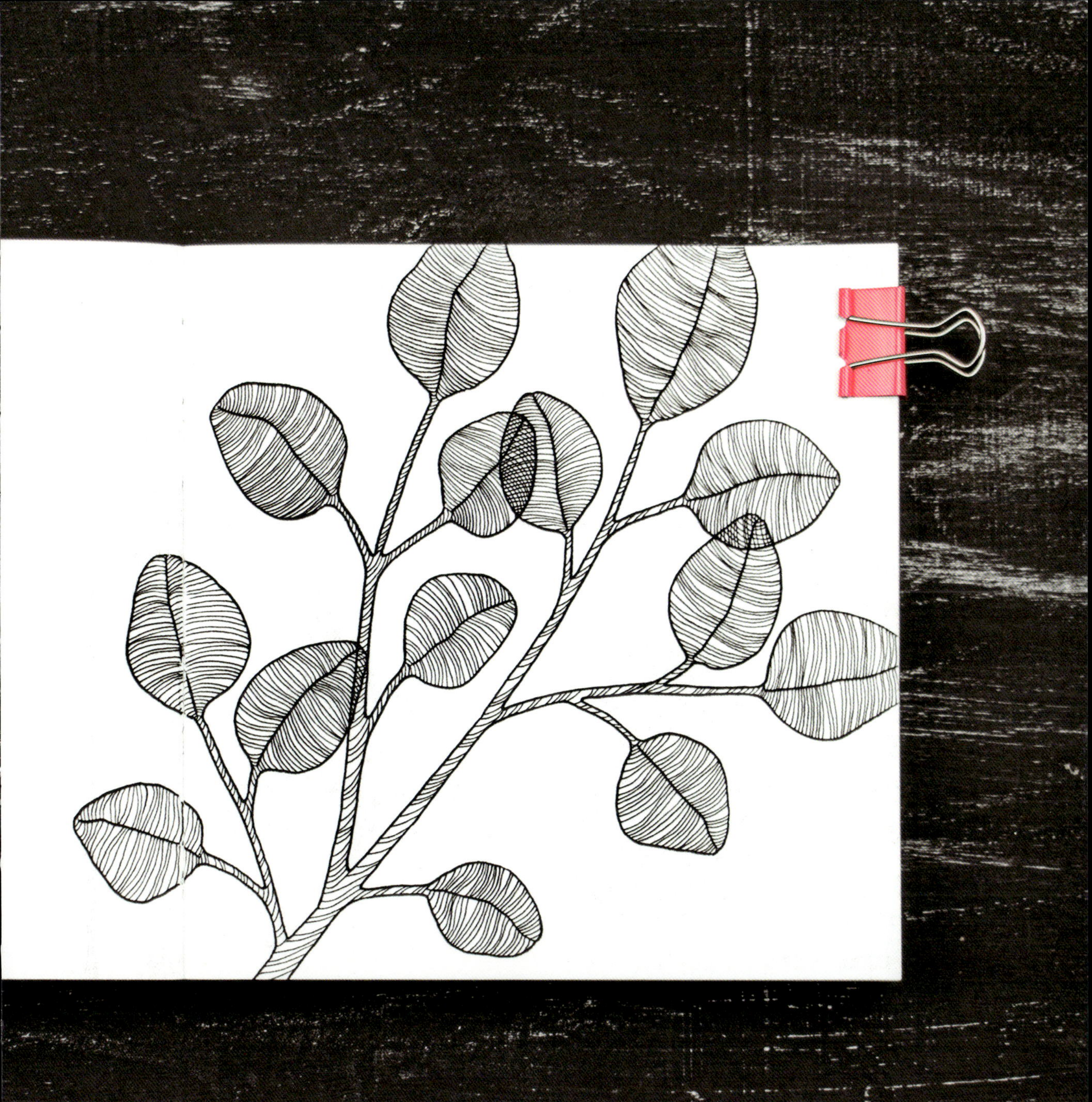

Netzartige Blattadern

Die Adern dieses Blattes verlaufen netzartig. Sie entspringen meiner Fantasie. Durch das Einsetzen einer Punktschraffur in jedes Feld dieses Netzes bekommt das Blatt einen interessanten Gesamteindruck.

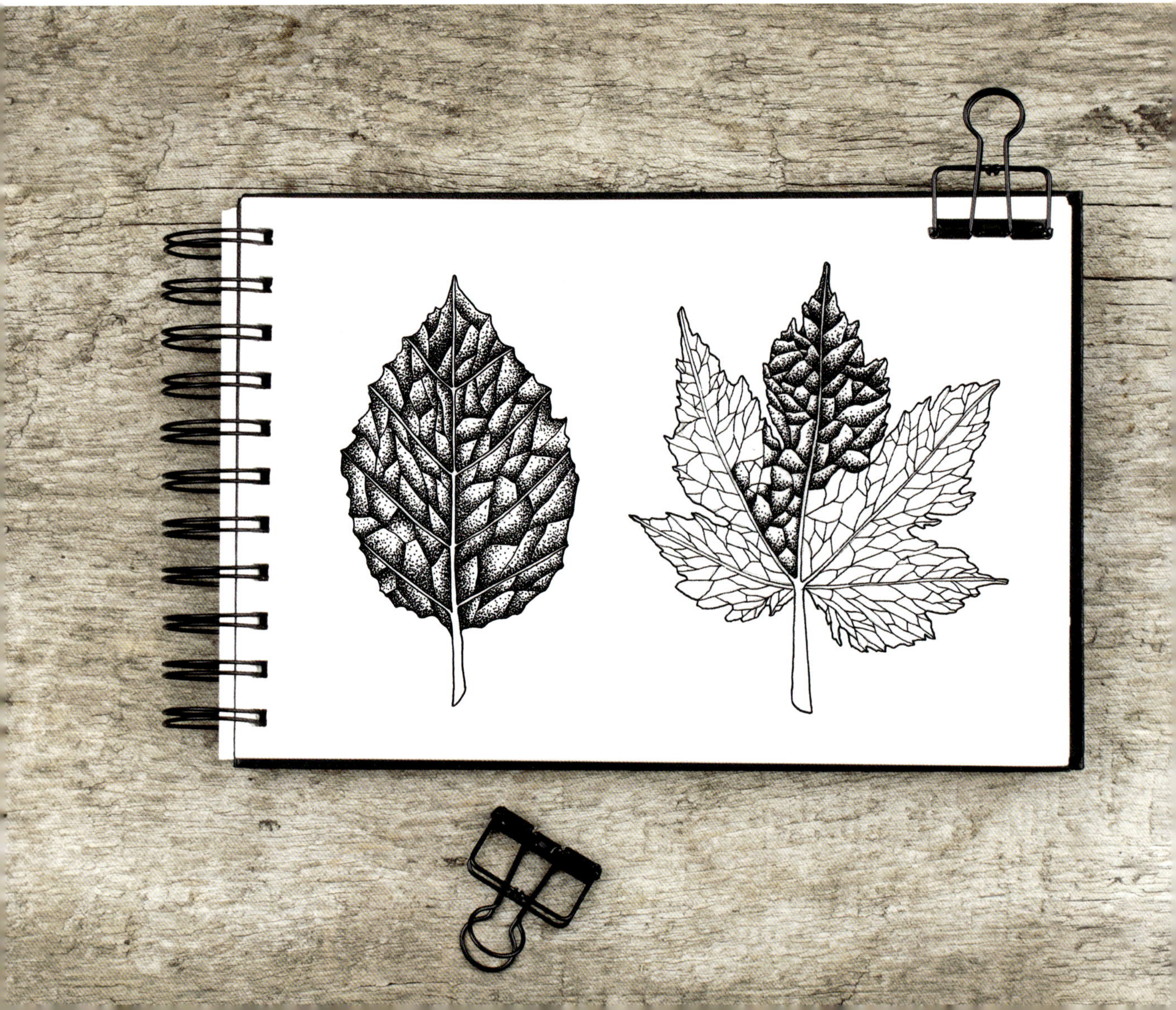

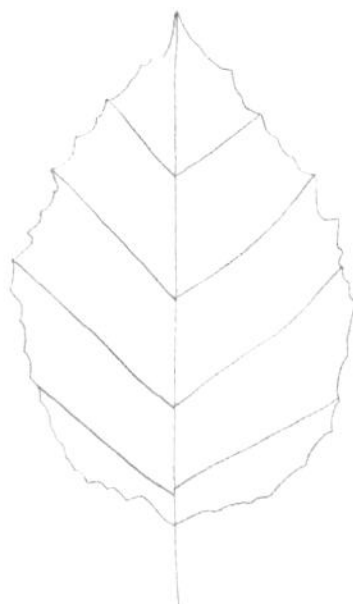

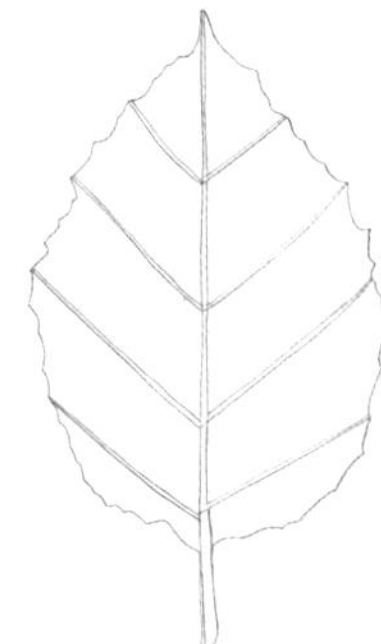

1 Skizziere die Umrisslinie eines beliebigen Blattes mit einem Bleistift. Zeichne eine Mittellinie sowie einige Linien, die dein Blatt in Felder unterteilen.

2 Verdopple nun diese Linien, damit dein »Blattskelett« plastisch aussieht.

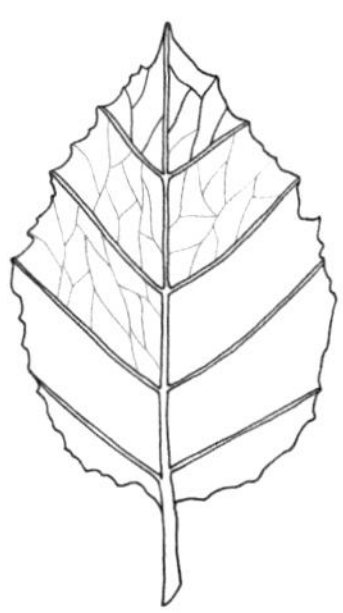

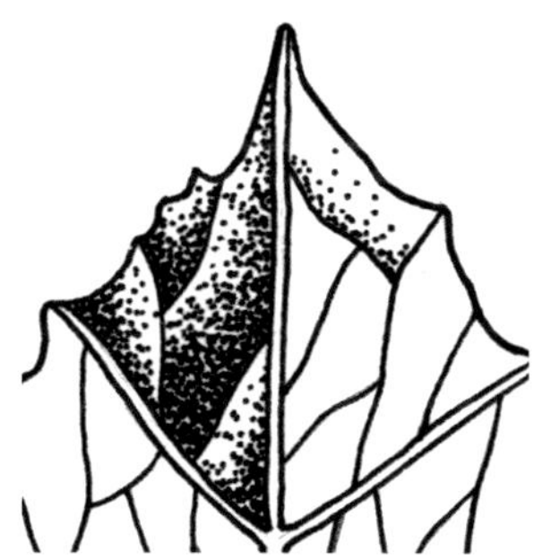

3 Ziehe die Bleistiftlinien mit dem Fineliner nach und unterteile deine Felder in weitere Flächen. Zeichne hierzu Linien in unterschiedliche Richtungen, bis die Felder in viele kleine Segmente unterteilt sind. Ziehe auch diese Linien mit dem Fineliner nach.

4 Beginne nun mit der Punktschraffur. Setze viele Punkte an ein oder zwei Seiten eines kleinen Segments. Dadurch wird dieser Bereich dunkel. Lasse die Punkte zu den anderen Kanten auslaufen, sodass diese Bereiche hell bleiben. Dies macht den interessanten Effekt aus.

Rosmarin

Schnapp dir auch anderes, was die Natur dir bietet. Ich habe mir einen Rosmarinzweig gepflückt. Bevor dieser mein Essen aromatisiert, zeichne ich ihn.

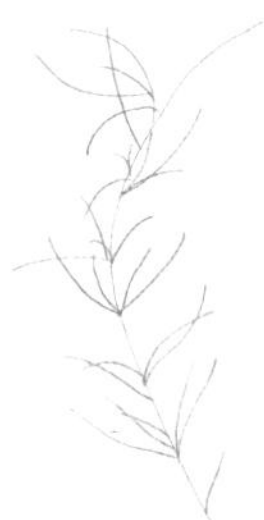

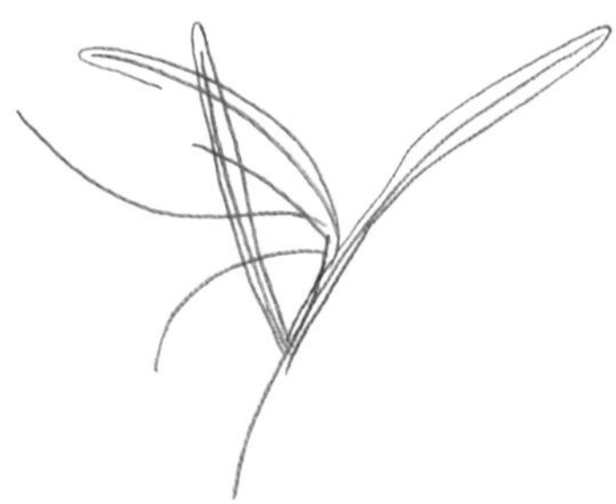

1 Beginne immer mit der Form des Objekts. Verwende hierzu einen Bleistift, um korrigieren bzw. radieren zu können.

2 Arbeite als Nächstes die Form aus und zeichne die Umrisslinien.

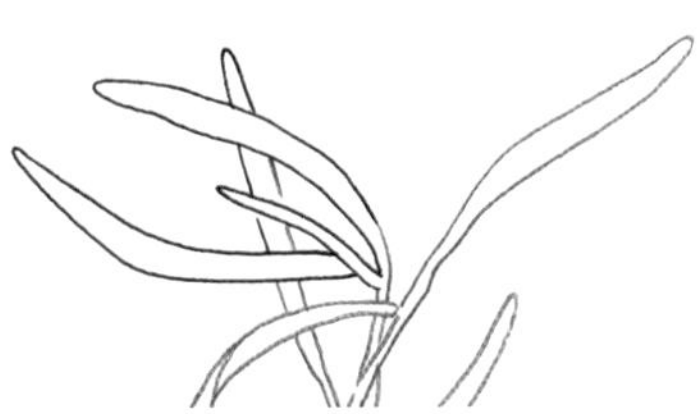

3 Radiere überflüssige Linien weg und ziehe die Konturen mit einem Fineliner nach.

4 Schattiere nun die Stellen, auf die weniger Licht fällt.

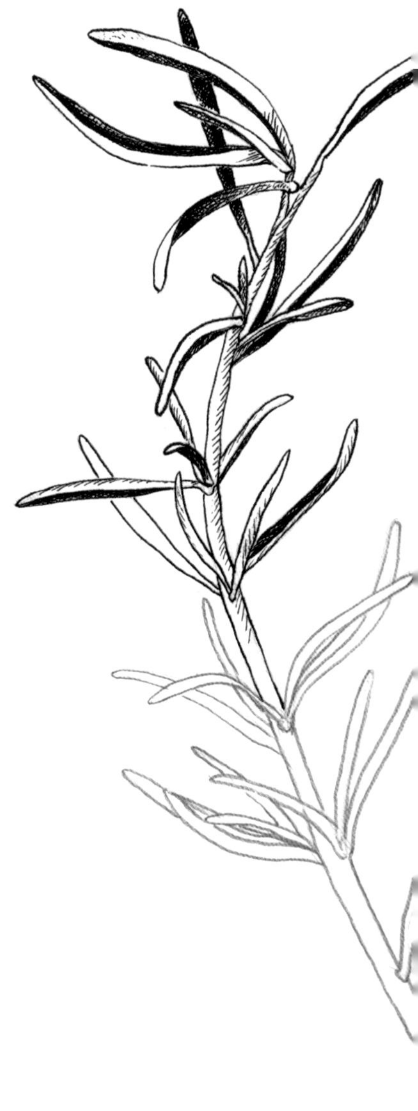

Und noch mehr florale Schraffuren

Dieses welke Eichenblatt wehte zur Tür hinein, als es einmal besonders stürmisch draußen war. Es diente mir als Herbstmotiv für eine Schraffurzeichnung mit sehr dünnen Finelinern. Das Eichenblatt sowie die Sukkulente zeigen den Entstehungsprozess. Eine Zeichnung mit Schraffuren wirkt schön in Schwarz-Weiß, sie schließt aber das Einsetzen von Farbe nicht aus. Ich koloriere meine Sukkulente, damit du den direkten Vergleich in der Zeichnung sehen kannst.

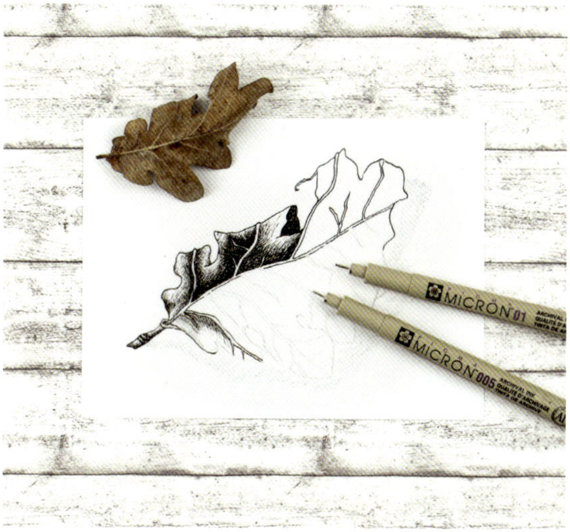

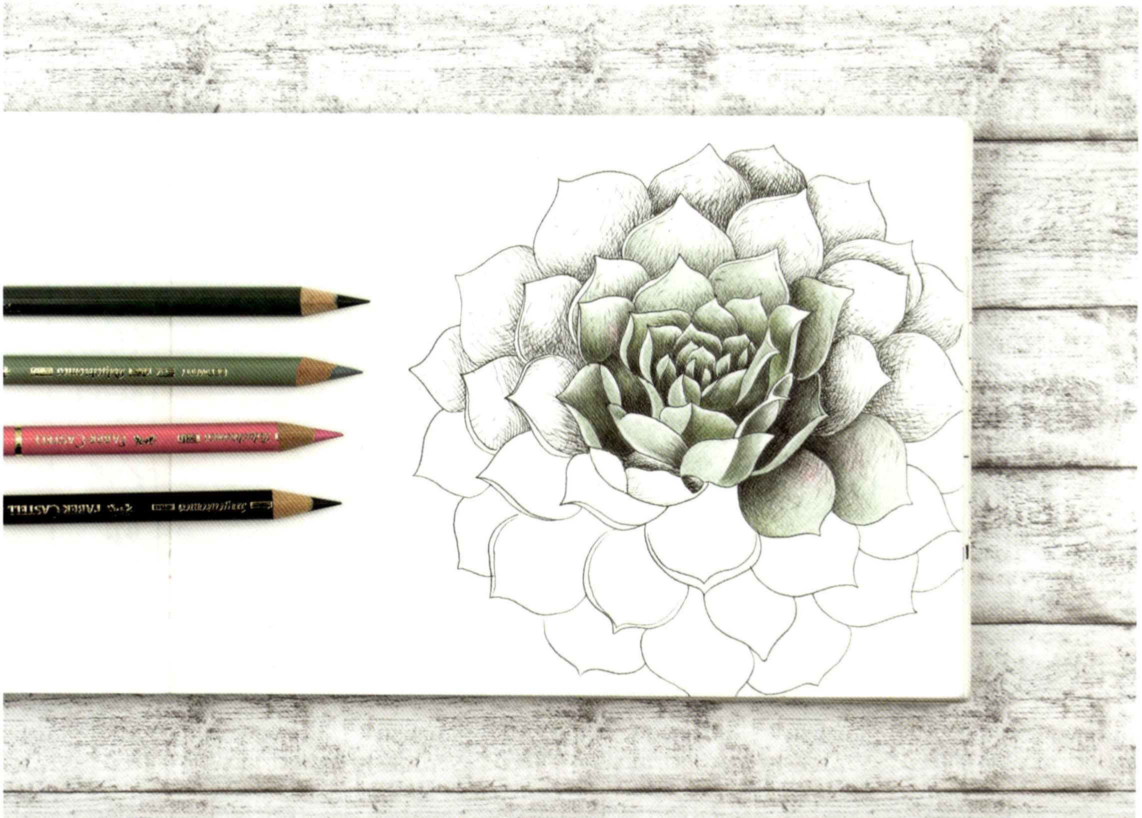

Anemone

Meine Lieblingsblume ist die Herbst-Anemone. Das ist ein guter Grund, sie zu zeichnen. Außerdem verblüht eine Zeichnung nicht. Welche Blume magst du am liebsten?

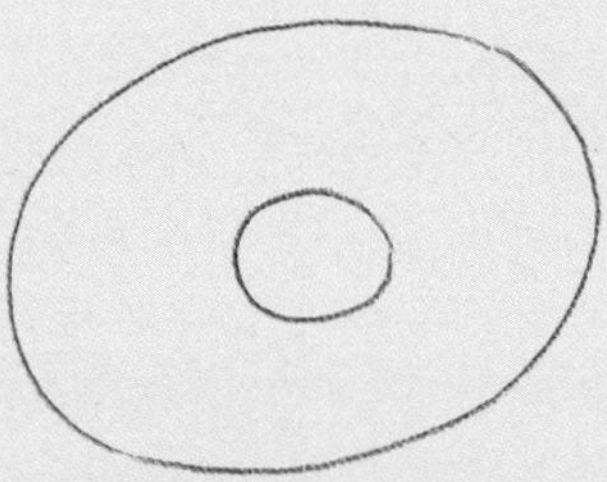

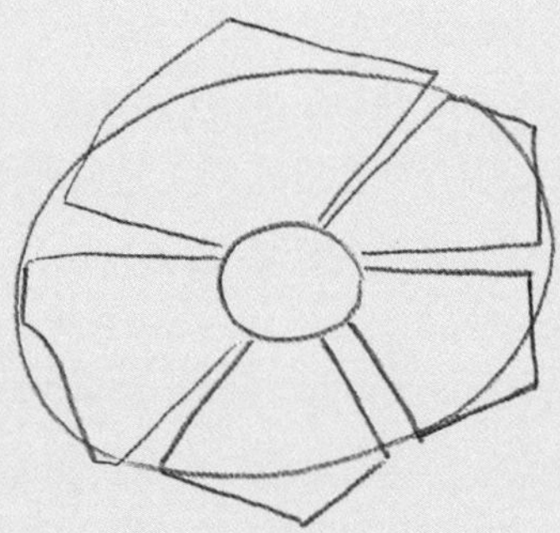

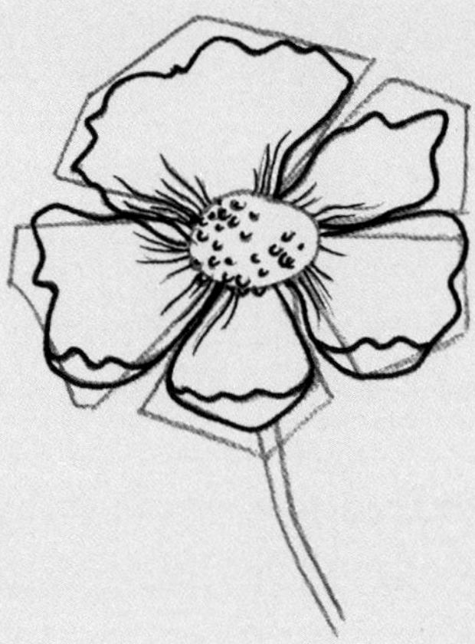

1 Erfasse zuerst die grobe Form der ganzen Blüte. Von meinem Blickwinkel aus betrachtet, erkenne ich eine ovale Form.

2 Skizziere im nächsten Schritt ihre Blütenblätter. Stelle ihre Form vereinfacht dar und achte auf unterschiedliche Blattgrößen sowie Proportionen.

3 Nun kannst du detaillierte Konturlinien in deine »Platzhalter« einzeichnen. Entferne danach Linien, die du nicht mehr benötigst. Ob in Farbe oder Schwarz-Weiß, gestalte deine Blumen, wie es dir gefällt.

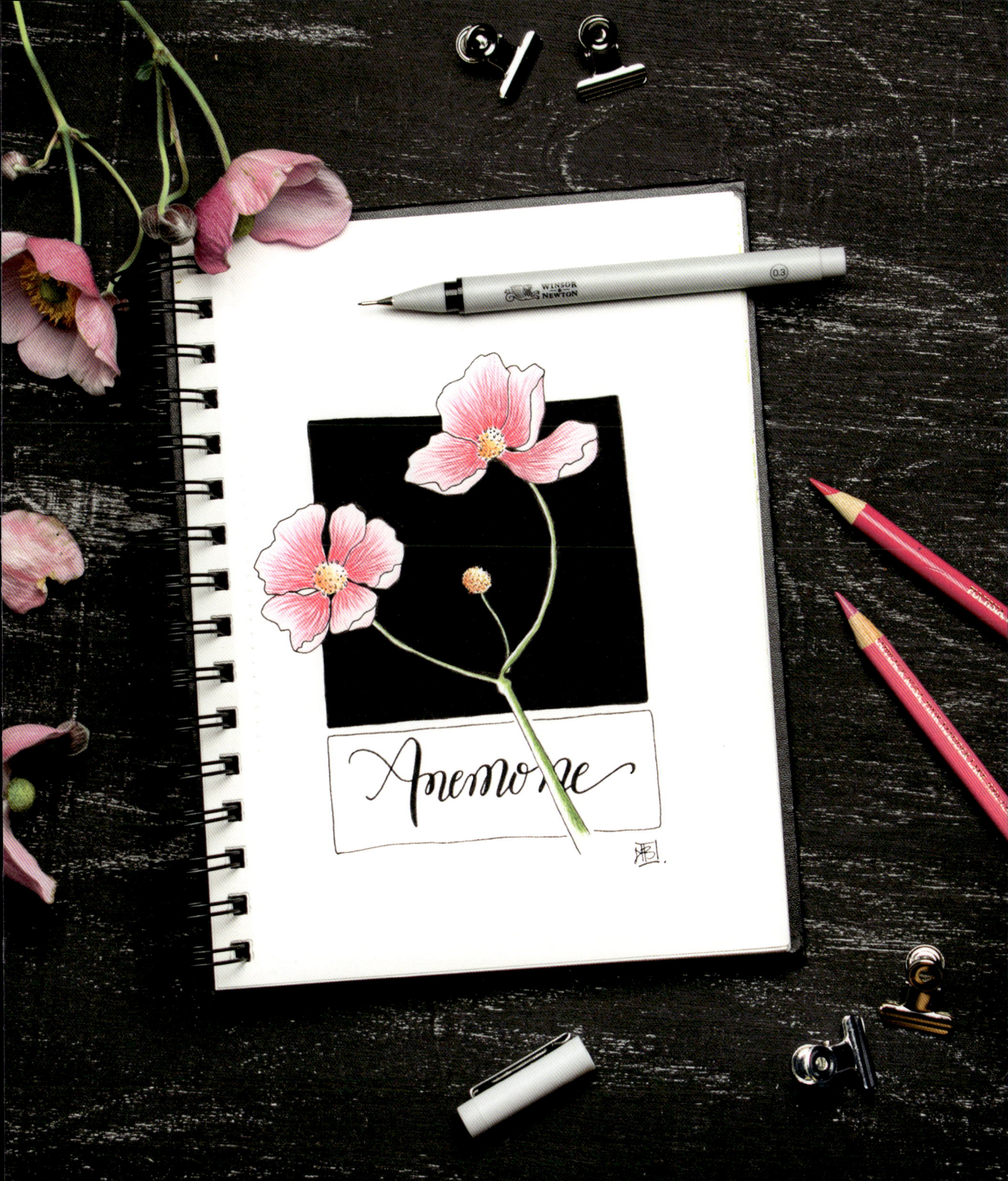
Anemone
WINSOR & NEWTON

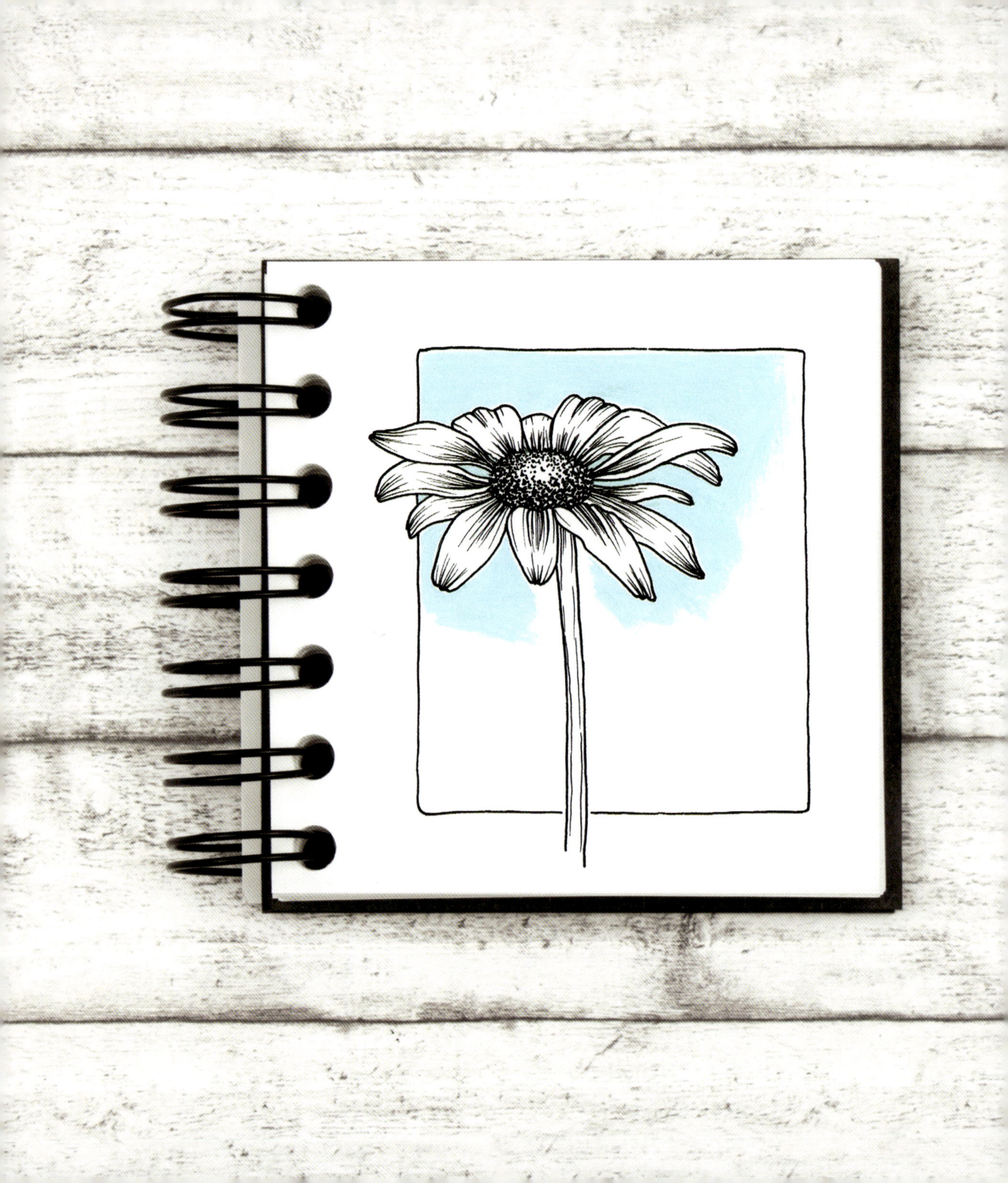

Margerite

Hast du gerade keine Blume zur Hand? Das macht nichts. So einfach kannst du eine Margerite zeichnen:

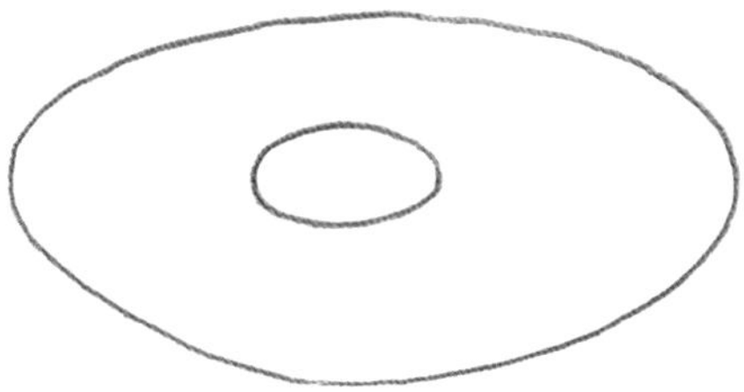

1 Skizziere ovale Formen für deine Blüte.

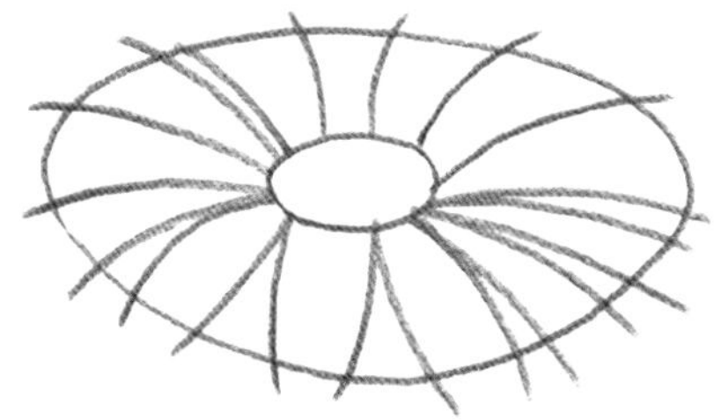

2 Leicht gekrümmte Linien verlaufen strahlenförmig vom inneren Oval ausgehend.

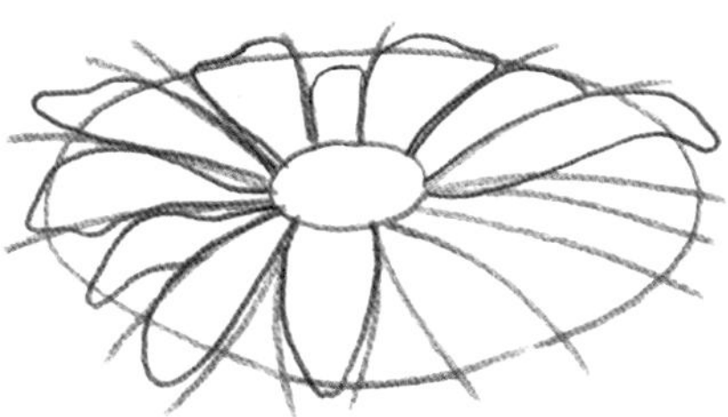

3 Aus diesen Linien formst du nun die Blütenblätter.

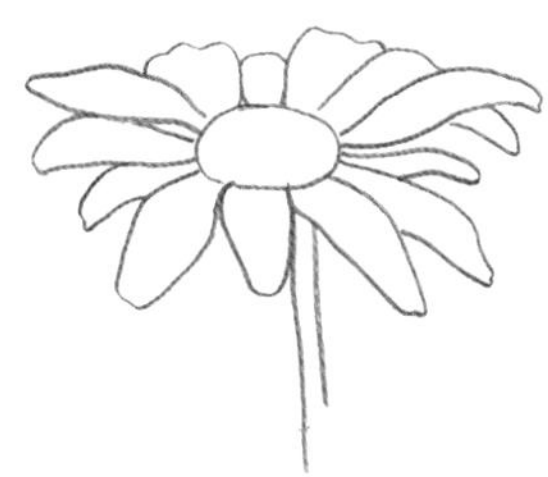

4 Wenn dir deine Blätter gefallen, kannst du unnötige Bleistiftlinien entfernen.

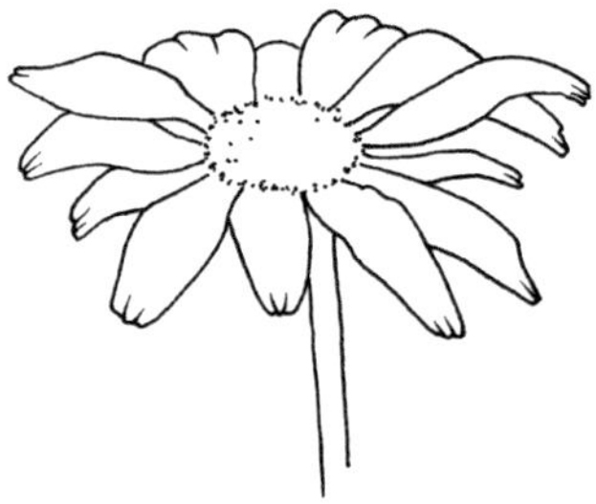

5 Ziehe die Kontur mit dem Fineliner nach.

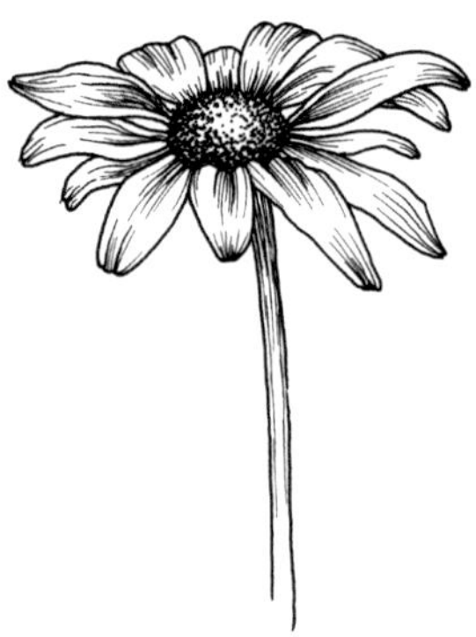

6 Feine Linien und Punkte geben der Blüte Plastizität.

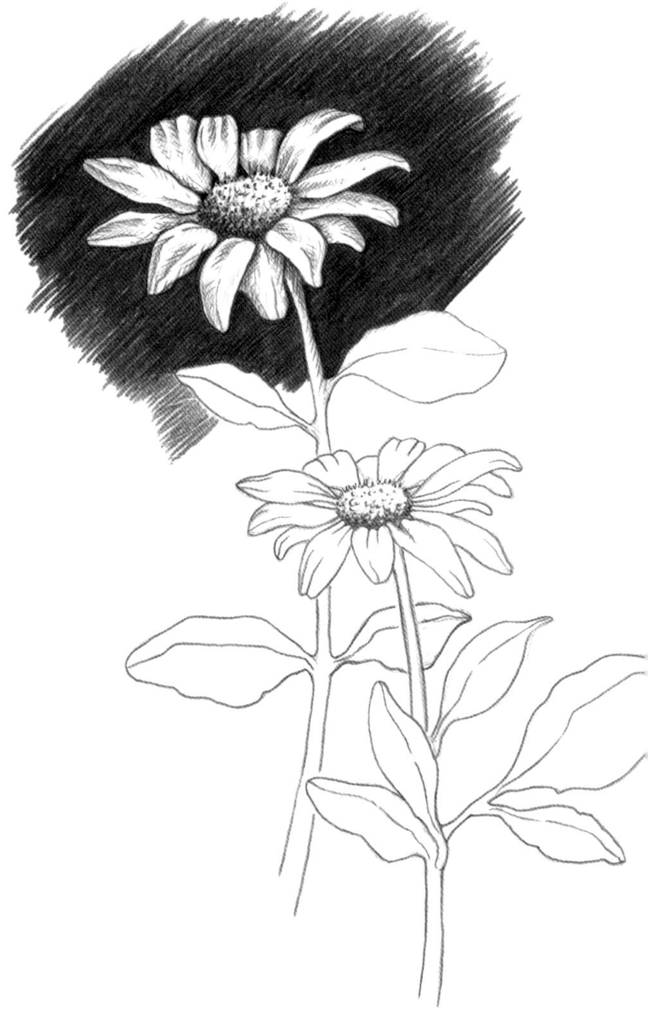

Klee

Beim Zeichnen dieser Kleeblüte habe ich mich auf die nötigsten Linien beschränkt. Nämlich die Linien, die die typischen Merkmale der Kleeblüte wiedergeben. Meine Zeichnung entstand spontan und sehr schnell ohne eine Vorzeichnung. Hier zeige ich dir jedoch, wie du mithilfe einer Skizze vorgehst.

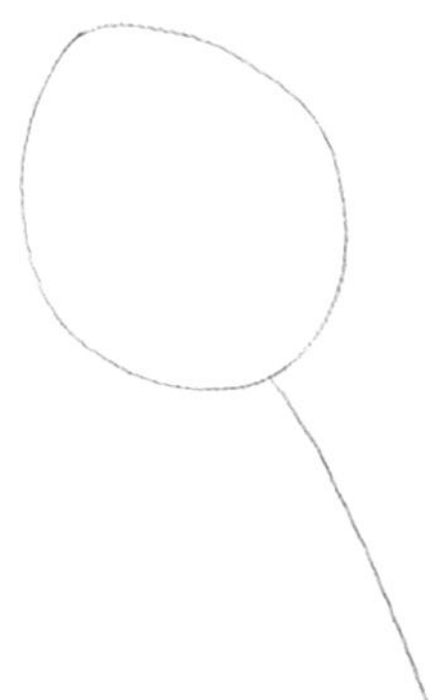

1 Skizziere die typische Form der Kleeblüte mit dem Bleistift. So kannst du deine Linien noch korrigieren.

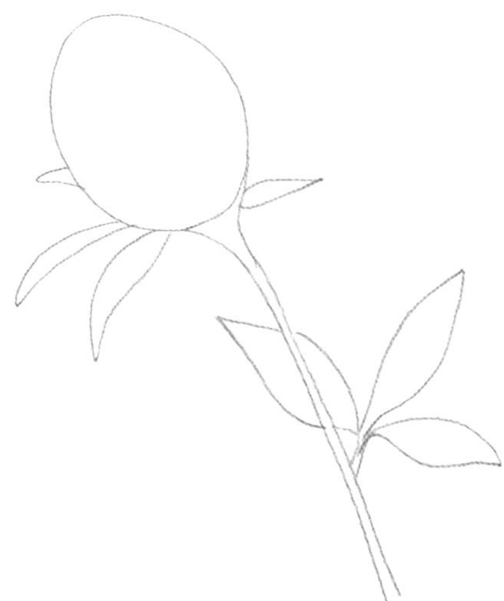

2 Arbeite den Stängel aus und setze einige Blätter an.

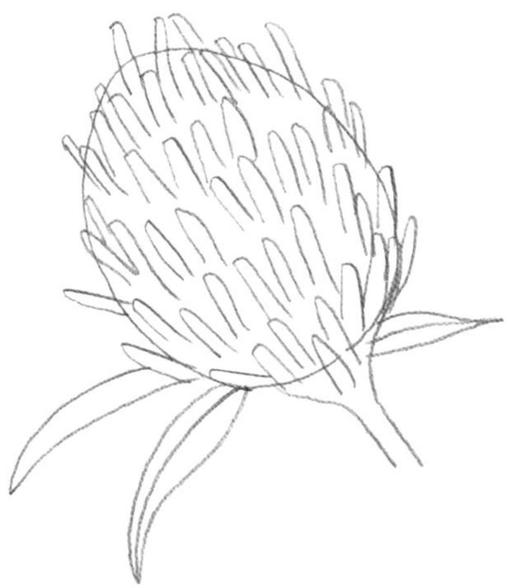

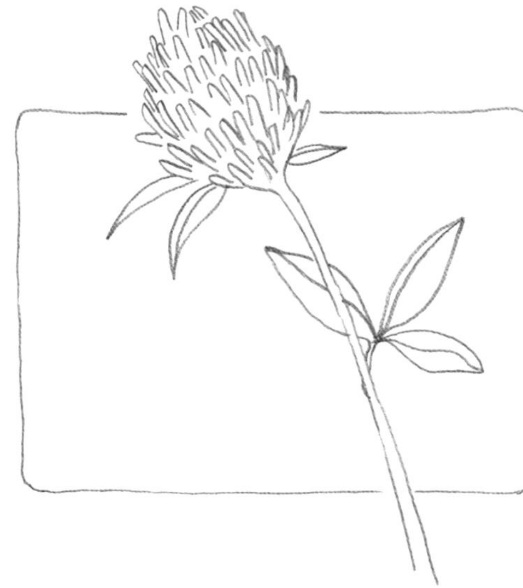

3 Zeichne nun die Blütenblätter. Wenn du dich auf wenige Linien beschränkst, wirkt die Darstellung fast minimalistisch.

4 Ich verpasse meiner Blüte einen Rahmen, da sie etwas verloren auf dem Blatt wirkt. Jetzt können alle Linien mit einem Fineliner oder anderen Stiften nachgezogen werden. Setze etwas Farbe ein, wenn du möchtest.

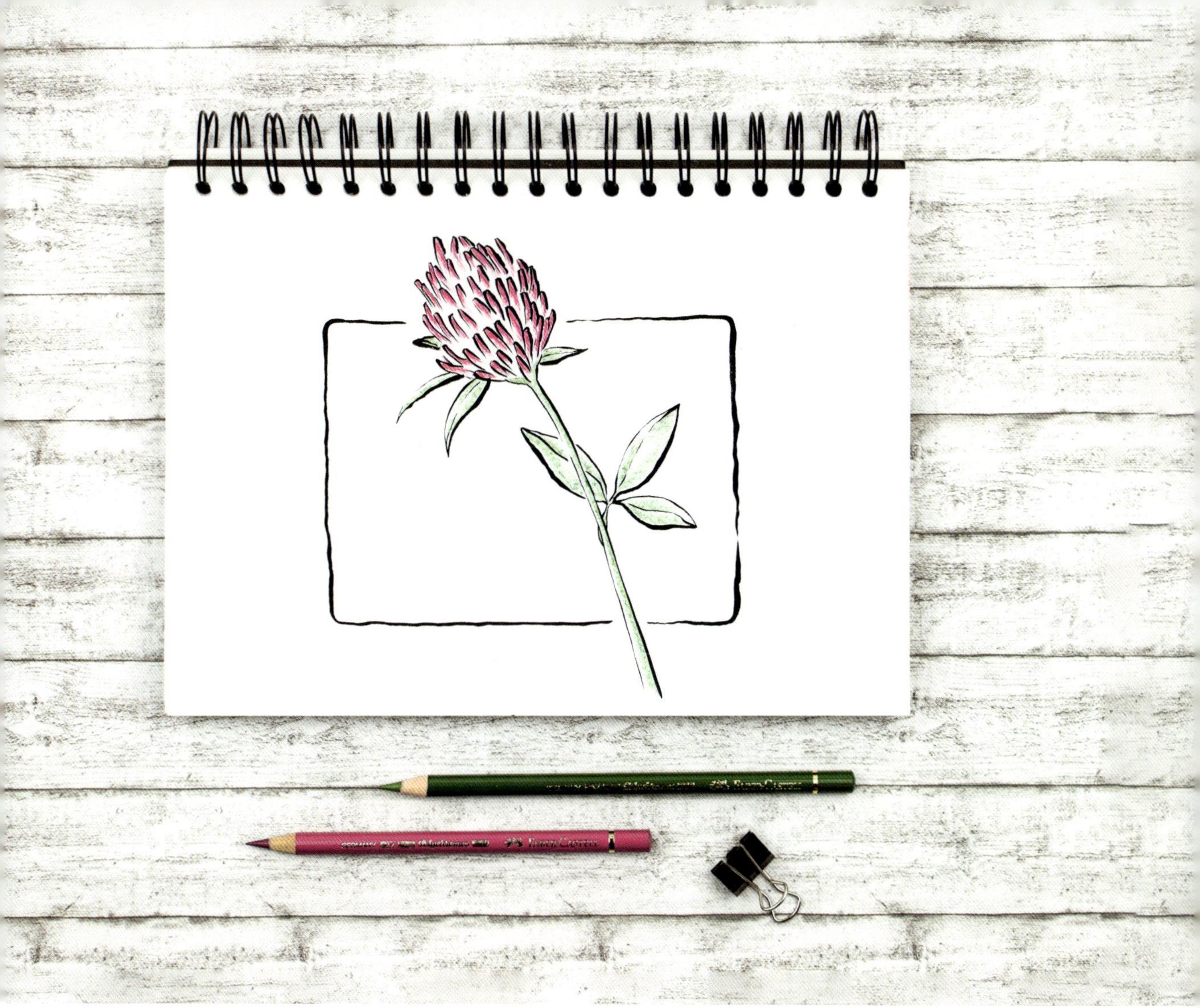

TIPP!

Du kannst auch einen Stift mit Pinselspitze zweckentfremden. So werden die Linien absichtlich ungerade und »ungenau«. Wie das wirkt, siehst du hier.

Blümchen

Mit nur wenigen Linien lässt du Blumen wachsen. Mit ihnen kannst du beispielsweise Schriften oder Grußkarten verschönern. Ein handgeschriebener Gruß wird durch ein Blümchen noch herzlicher.

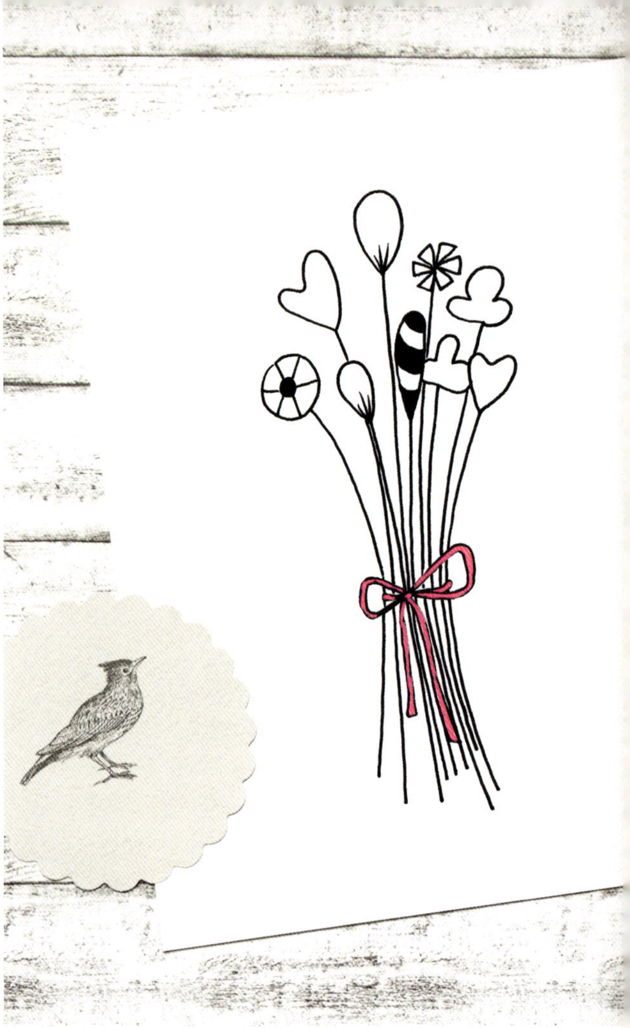

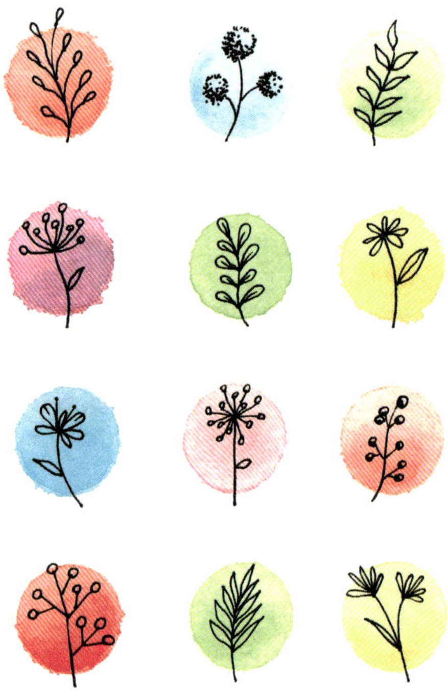

Blumen müssen nicht bunt sein, setze sie einfach auf einen farbigen Aquarellhintergrund.

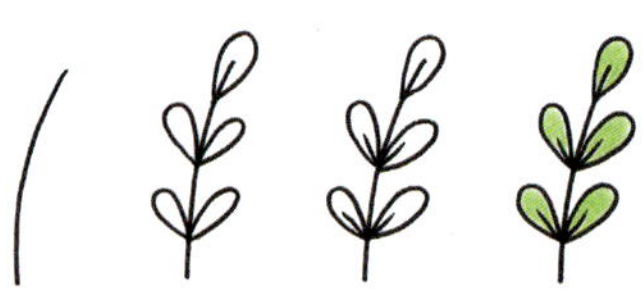

TIPP!

Natürlich dürfen es auch Fantasieblumen sein. Denk dir doch mal Formen für deine Blumen aus, die du in der Natur noch nie gesehen hast.

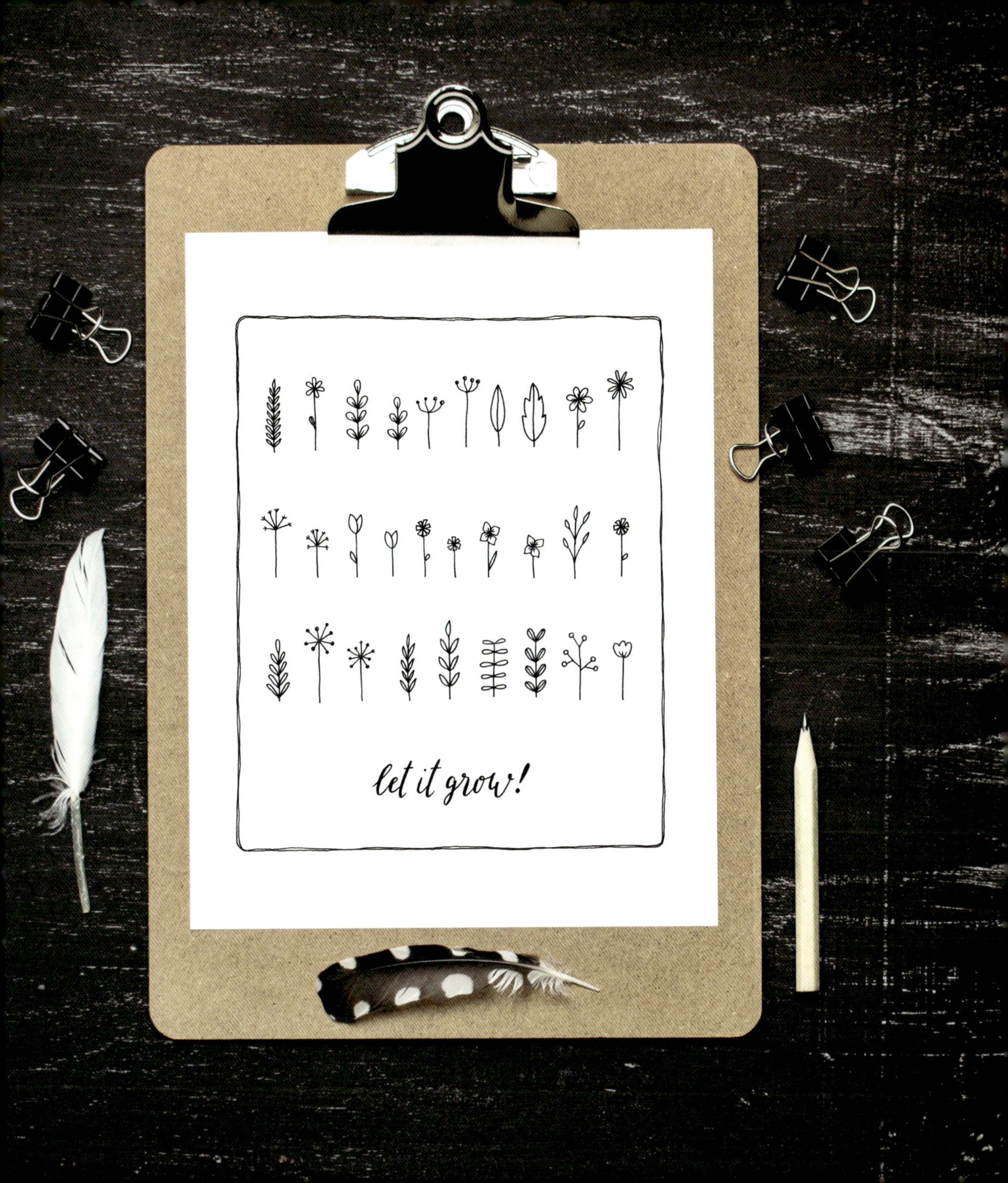
let it grow!

Ranken und Kränze

Ranken und Kränze sind zum Einrahmen von Sprüchen, Glückwünschen oder Namen besonders gut geeignet. Aber auch ohne Text sind sie schön anzusehen. Mit einem Zirkel, einer Kreisschablone oder mithilfe eines Glases skizzierst du ganz einfach einen Kreis. Auf ihm kannst du nach Herzenslust dekorative Blüten und Blätter platzieren.

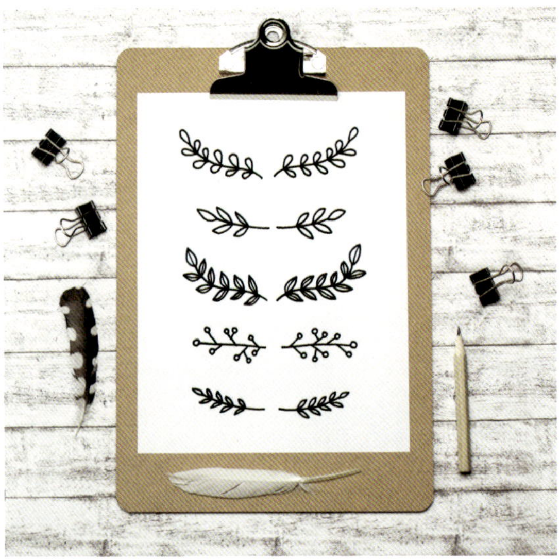

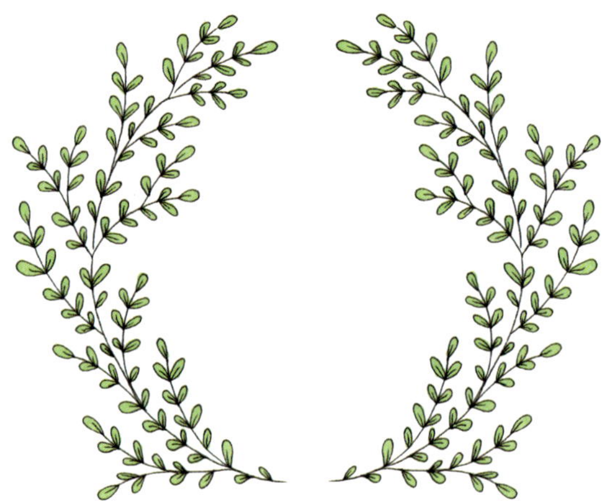

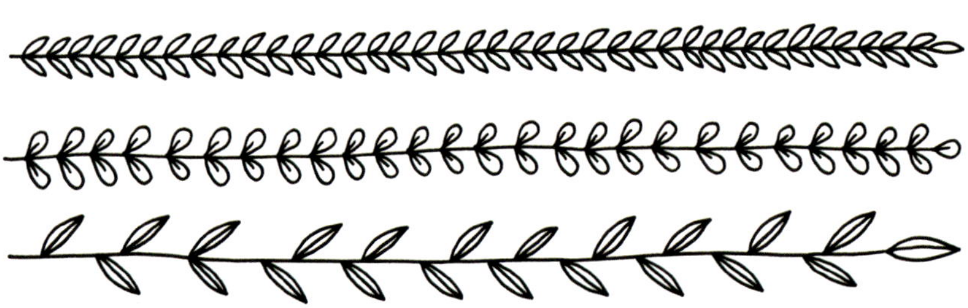

Muss ein Text inhaltlich getrennt werden, dann teile ihn doch mal mit einer Blätterbordüre oder fasse deine Zeilen mit schönen Bordüren ein.

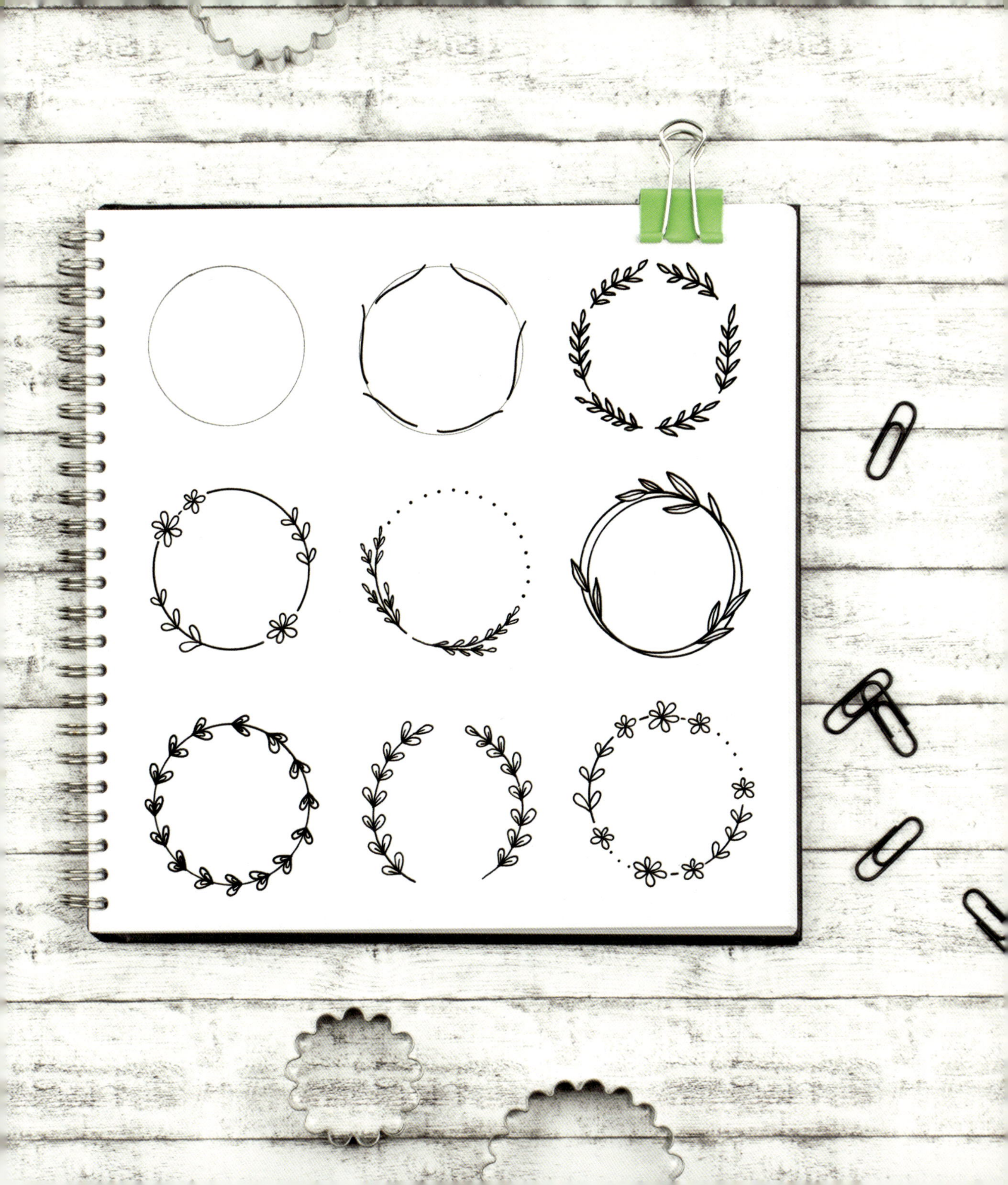

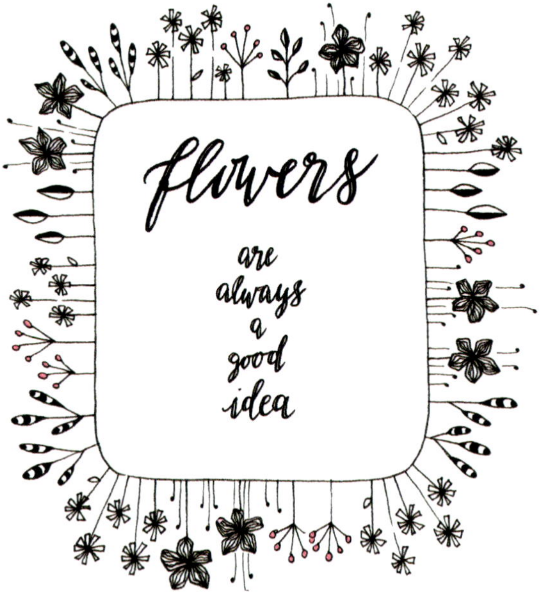

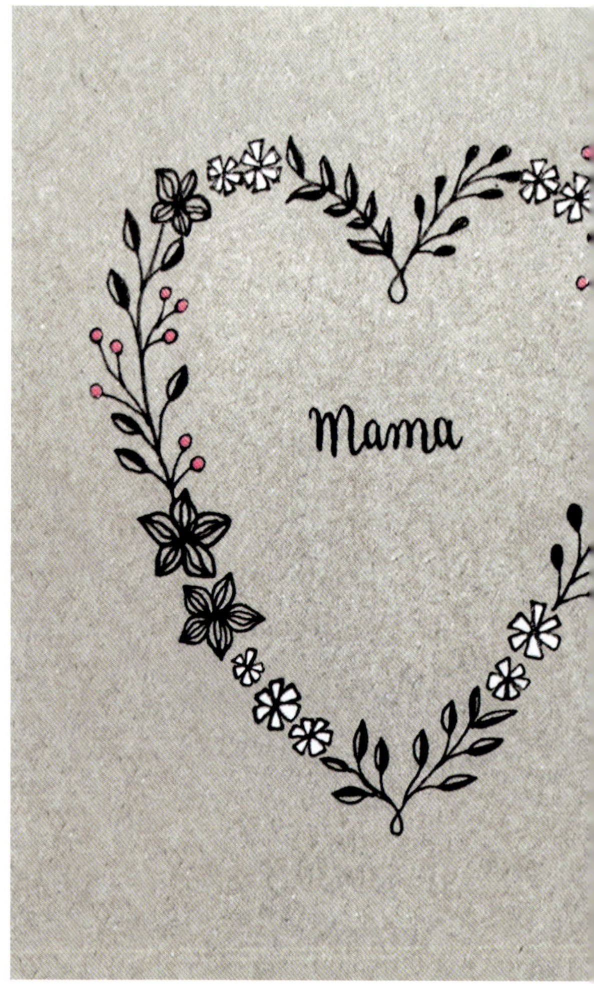

TIPP!

Kränze müssen nicht immer rund sein. Probiere eckige, herzförmige oder anders geformte Kränze aus. Auch ein Peace-Zeichen kannst du floral gestalten.

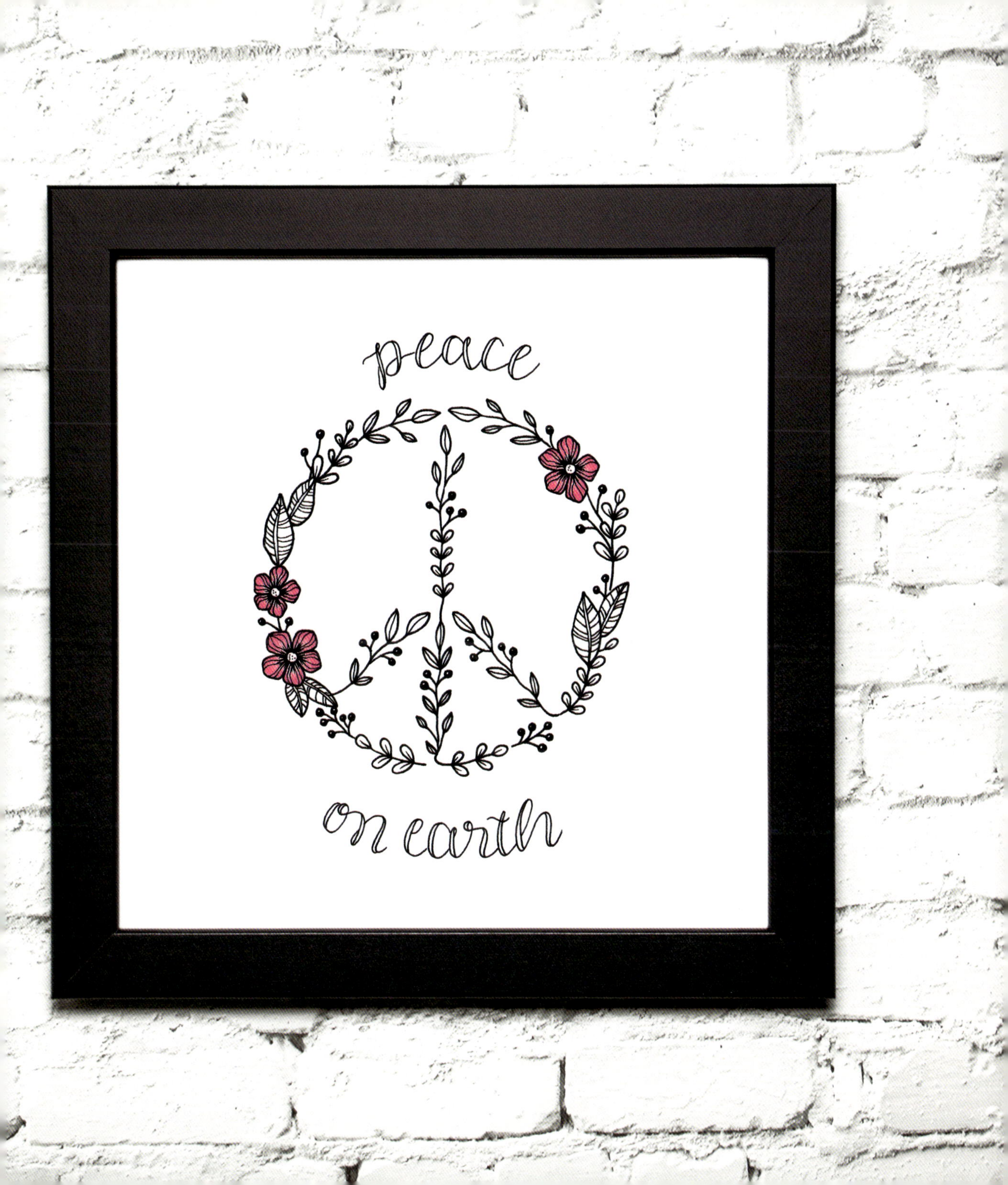
peace
on earth

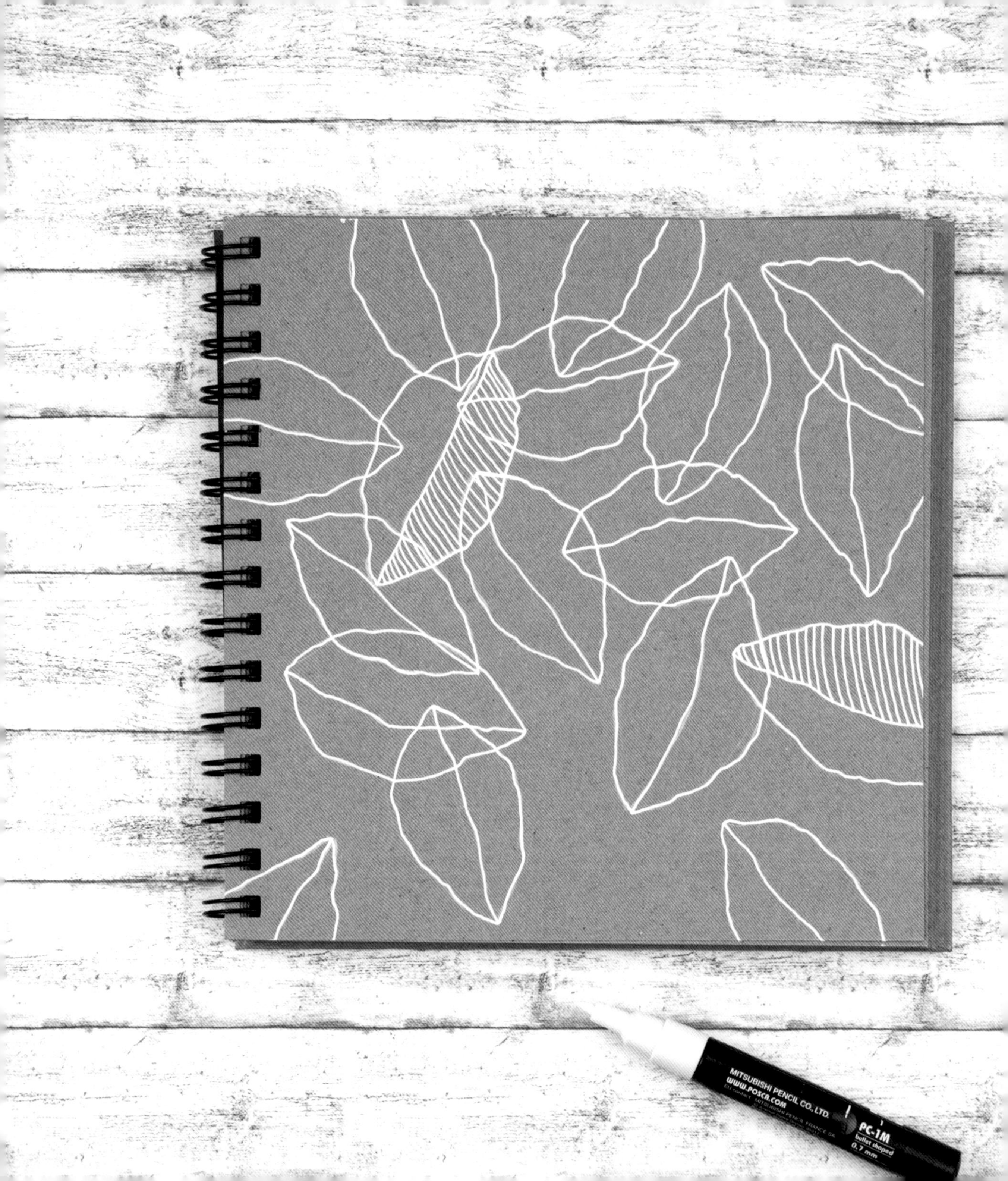
MITSUBISHI PENCIL CO., LTD.
WWW.POSCA.COM
PC-1M
bullet shaped
0.7 mm

Stilisierte Blumengrafik

Hast du schon mal eckige Blüten gesehen? Blumen besitzen Blüten in organischen Formen. Ich habe hier eine neue Sorte gezogen, eine mit kantigen Blütenblättern. Der starke Hell-Dunkel-Kontrast passt gut zu meiner stilisierten Grafik.

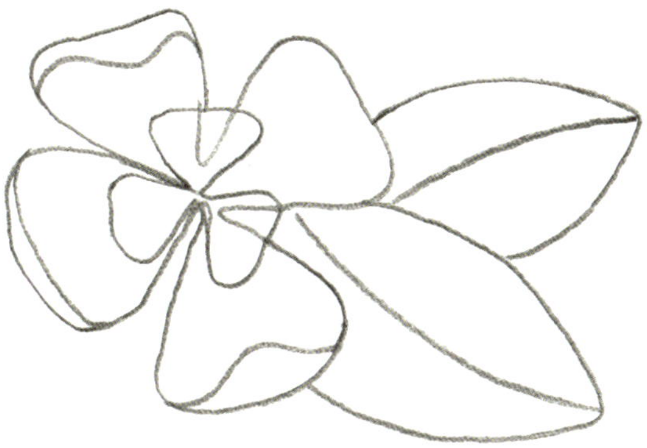

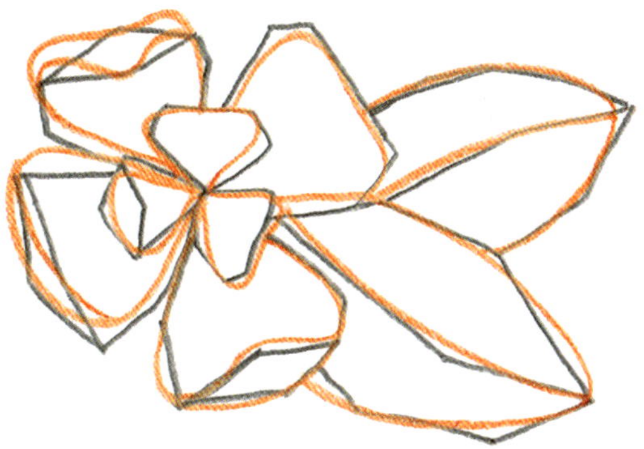

1 Skizziere eine Blüte mit wenigen Linien. Verwende hierfür einen Bleistift.

2 Für eine bessere Erkennbarkeit habe ich die Blütenskizze hier orange dargestellt. Ziehe nun gerade Linien entlang deiner Blütenform. Damit dich die vielen Linien nicht durcheinanderbringen, radiere die ursprünglichen Linien weg.

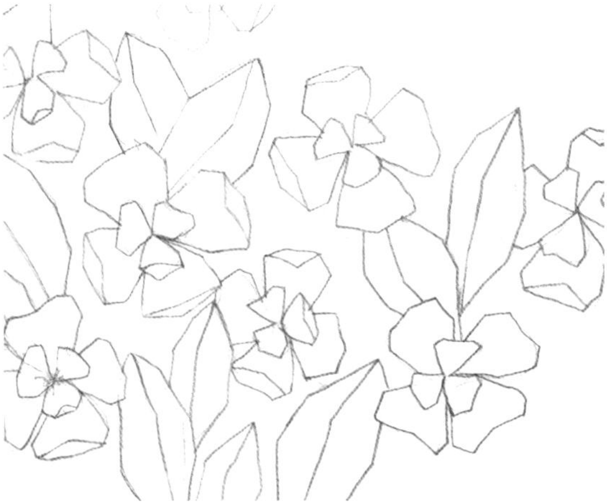

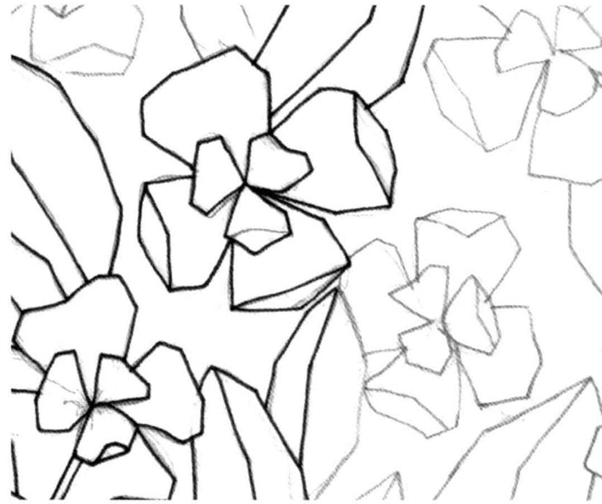

3 Wiederhole dies mehrfach und verteile weitere Blumen und Blätter auf deinem Papier.

4 Jetzt kannst du deine Linien mit einem Fineliner nachziehen.

5 Die sogenannten Staubblätter einer Blüte deute ich mit einigen kurzen Strichen an. Für einen starken Hell-Dunkel-Kontrast gestalte ich den Hintergrund schwarz. Wenn du magst, setze zusätzlich Farben ein. Ich habe mich dazu entschieden, einige kleine Blüten orange zu färben.

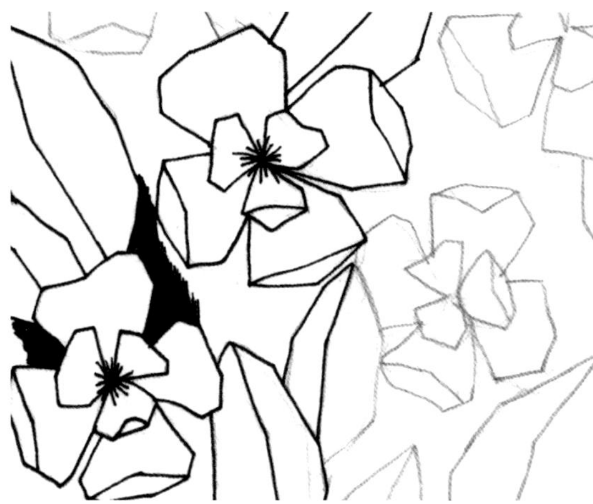

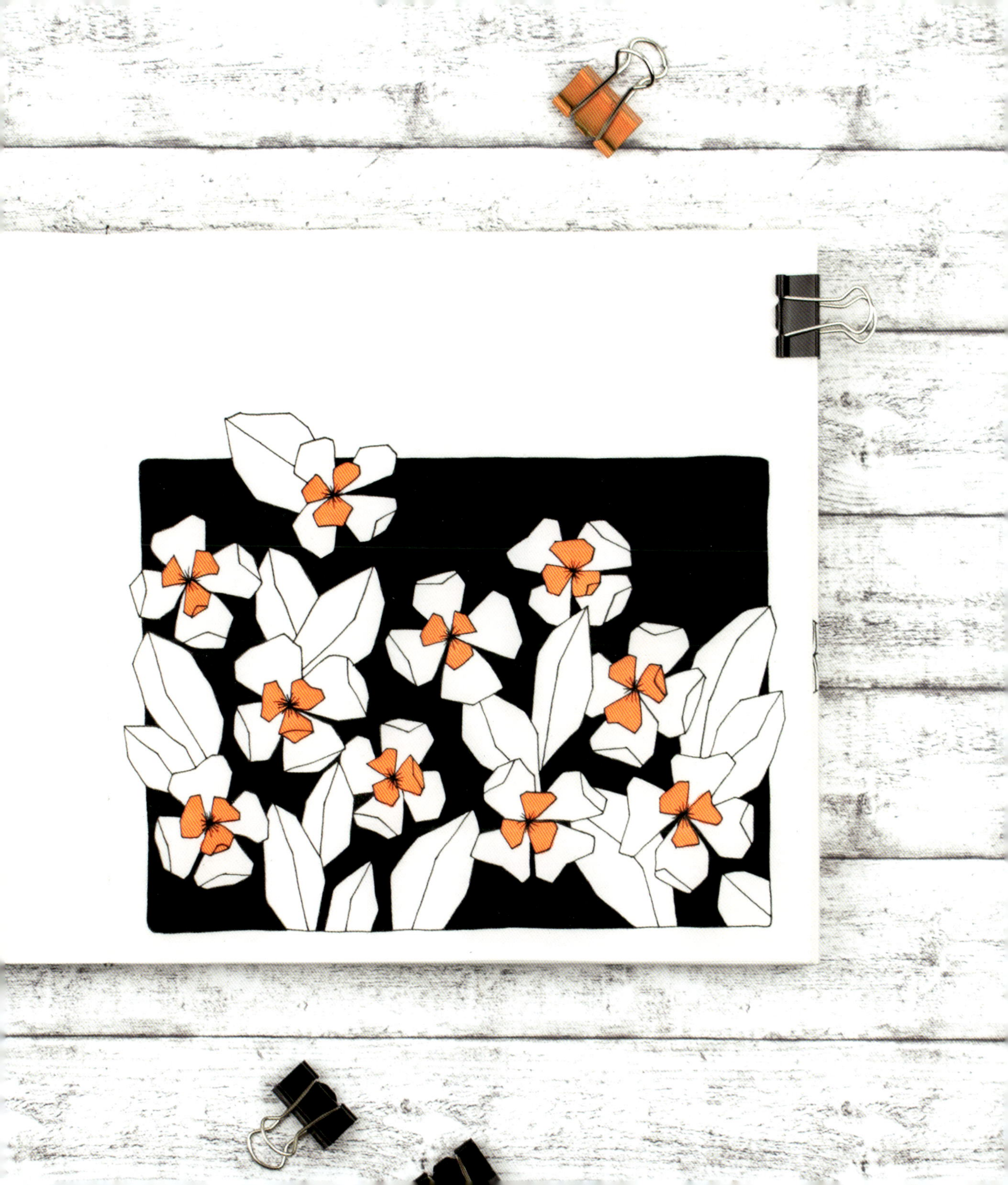

Doodle Dee Doo

Unter »Doodles« verstehen wir skizzenhafte, meist gegenständliche kleine Zeichnungen, die von Hand gezeichnet werden. Aus dem Englischen übersetzt bedeutet der Begriff »Kritzelei«. Die Zeichnungen müssen nicht perfekt, Linien dürfen schief und krumm sein. Dinge werden einfach und größtenteils nur mit Umrisslinien dargestellt. Sie können wahlweise koloriert werden.

Doodle-Zeichnungen unter einem Motto machen besonders viel Spaß. Zeichne beispielsweise einige Dinge, die dir zu »Weihnachten« einfallen: Engel, Weihnachtsmann, Lebkuchen, Tannenbaum, Sterne, Kugeln, Geschenke etc. Weitere beliebte Themen sind zum Beispiel »Frühling«, »Sommer«, »Herbst«, »Winter«, »Ostern«, »Urlaub«, »Geburtstag«, »Halloween«, »Things I like« und »Party«. Bestimmt fallen dir noch viel mehr Themen ein. Lass dich von meinen Doodles inspirieren!

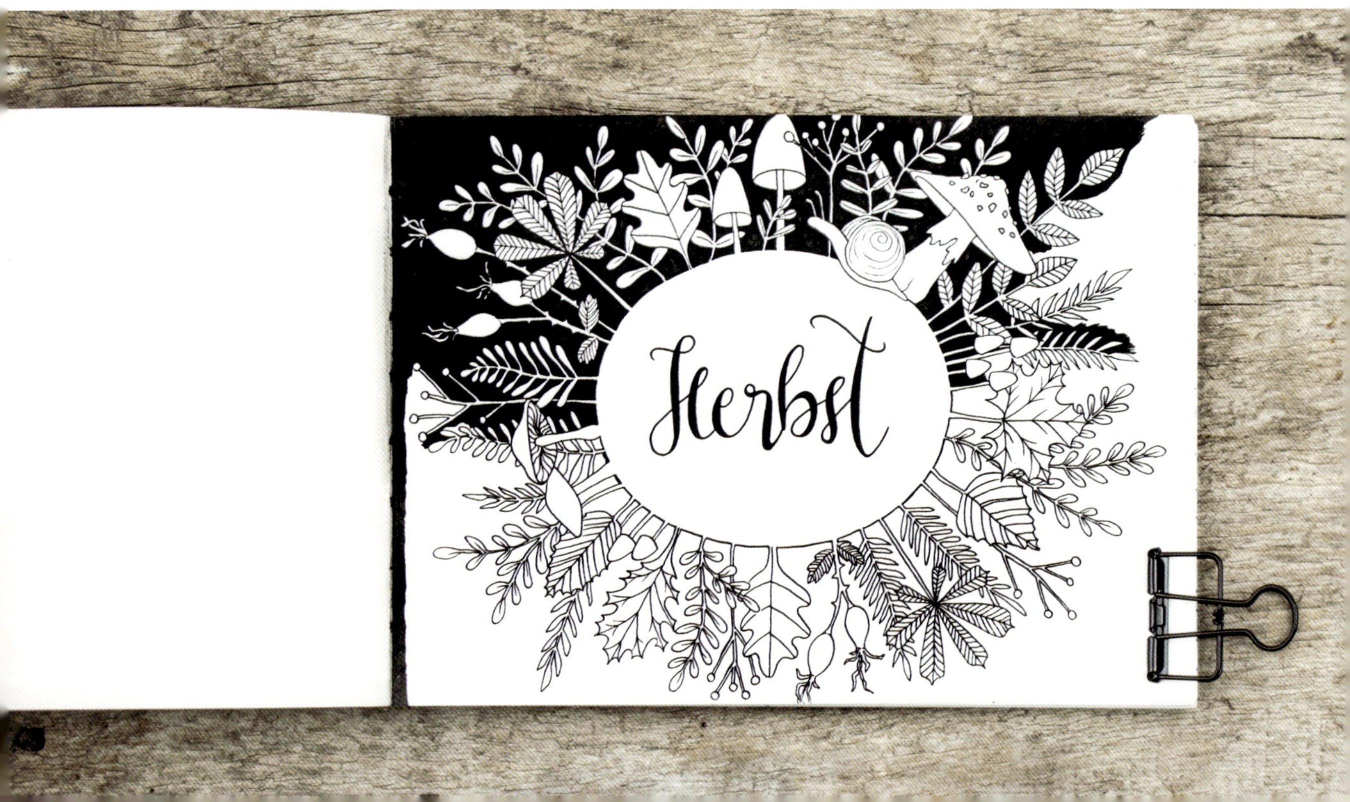

Herbst

Erstelle eine kleine Sammlung von Motiven zu diesem Thema und gestalte daraus ein Bild. Was verbindest du mit dem Thema »Herbst«?

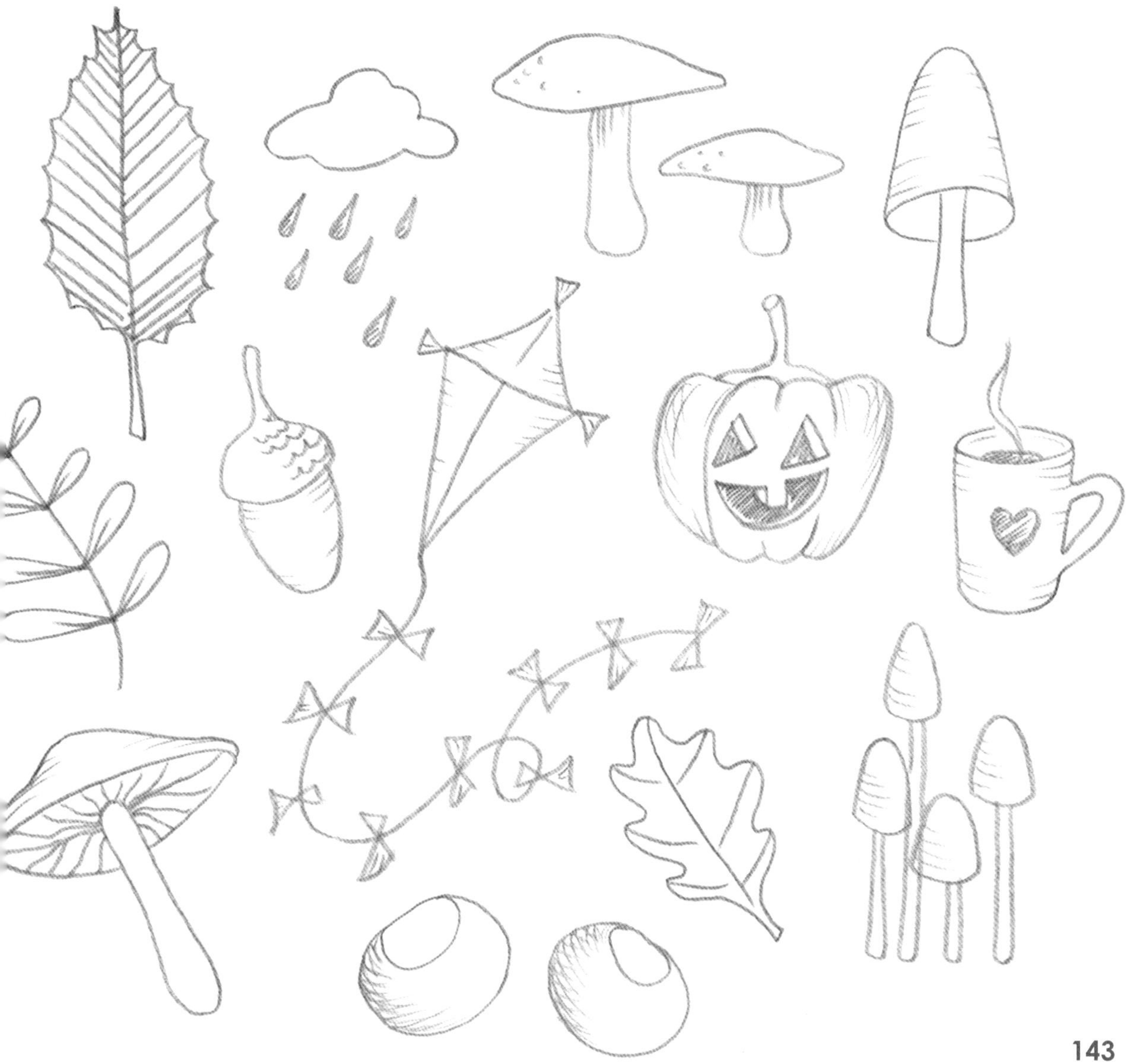

Good Morning

Eigentlich könnten diese Doodles auch »Frühstück« oder »Breakfast« heißen. Dinge, die ich unter anderem mit einem »Guten Morgen« verbinde, sind Marmelade, Toastbrot, Croissants, Tee, Kaffee, Müsli, Orangensaft und einiges mehr. Guten Appetit!

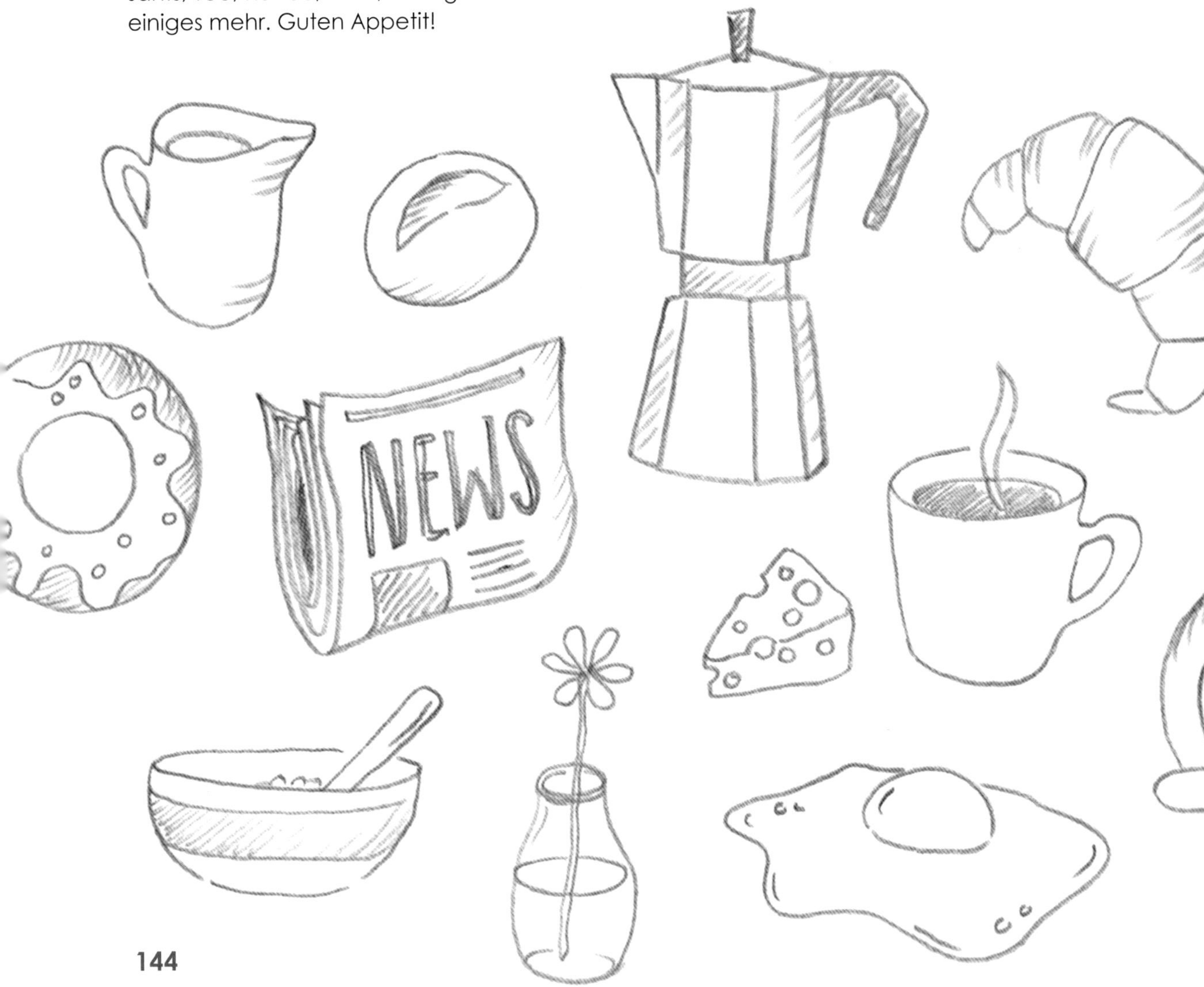

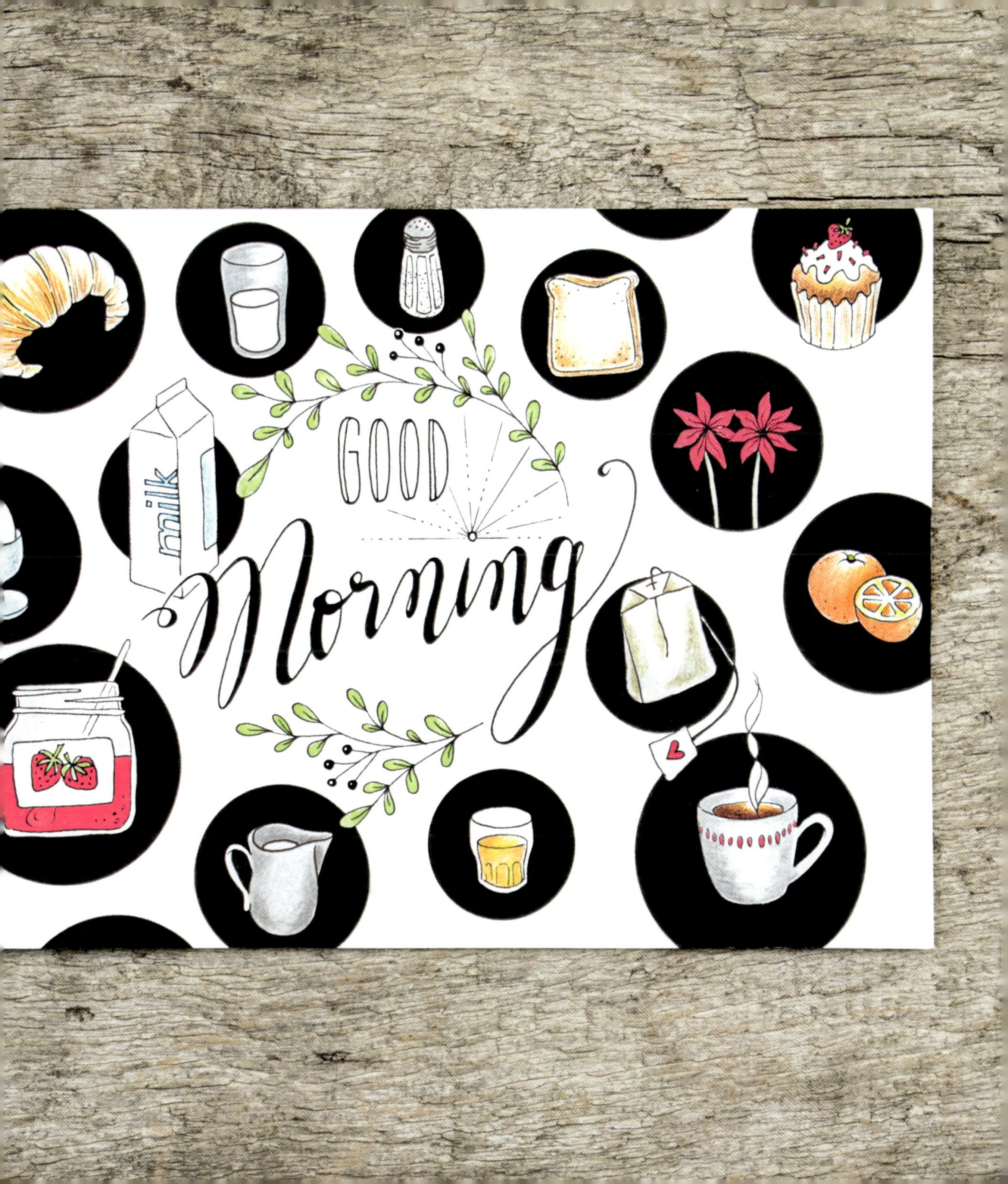
milk
GOOD
Morning

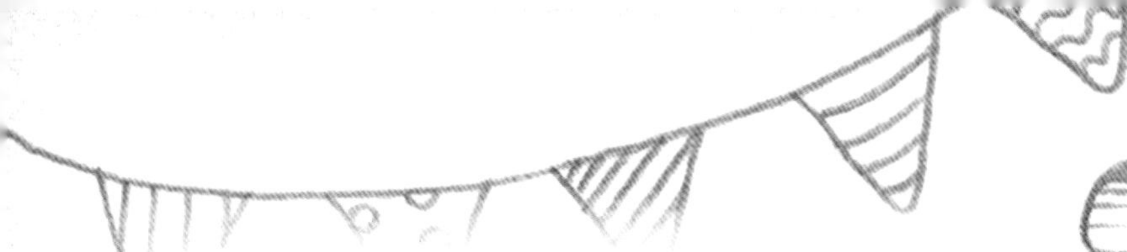

Things that make me happy

Man könnte dieses Doodle-Thema auch »Things I like« oder »Life is good because of …« nennen. Auf den Bildern siehst du einige Dinge, die mir während des Kritzelns in den Sinn gekommen sind: eine Kamera, Bücher, Stift und Pinsel, Blumen, Kuchen, meine Ukulele, Geschenke und vieles mehr.

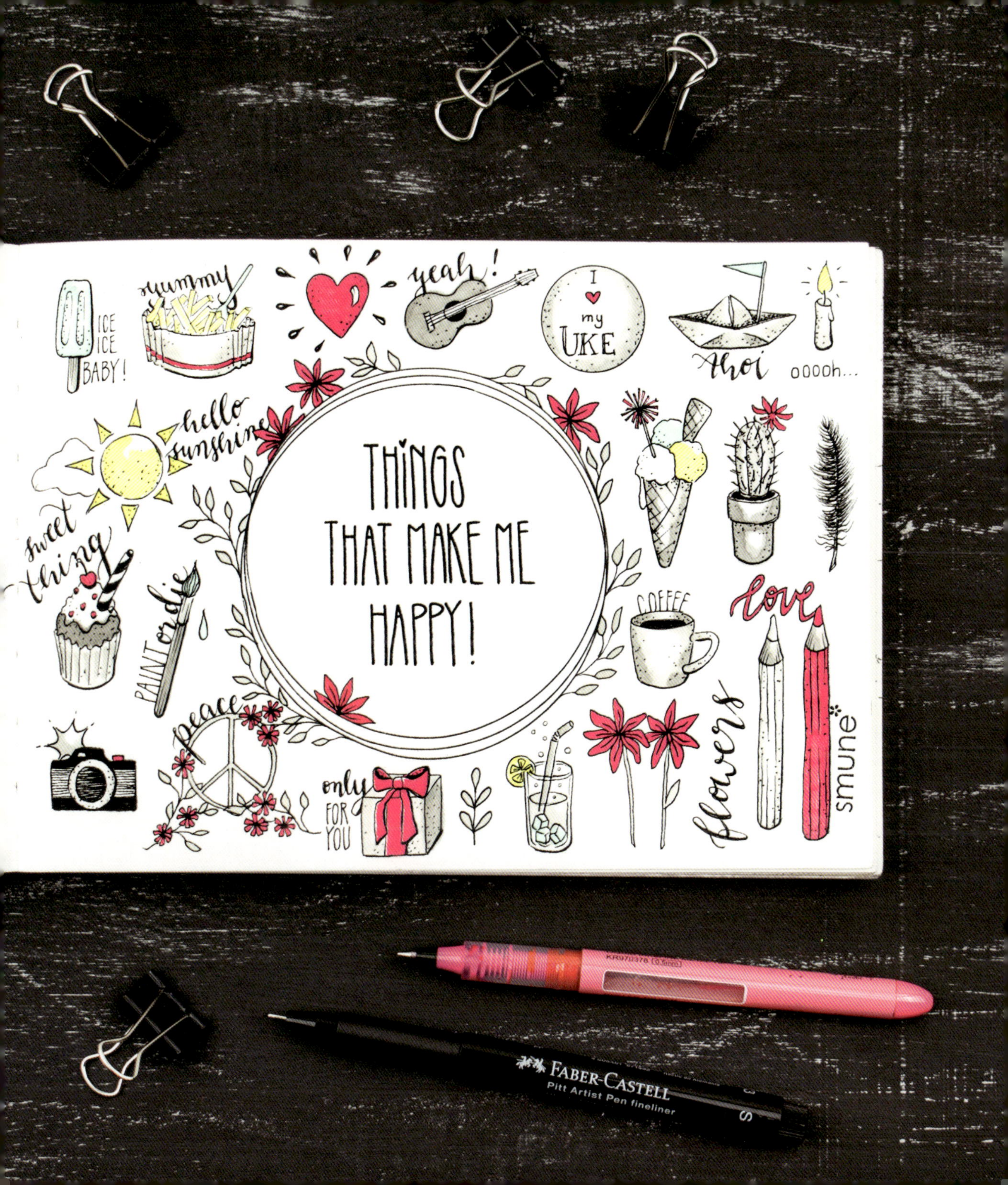
ICE ICE BABY!
yummy
yeah!
I ♥ my UKE
Ahoi
ooooh...
hello sunshine
THINGS THAT MAKE ME HAPPY!
sweet thing
PAINT or die
COFFEE
love
peace
only FOR YOU
flowers
smune
FABER-CASTELL
Pitt Artist Pen fineliner

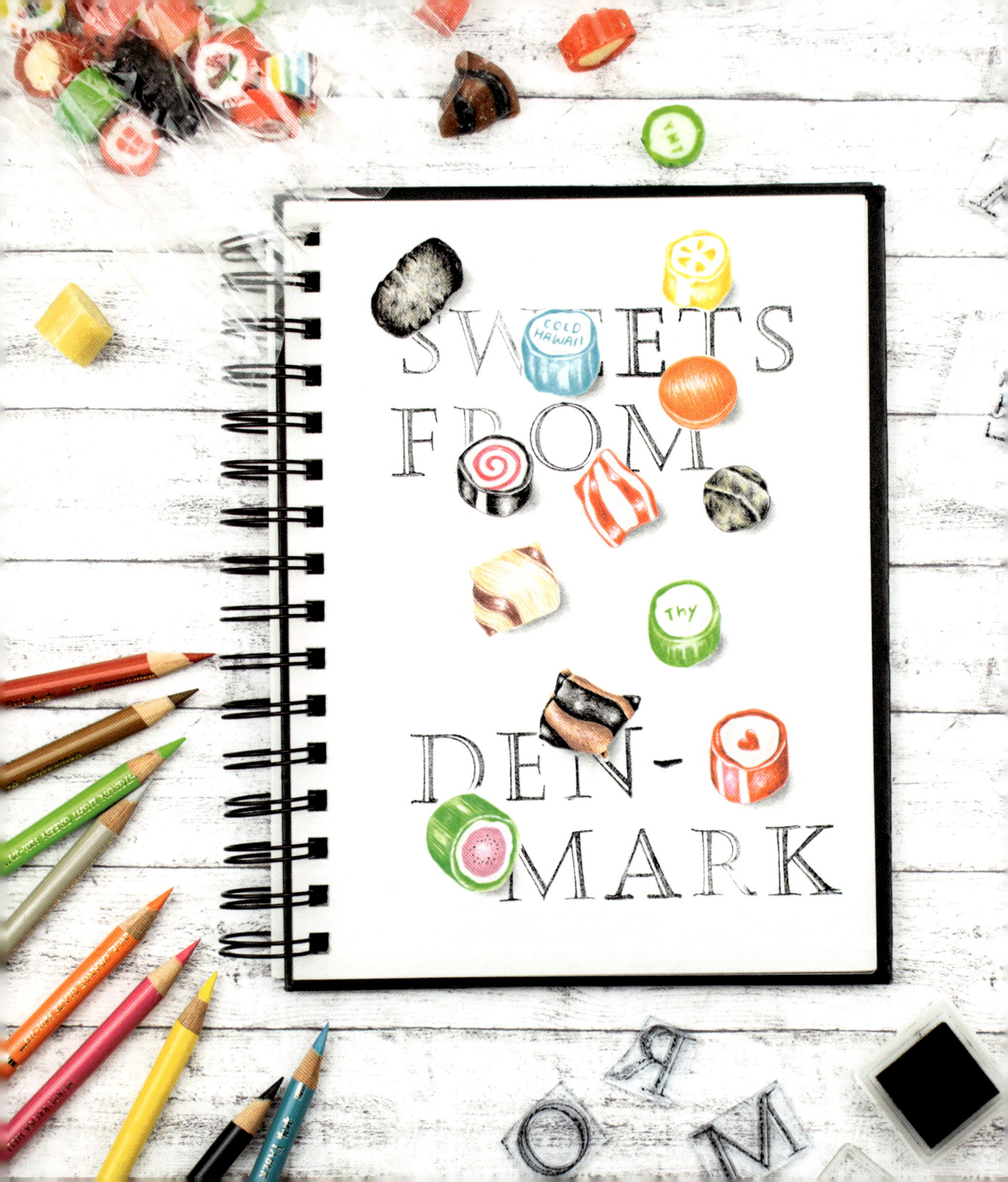
SWEETS
FROM
DEN-
MARK
COLD HAWAII
Thy

Sweet Dreams

Isst du auch gern Süßes? Schokolade, Eis, Bonbons, Lakritz, Weingummi, Cupcakes? Lecker! Ich habe eine Schwäche dafür. In einem meiner Kurse habe ich einmal Süßigkeiten verteilt – zum Zeichnen. Anschließend wurden sie zur Belohnung verzehrt. Egal ob Weingummi, Bonbon oder Cupcake, beginne beim Zeichnen immer mit der äußeren Form. Gestalte dann das Innere des Körpers und zuletzt den Schatten.

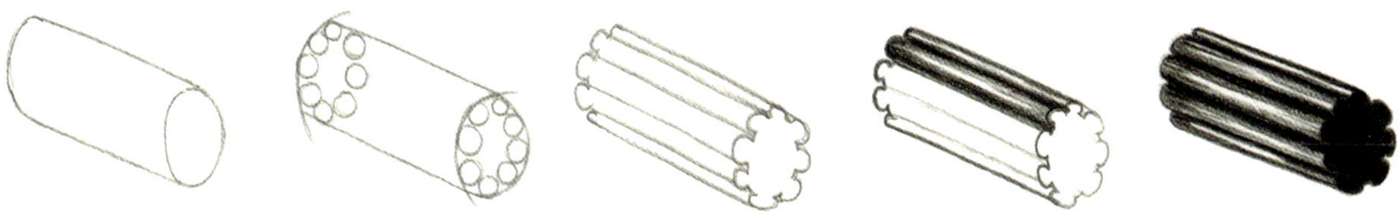

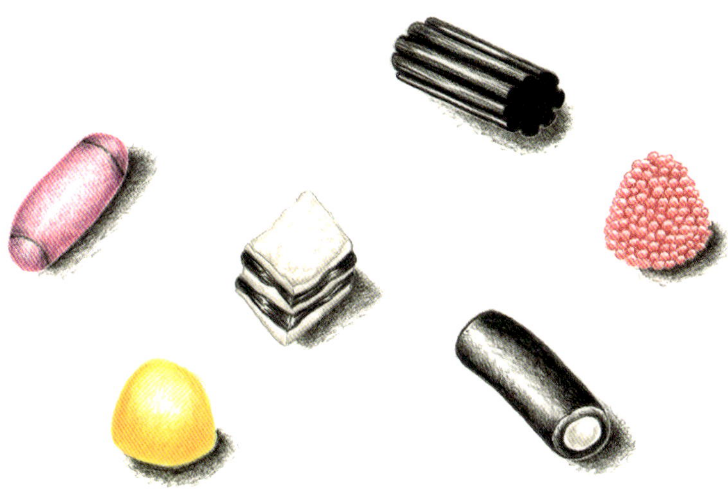

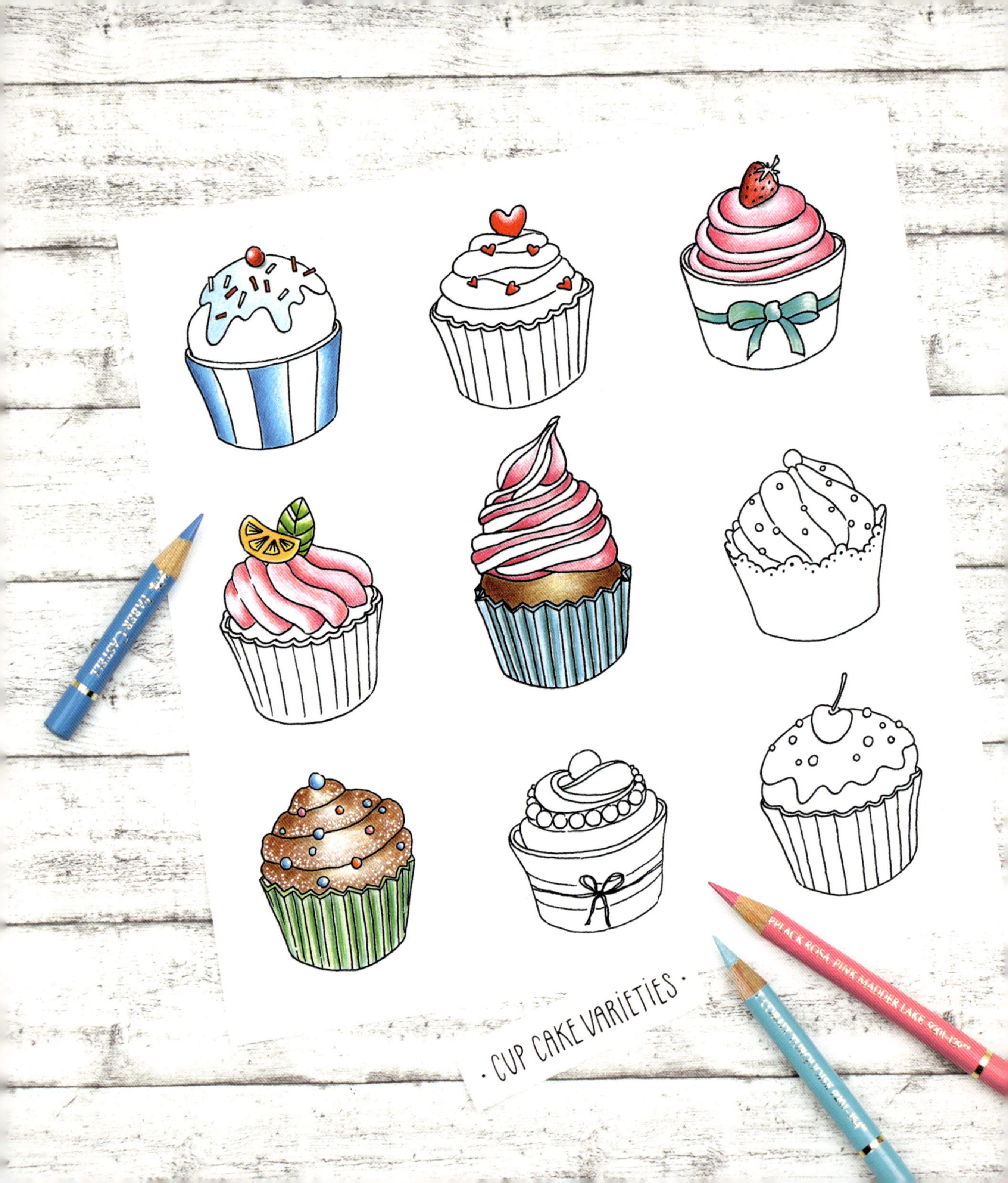
FABER-CASTELL
PINK MADDER LAKE
· CUP CAKE VARIETIES ·

Cupcakes sind bereits malerisch. Sie sind wunderhübsch verziert und mit bunten Backaccessoires dekoriert – wie zum Zeichnen gemacht. Vernasche sie nicht sofort, sondern porträtiere sie zunächst.

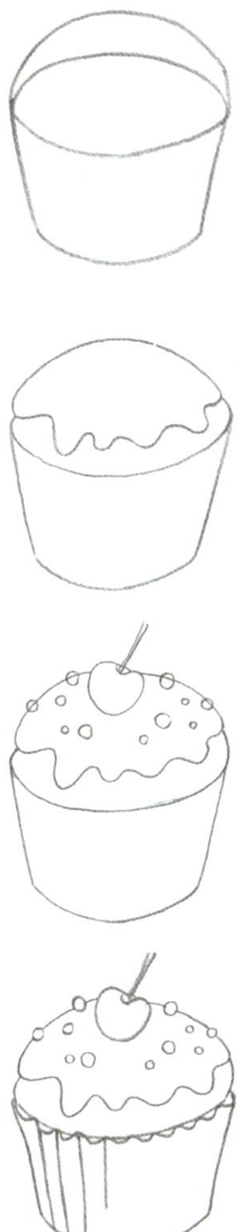

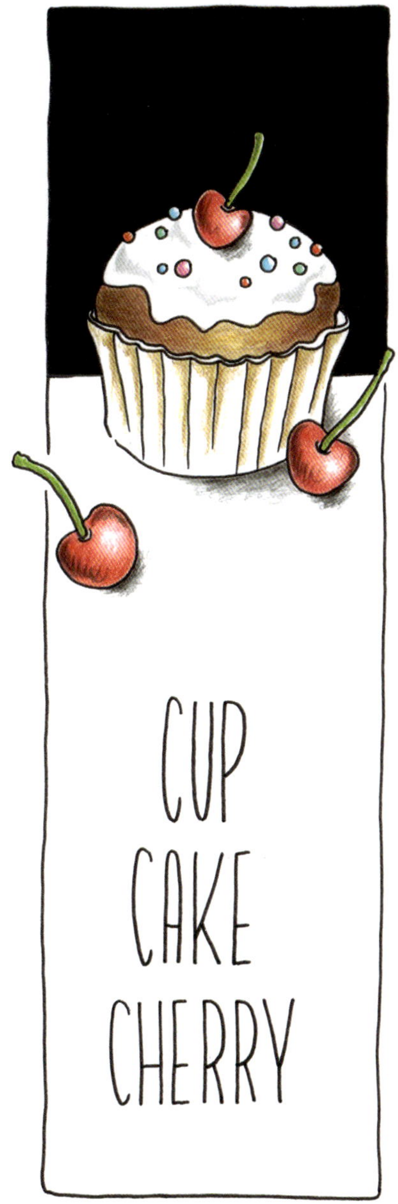

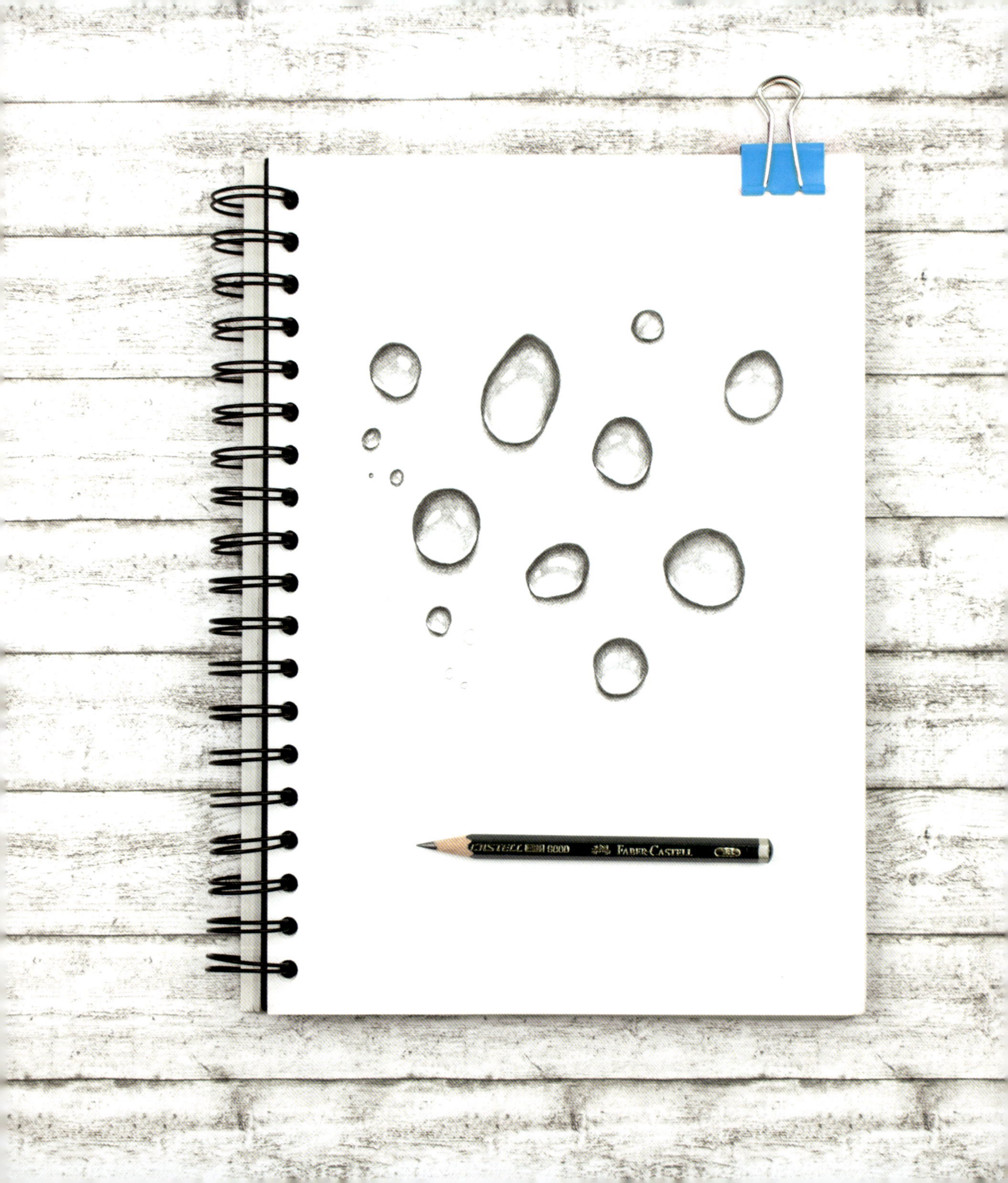
CASTELL 9000
FABER-CASTELL

TIPP!

Dein Bleistift sollte immer spitz sein. Am besten platzierst du deinen Anspitzer in Reichweite.

Wassertropfen

Zeichne doch mal einige Tropfen dieses kostbaren Elixiers. Du glaubst, du kannst das nicht? Papperlapapp! Es ist nicht schwer.

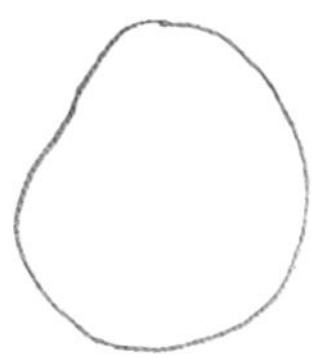

1 Zeichne die äußere Form des Tropfens mit einem Bleistift der Härte HB.

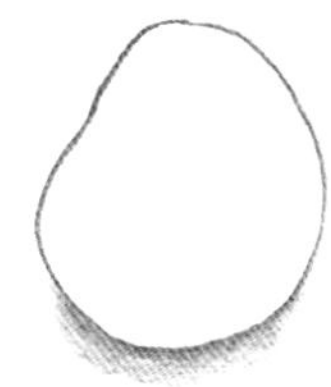

2 Setze etwas Schlagschatten an den unteren Rand.

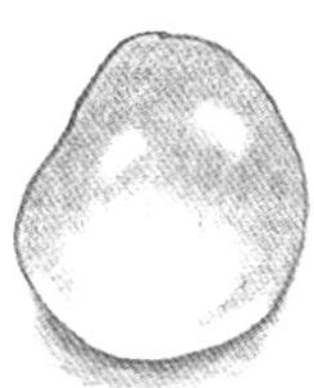

3 Füge eine leichte Schattierung in den oberen Bereich des Tropfens hinzu. Lass jedoch ein bis zwei Punkte für eine Lichtreflexion frei.

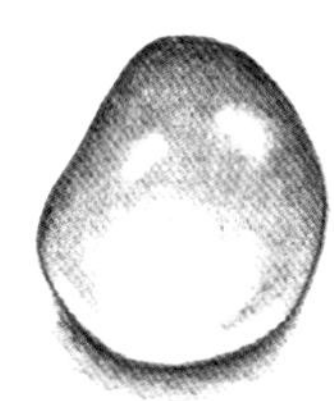

4 Verstärke nun die Schattierung im oberen Bereich sowie den unteren Schlagschatten mit einem Bleistift der Härte B. Durch diese dunkleren Bereiche erhöhst du den Kontrast und dein Tropfen erscheint noch plastischer.

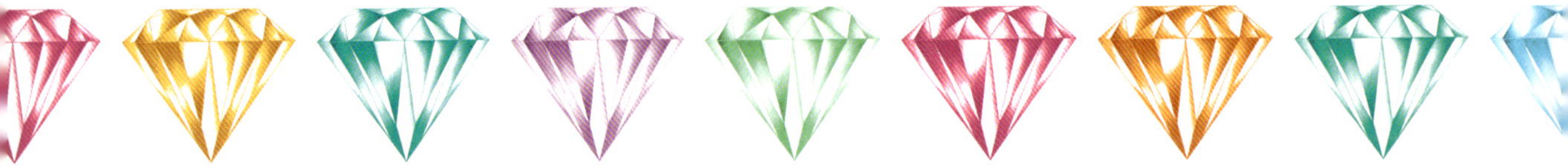

Shine bright like a diamond

Der Facettenschliff eines Diamanten lässt das Licht reflektieren und bringt ihn somit zum Funkeln. Die Brillanz des Steines entsteht erst durch den Schliff. Schleife deinen Diamanten mit dem Stift, bis er erstrahlt.

Zeichne dafür eine Schraffur in jedes einzelne Feld. Beginne in einer beliebigen Ecke und lass sie dann auslaufen. Verteile die dunklen und hellen Bereiche, wie es dir gefällt. Hier gibt es kein vorgegebenes System.

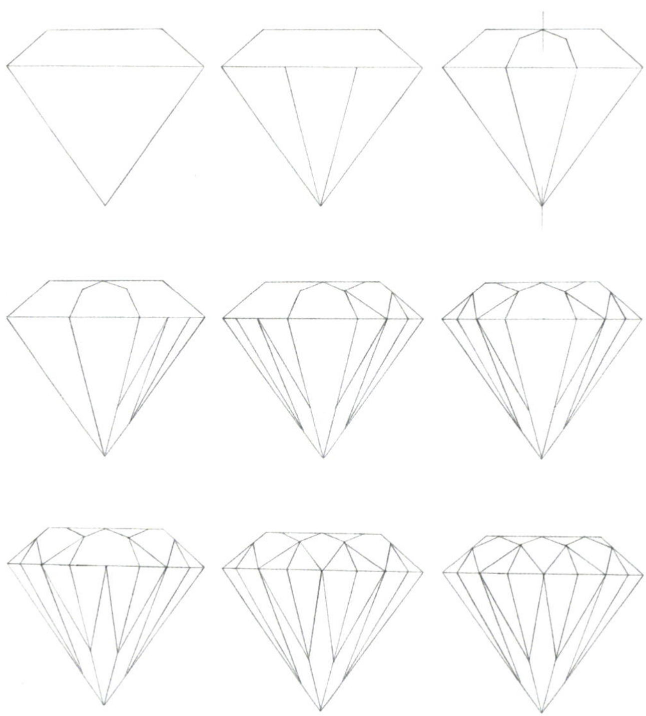

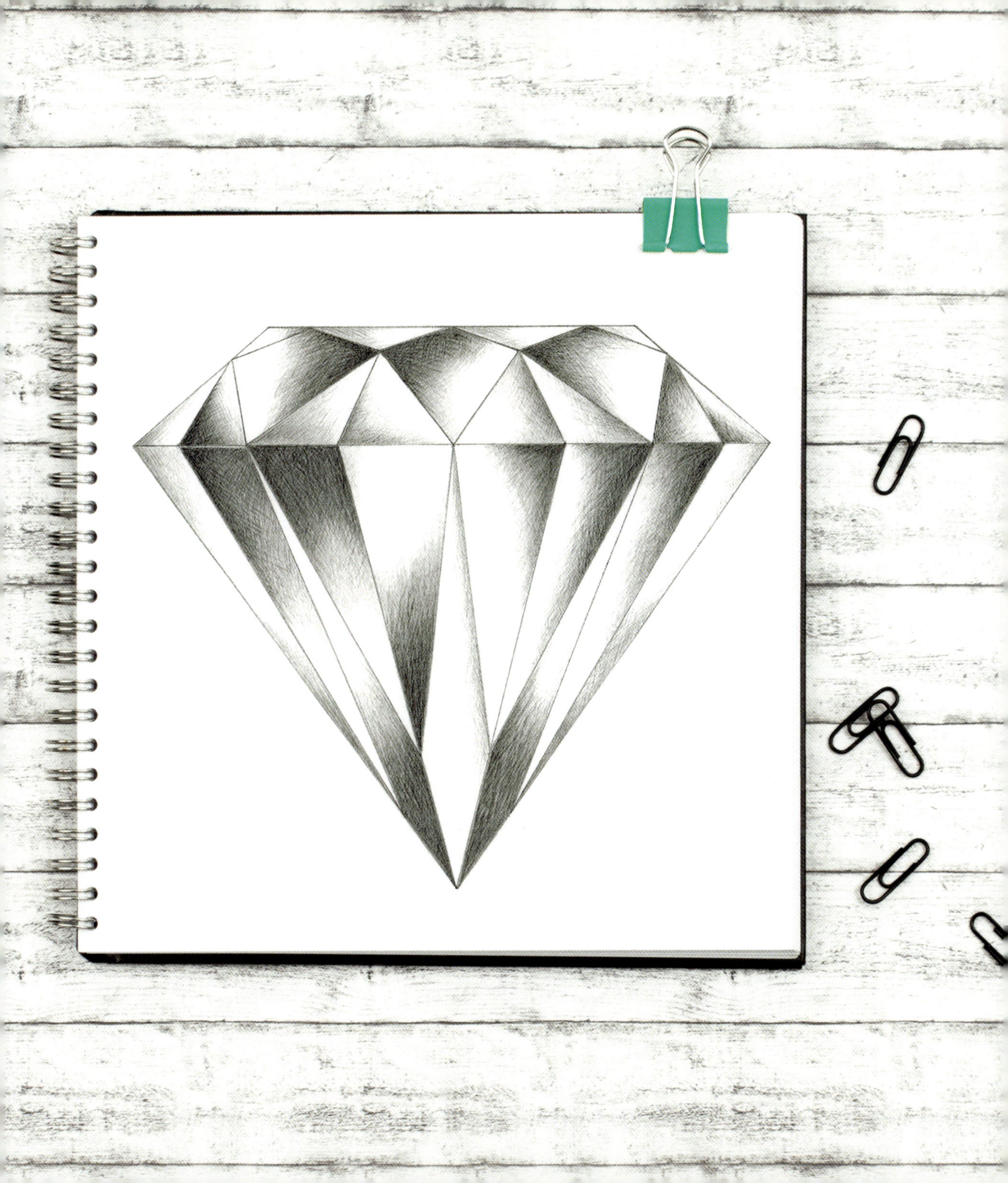

Urban Style

Zeichne doch mal deine Haustür, eine schöne Häuserreihe, die Fußgängerzone in deiner Stadt, eine Straßenkreuzung, interessante Gebäude wie Kirchen, Bahnhöfe oder Ähnliches. Entdecke deinen Wohnort oder einen Urlaubsort mit Stift und Papier. Finde städtische Motive, die du zeichnerisch in Szene setzen möchtest.

»Urban Sketching« ist ein populärer Zeichentrend. Dabei wird draußen vor Ort gezeichnet und nicht nach einer fotografischen Abbildung oder aus der Erinnerung. Das hat natürlich seinen Reiz, dennoch möchte ich hier nicht so streng sein und die Verwendung einer Vorlage ausschließen. Auch wenn du kein echter Urban Sketcher bist, kannst du den Urban-Style erzeugen. Eine meiner Kursteilnehmerinnen hat beispielsweise kürzlich den Eiffelturm von einem Foto abgezeichnet, nachdem sie von einer Paris-Reise zurückgekehrt war. Natürlich wäre es für sie ein schönes Event gewesen, den Turm »on location«, also vor Ort zu zeichnen. Aber möglicherweise hatte sie nicht genügend Zeit dafür oder sie hatte kein Equipment dabei oder es begann zu regnen oder sie wurde von einem wilden Monster verfolgt oder ...

Manchmal hindert uns auch eine gewisse Scham daran, in der Öffentlichkeit zu zeichnen. Im Vorübergehen könnte mir jemand über die Schulter schauen und in Gelächter ausbrechen. Diese Bedenken haben einige aus meiner Zeichengruppe – natürlich völlig unbegründet! Vielleicht ist für dich ein Kompromiss eine gute Variante: Du könntest draußen das Motiv in einer Vorzeichnung in Bleistift festhalten und später zu Hause eine detaillierte Ausarbeitung in Tinte oder Farbe vornehmen. Probiere es aus! Auf den nächsten Seiten stelle ich dir einige meiner Zeichnungen im Urban Style vor. Vor Ort gezeichnet, nach einer Abbildung gestaltet und frei erfunden. Sieh selbst!

Zeichnerischer Streifzug

Schnapp dir ein Klemmbrett, Stift und Papier und zieh los! Skizziere Straßen und Gebäude, mit oder ohne Menschen, wie es dir gefällt. Beginne deine Zeichnung immer mit dem großen Ganzen, also mit den groben Proportionen und Umrisslinien. Feine Details solltest du zum Schluss ausarbeiten. Ich beginne mit einer Zeichnung in unserer Fußgängerzone.

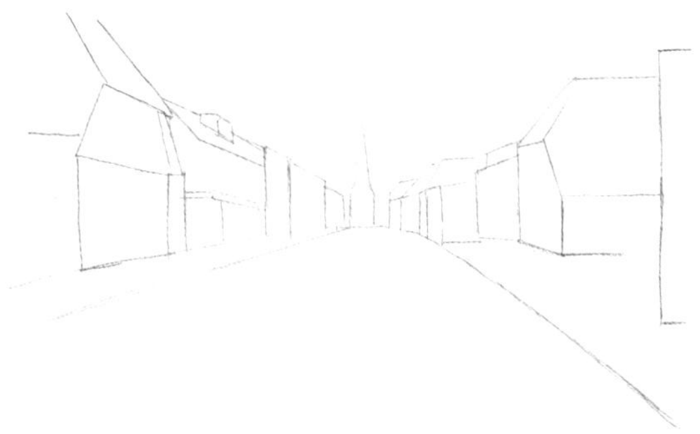

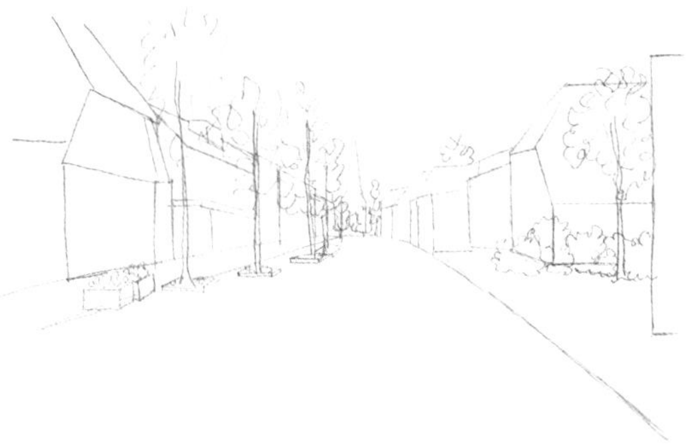

1 Zuerst skizziere ich den Straßenverlauf, die Höhen und Breiten der einzelnen Häuser sowie die Dachformen. Im Straßenverlauf werden die Häuser in der Ferne immer kleiner. Grundlagen zu »Perspektive« findest du auf den Seiten Seite 69 bis Seite 73.

2 Die Skizze wird nun um einige Bäume, Büsche und Pflanzkübel erweitert.

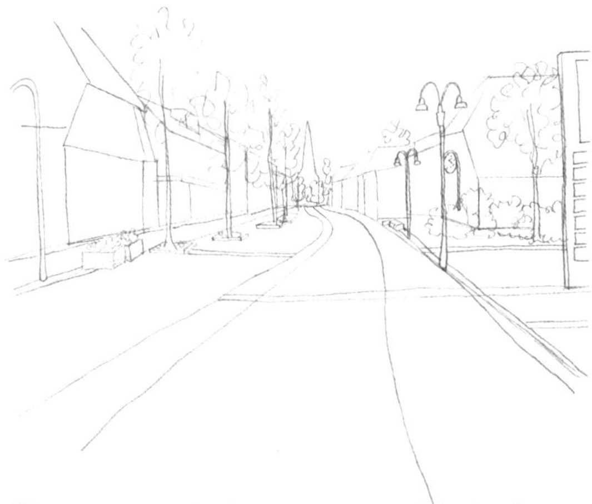

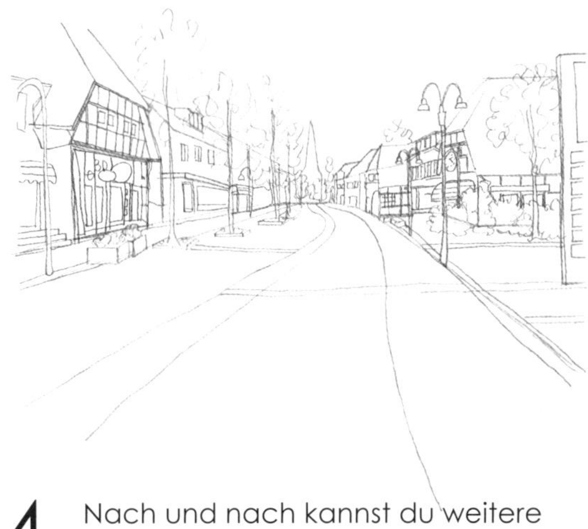

3 Die Straße ist durch verschiedenfarbige Pflastersteine in Felder unterteilt. Ich zeichne lediglich die Begrenzungslinien dieser Bereiche, nicht die einzelnen Steine. Straßenlaternen sowie eine Uhr kommen hinzu.

4 Nach und nach kannst du weitere Details einzeichnen. Details, die ich nicht erkennen kann, lasse ich einfach weg.

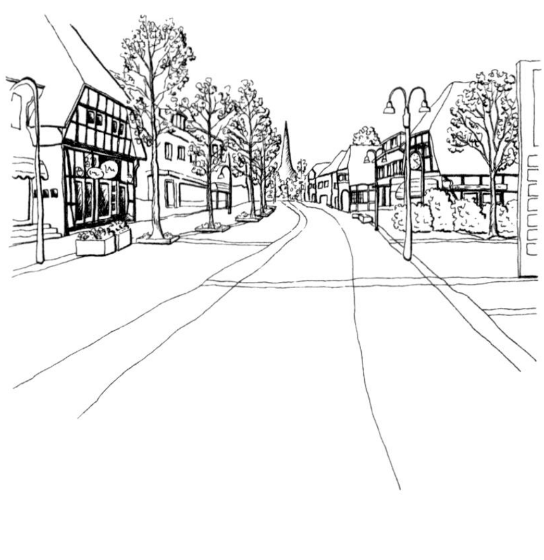

5 Im letzten Schritt habe ich die Bleistiftlinien mit Finelinern nachgezogen und Details weiter ausgearbeitet. Hier stimmt sicherlich nicht alles ganz genau mit der Realität überein, auch meine Linien sind krumm und schief, aber darauf kommt es mir bei dieser Zeichnung nicht an. Übrigens habe ich diesen Schritt später zu Hause gemacht.

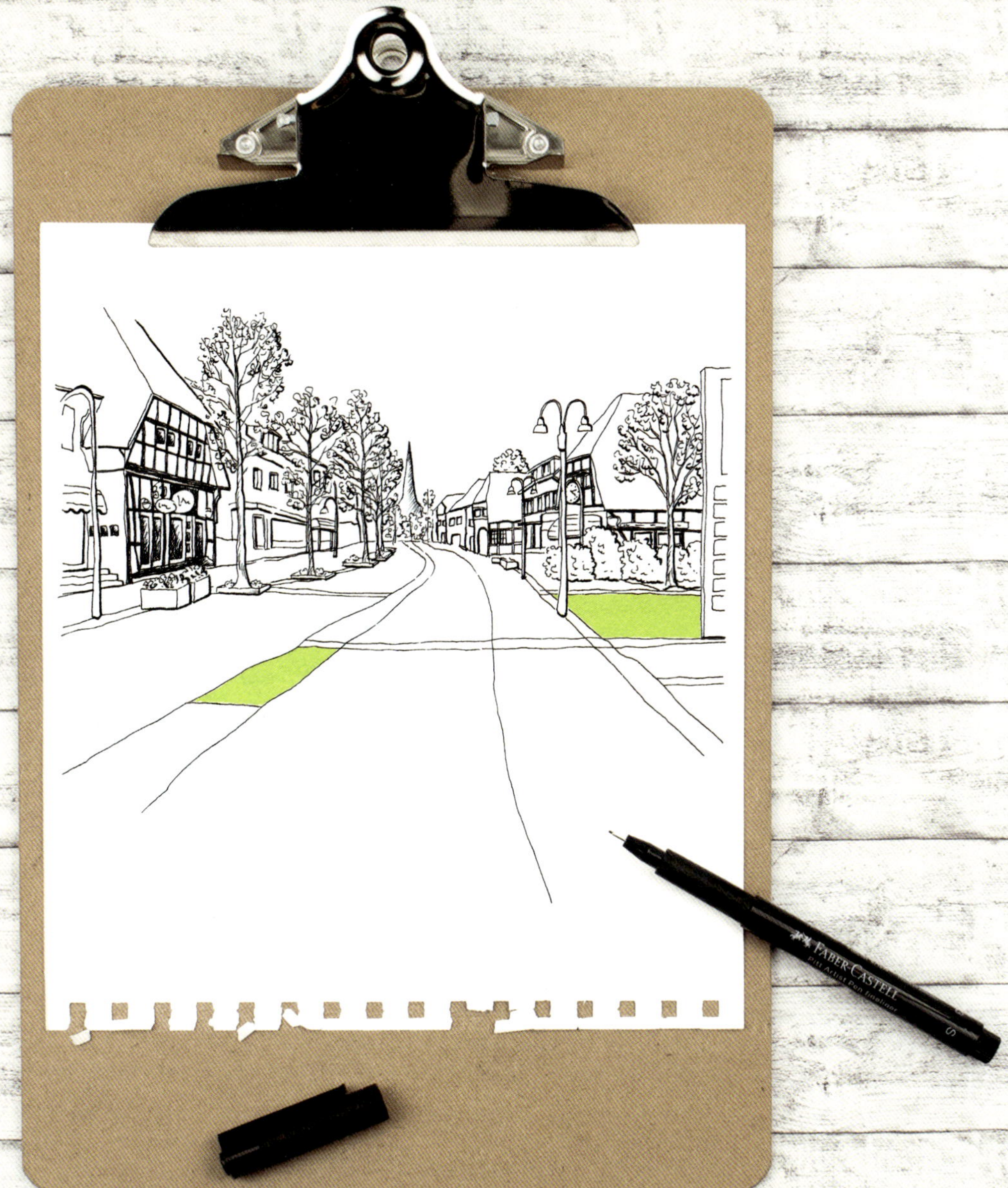

TIPP!

Koloriere deine Skizze, wenn es dir gefällt und wie es dir gefällt. Ziehe ruhig ungerade Linien, lass Dinge einfach weg oder schreibe etwas dazu.

Nun nehme ich mir einige Sakralbauten vor. Eine der drei Kirchen ist mithilfe einer Abbildung als Vorlage entstanden. Ich konnte vor Ort aufgrund einer teilweise verdeckten Sicht nicht genug erkennen.

Zeichnungen können auch skizzenhaft bleiben – ganz ohne ein Nachzeichnen der Bleistiftlinien oder den Einsatz von Farbe. »Unfertige« Zeichnungen haben ebenso ihren Charme. Meine Skizze aus dem Harz bleibt so, wie sie ist. Ich werde sie nicht weiter vervollständigen.

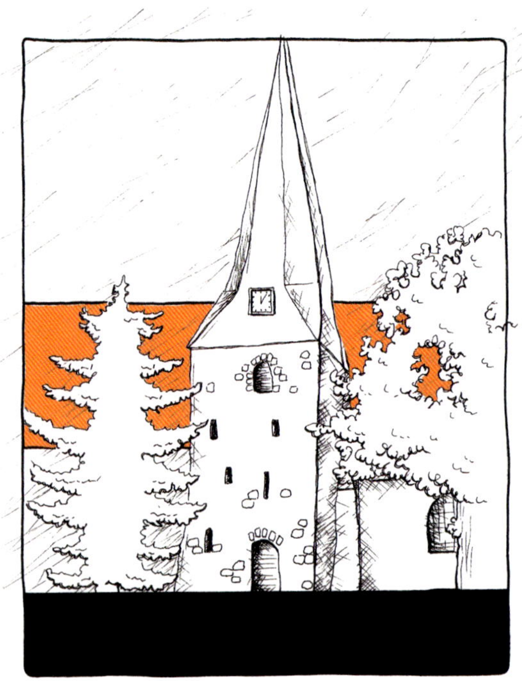

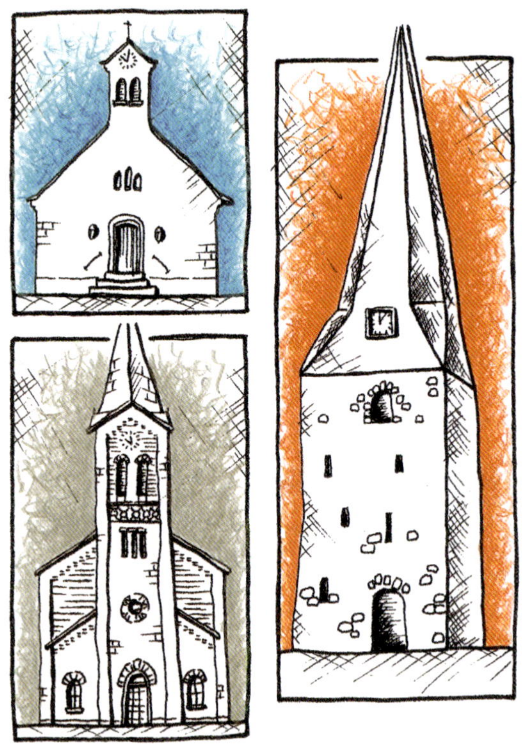

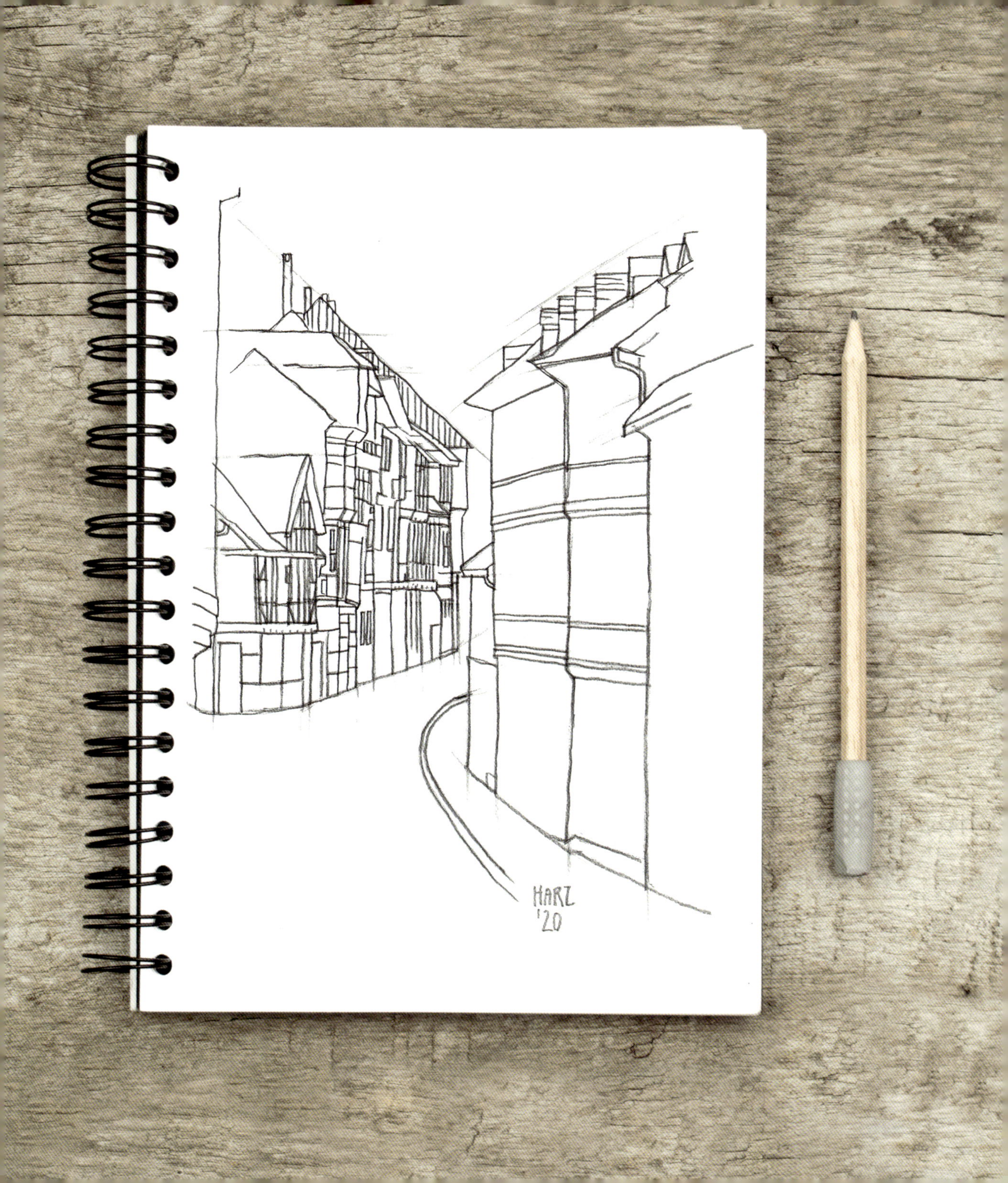
HARZ
'20

Kreativer Städtebau

Bei dieser Zeichenidee kannst du nicht vor Ort zeichnen, da es diesen Ort nicht gibt. Die Beachtung von Regeln ist nicht erforderlich. Weder die Perspektive noch eine korrekte Darstellung mit Tonwerten sind hier gewünscht. Zeichne Häuser in unterschiedlichen Höhen und Breiten und reihe sie auf. Gib ihnen verschiedene Dachformen, Fenstergrößen und Fassadenansichten. Ganz nach Lust und Laune. Skizziere einfach drauf los und du erhältst eine von dir erschaffene, unkonventionelle Stadt.

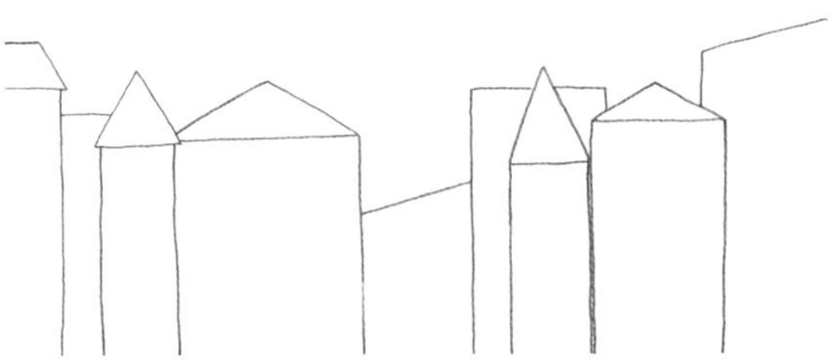

1 Skizziere die Umrisslinien einer Häuserreihe an den unteren Rand deines Blattes.

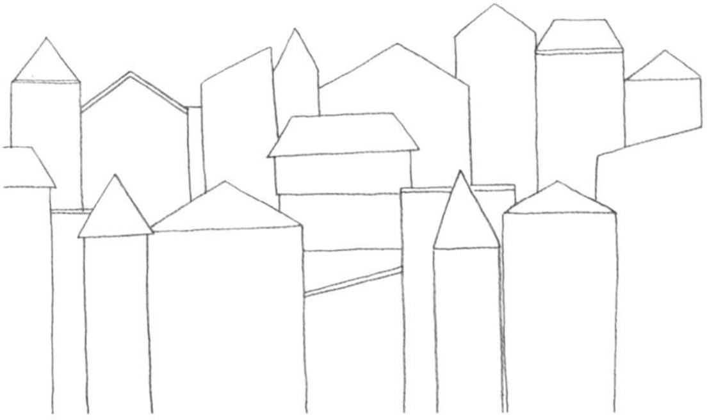

2 Setze nun eine weitere Häuserreihe über die erste …

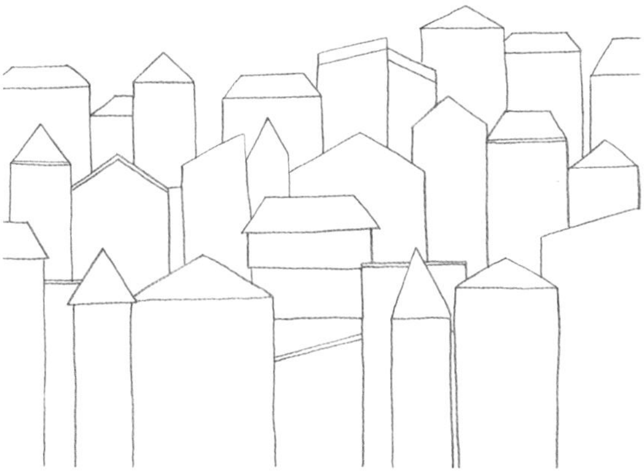

3 … und eine dritte darüber. Fahre so fort, bis dein Blatt mit Häusern gefüllt ist.

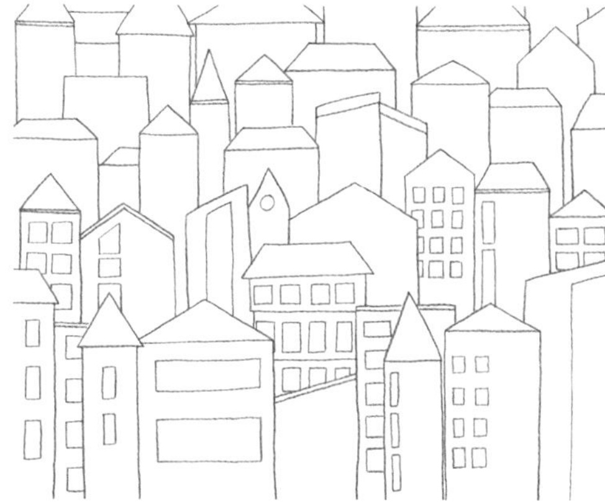

4 Beginne mit dem Skizzieren von Fensteröffnungen in beliebigen Formen und Größen.

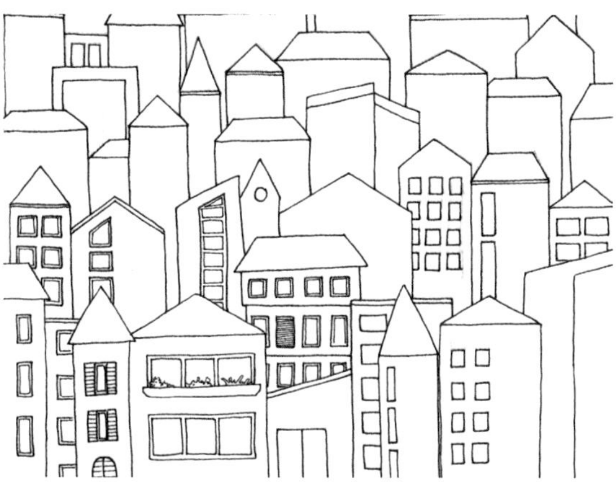

5 Ziehe nach und nach deine Bleistiftlinien mit einem Fineliner nach und gestalte Fensterrahmen, Türen, Tore und Fensterläden.

Zum formlosen Charakter dieser Zeichnung passen freihändig gezeichnete Linien besonders gut. Wenn du magst, kannst du mit Bleistift und Lineal vorzeichnen und die Linien anschließend frei Hand mit einem Fineliner nachziehen. Dann wirkt deine Fantasiestadt weniger starr.

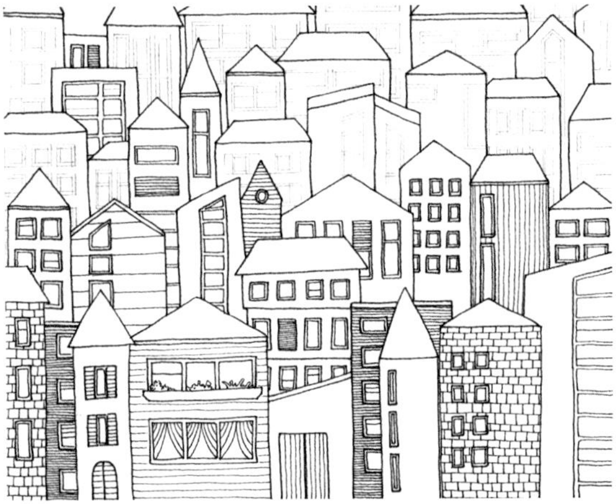

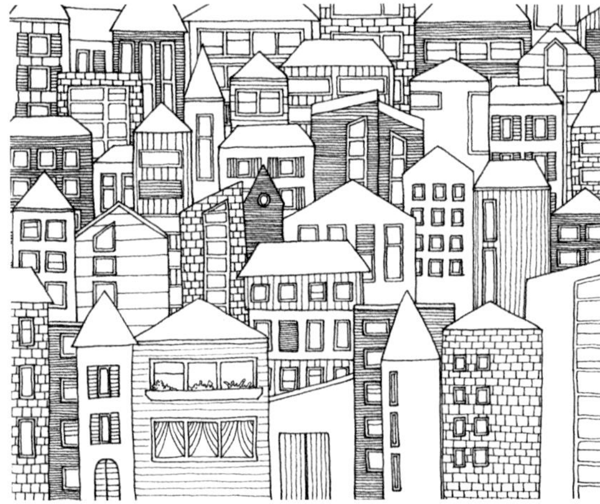

6 Zusätzliche Details wie Rollläden, Gardinen und verschiedene Fassadengestaltungen geben deinen Häusern eine individuelle Note. Parallele »Streifen«-Linien wirken wie eine Holzverschalung.

7 Wenn du alle Linien deiner Häuser mit den Details gezeichnet hast, ist deine Stadt fertig. Nun kannst du dir überlegen, ob du sie schwarz-weiß lässt, sie bunt gestaltest oder ob du einige farbliche Akzente setzen möchtest.

TIPP!

Wenn du unentschlossen bist, ob du deiner Zeichnung weitere Details hinzufügen solltest, beispielweise durch den Einsatz von Farbe oder das Ausmalen der Fensterscheiben, dann fertige eine Kopie des Ist-Zustandes an. Probiere die Veränderung an der Kopie aus, begutachte sie und lass sie auf dich wirken. Jetzt fällt dir die Entscheidung nicht mehr schwer und du gehst kein Risiko einer irreparablen Veränderung ein.

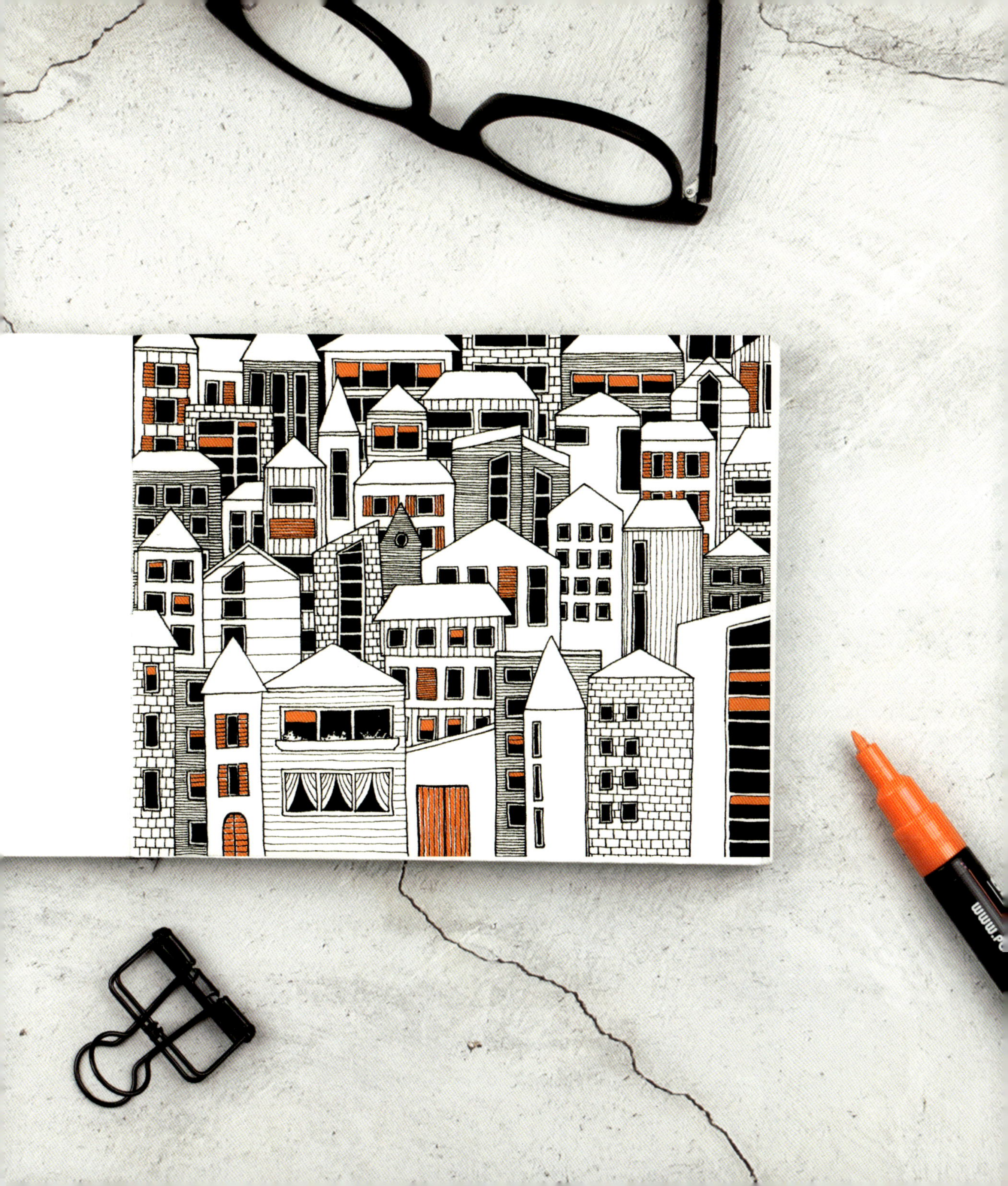

Türen

Wenn du magst, dann gehe noch mehr ins Detail. Es muss nicht immer ein ganzes Haus, eine Straße oder eine Stadt sein. Entwirf doch mal eine Haustür!

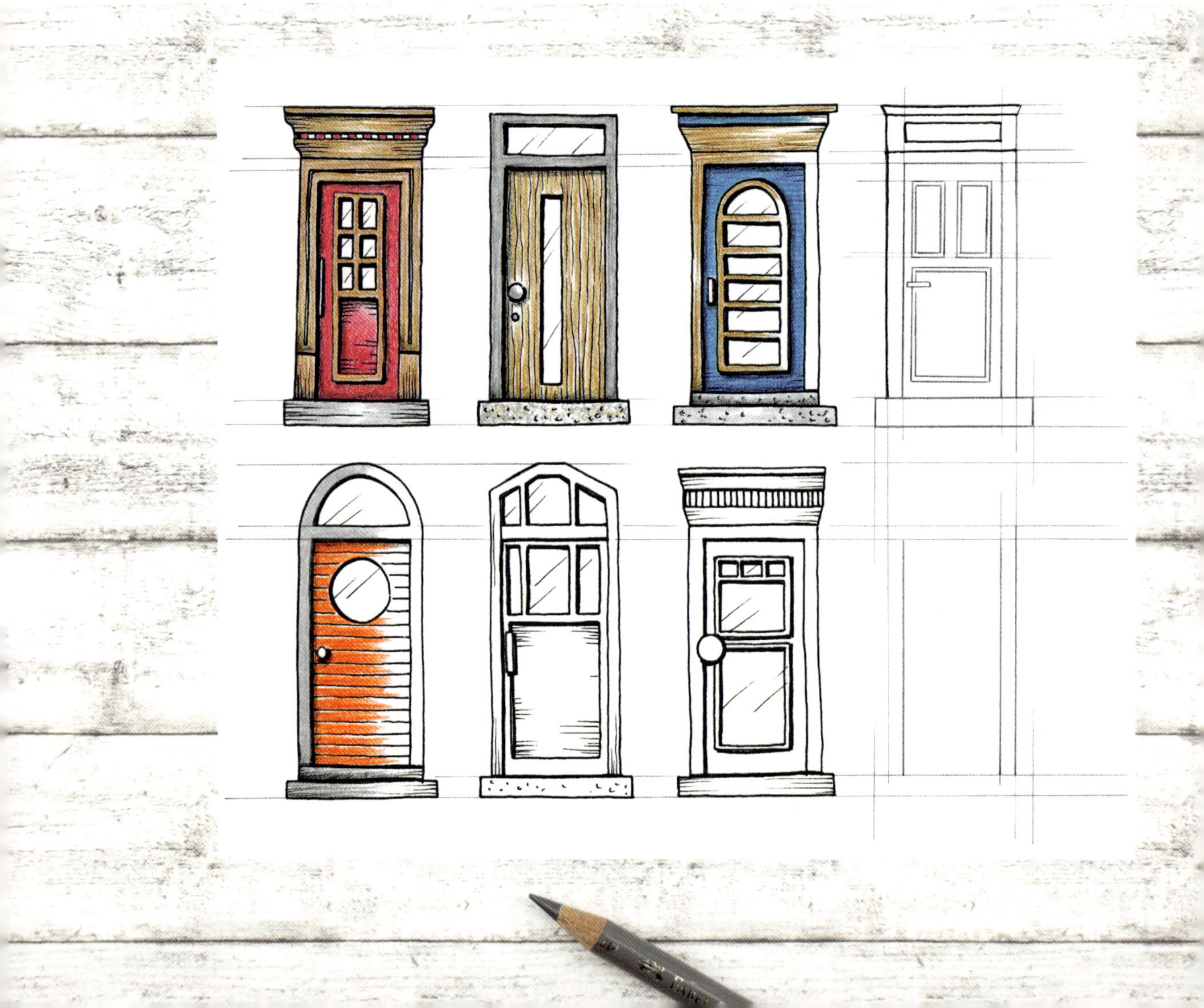

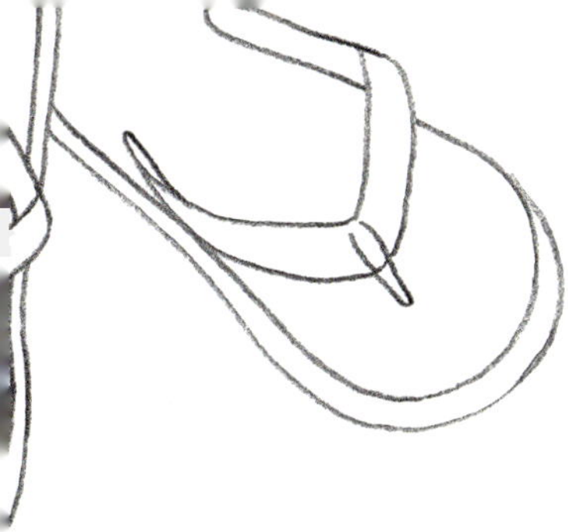

Travel Sketch

Im Urlaub hat man endlich Zeit und Muße, um eine schöne Zeichnung zu Papier zu bringen. Keine wichtigen Aufgaben, keine eiligen Termine oder dringende Telefonate, die dich davon abhalten, den Stift in die Hand zu nehmen. Ganz entspannt und ohne Zeitdruck lässt es sich sehr gut draufloskritzeln.

Halte schöne Momente, eine Aktivität oder eine Sehenswürdigkeit in Bildern fest. Oder ganz banale Details wie deine Flip-Flops oder die Tasse Espresso. Das Schöne ist hierbei auch, dass es keine Regeln oder Vorschriften gibt. Aber es gibt unendlich viele Möglichkeiten. Schönen Urlaub!

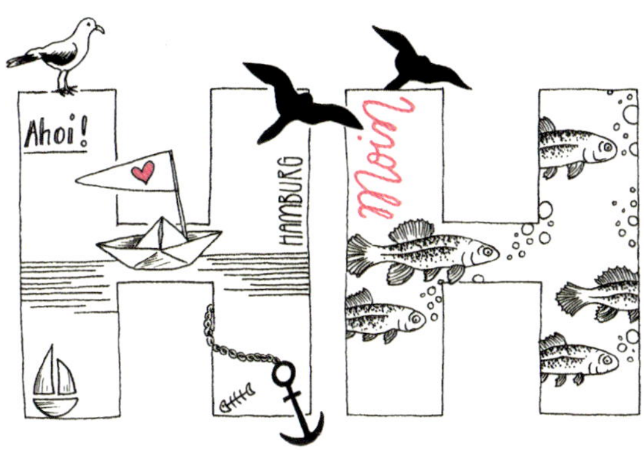

Besuch bei Mama in Hamburg

TIPP!

Packe einige Stifte und ein Skizzenbuch in deine Reisetasche. Damit bist du gut gerüstet, wenn dich unterwegs die Zeichenlust überkommt. Mein Survival-Urlaubsset besteht aus einem Bleistift, einem Radiergummi, einem Anspitzer, zwei Finelinern, drei Farbstiften und einem kleinen Skizzenbuch. Okay, das ist ausreichend für den Wochenendtrip. Für den Sommerurlaub brauche ich doch etwas mehr Equipment. Nimm am besten dein aktuelles Lieblingsmaterial mit.

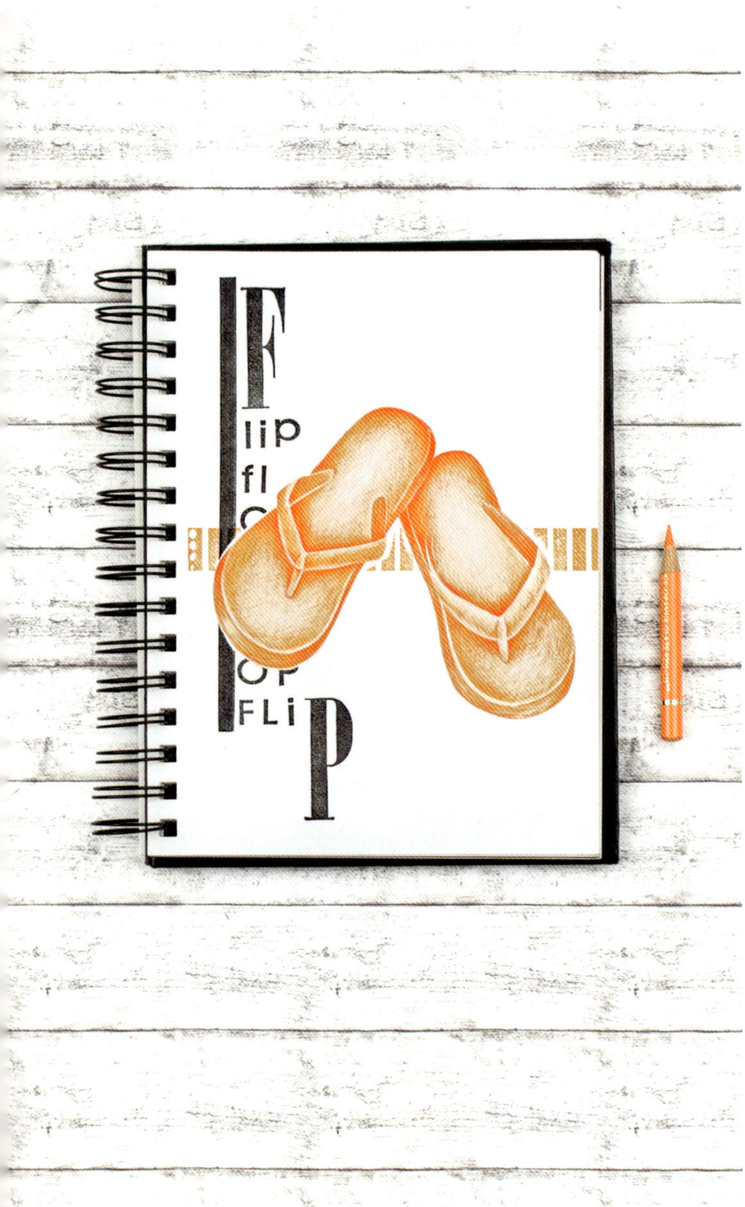

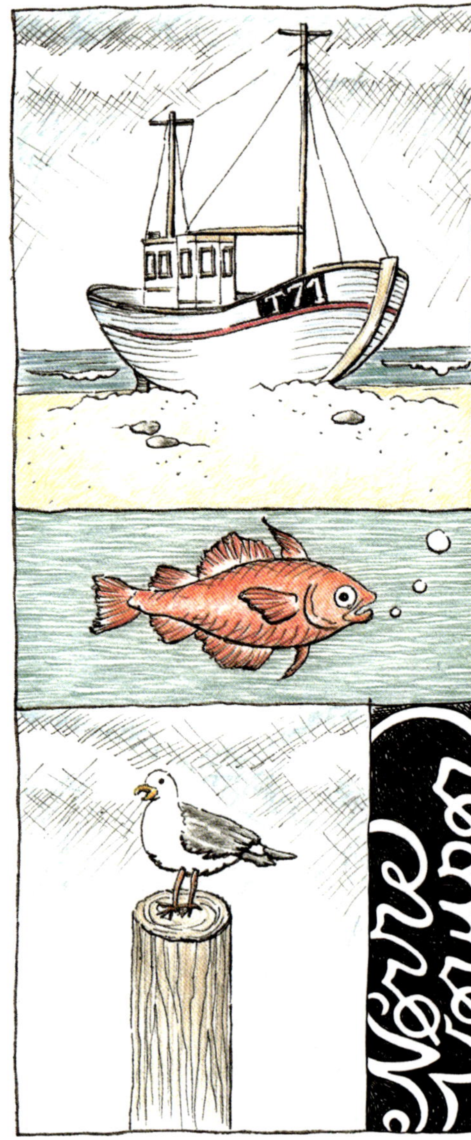

Fischerboote und Meermotive finde ich immer wieder malerisch.

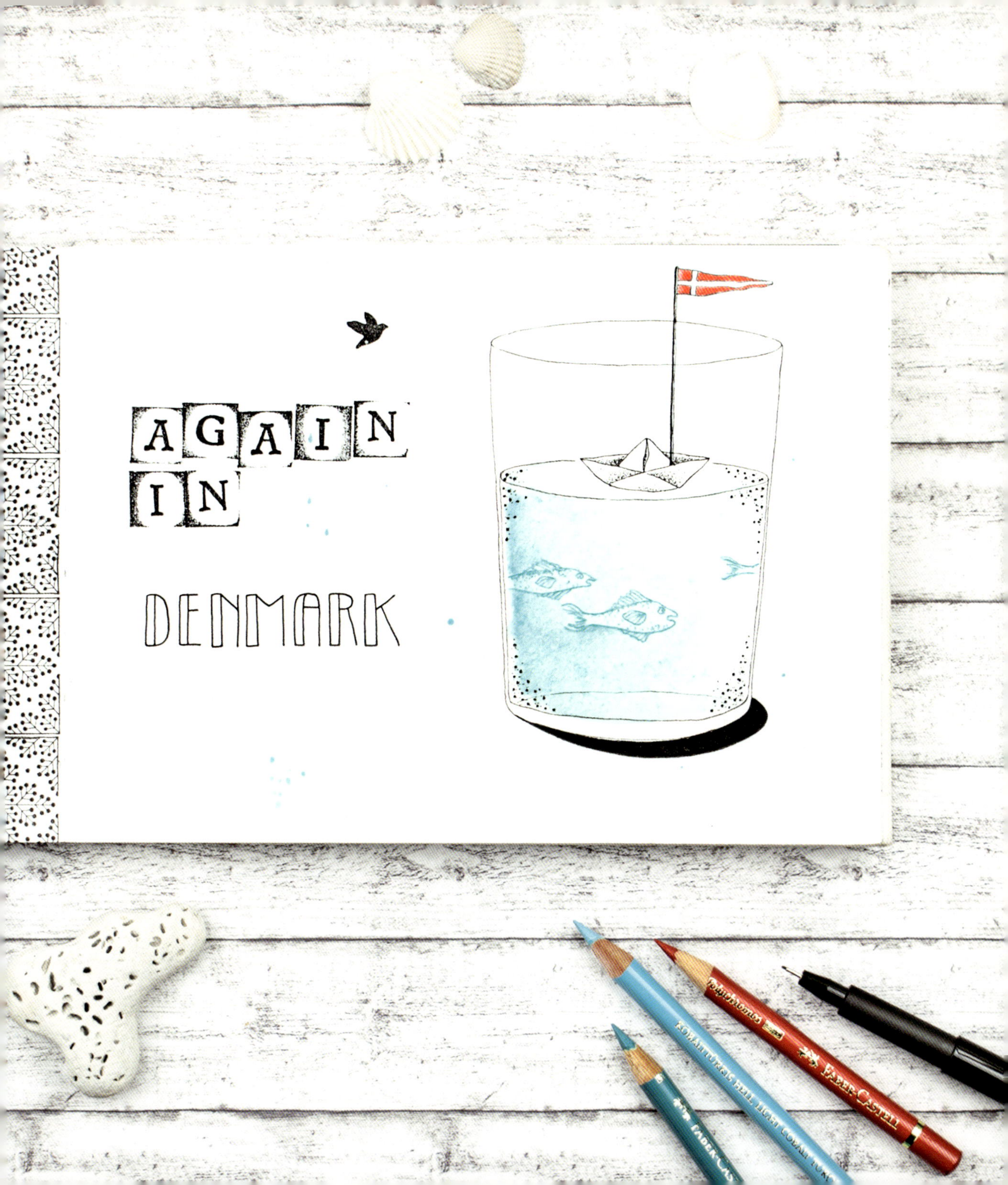
AGAIN
IN
DENMARK
FABER-CASTELL

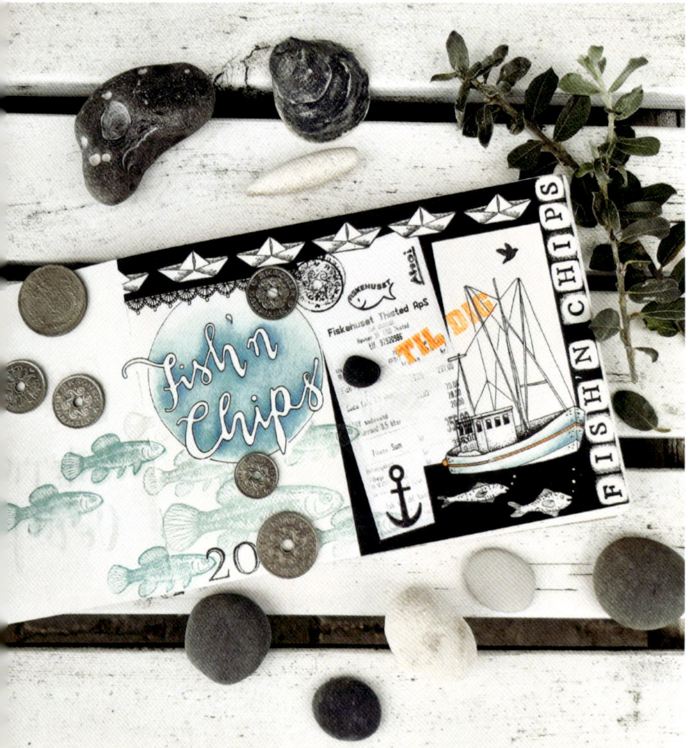

Klebe Kassenzettel auf, verwende Stempel und gestalte Schriften zu deinen Skizzen.

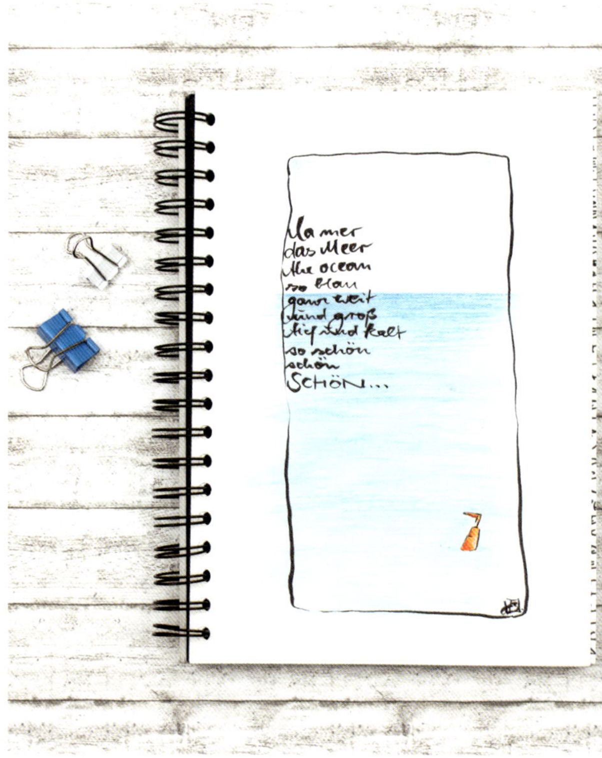

Dieses Bild entstand im Auto. Wir warteten auf die Fähre nach Gotland – mit dem Skizzenbuch auf dem Schoß und dem Blick aufs Meer. Zum Anlösen des Aquarellstifts diente mir kurzerhand etwas Spucke auf dem Finger.

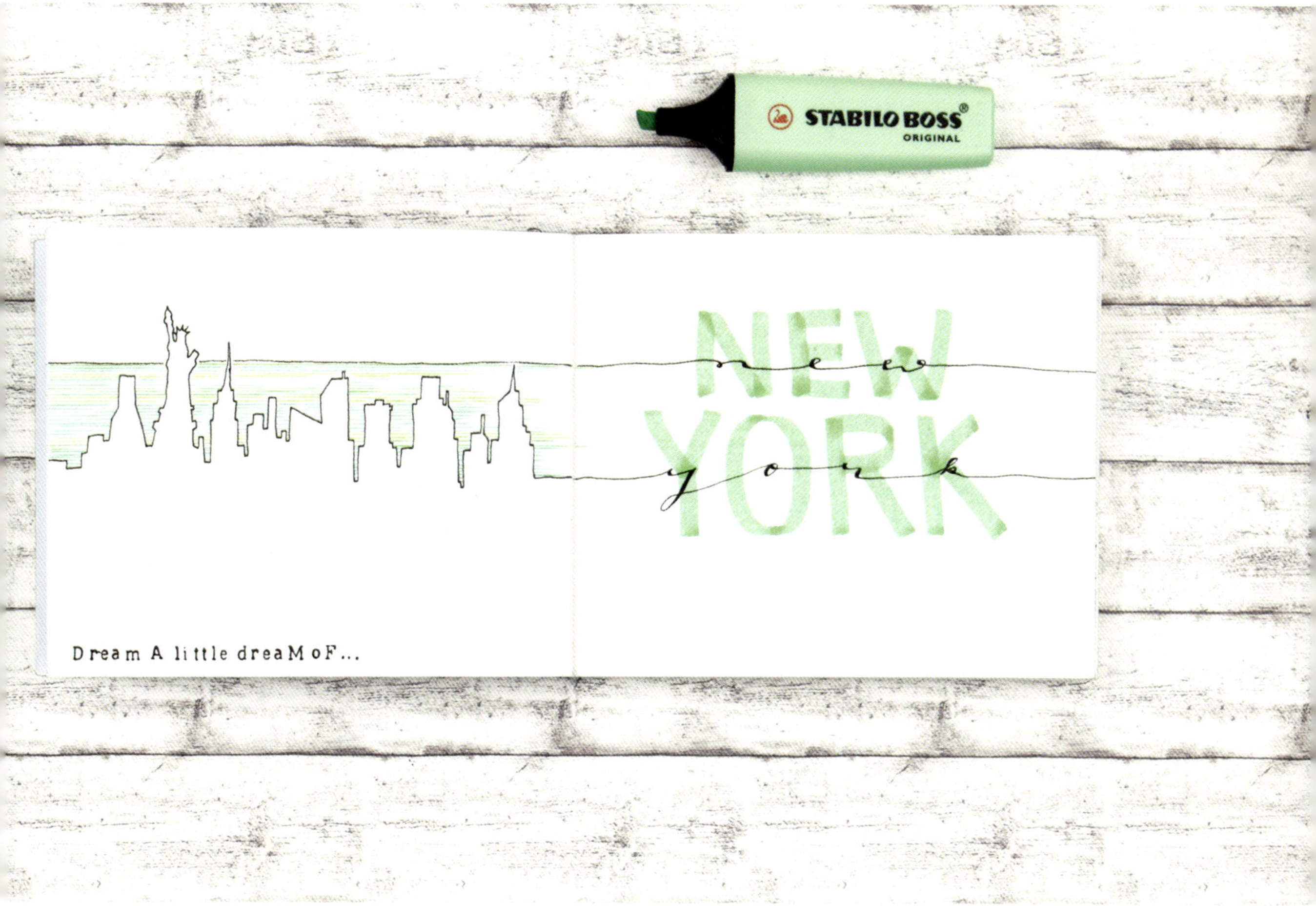

Vorfreude auf eine New-York-Reise mit meiner Freundin Birte

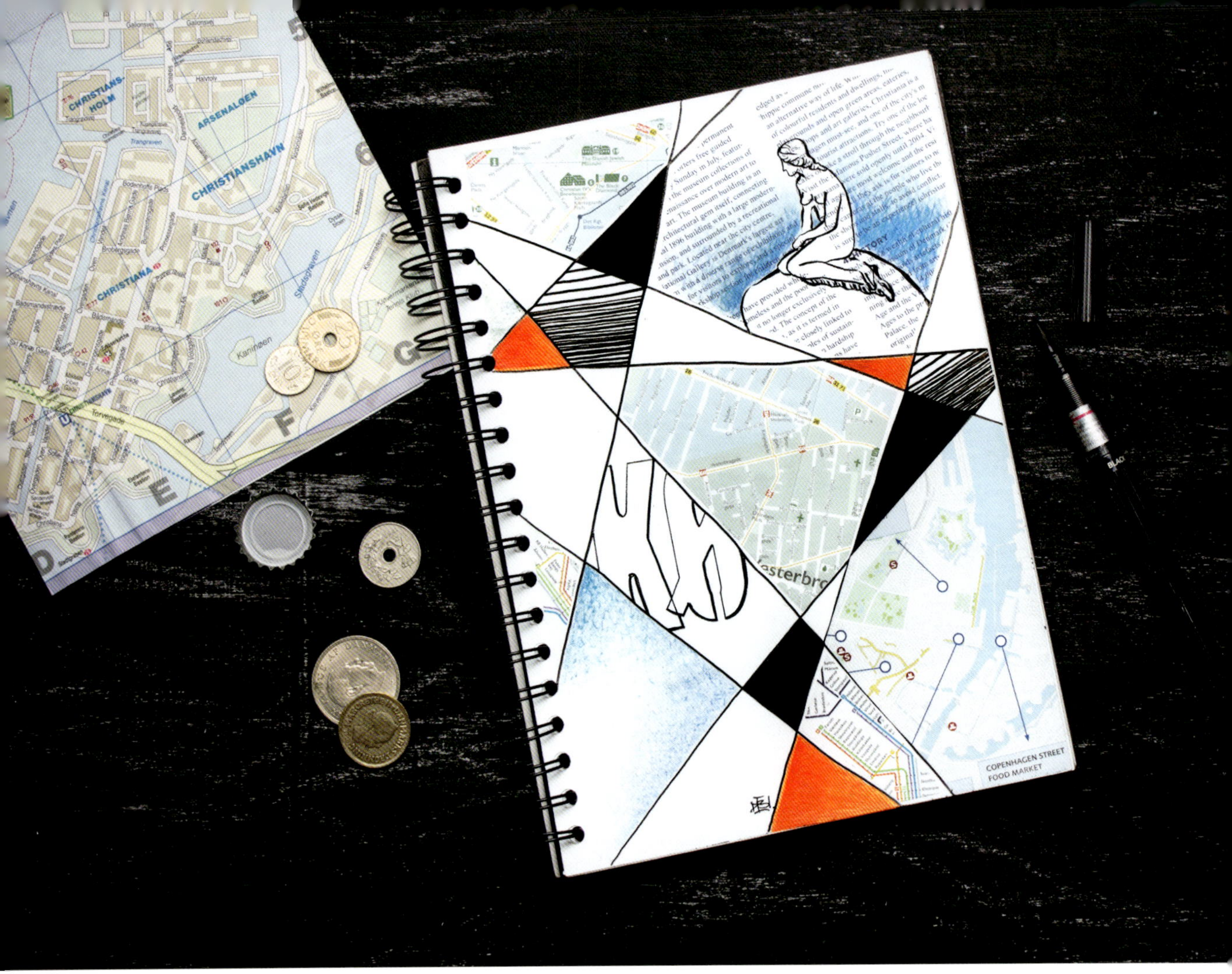

In einem Kurzurlaub in Kopenhagen ist eine spontane »Zeichencollage« entstanden. Ich habe Linien mit einem Pinselstift gezogen, Ausschnitte einer Infobroschüre ausgeschnitten und in meine entstandenen Felder geklebt. Einige Felder habe ich mit Buntstiften farbig gestaltet und auf einen aufgeklebten Text die kleine Meerjungfrau gezeichnet. Die Gestaltung entstand ganz spontan.

Schnelle Skizze mit Brötchentüte und Schrift aus Kopenhagen

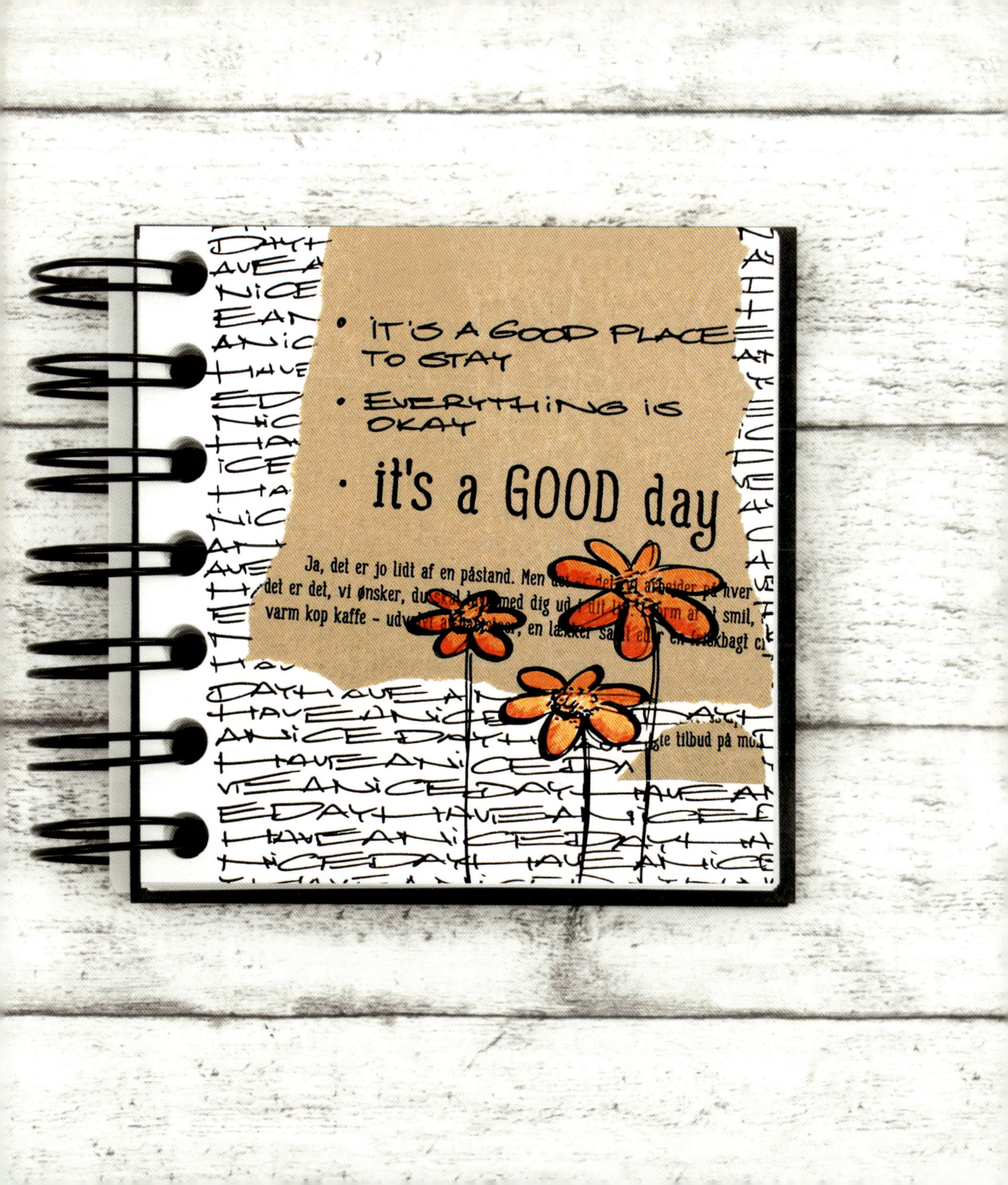
IT'S A GOOD PLACE TO STAY
EVERYTHING IS OKAY
it's a GOOD day
Ja, det er jo lidt af en påstand. Men

Erfinderische Sammlungen

Wolltest du schon immer mal etwas erfinden? Etwas, was die Welt noch nicht gesehen hat? Dann ist es höchste Zeit, damit zu beginnen. Denke dir geheimnisvolle Maschinen aus, mit blinkenden Lichtern, Skalen, Antennen und Schläuchen. Oder absurde Fahrzeuge, die auf einem Rad fahren können. Oder niedliche, knubbelige Monster mit plüschigem Fell und scharfen Reißzähnen. Wie sehen deine Erfindungen aus?

Maschinen

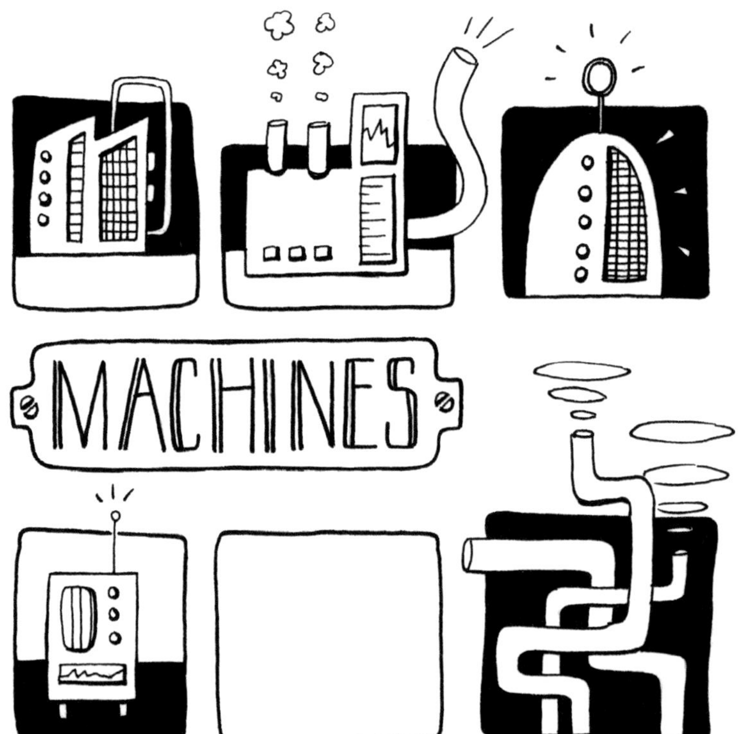

Monster

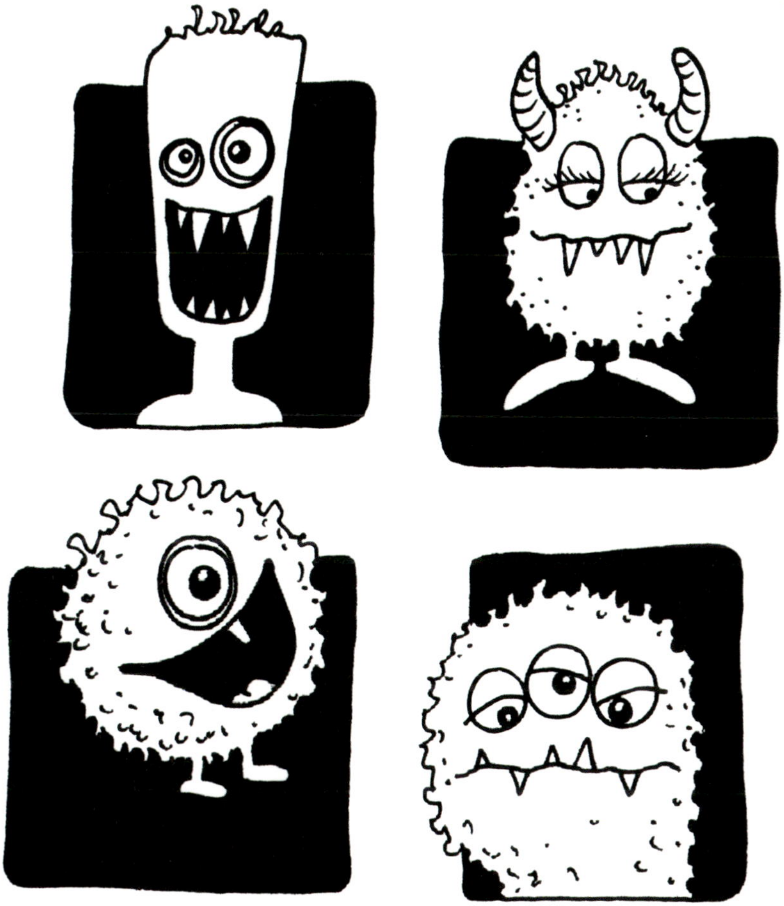

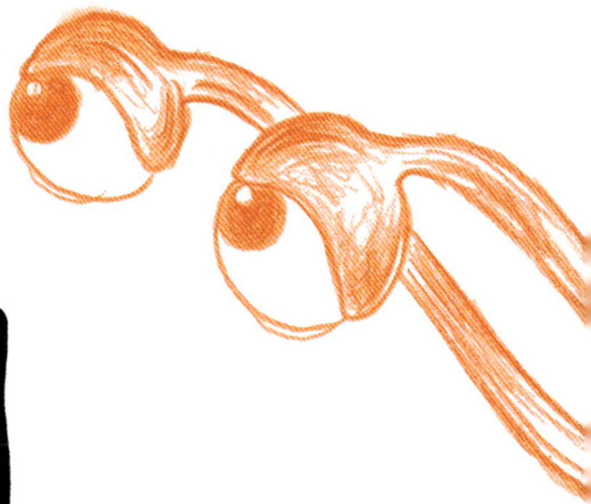

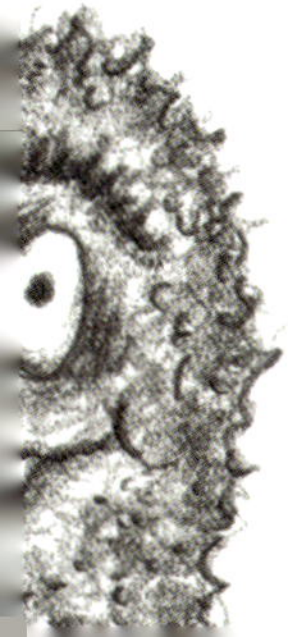

Fahrzeuge

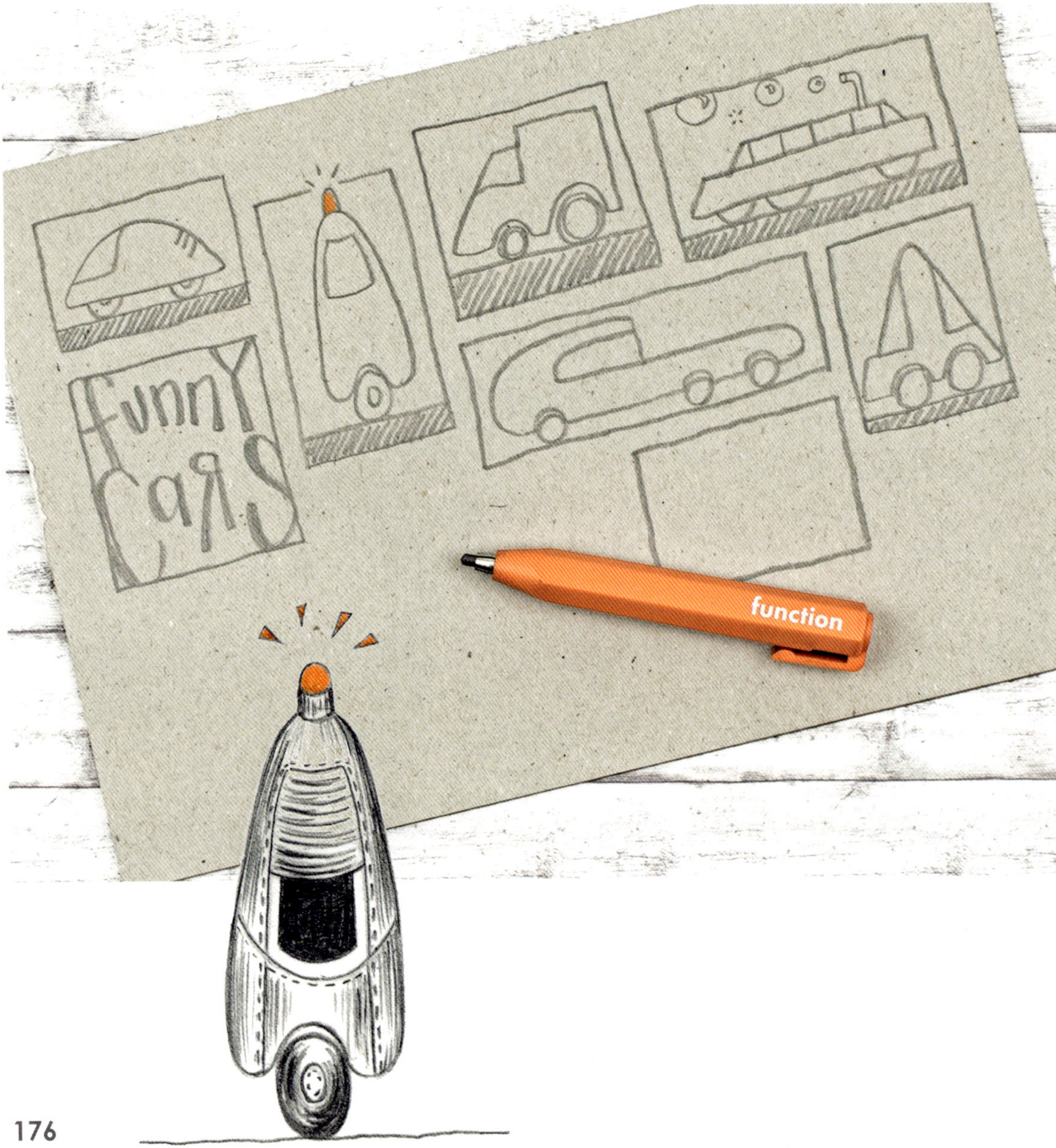

Kartonkörper

Dieses Zeichenprojekt ist eine gute Übung zum räumlichen Darstellen von geometrischen Figuren. Stell dir vor, du hättest Pappkartons in unterschiedlichen Formen und Größen. Stapel sie zeichnerisch und setze Kartons nach Belieben an. Lasse auf diese Weise »lustige Leute« entstehen. Du musst dir keinen »Bauplan« überlegen. Fang einfach an! Die Ideen entstehen beim Zeichnen.

Durch das Erzeugen von verschiedenen Tonwerten durch Schraffuren wirken deine Kartons noch plastischer. Beim Mädchen mit Hut (siehe nächste Seite) erkennt man, wie manche Körperteile sich durchdringen. Für ein übersichtliches Raumverständnis kannst du auch die verdeckten Kanten einzeichnen. In der Abbildung siehst du sie als gestrichelte Linien. Radiere diese später weg oder übertrage deine finale Umrisszeichnung auf ein neues Blatt Papier. Übrigens kannst du dir auch andere, ungewöhnliche Formen für deine Kartons ausdenken. Passe sie einfach dem Stil an, dann harmoniert alles. Die Lippen der Kartondame sind ein gutes Beispiel für eine ungewöhnliche Form.

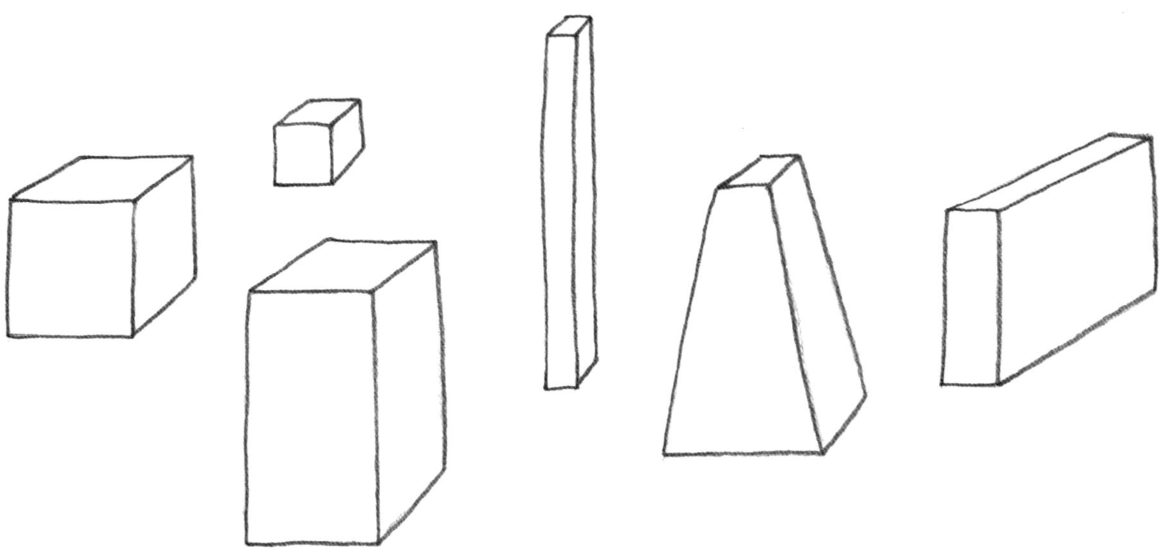

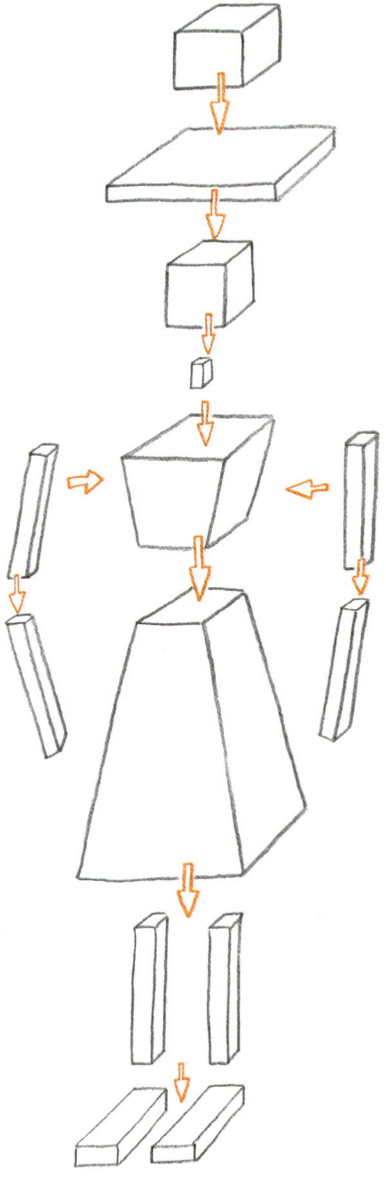

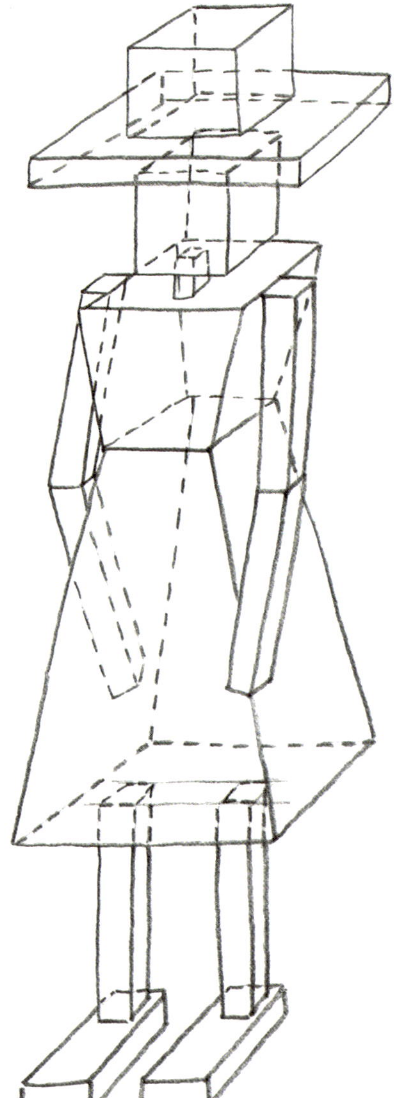

Kartonkörper

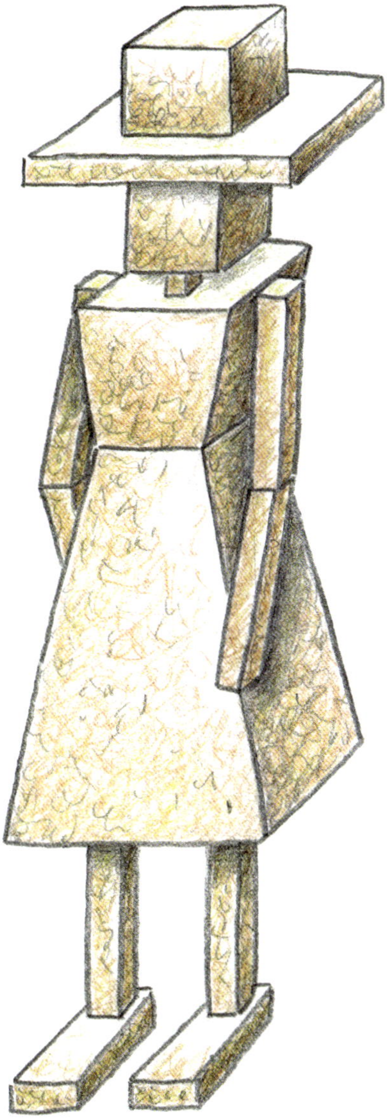

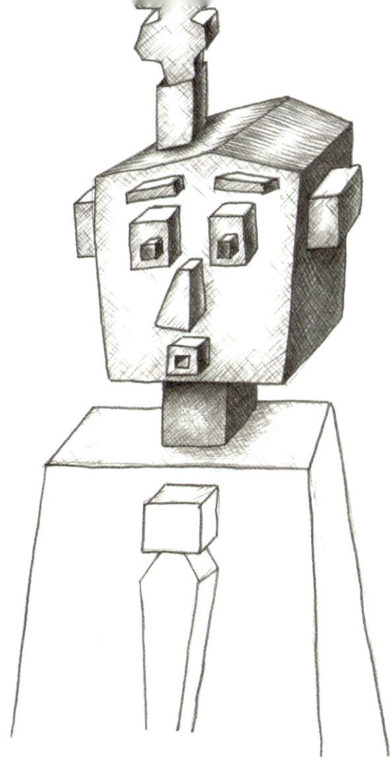

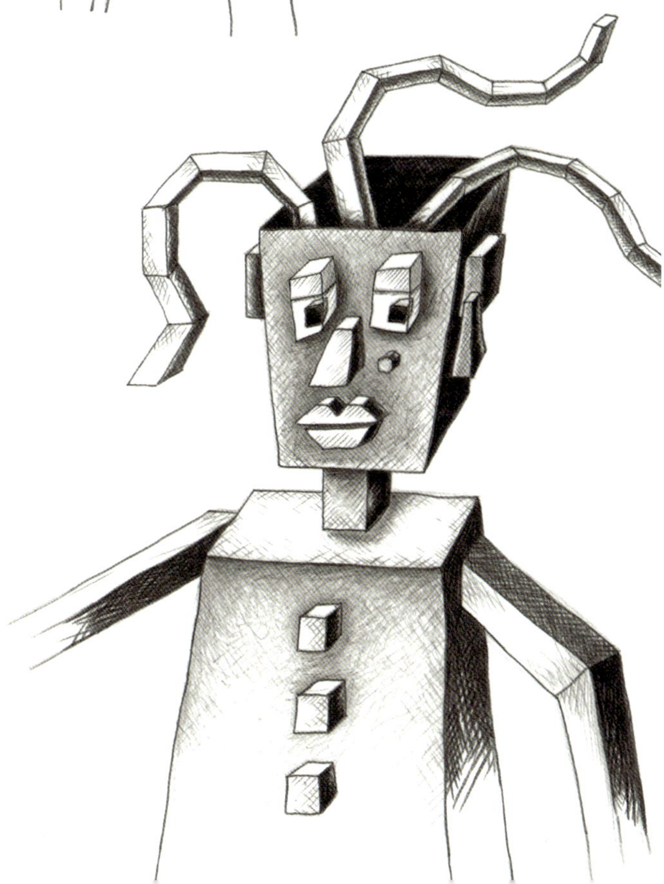

Fantasievolle Füllungen

Bei dieser kreativen Zeichenidee ist deine Fantasie besonders gefragt. Denke dir Dinge aus, die du beispielsweise in einen Briefumschlag, in ein Glasgefäß oder in eine fiktive Öffnung deines Blattes zeichnest. Ganz egal, was es ist. Gern auch unsinnige oder verrückte Dinge, deren Proportionen nicht stimmen müssen.

Kuvertkunst

Lass Blumen aus einem Briefumschlag wachsen, fülle ihn mit Herzen oder Sternen, gewähre Vögeln einen Rundflug oder erfreue dich an einem Regenbogen aus wunderschönen Buntstiftfarben. Hast du keine Grußkarte zur Hand, dann gestalte einfach einen Umschlag. Aber bitte nicht verschließen, sonst wird womöglich dein Kunstwerk von einem Brieföffner zerstört. Sieh dir einige meiner Kuverts an und gestalte deine eigenen!

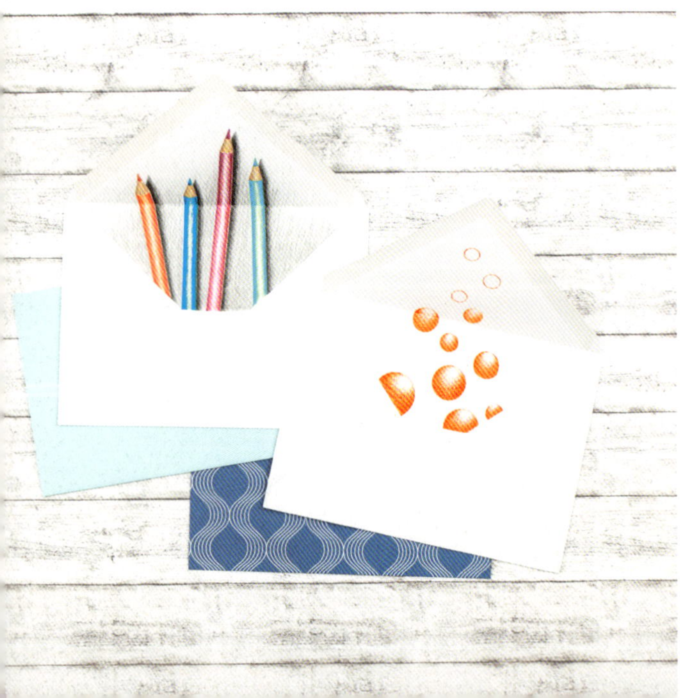

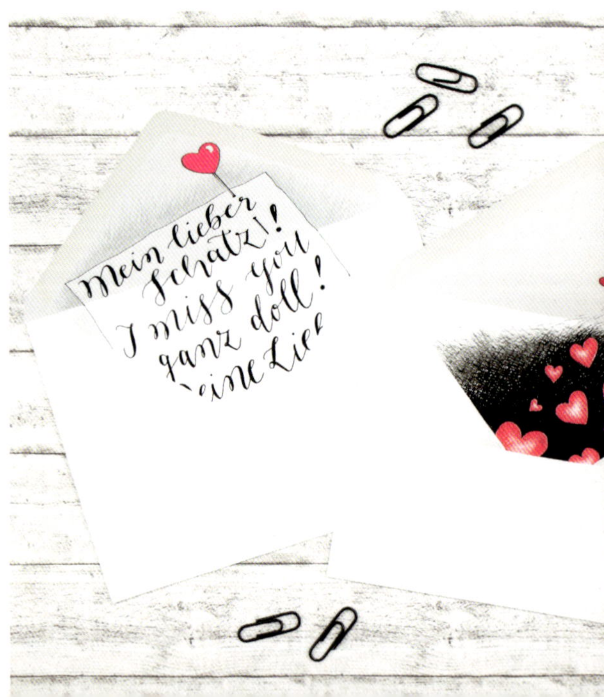

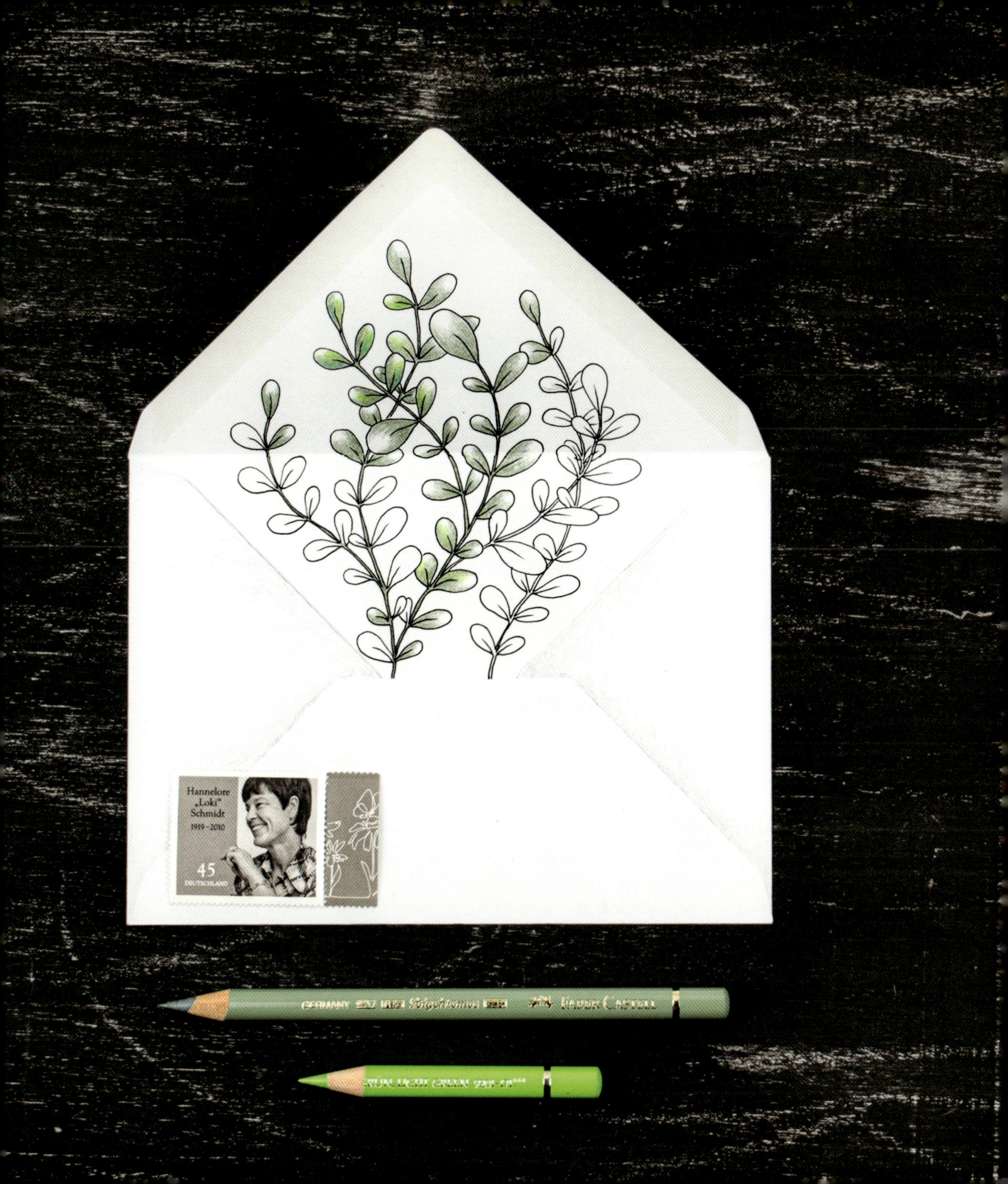

Hannelore
„Loki"
Schmidt
1919–2010
45
DEUTSCHLAND
GERMANY
FABER CASTELL
LIGHT GREEN

Im Grunde benötigst du für diese Idee noch nicht einmal ein Kuvert. Ich zeige dir, wie du deinen Briefumschlag ganz einfach zeichnen kannst.

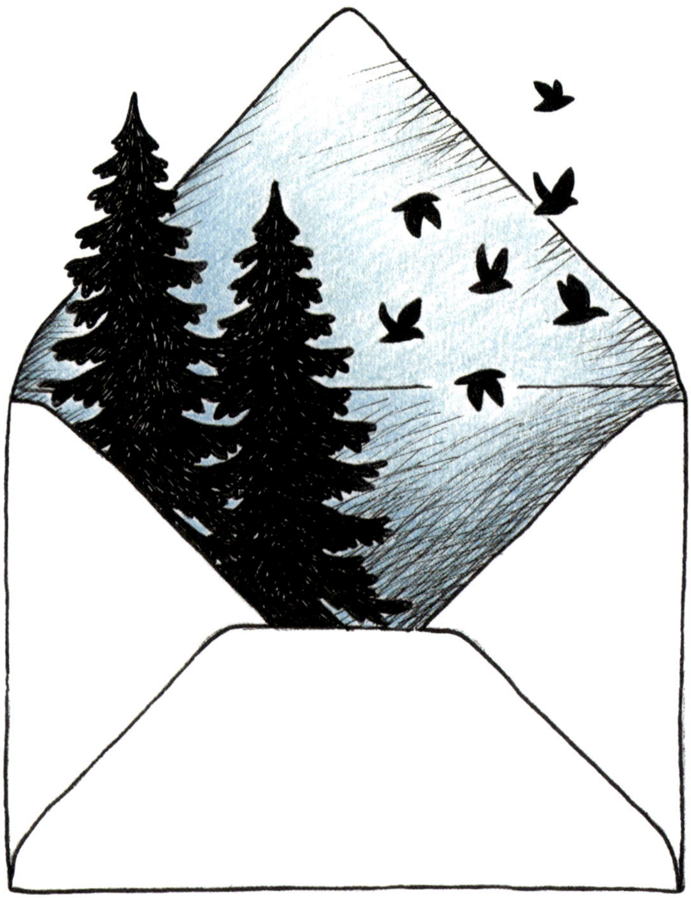

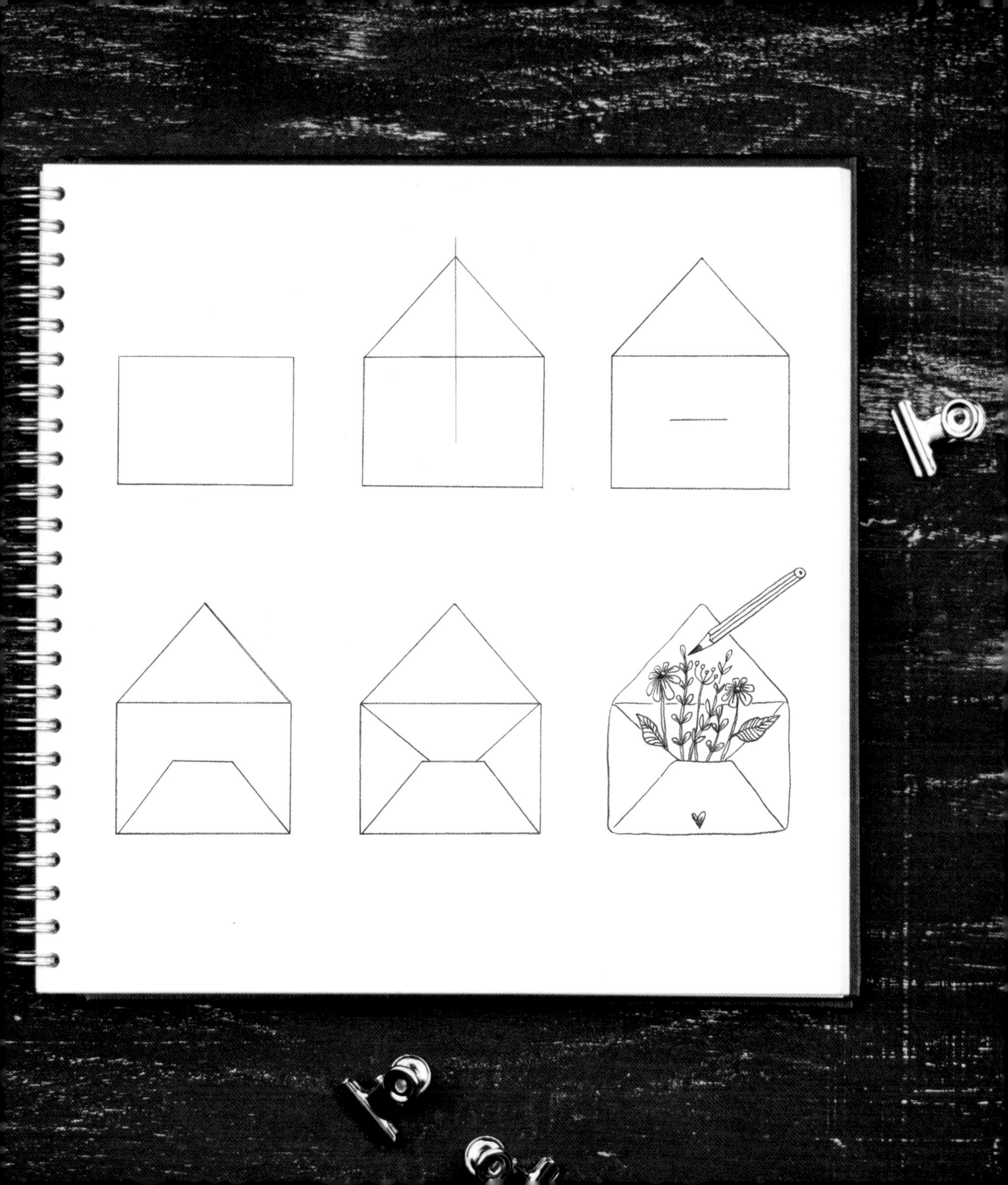

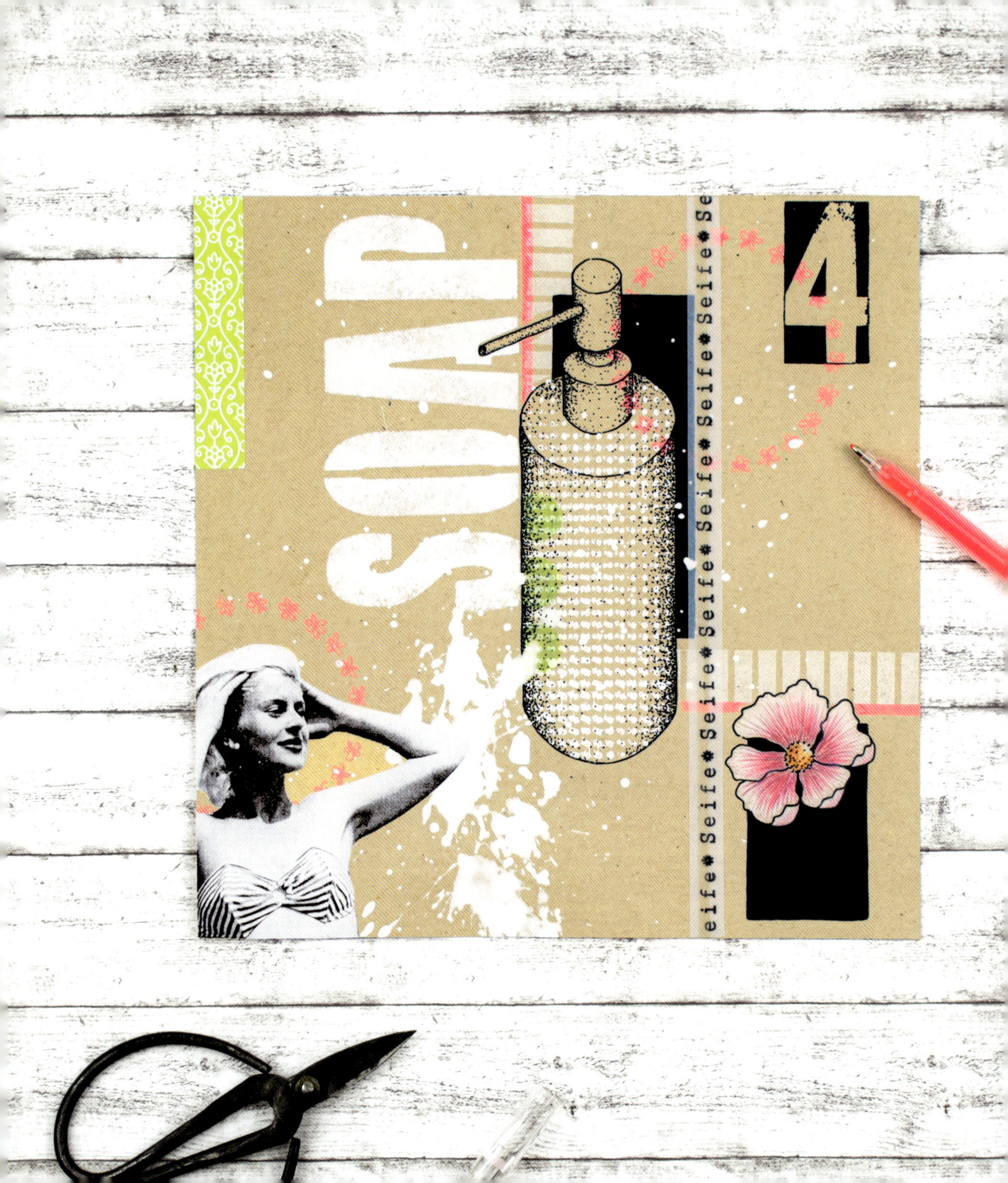
SOAP
Seife ✱ Seife ✱ Seife ✱ Seife ✱ Seife ✱ Seife ✱ Seife ✱ Seife ✱ Seife
4

Glas mit kreativem Inhalt

In den »Basics« habe ich dir gezeigt, wie man Ellipsen zeichnet. Eine Anwendung dafür findest du nun hier. Zeichne ein beliebig geformtes Glasgefäß. Egal ob mit einem Deckel oder Korken verschlossen oder offen. Der kreative Teil ist das Befüllen des Gefäßes. Ich zeige dir einige meiner Gläser. Überlege dir interessante Dinge für den Inhalt und los geht's. Welche Stifte du zum Zeichnen verwendest, spielt keine Rolle. Ich wünsche dir viel Spaß!

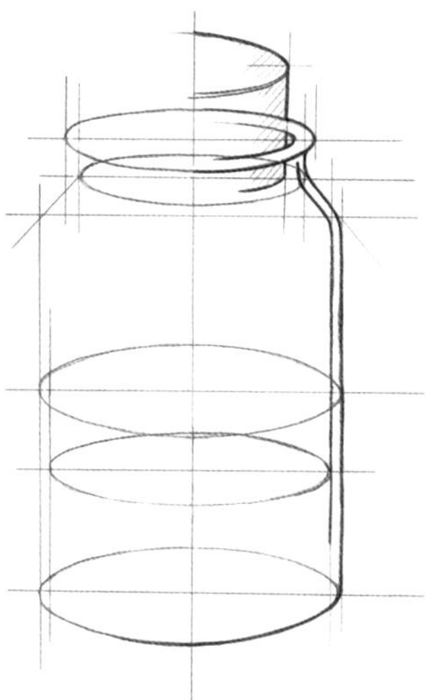

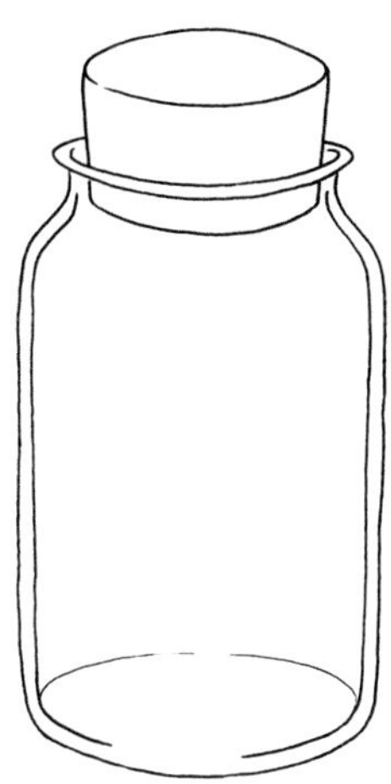

1 Zeichne ein Glasgefäß in beliebiger Form. Oder, wenn du magst, auch mehrere unterschiedliche Gläser. Deine Vorzeichnung solltest du mit dem Bleistift anfertigen, um gut korrigieren zu können.

2 Ziehe die Konturlinien mit einem Fineliner nach und entferne deine Hilfslinien. Alternativ kannst du auch deine Umrisslinien auf ein neues Blatt Papier übertragen. Beginne nun mit dem Zeichnen einer fantastischen Füllung.

HINWEIS!

Wie du auf der nächsten Seite siehst, habe ich die Konturen der Gläser gedruckt. Meine Glaszeichnungen dienten mir als Vorlage für einen Linoldruck. Das war Bestandteil eines der Themen aus meinen Kursen. Aber keine Bange: Um diese Idee nachzuahmen, musst du keinen Linoldruck anfertigen. Eine Zeichnung genügt.

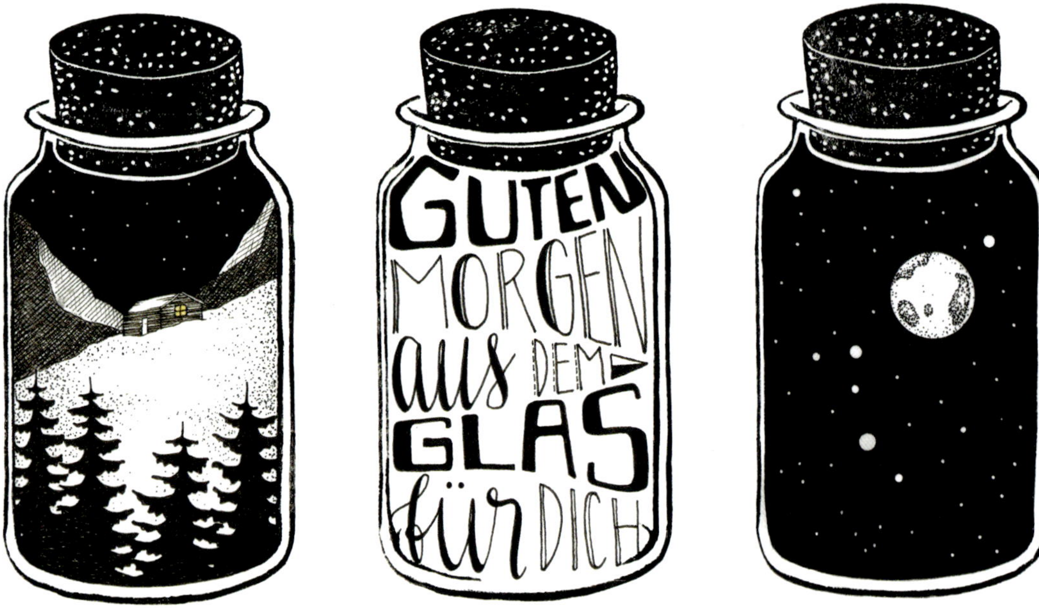

TIPP!

Um dein Glas zu vervielfältigen, kannst du verschiedene Transfermöglichkeiten anwenden. Diese findest du unter »Wie kannst du deine Skizze übertragen?« auf den Seiten 46 bis Seite 53.

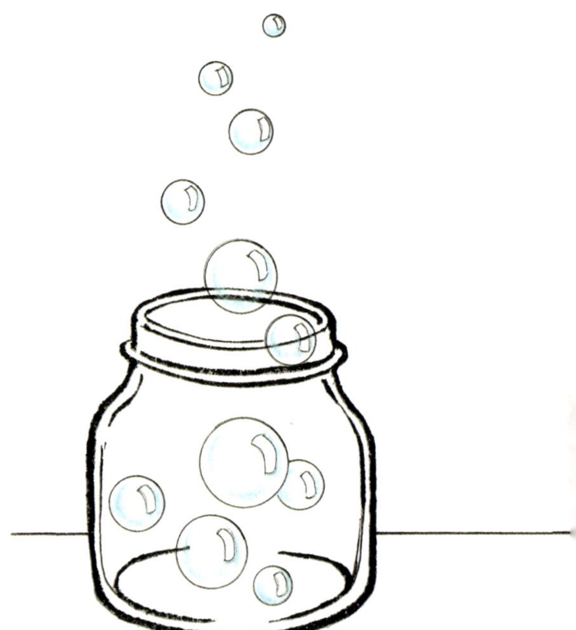

TIPP!

Ein zylindrisches Glas ist leichter zu zeichnen als beispielsweise eine bauchige Vase. Du hast gleich große Ellipsen und kannst die Seitenlinien mit einem Lineal ziehen. Bei einer bauchigen, organischen Form hast du hingegen viele unterschiedlich große Ellipsen. Dadurch ist es aufwendiger, die rechte und die linke Seite des Gefäßes anzupassen.

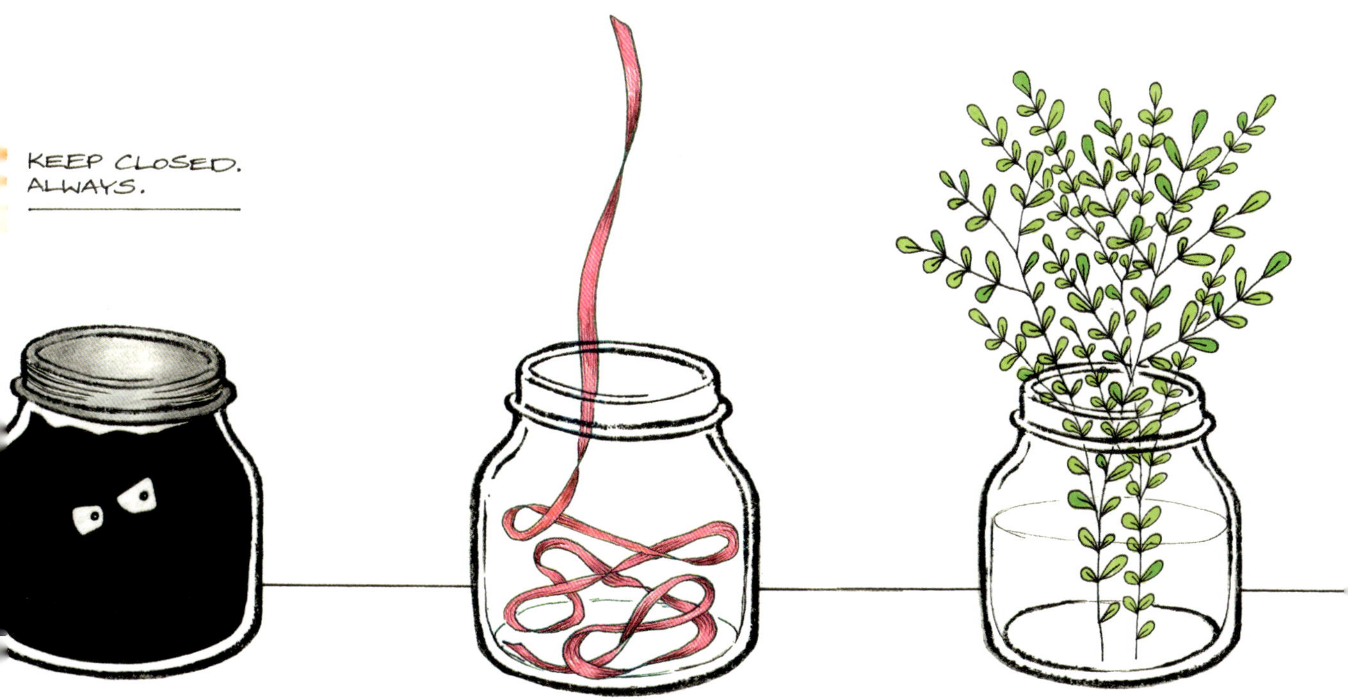

Gerissenes Loch

Blicke durch eine fiktive Öffnung in deinem Blatt Papier. Was siehst du?

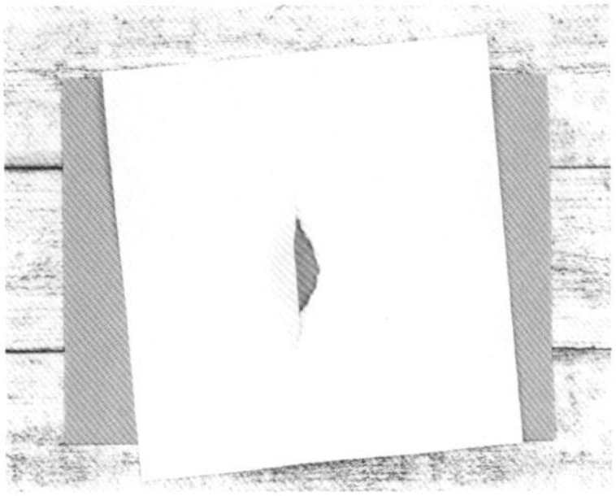

1 Drücke zunächst mit dem Daumen ein Loch in dein Blatt.

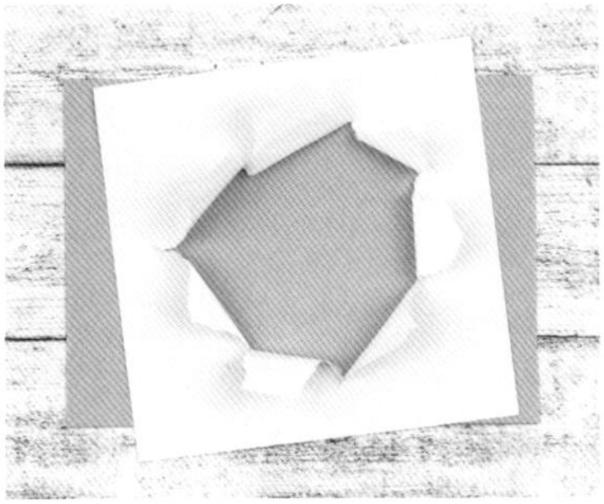

2 Reiße es nun in verschiedene Richtungen weiter auf, sodass die Öffnung etwas größer wird.

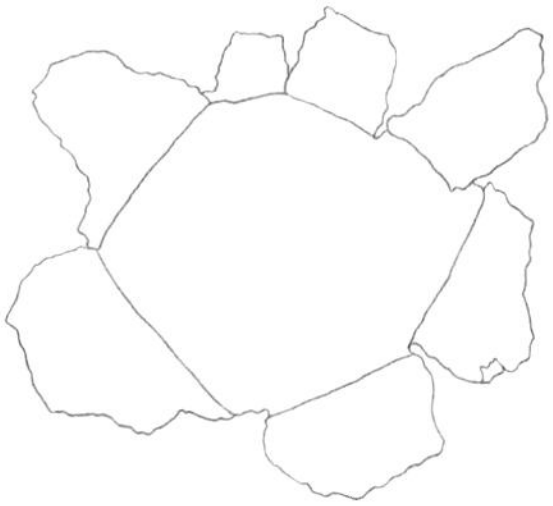

3 Zeichne die Umrisslinien deiner Papieröffnung auf ein anderes Blatt Papier ab.

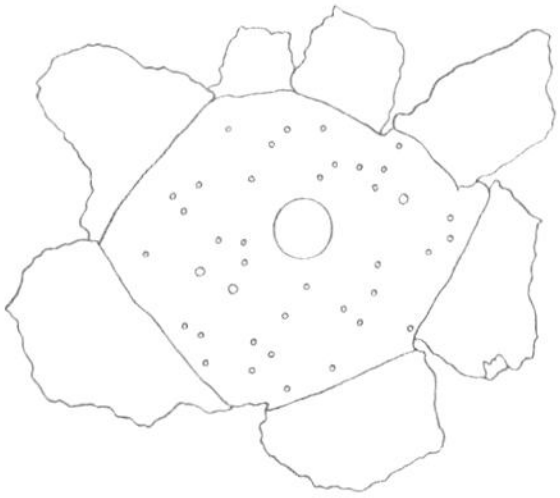

4 Skizziere deine Idee in dein gezeichnetes Loch. Hier siehst du die Vorzeichnung meines Universums. Anschließend kannst du die Schattierung am »aufgerissenen Papier« ergänzen und dein Motiv ausgestalten.

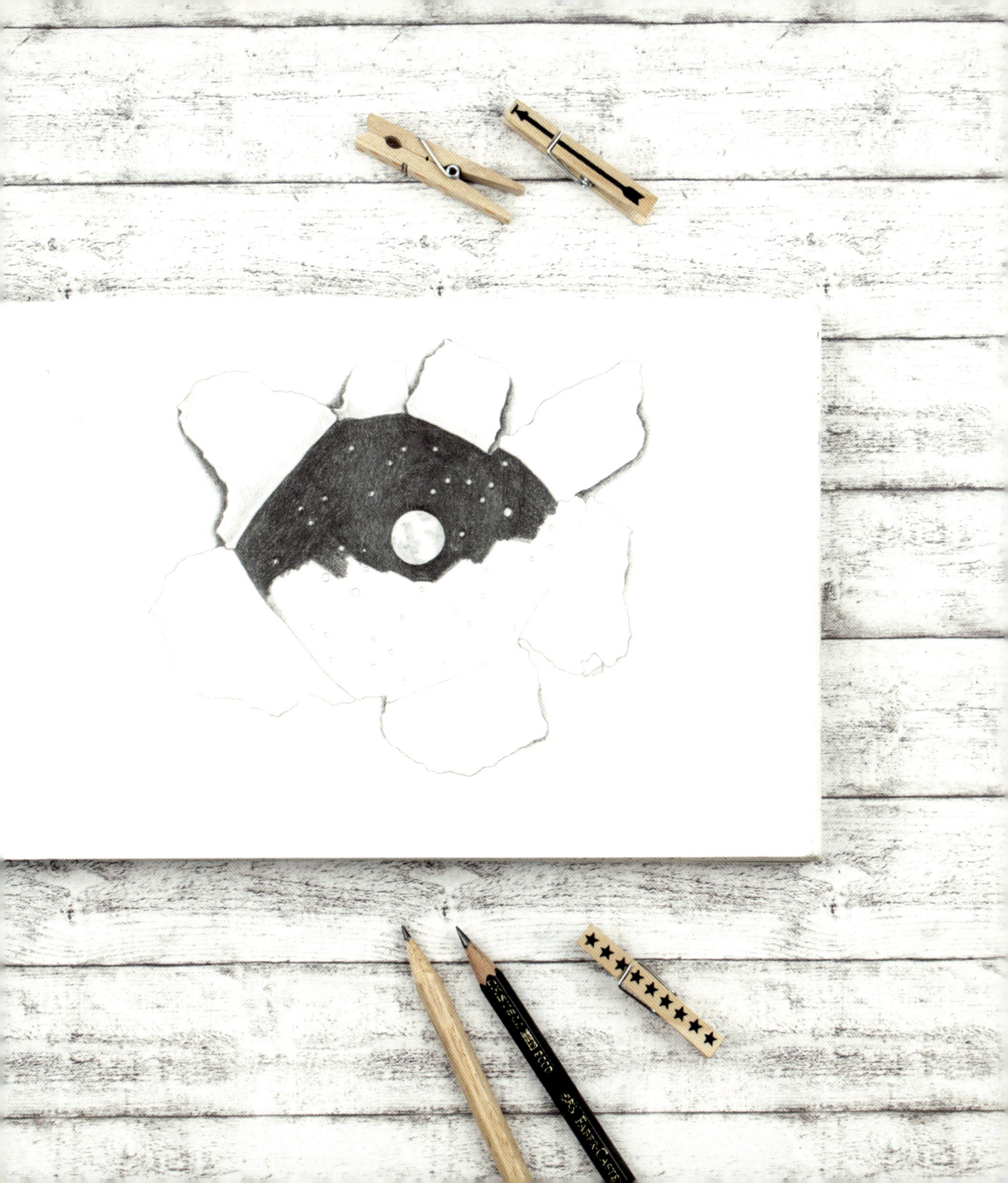

Follow your own arrow

Der Pfeil ist ein sehr nützliches Symbol. Er dient uns beispielsweise als Wegweiser oder beim Befolgen einer Bauanleitung. Pfeile können ganz unterschiedlich aussehen. Gestalte doch einfach mal Pfeile, die du noch nie gesehen hast. Viel Spaß dabei!

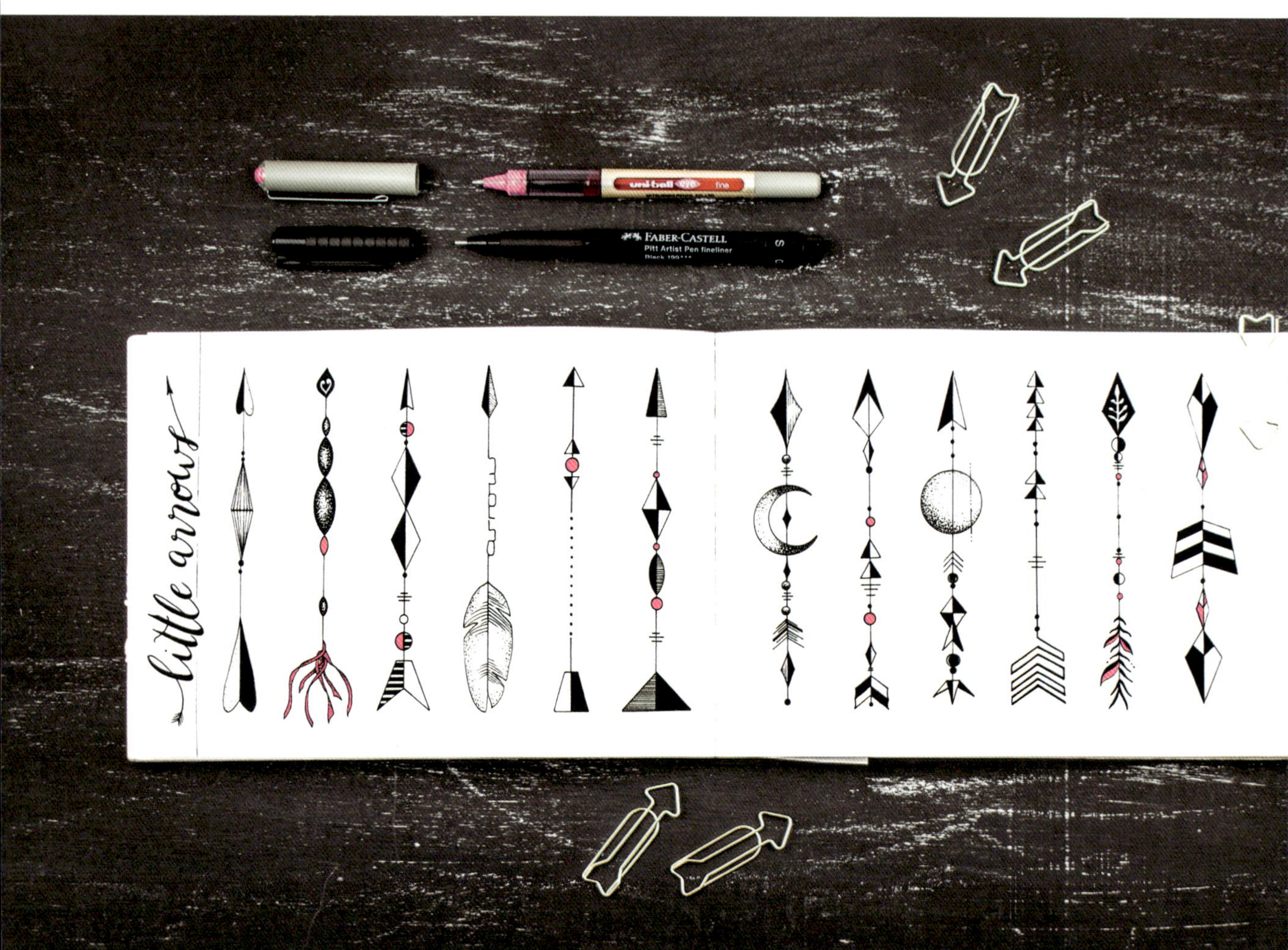

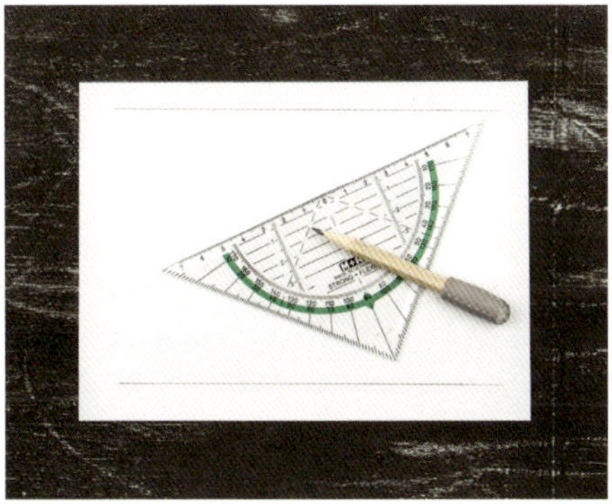

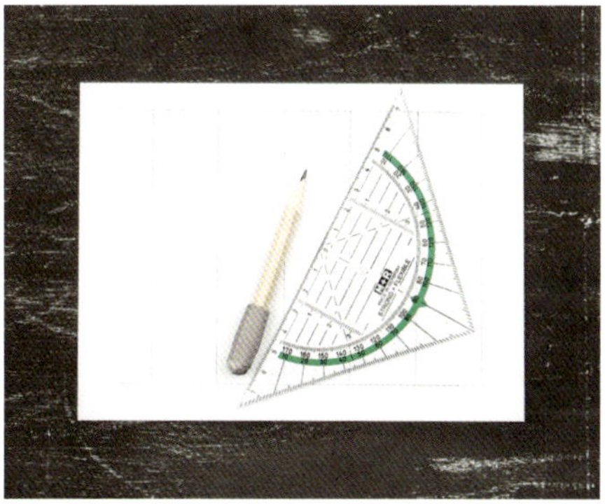

1 Ziehe zwei parallele Linien zur Bestimmung der Größe deiner Pfeile. Der Abstand zwischen ihnen ergibt die Pfeillänge.

2 Zeichne senkrechte Geraden als Pfeilkörper.

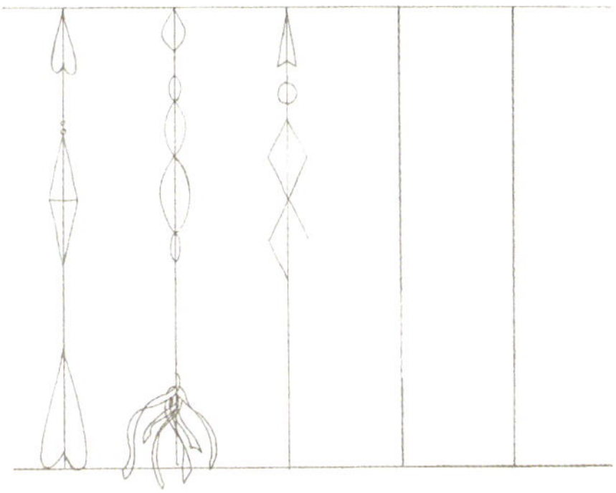

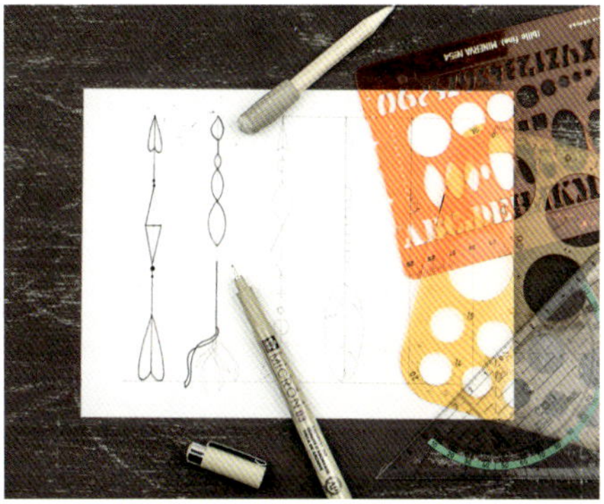

3 Nun kannst du eine Reihe von Pfeilen entwerfen. Setze beispielsweise geometrische Figuren, Bänder, verschiedene Pfeilspitzen und Federn für ein individuelles Design ein.

4 Nachdem du deine Vorzeichnung mit einem Fineliner nachgezogen hast, können die Bleistiftlinien entfernt werden. Schraffiere und koloriere die Pfeile nach Belieben.

Blind Date

Hast du schon mal mit geschlossenen Augen gezeichnet? Nein? Dann probiere doch Folgendes aus: Sieh dir einen Gegenstand genau an und präge dir seine Form gut ein. Schließe dann die Augen und zeichne die Konturen dieses Gegenstandes aus dem Gedächtnis. Du wirst sehen, dabei entstehen lustige Zeichnungen.

»Halb blind« kann man auch spaßige Porträts gestalten. Diesmal brauchst du die Augen jedoch nicht zu schließen. Sieh dir eine Person an und beginne, sie zu zeichnen. Sieh dabei nicht auf dein Blatt, sondern nur auf die Person!

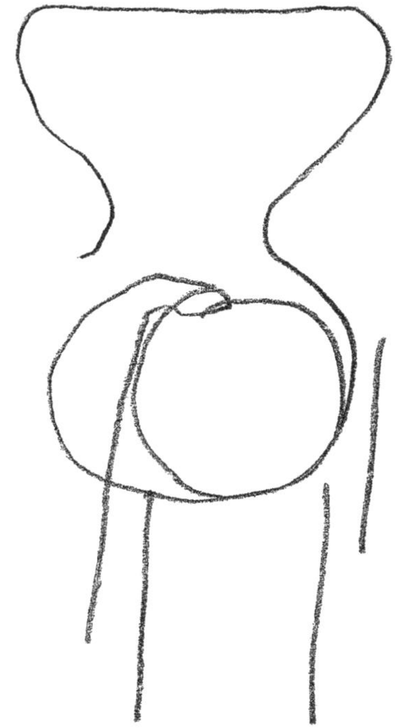

Stuhl mit Sitzkissen

Meine Zeichnung hat leider keine Ähnlichkeit mit dem Original. Sie hat aber immerhin für einige Lacher gesorgt.

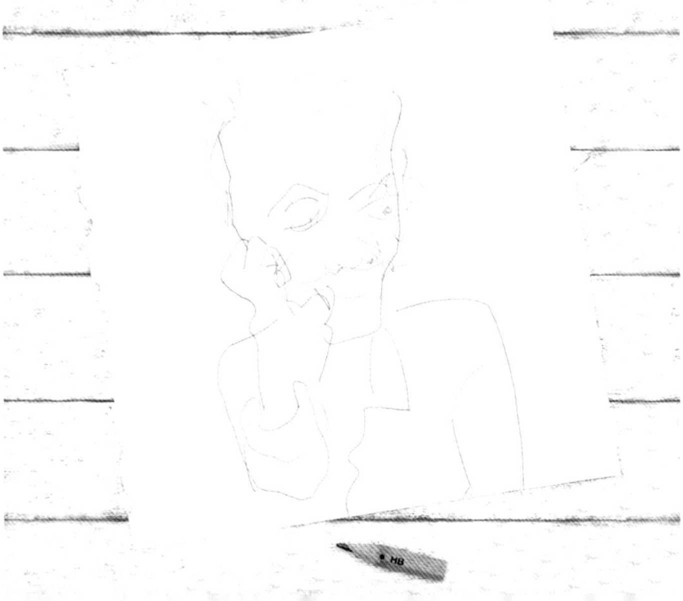

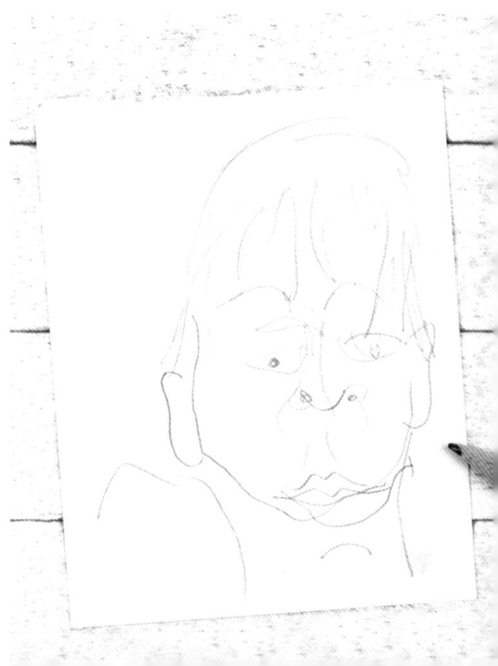

Zeichne auf dieselbe Weise Dinge, die vor deiner Nase liegen. Um den »Faden« in der Zeichnung nicht zu verlieren, empfehle ich dir, den Stift nicht abzusetzen. Dadurch doppeln sich manche Linien und die Zeichnung erhält einen besonderen Look.

Nun blicke in den Spiegel und zeichne dich selbst. Zeichne Umrisslinien sowie wichtige Bestandteile deines Kopfes und des Gesichts. Wende dabei den Blick nicht von deinem Spiegelbild ab. Arbeite langsam und zähle bis zehn. Dann schau auf dein Blatt. Orientiere dich kurz und blicke zurück in den Spiegel. Zeichne weiter und zähle erneut bis zehn. Wiederhole diesen Vorgang, bis du fertig bist. Auch hier ist es vorteilhaft, den Stift zwischendurch nicht abzusetzen.

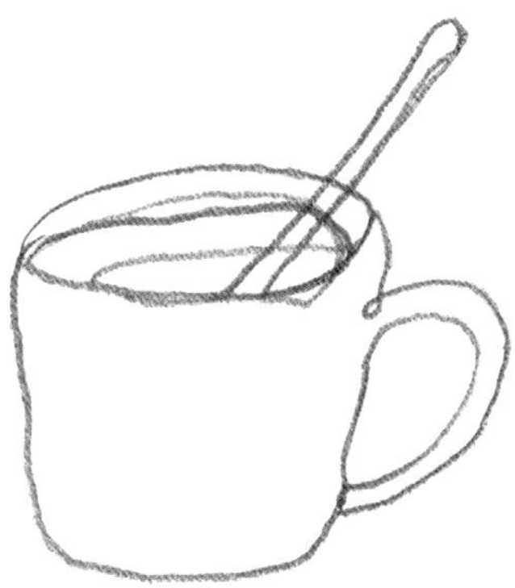

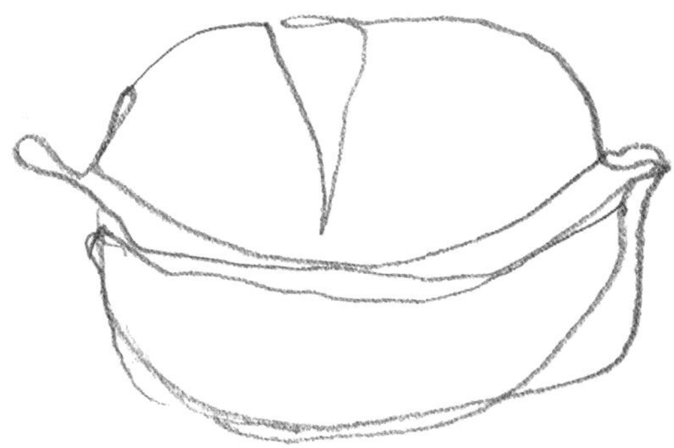

Pause!

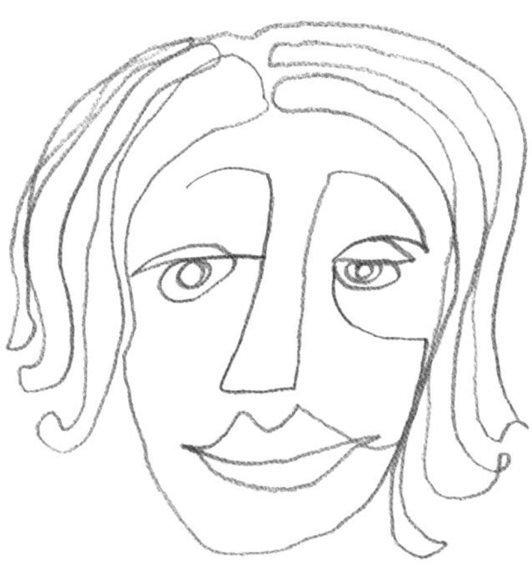

Auch mein Abbild hat keinerlei Ähnlichkeit mit mir und eine asymmetrische Frisur trage ich ebenfalls nicht.

Weil mir die krummen und schiefen Zeichnungen so gut gefallen, zeige ich dir einige Bilder, die auf eine ähnliche Weise entstanden sind, nur mit mehr Tempo. Man könnte sie auch »Ruckzuck-Skizzen« nennen. Diese Skizzen sind zu meiner Studienzeit entstanden. Sie zeigen Details aus meiner WG.
Ich habe im Stehen gezeichnet, mit einem Block oder Skizzenbuch in der Hand. Weil ich sehr schnell gezeichnet habe, ging auch mein Blick ständig zwischen Papier und Motiv hin und her. Beim Blick auf das Motiv habe ich nicht aufgehört zu zeichnen. Also sind auch hier diverse Linien ohne hinzusehen entstanden. Durch die hohe Geschwindigkeit sowie eine gewollte Ungenauigkeit ist die räumliche Darstellung der Skizzen nicht korrekt, Ansicht und Draufsicht vermischen sich. Manche Linien habe ich sogar absichtlich noch schiefer gezogen, damit man die Absicht als solche auch erkennt. Mit Muße und genauem Hinsehen erstellt, sähen diese Zeichnungen längst nicht so interessant aus.

»Zeitlose« WG-Küche mit Adventskalender

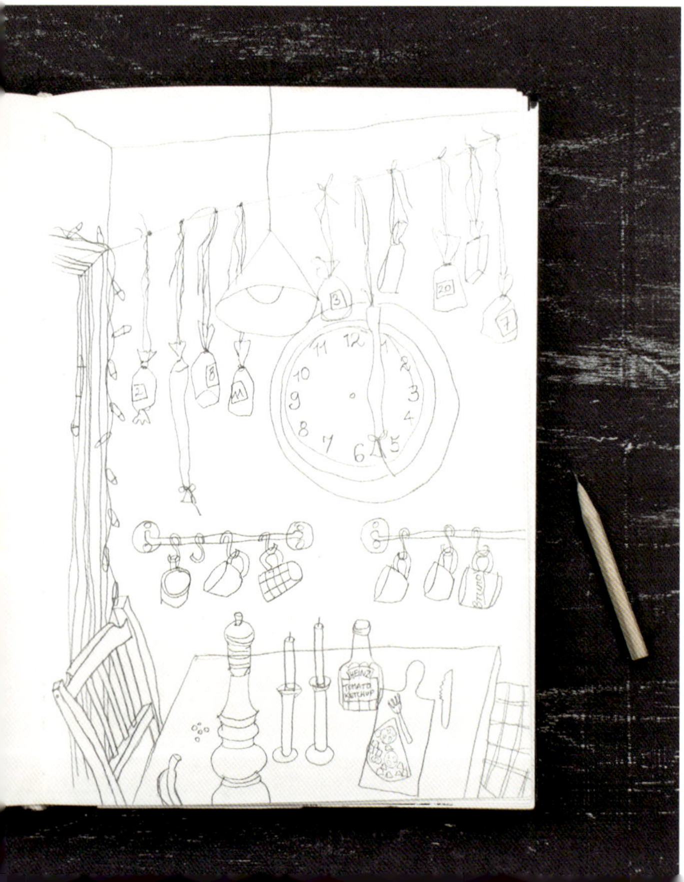

WG-Zimmer

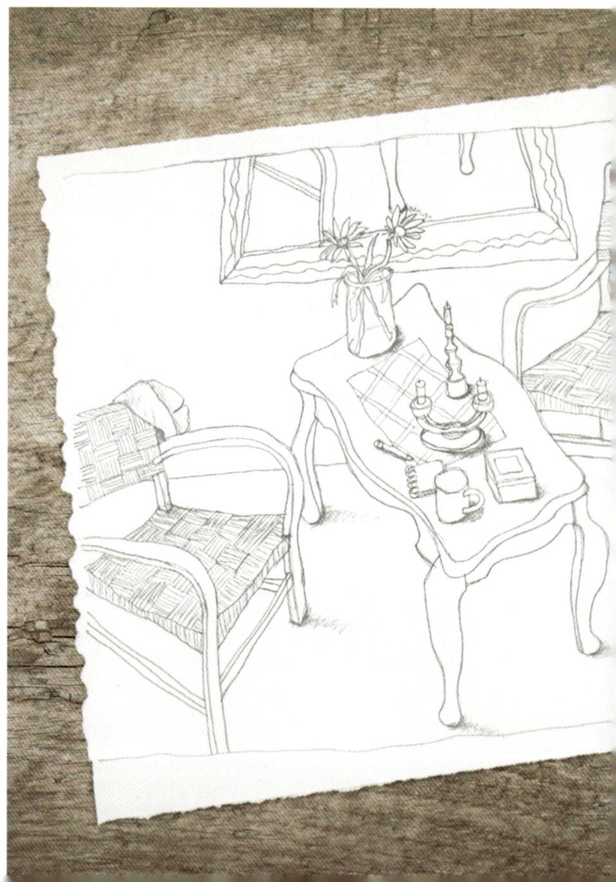

Aus dem Kopf

Viele Motive zeichne ich aus dem Kopf. Darunter sind Motive irrationaler Natur, wie Muster, Monster oder Fantasieblumen. Aber auch Motive, deren Formen sich visuell in mein Gedächtnis geprägt haben. Diesmal zeichne ich die Dinge etwas anders, nämlich mit mal mehr und mal weniger zusammengekniffenen Augen. Es ist eine Mischung aus »blind« und »sehen«. Dadurch werden die Linien schön ungenau. Zusätzlich bewege ich meinen Stift ab und zu etwas ruppig, sodass manche Linien kantig werden. Meinst du, ich habe noch alle Tassen im Schrank?

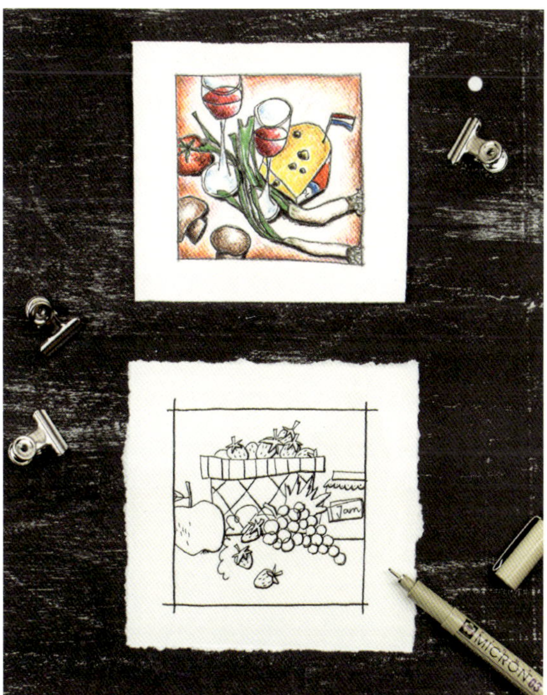

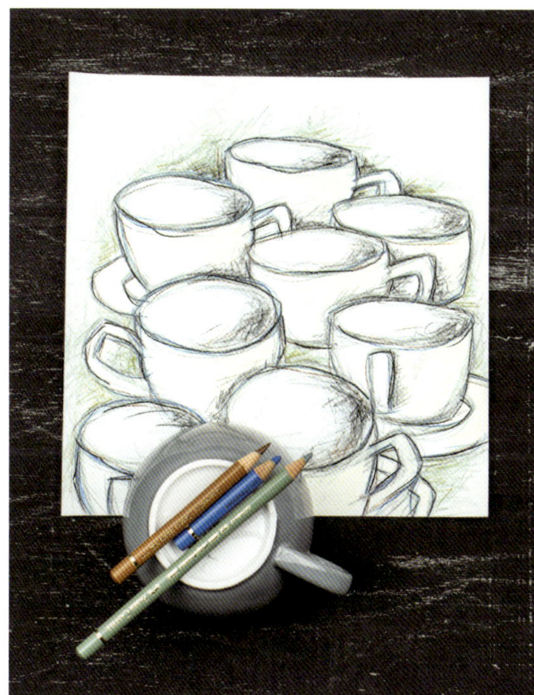

Diese leckeren Stillleben existieren nur in meinem Kopf.

Lonely Lines

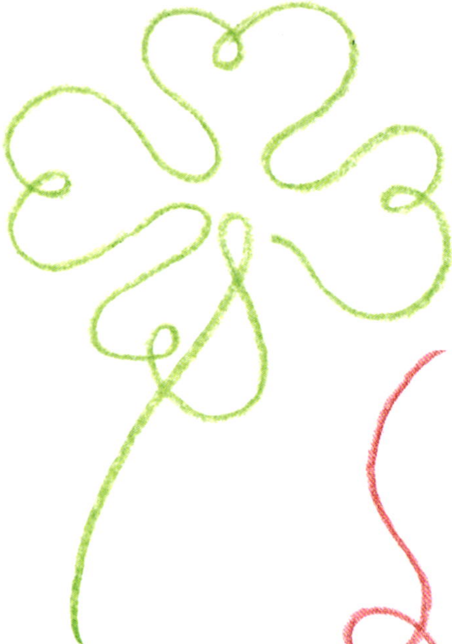

Mit nur einer einzigen Linie kannst du ein Motiv darstellen. Zwei Beispiele kennst du bereits, mein Selbstporträt und das Pausenbrötchen aus »Blind Date«. Im Gegensatz zu diesen Bildern sehen wir dieses Mal genau auf unser Blatt Papier. Du kennst bestimmt die bekannten Bilder dieser Art von Pablo Picasso. Er zeichnete Tiere wie Hahn, Dackel und Kamel, ohne mit dem Stift abzusetzen. Die Linie sollte fließend sein und nicht unterbrochen werden. Sie darf sich überschneiden und Loopings und Schlaufen bilden. Probiere verschiedene Varianten aus. Diese Zeichnungen gehen schnell und sind einfach anzufertigen. Wie du siehst, kann man auf diese Weise schöne Glückwunschkarten gestalten.

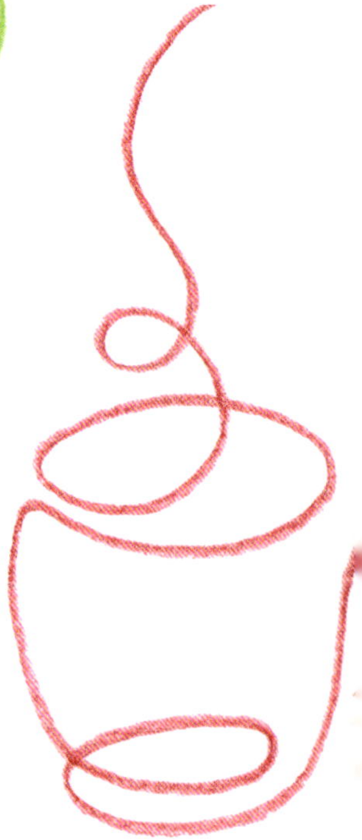

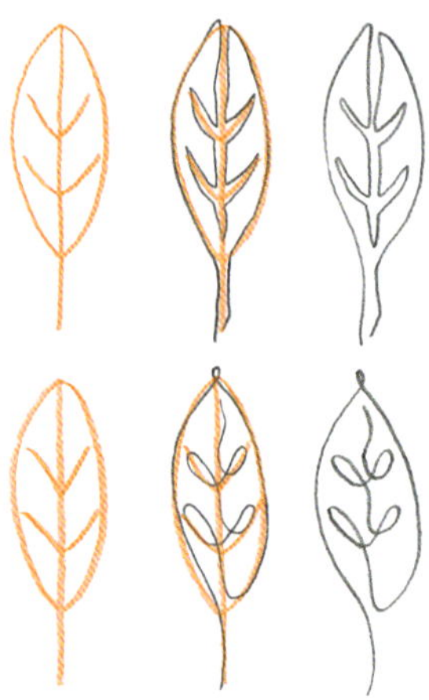

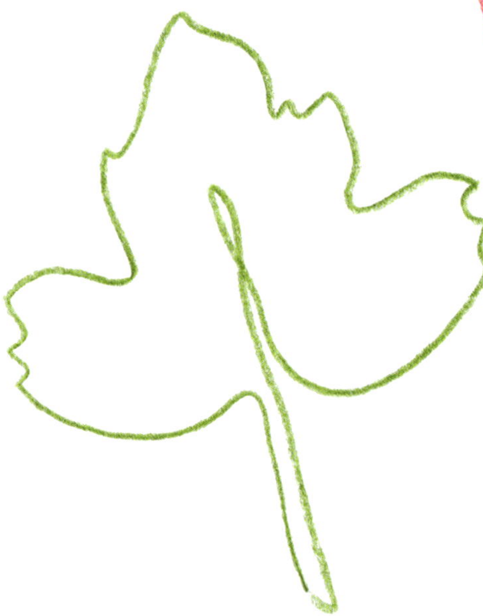

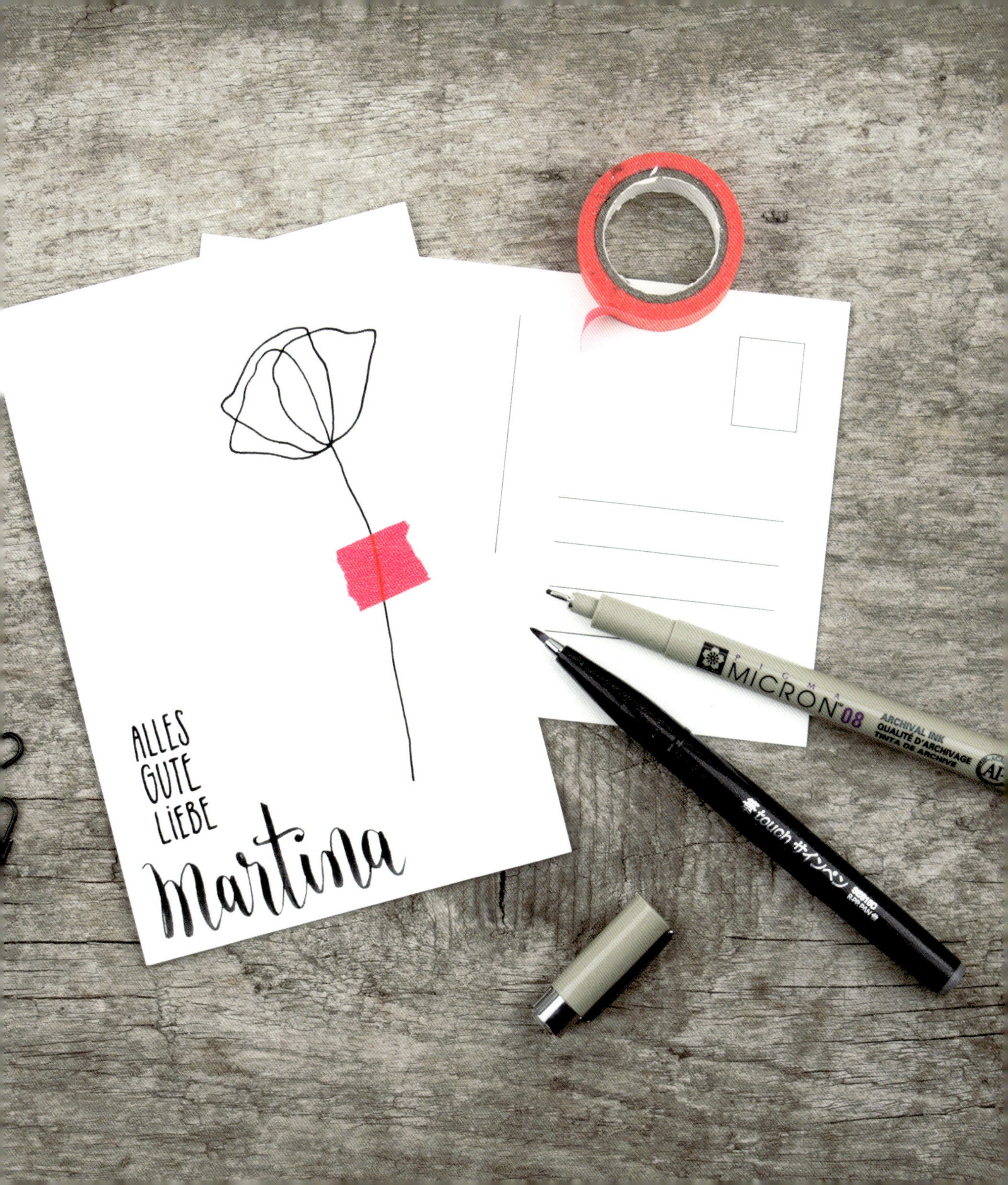
ALLES
GUTE
LIEBE
Martina
MICRON 08
ARCHIVAL INK
QUALITÉ D'ARCHIVAGE
TINTA DE ARCHIVE
touch サインペン

Optische Illusion

Eine optische Illusion täuscht unsere visuelle Wahrnehmung. Unser Gehirn spielt uns etwas vor und wir sehen Dinge, die nicht real sind. Ein einfaches Beispiel ist diese Zeichnung. Ich ziehe hier nur Linien, sehe aber ein dreidimensionales Bild.

1 Zeichne einen Kreis mit dem Bleistift.

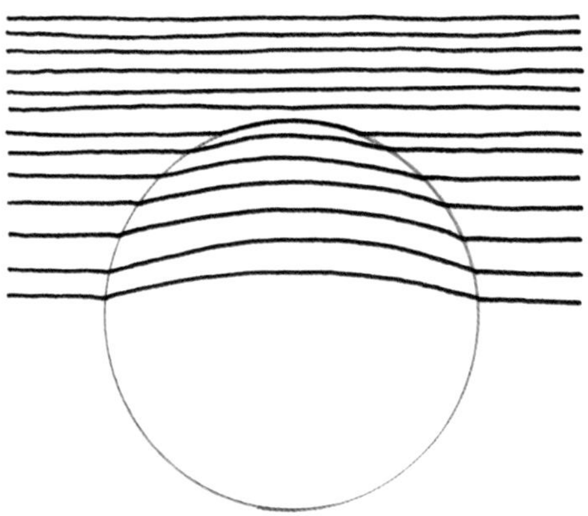

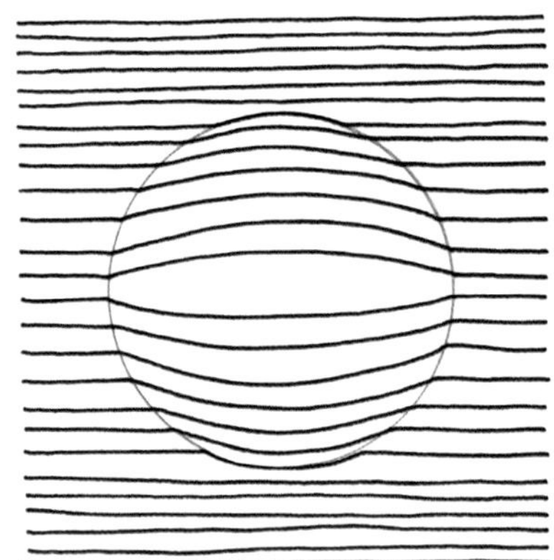

2 Ziehe waagerechte gerade Linien außerhalb des Kreises. Innerhalb des Kreises sollen sie sich biegen und an die Kugelform anpassen. Verwende hierfür einen Fineliner. In der oberen Hälfte des Kreises sind meine Linien nach oben geformt und ...

3 ... ab der Mitte meiner Kugel wölben sie sich nach unten. Wenn alle Linien nachgezogen sind, kann der Bleistiftstrich des Kreises entfernt werden.

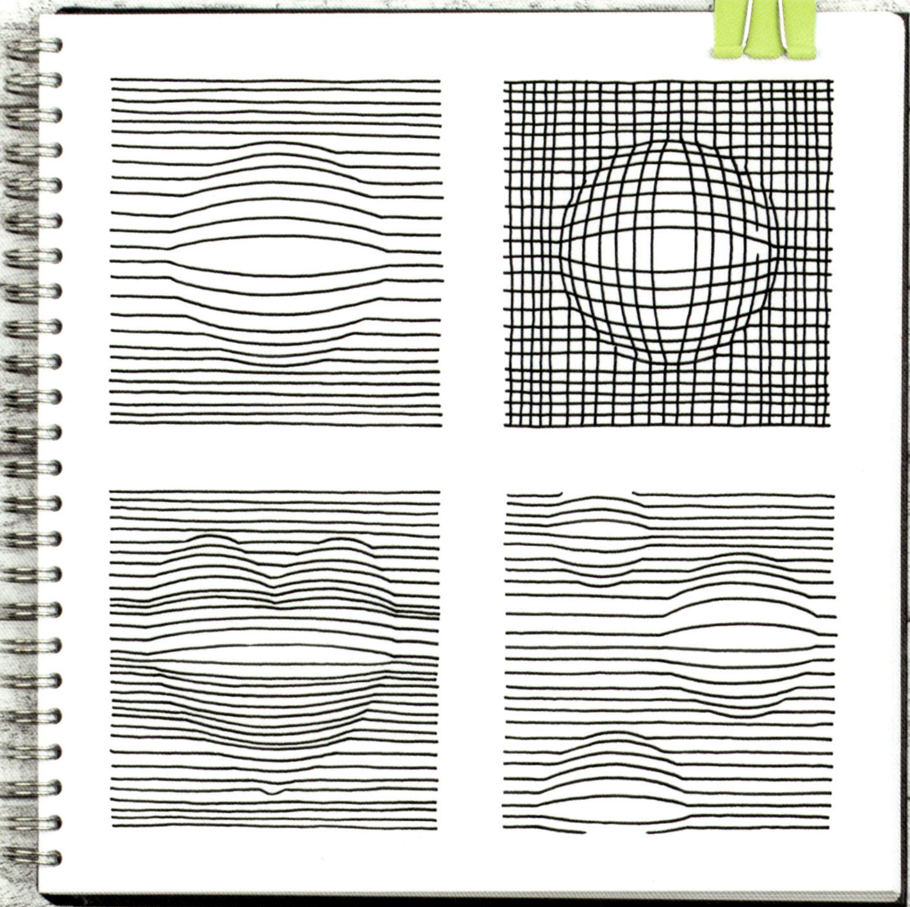

TIPP!

Natürlich kannst du auch andere Motive unter den Linien »verstecken«. Probiere es mit einem Herz, einem Stern oder etwas anderem aus.

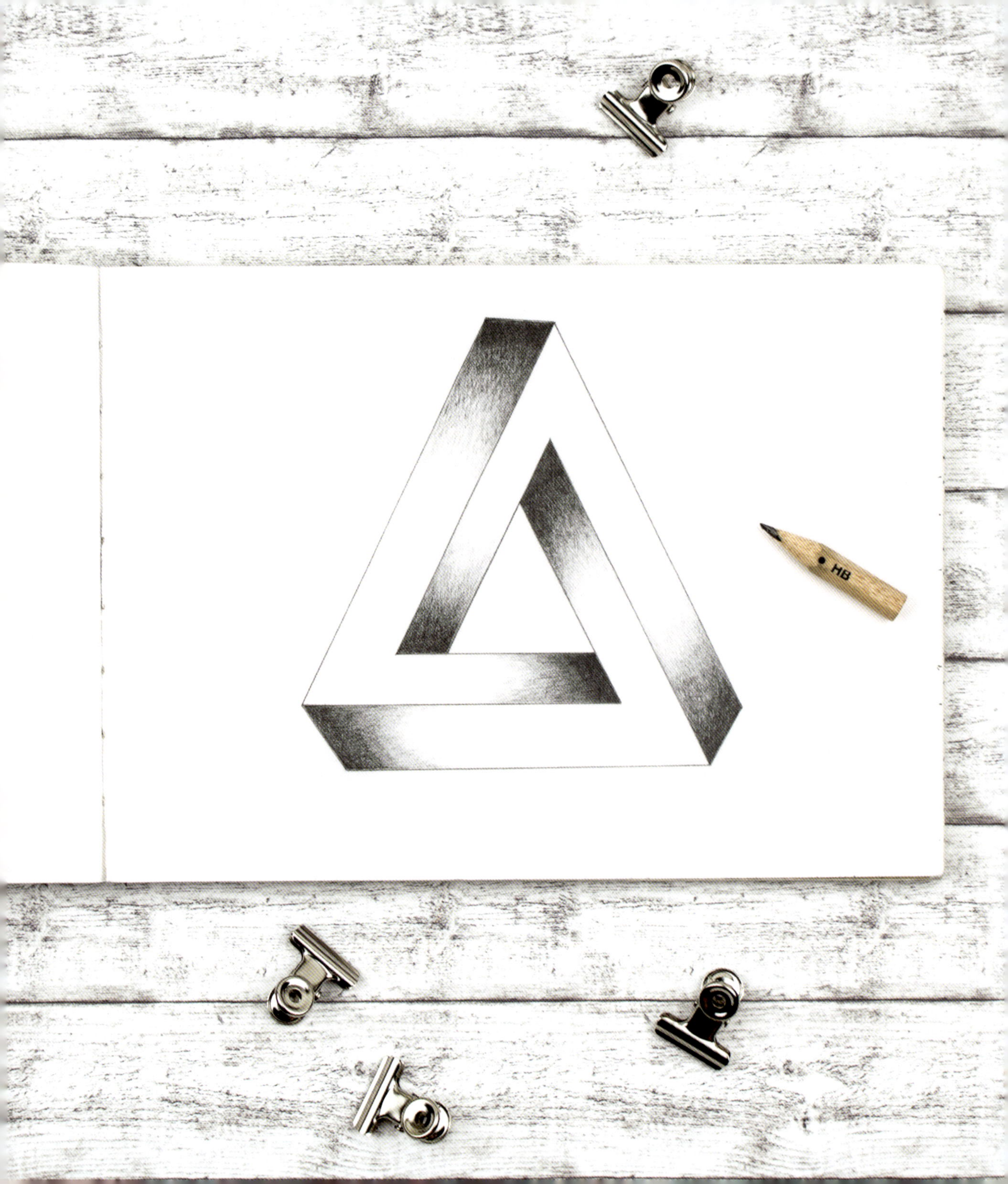
HB

Es gibt eine Reihe von geometrischen Illusionen, darunter die »unmöglichen Figuren«. Sie sind nicht leicht zu zeichnen, da man sie nicht erklären kann. Eine der bekanntesten unmöglichen Figuren ist das Penrose-Dreieck, das nach dem Mathematiker Roger Penrose benannt wurde. Man nennt es auch Tribar. Es hat den Anschein, dass die drei Balken des Dreiecks im rechten Winkel zueinander stehen. Das ist bei einem Dreieck natürlich unmöglich.

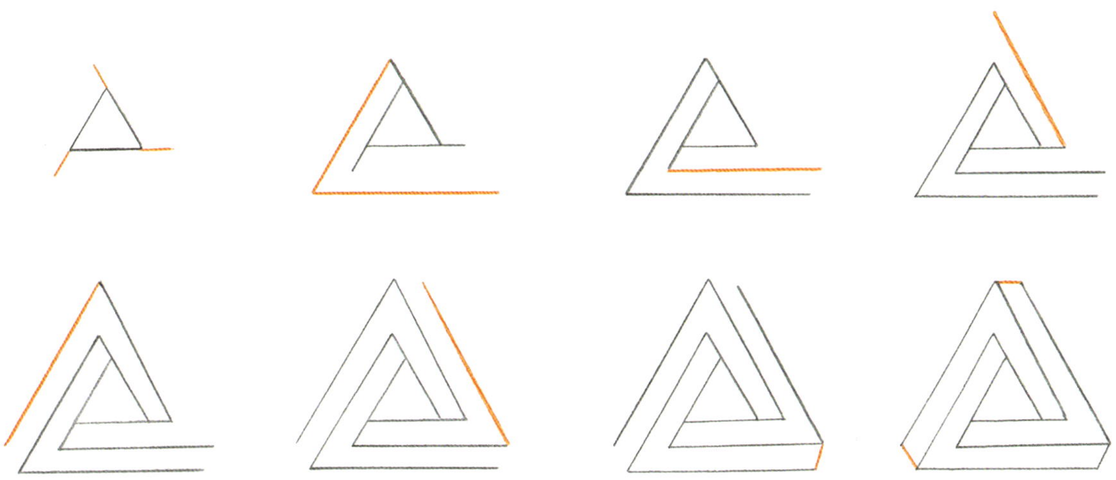

Meine Lieblingsfigur ist das »Unmögliche Herz«. Nach der Zeichnung der Konturen lässt sich die Verdrehung schattieren, was den erwünschten Effekt auslöst.

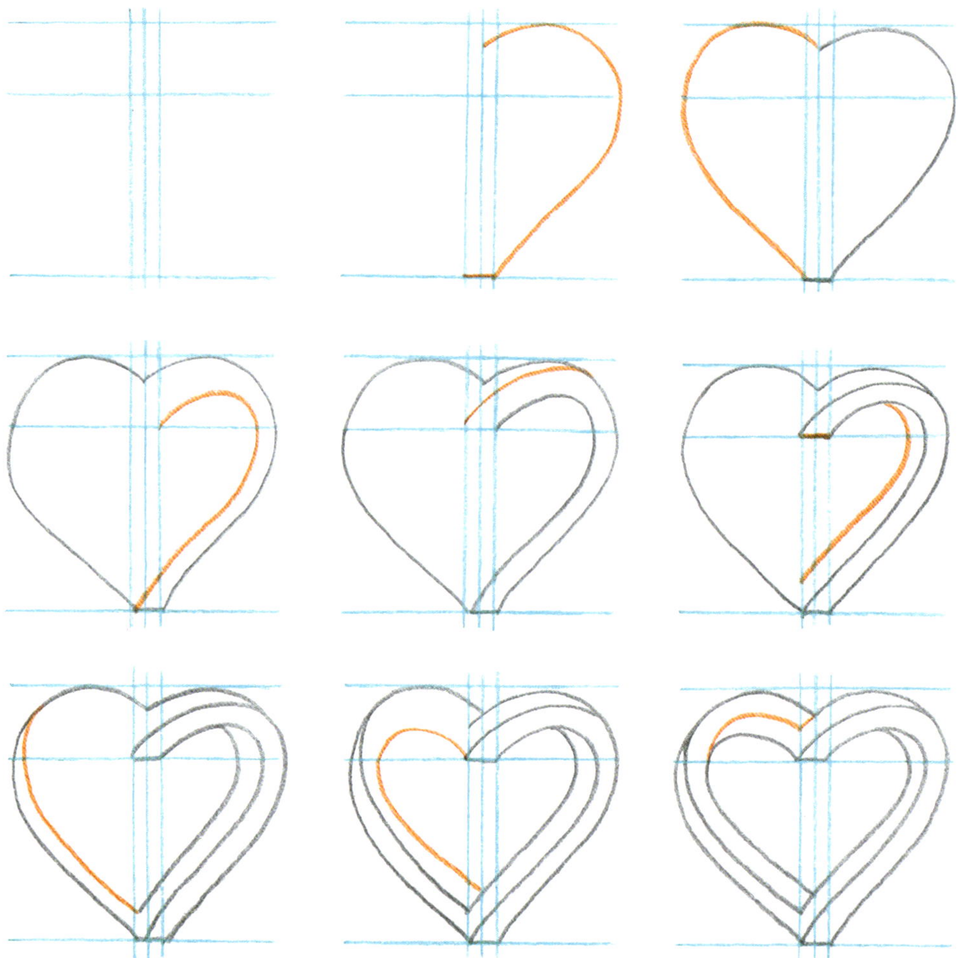

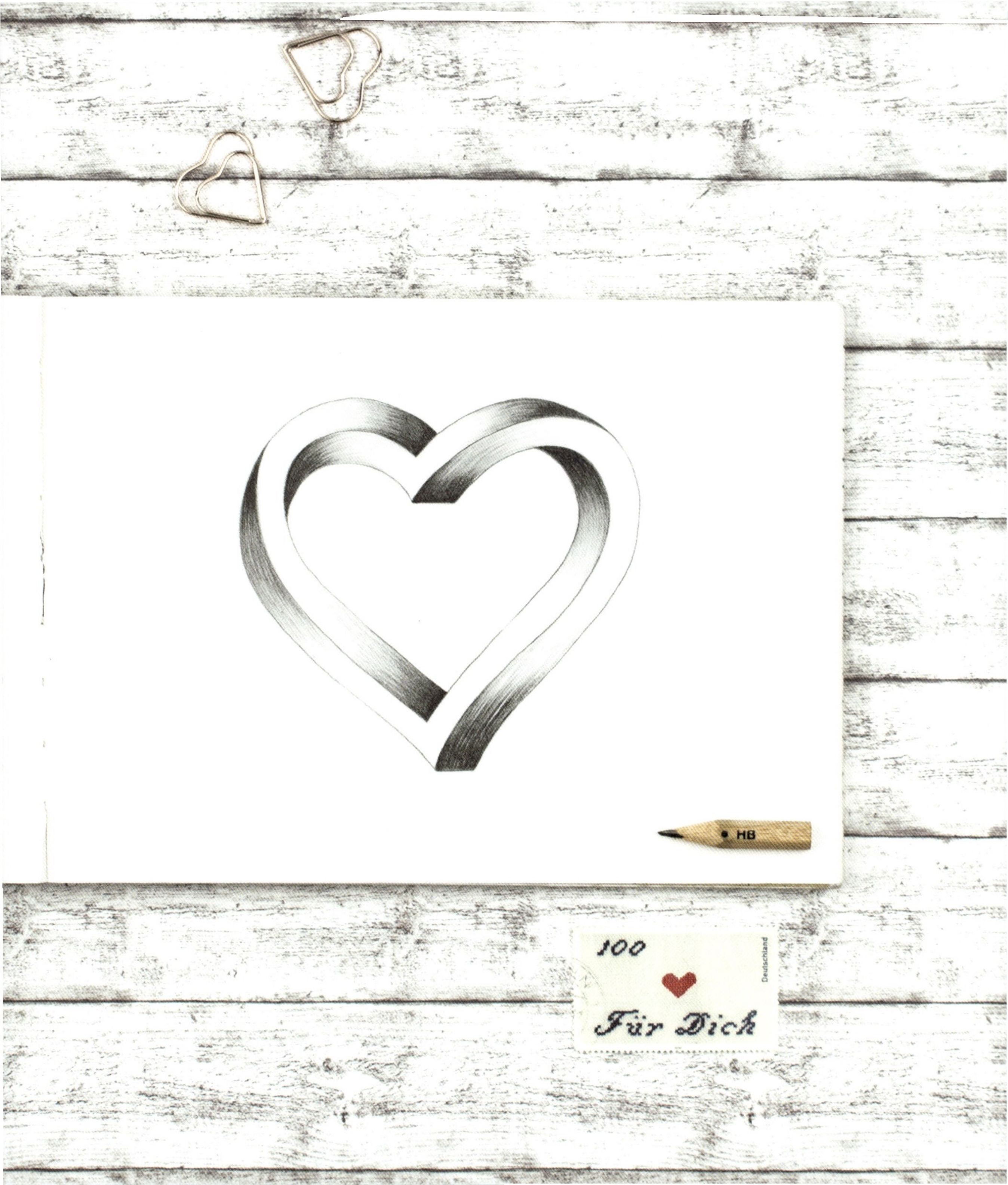
HB
100
Deutschland
Für Dich

Perspektivwechsel

Zeichnungen wirken interessant, wenn man die Betrachtungsperspektive verändert. Betrachte die Dinge einmal nicht frontal, sondern von weiter oben oder unten, also aus der Vogel- und Froschperspektive.

Froschperspektive

Stell dir vor, du wärst nachts in Manhattan. Von Wolkenkratzern umgeben, blickst du in den Sternenhimmel.

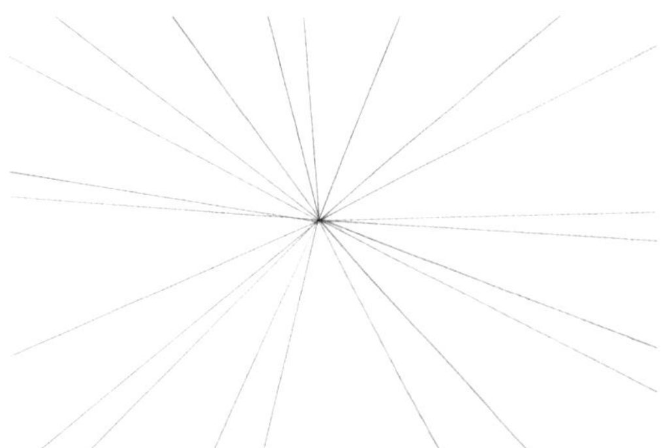

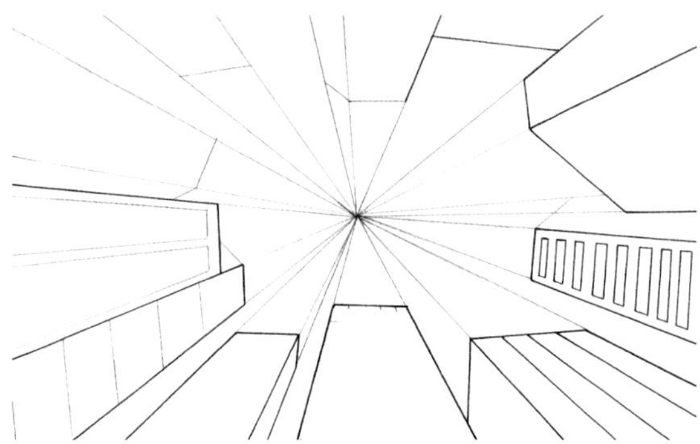

1 Setze einen Mittelpunkt und zeichne von dort aus strahlenförmig gerade Linien.

2 Zeichne Verbindungen in die entstandenen Felder. Damit markierst du die Höhen deiner Häuser. Die Höhen und Winkel kannst du nach Belieben bestimmen. Ziehe deine Häuser mit dem Fineliner nach und denke dir Fensterfronten aus.

HINWEIS!

Grundlagen zum Zeichnen der Vogel- und Froschperspektive findest du auf Seite 70.

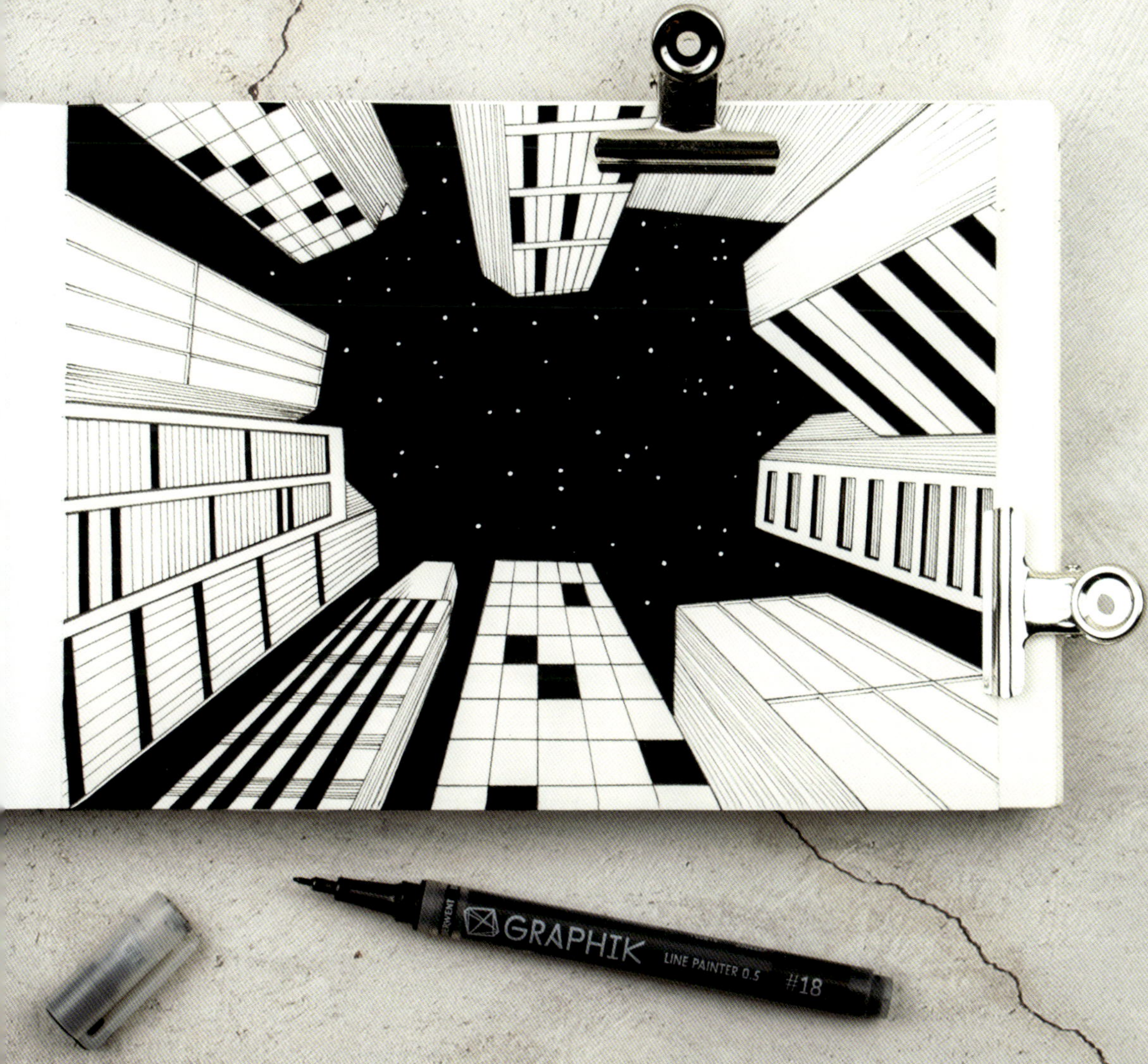

Vogelperspektive

Einmal wie ein Vogel fliegen können und die Welt von oben sehen. Das wäre schön! Ich betrachte hier nur meine Füße von oben.

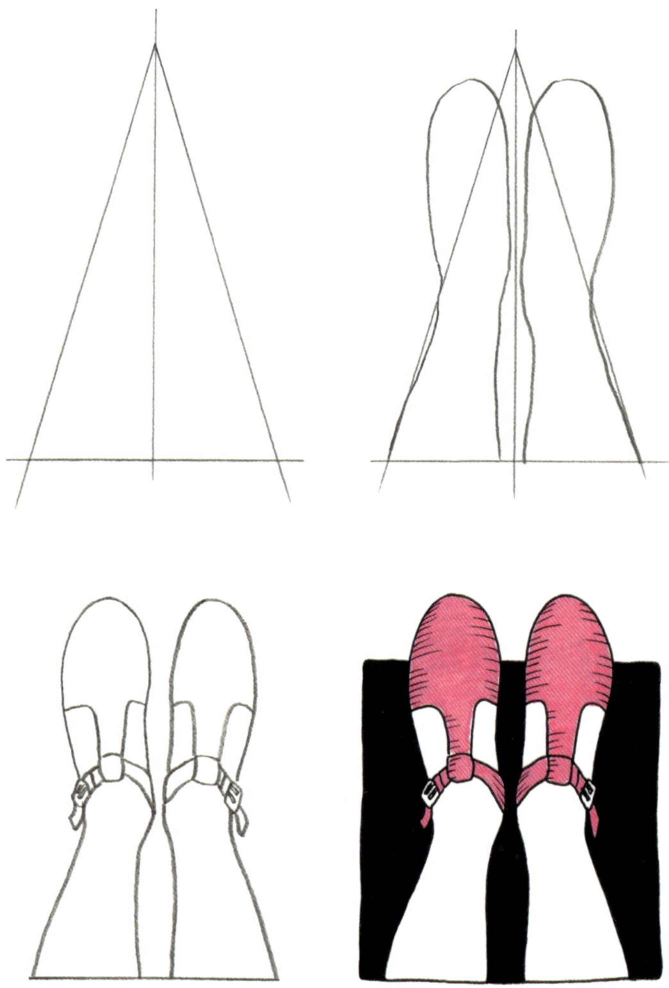

Der Fleck macht die Zeichnung

Du hast bereits unterschiedliche Ideen mit Farbflecken in diesem Buch kennengelernt – als Hintergrundgestaltung sowie zum Anregen der Fantasie. Diesen Aquarellfleck hingegen kannst du ganz gezielt in deine Skizze integrieren. Seine Form ist diesmal nicht zufällig, sondern geplant. Der Fleck ist ein wichtiger Bestandteil deiner Zeichnung. Er ist sozusagen der Clou! Was ich damit meine, zeige ich dir anhand dieser Kaffeetasse.

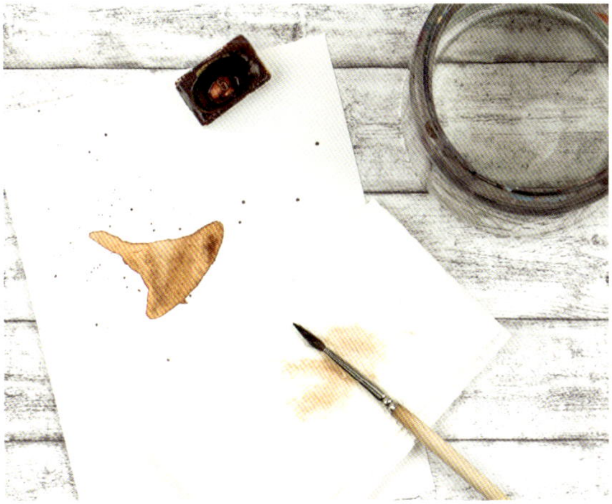

1 Trage mit einem Pinsel, in ungefähr der gewünschten Form, Wasser mit etwas Aquarellfarbe auf dein Papier. Je nachdem, wie intensiv du es haben möchtest, nimm mehr oder weniger Farbe.

Wenn du magst, kannst du vorher eine Skizze anfertigen, damit du die ungefähre Form deines gewünschten Flecks vor Augen hast.

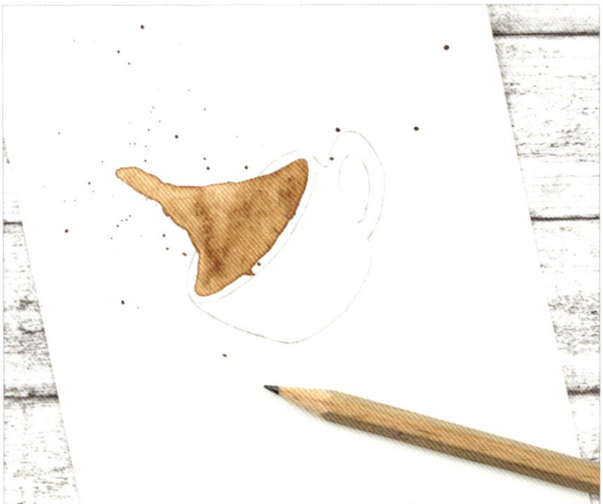

HINWEIS!

Mit der gleichen Technik ist das Bild »Aperol Spritz« auf Seite 77 entstanden.

2 Nachdem der Fleck gut durchgetrocknet ist, kannst du deine Vorzeichnung mit dem Bleistift beginnen. Ziehe deine Linien nach, sofern du es nicht bei einer Bleistiftzeichnung belassen möchtest. In meinem Fall bevorzuge ich einen Fineliner und füge meinem Bild noch eine Schrift hinzu. Wie du siehst, kann ich nun meine Freunde zu einer Tasse Kaffee einladen.

TIPP!

Um noch mehr Dynamik zu erzeugen, sorge für einige Spritzer. Klopfe dazu auf deinen Pinsel, sodass sich ein paar Farbtropfen lösen.

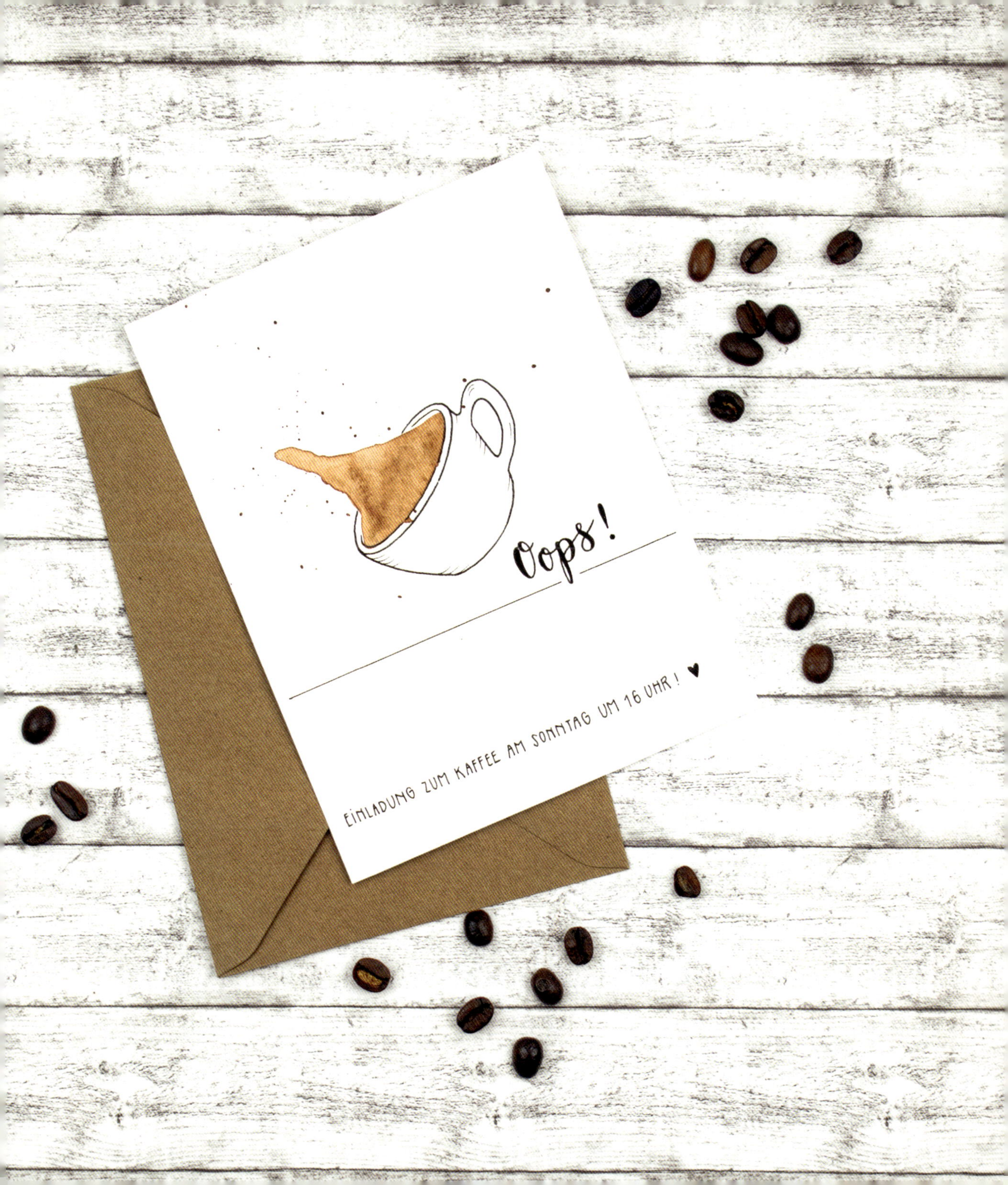
Oops!
EINLADUNG ZUM KAFFEE AM SONNTAG UM 16 UHR !

Hintergrundwissen

Farbe, Muster und mehr!

Sind dir deine Zeichnungen auf weißem Papier zu langweilig? Dann bringe etwas Farbe ins Spiel bzw. auf dein Papier! Oder verwende einen anderen Untergrund, wie beispielsweise eine Buchseite oder ein Kalenderblatt. Sei kreativ! Erlaubt ist, was gefällt. Ich zeige dir einige einfache Varianten für eine coole Hintergrundgestaltung.

Stempeldruck

Es gibt tolle Musterstempel, die hervorragend geeignet sind, um ein Hintergrundmuster zu stempeln, zum Beispiel aus Punkten, Streifen, Blümchen oder Herzchen. Ebenso gut kannst du aber auch aus einem einzelnen Motiv ein Muster erzeugen. Drucke hierzu deinen Motivstempel mehrmals ab. Für diese Variante benötigst du einen schönen Stempel und ein farbiges Stempelkissen. Da für das Stempeln kein besonderes Papier erforderlich ist, kannst du diesen Hintergrund auch in deinem Skizzenbuch verwenden. Ich zeige dir eine Variante mit einem durchlaufenden Stempelmuster und eine zweite mit einem ausgesparten Muster.

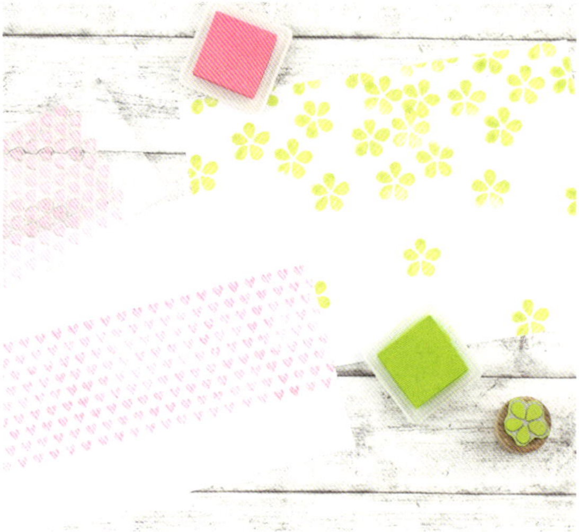

1 Hier siehst du unterschiedliche Stempelmuster. Beim Drucken von Einzelmotiven entscheidest du, wann dein Muster perfekt ist und du aufhörst zu stempeln.

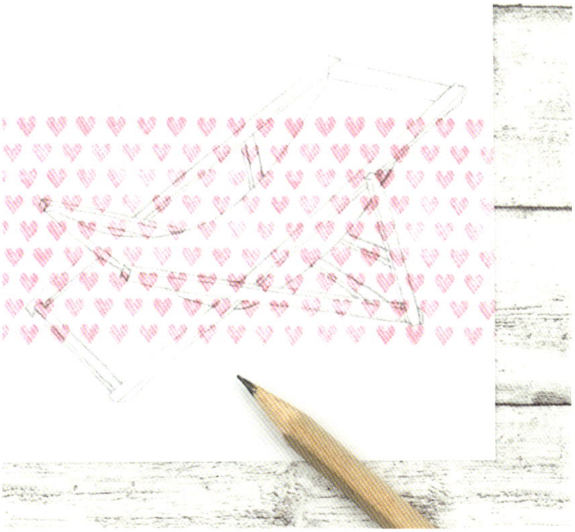

2 Auf dem entstandenen Muster kannst du nun eine Vorzeichnung mit dem Bleistift anfertigen, es lässt sich gut darauf radieren.

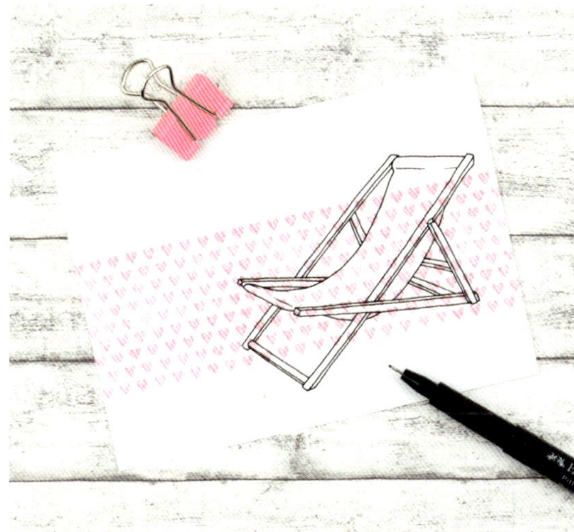

3 Dann kommt der finale Feinschliff mit Stiften deiner Wahl.

Hast du bereits eine Zeichnung angefertigt, für die du nachträglich einen gestempelten Hintergrund gestalten möchtest? Oder findest du, dass der gerade gezeigte Stempelabdruck deine Zeichnung zu sehr überlagert und sie dadurch nicht gut zur Geltung kommt? Dann spare deine Zeichnung beim Stempeln aus. So habe ich es bei der Zeichnung auf der nächsten Seite gemacht.

HINWEIS!

Das Bild »X-Mas« auf Seite 23 ist auch mit dieser Technik entstanden. Sieh es dir doch nochmal an.

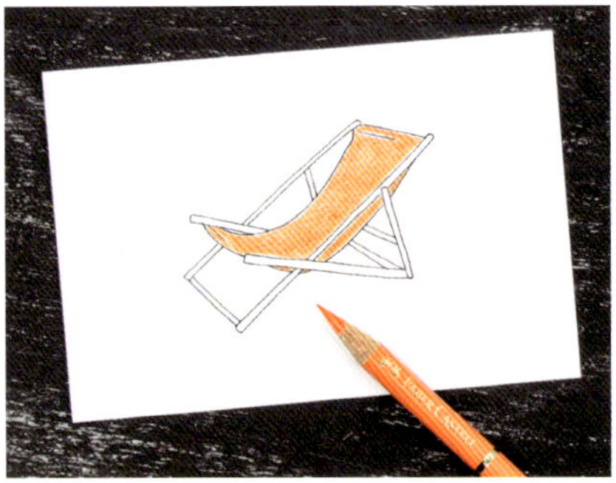

1 Beginne mit einer Zeichnung.

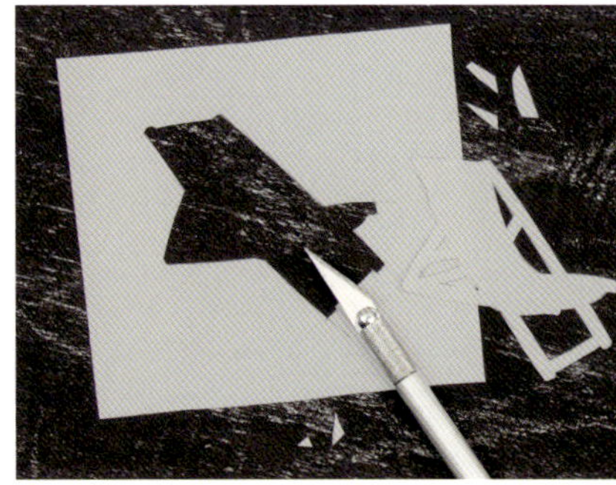

2 Übertrage die Umrisslinie deiner Zeichnung auf ein Papier und schneide ihre Form aus.

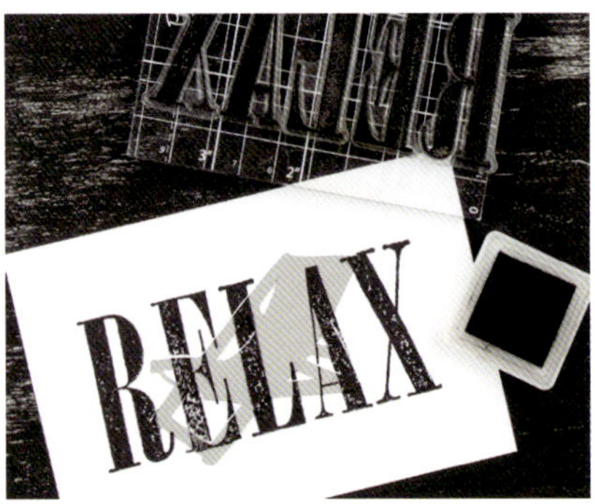

3 Platziere deine ausgeschnittene Form auf deiner Zeichnung. Nun kannst du ein Stempelmuster oder Stempelbuchstaben darauf drucken. Deine Zeichnung ist vom Abdruck geschützt.

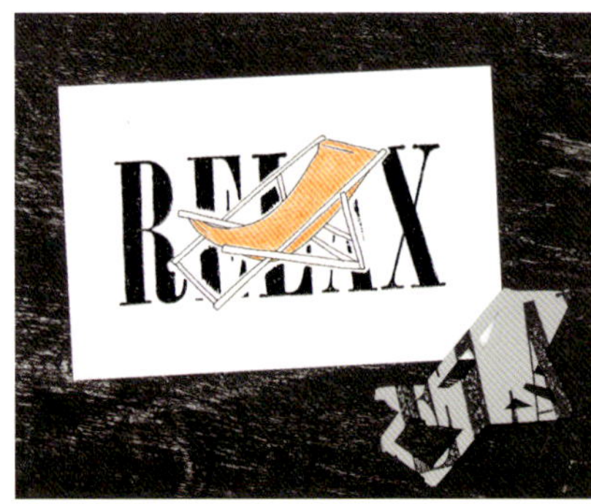

4 Entferne deine »Abdeckung« und fertig ist dein neuer Hintergrund.

HINWEIS!

Unterschiedliche Wege zum Übertragen einer Zeichnung findest du ab Seite 46.

Schablonenmuster

Du hast die Qual der Wahl beim Kauf einer Musterschablone. Es gibt sehr viele großartige Muster in verschiedenen Größen im Handel. Sie eignen sich ebenfalls gut, um einen interessanten Hintergrund für eine Zeichnung zu kreieren. Für diese Technik benötigst du etwas Acrylfarbe und einen Stupfpinsel (Schablonierpinsel). Damit kannst du auch tolle Muster auf andere Untergründe aufbringen, zum Beispiel auf Leinwände oder Holzplatten. Dann solltest du für deine Zeichnung einen Acrylmarker verwenden, weil die Oberfläche zu grob für einen Fineliner oder Gelstift ist.

TIPP!

Für diese Variante empfehle ich dir ein Zeichenpapier mit einer Grammatur ab 200 g/m^2. Dünneres Papier wellt sich sehr stark bei der Verwendung von Wasser.

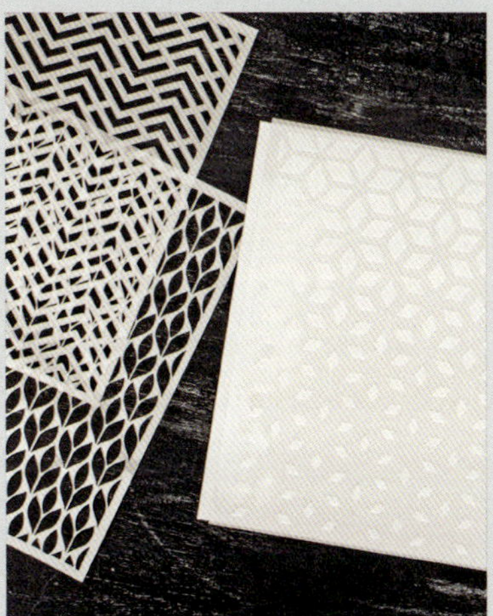

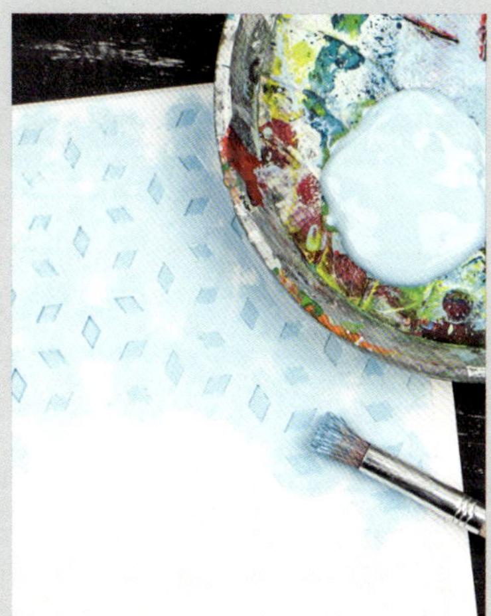

1 Richte die Schablone an der gewünschten Stelle auf deinem Papier aus.

2 Drücke die Schablone fest an, sie sollte nicht mehr verrutschen. Nun wird die Acrylfarbe mit dem Pinsel auf die Schablone aufgetragen.

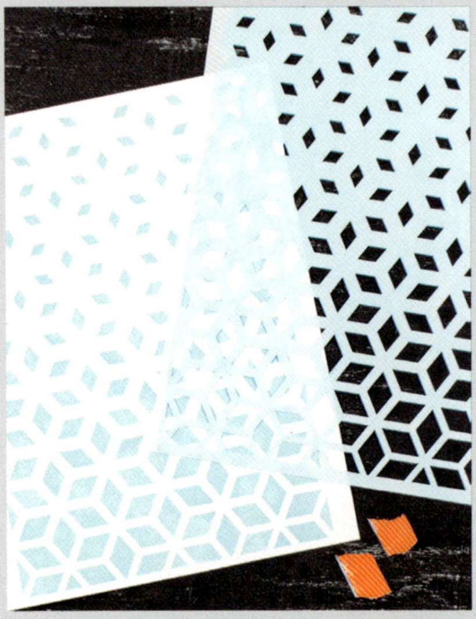

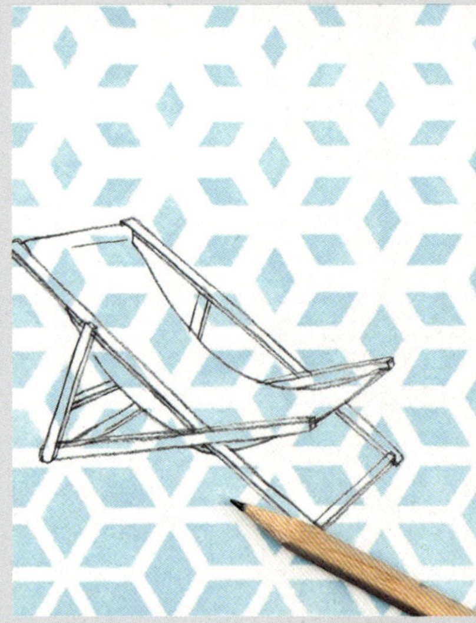

3 Nimm die Schablone vorsichtig ab und bestaune das Muster. Für eine anschließende Zeichnung muss alles gut getrocknet sein.

4 Auf der getrockneten Farbe kannst du nun gut mit einem Bleistift vorzeichnen. Die Linien können anschließend mit einem Fineliner oder einem anderen deckenden Stift nachgezogen werden.

TIPP!

Verwende die Farbe unverdünnt und sparsam. Außerdem solltest du den Pinsel beim Auftragen senkrecht zur Schablone halten. Denn wenig Farbe, die nicht zu flüssig ist, ein festes Andrücken der Schablone und ein senkrechter Stupf-Auftrag verhindern, dass die Farbe unter den Schablonenrand läuft.

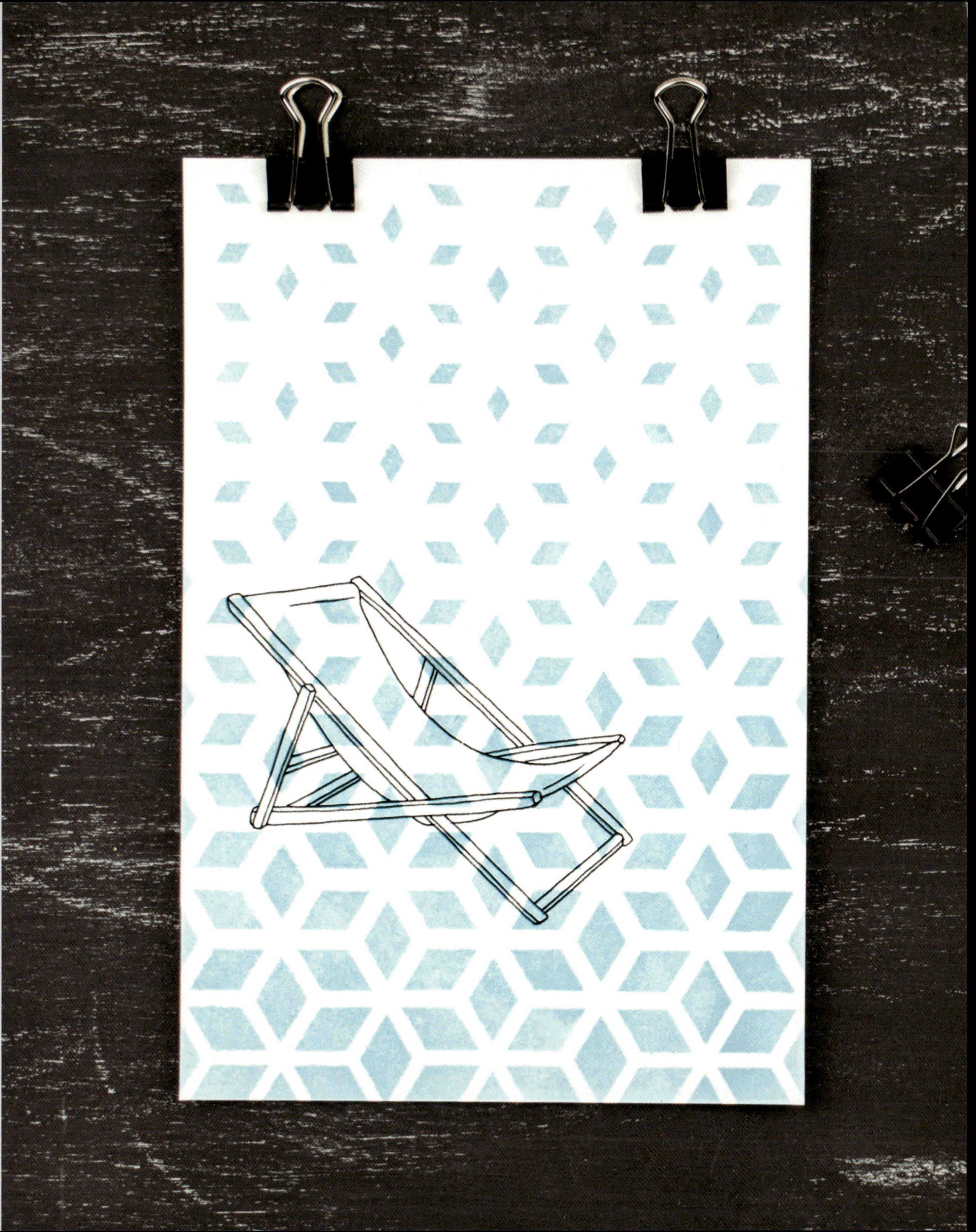

Der Farbfleck

Für diese Hintergrundvariante brauchst du lediglich einen wasserlöslichen Filzstift und eine Folie, beispielsweise eine einfache Prospekthülle. Das sind Materialien, die man meistens sowieso zu Hause hat. Was mich an dieser Variante noch begeistert: Der Farbfleck ähnelt einem Aquarellfleck.

Hierfür brauchst du dir allerdings keine teuren Aquarellfarben oder Aquarellpapier anschaffen. Du solltest jedoch ein stärkeres Zeichenpapier verwenden. Wie bereits beim »Schablonenmuster«, empfehle ich hier ebenfalls ein Zeichenpapier mit einer Grammatur ab 200 g/m².

HINWEIS!

Auf die gleiche Weise ist auch das Zitronenbild auf Seite 20 entstanden.

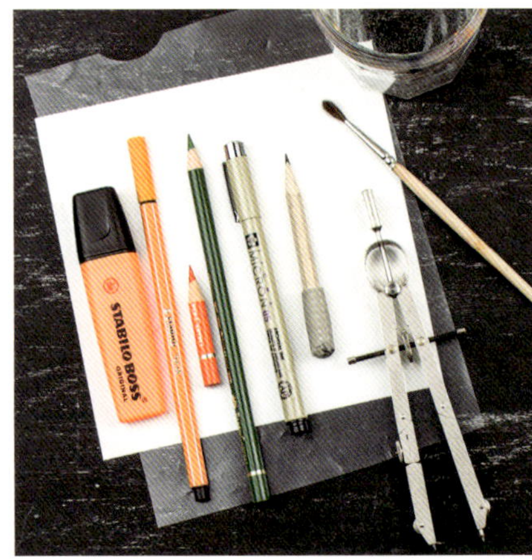

1 Hier siehst du meine verwendeten Materialien: Bleistift mit Radiergummi, Fineliner, wasserbasierte Filzstifte, Buntstifte, einen Zirkel, ein Stück einer Prospekthülle, einen Pinsel und Zeichenpapier in einer Stärke von 200 g/m².

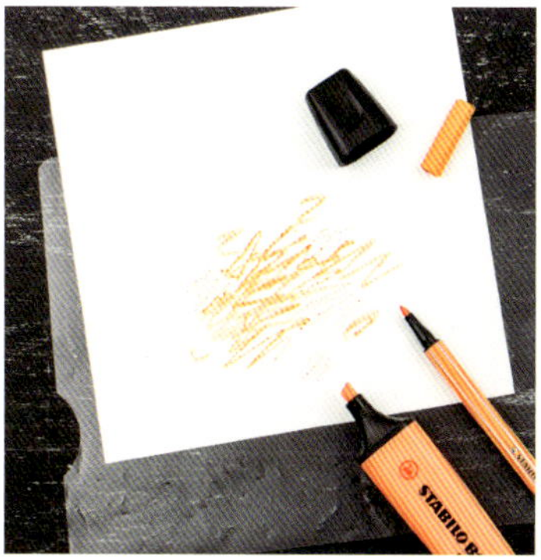

2 Trage die Farbe auf die Folie auf. Dazu malst du mit dem Filzstift einen Bereich auf deiner Folie aus. Du kannst auch mehrere Farben verwenden.

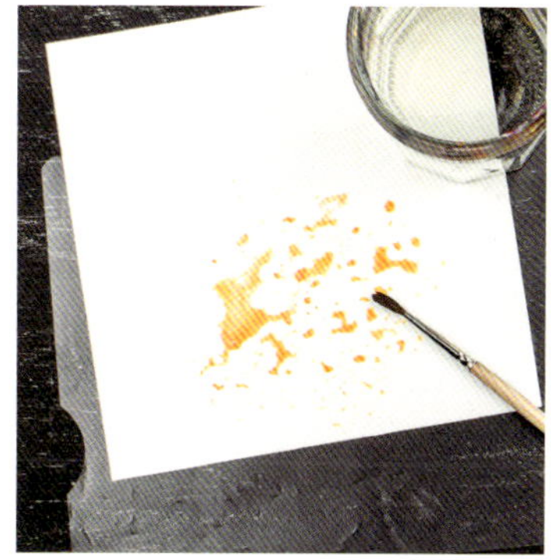

3 Mithilfe eines Pinsels löst du nun die Farbe mit Wasser, sodass keine Filzstiftstriche mehr erkennbar sind.

4 Lege dein Papier auf die Folie und streiche es mit leichtem Druck glatt.

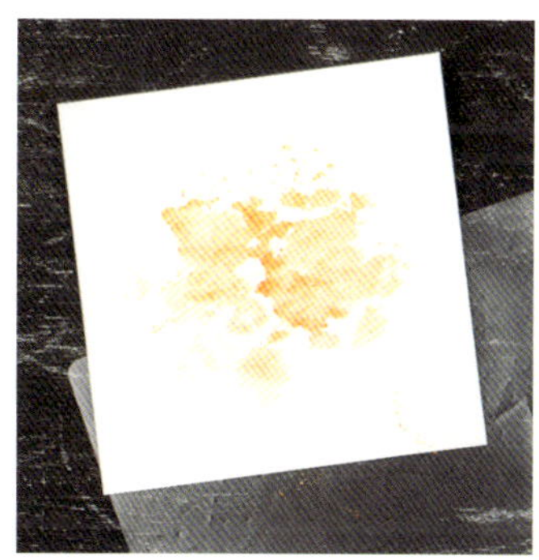

5 Wende das Papier und begutachte deinen Fleck. Jeder Fleck wird anders, er ist ein Zufallsprodukt. Wenn er dir gefällt, kannst du auf ihm zeichnen. Aber Achtung: Die Farbe muss erst trocken sein! Dieser Vorgang lässt sich gut mit einem Föhn beschleunigen.

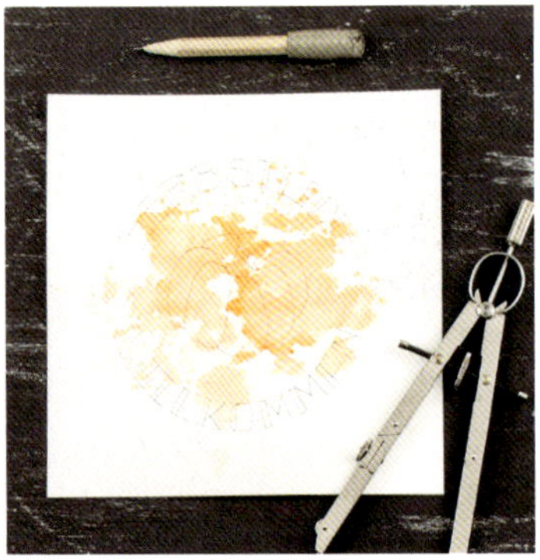

6 Nun kannst du deine Vorzeichnung mit Bleistiften beginnen. Für den gebogenen Schriftzug habe ich einen Zirkel zur Hilfe genommen.

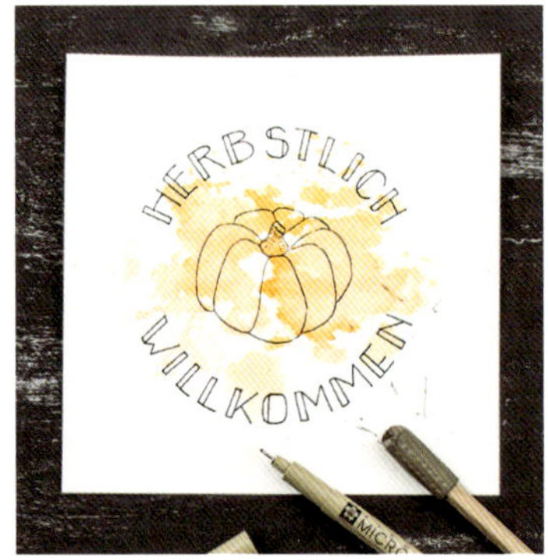

7 Ziehe die Linien mit einem Fineliner nach und entferne noch sichtbare Bleistiftlinien.

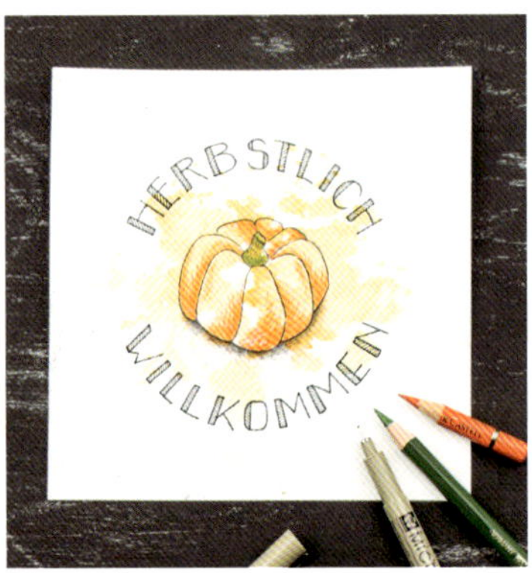

8 Gestalte deine Zeichnung mit Stiften deiner Wahl, beispielsweise mit farbigen Finelinern, Gelstiften, Blei- oder Buntstiften. Für meinen Kürbis habe ich Buntstifte verwendet.

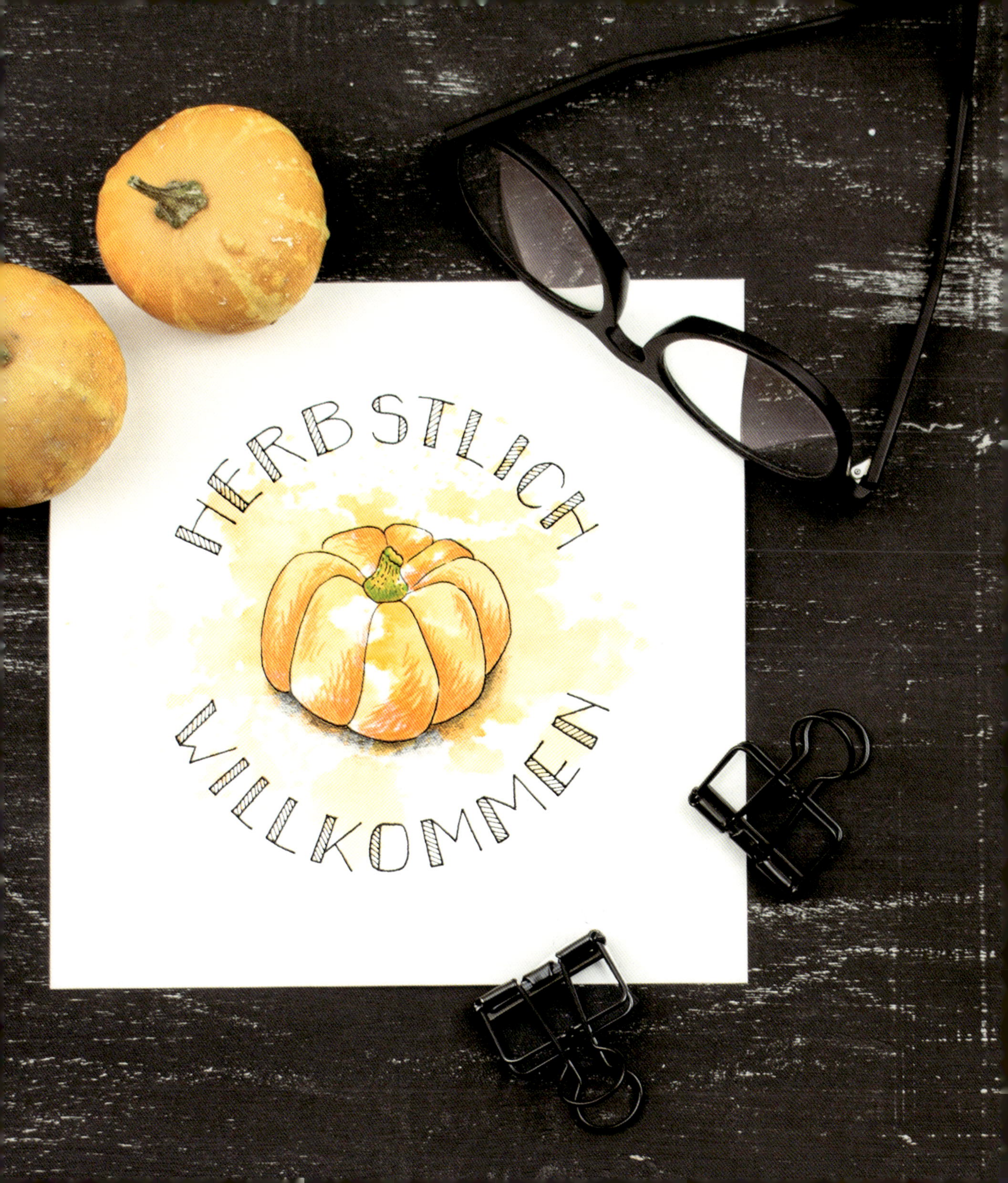
HERBSTLICH
WILLKOMMEN

Buchseiten, Kalenderblätter und Ähnliches

Eine ebenfalls interessante Optik erhält man, wenn man auf Buchseiten, Kalenderblättern, Seiten aus alten Atlanten oder Stadtplänen aus Touristikbroschüren zeichnet. Man kann auch Auszüge daraus als Collage in eine Zeichnung integrieren oder Glanzbilder hinzufügen. Um dich auf neue Ideen zu bringen, zeige ich dir hier ein paar Beispiele.

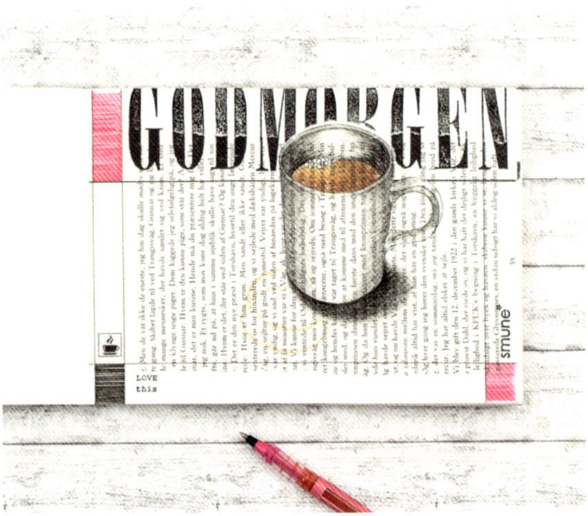

Frühstück auf Bornholm. Diese Skizze entstand auf einer aufgeklebten Buchseite in dänischer Sprache.

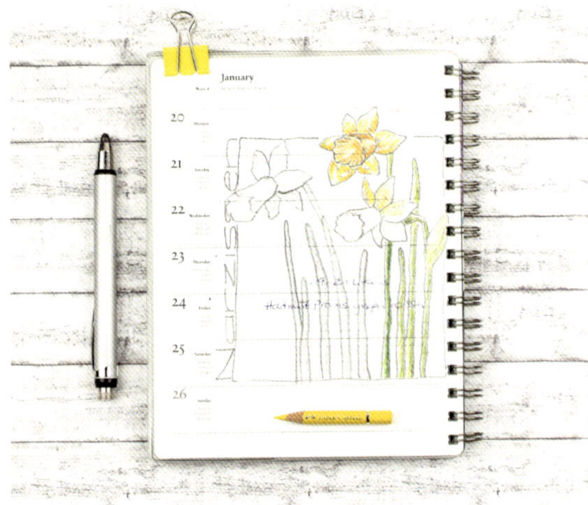

Spontane Skizze in meinem Kalender mit einem dicken Fallminenbleistift

TIPP!

Sammle Material, damit du im richtigen Moment immer etwas parat hast. Zum Beispiel Infomaterial aus Urlauben, alte Bücher, die weggeworfen werden würden und Ähnliches. In Urlauben stöbere ich gern auf Flohmärkten und in Secondhandläden. Dort kaufe ich mir oft ein gebrauchtes, sehr günstiges Buch in fremder Sprache für Zeichnungen und zum Bedrucken. Dann ist man nicht in erster Linie bemüht, den Text zu lesen, denn der soll, zumindest bei meinen Bildern, in den Hintergrund treten.

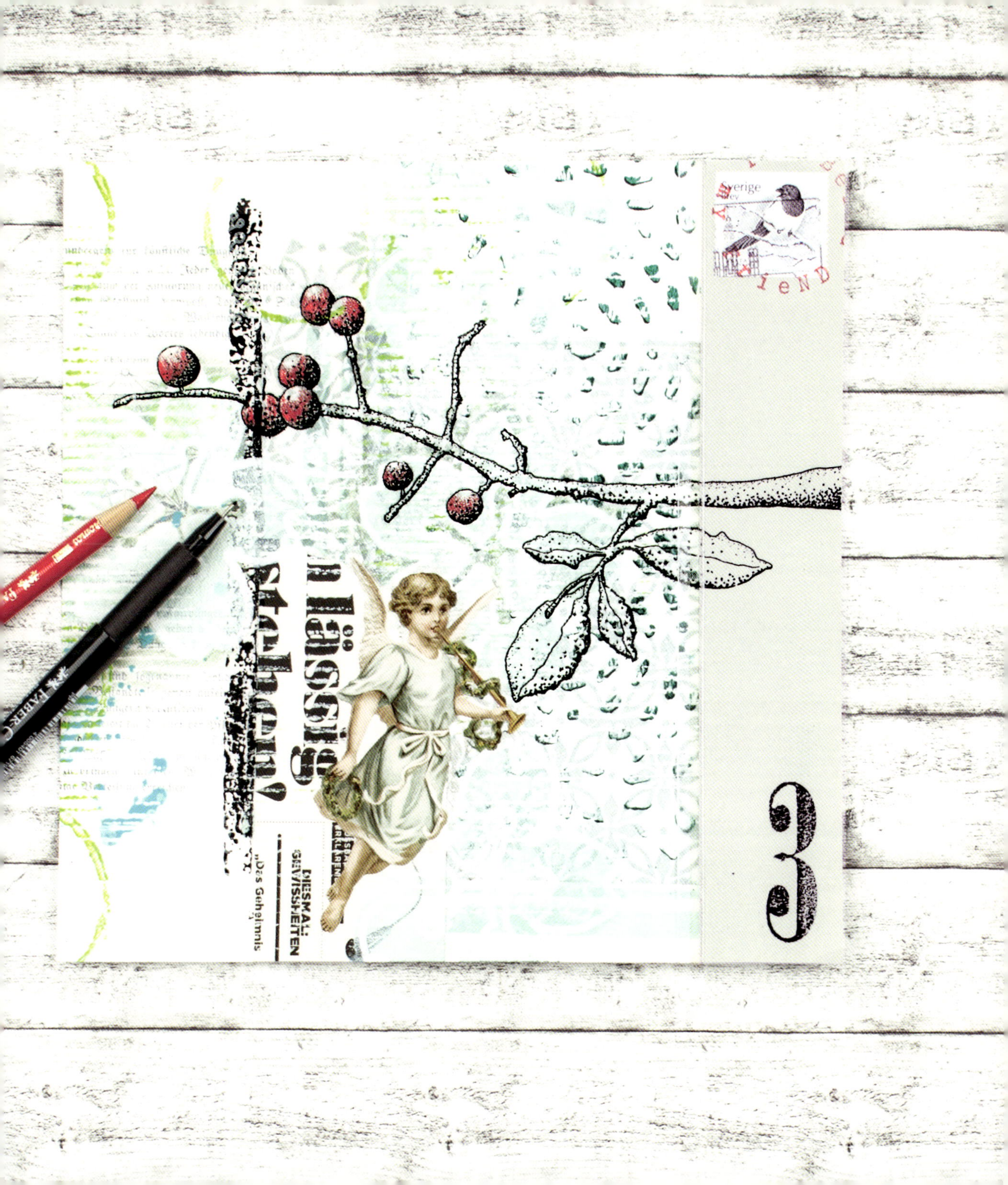
Sverige
3

Geschenkt!

Anlässe für Geschenke gibt es viele: Geburtstage, Jubiläen, Weihnachten, Muttertag, eine bestandene Prüfung und viele andere. Eine selbst kreierte Glückwunschkarte ist immer sehr persönlich. Dieses Buch bietet dir viele Ideen für die Gestaltung einer schönen Karte, eines individuellen Geschenkpapiers, einer dekorativen Geschenktüte oder eines selbst entworfenen Lesezeichens. Schenken macht Spaß!

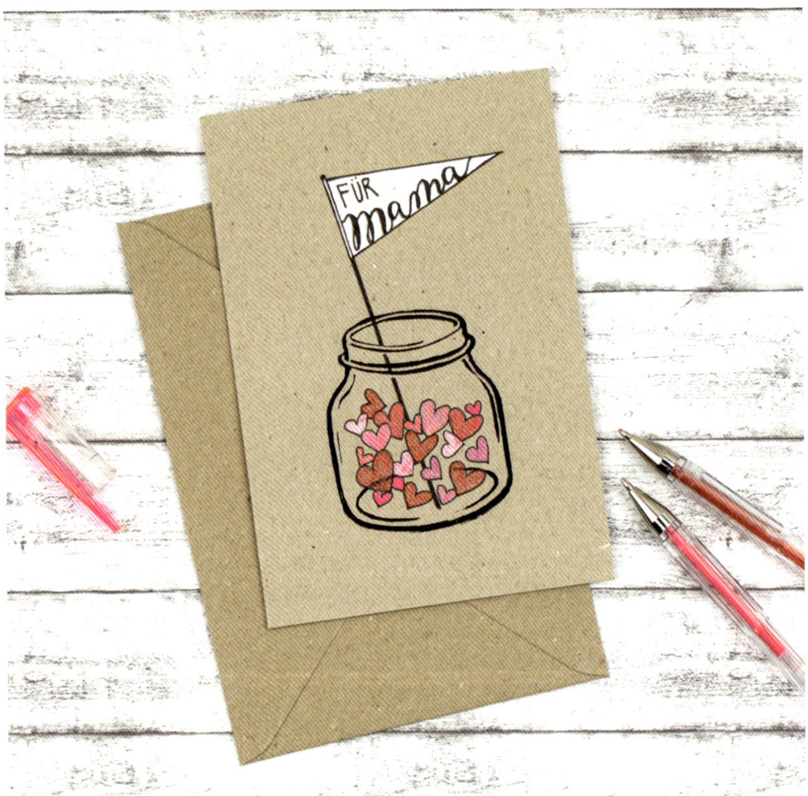

Gelstifte mit Glitzer bringen die Herzen zum Funkeln.

Kein Geschenkpapier zur Hand? Geschenkband fehlt auch? Blümchen auch vergessen? Kein Problem! Do-it-yourself aus Packpapier.

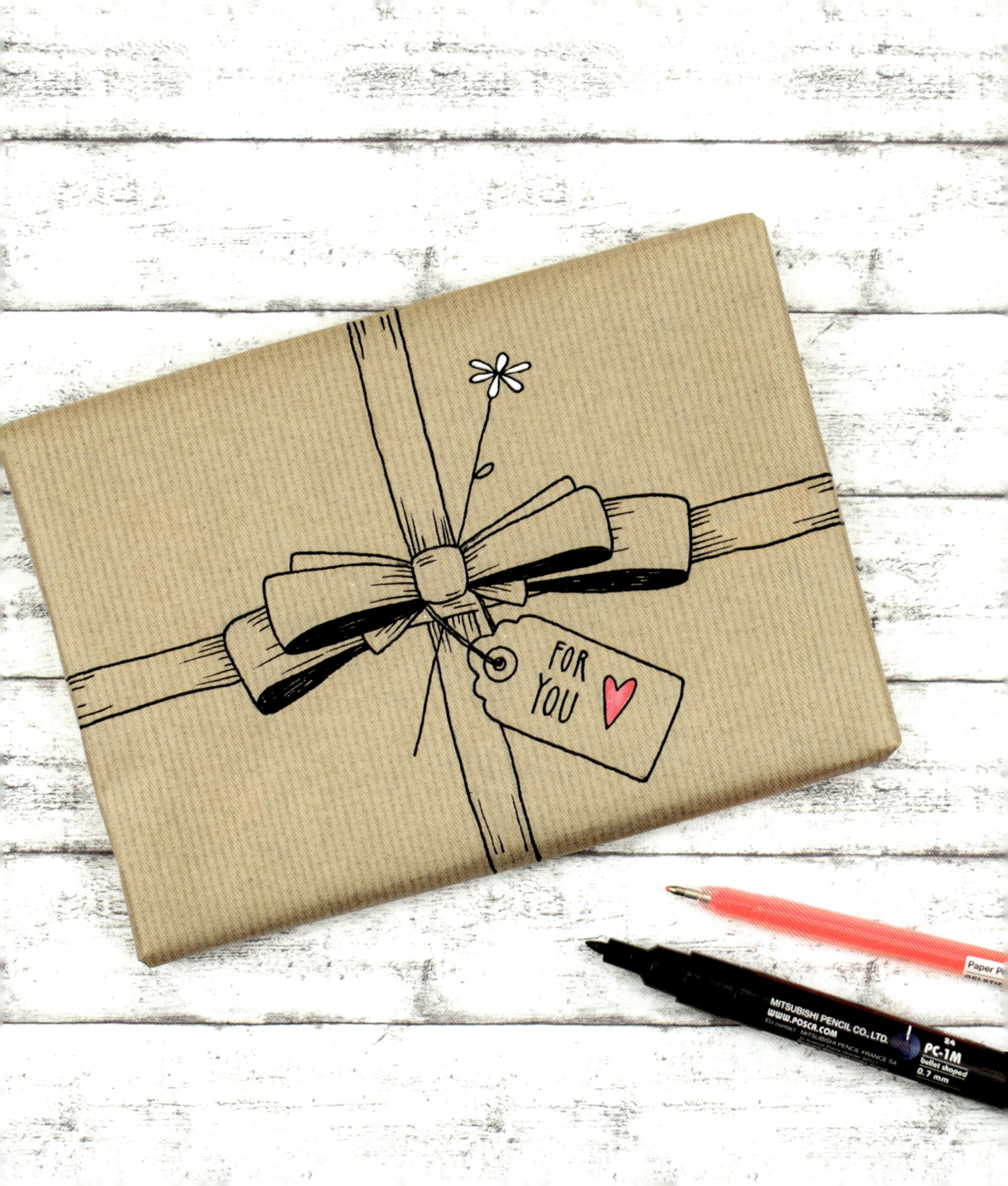
FOR
YOU
MITSUBISHI PENCIL CO., LTD.
WWW.POSCA.COM
PC-1M
bullet shaped
0.7 mm

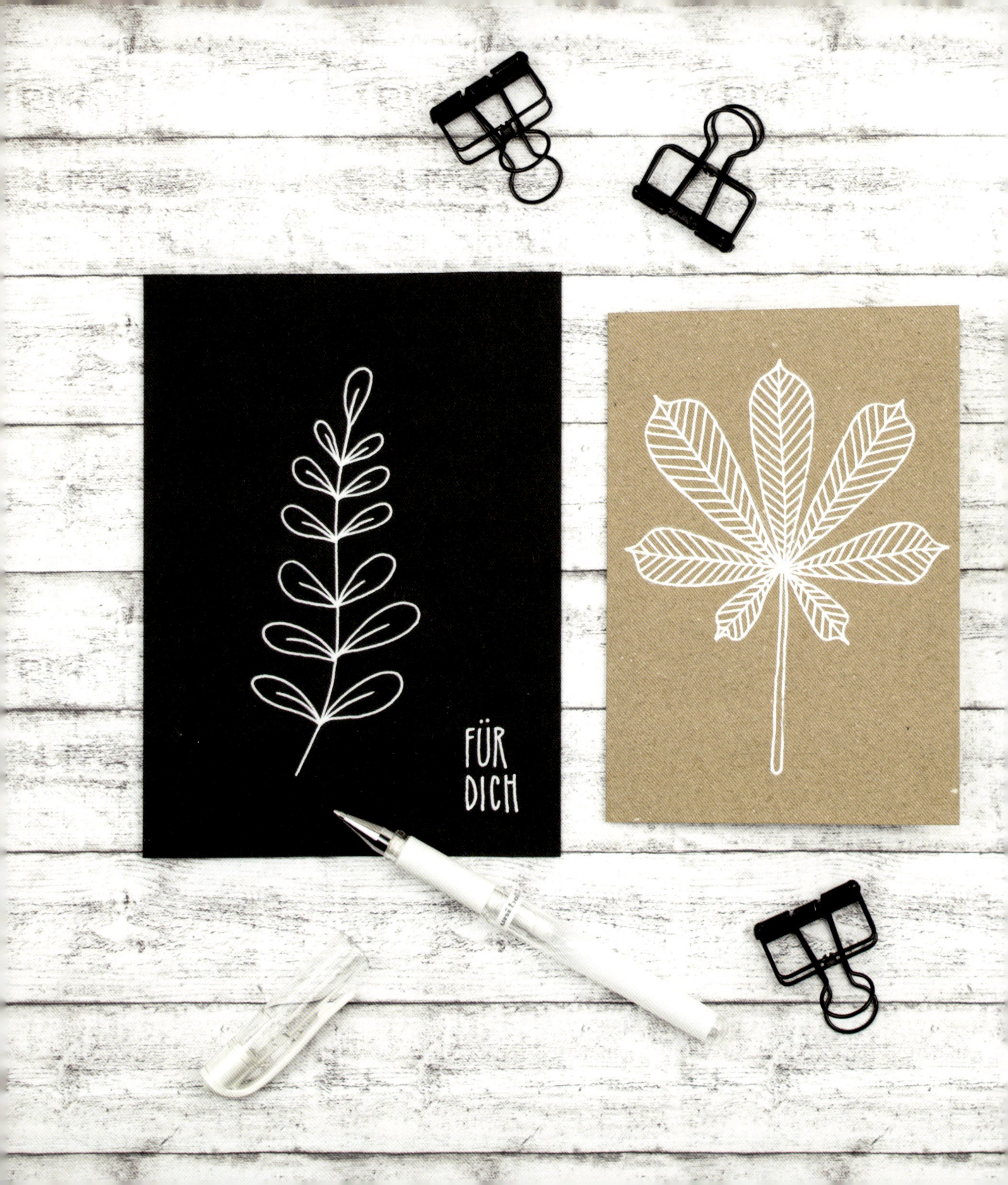
FÜR
DICH

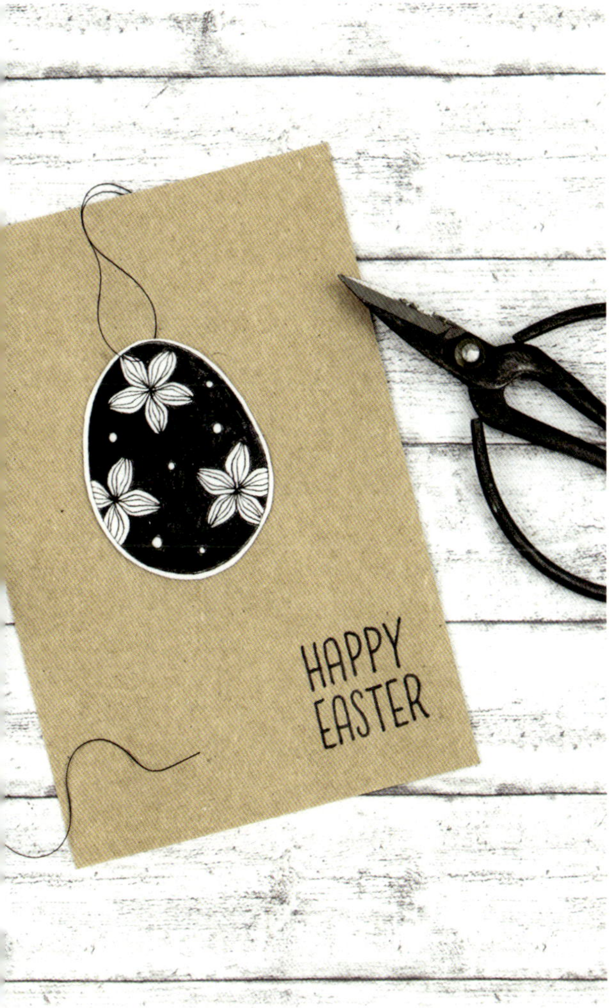

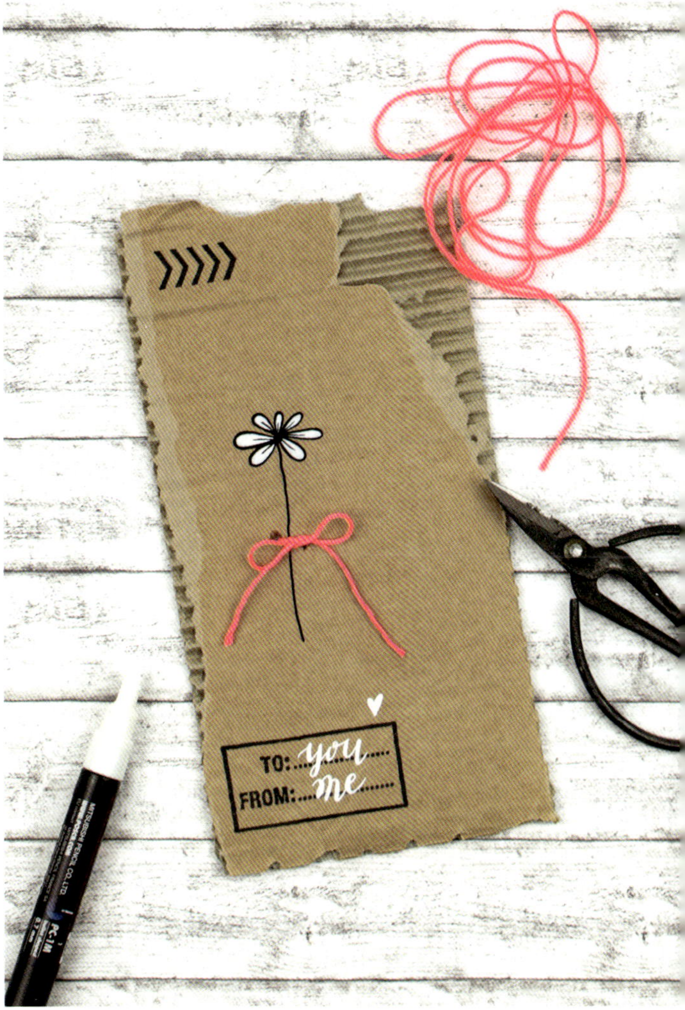

Frohe Ostern! Schneide dein gezeichnetes Ei aus, gehe mit Nadel und Faden durch und schon hast du einen Anhänger. In Verbindung mit einer Karte hast du gleich zwei Geschenkbestandteile in einem.

Verflixt! An alles gedacht, nur nicht an die Grußkarte? Macht nichts! Im Altpapier findet sich bestimmt ein Papperest. Schnell darauf eine kleine Blume gezeichnet. Wenn du zwei Löcher in die Pappe stichst, kannst du ein Band durchziehen und eine Schleife binden. Und schon hast du deinen Papperest aufgepeppt.

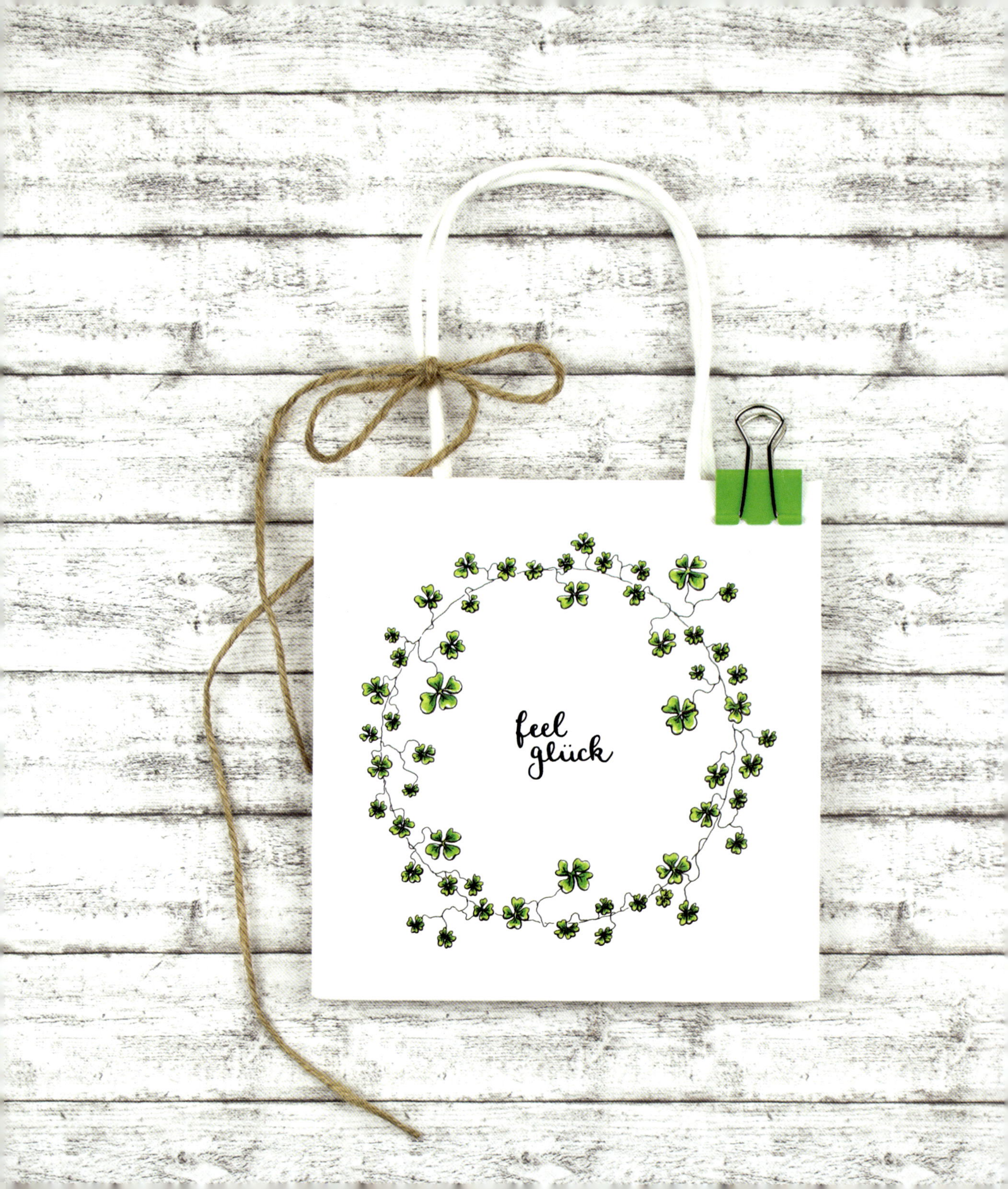
feel
glück

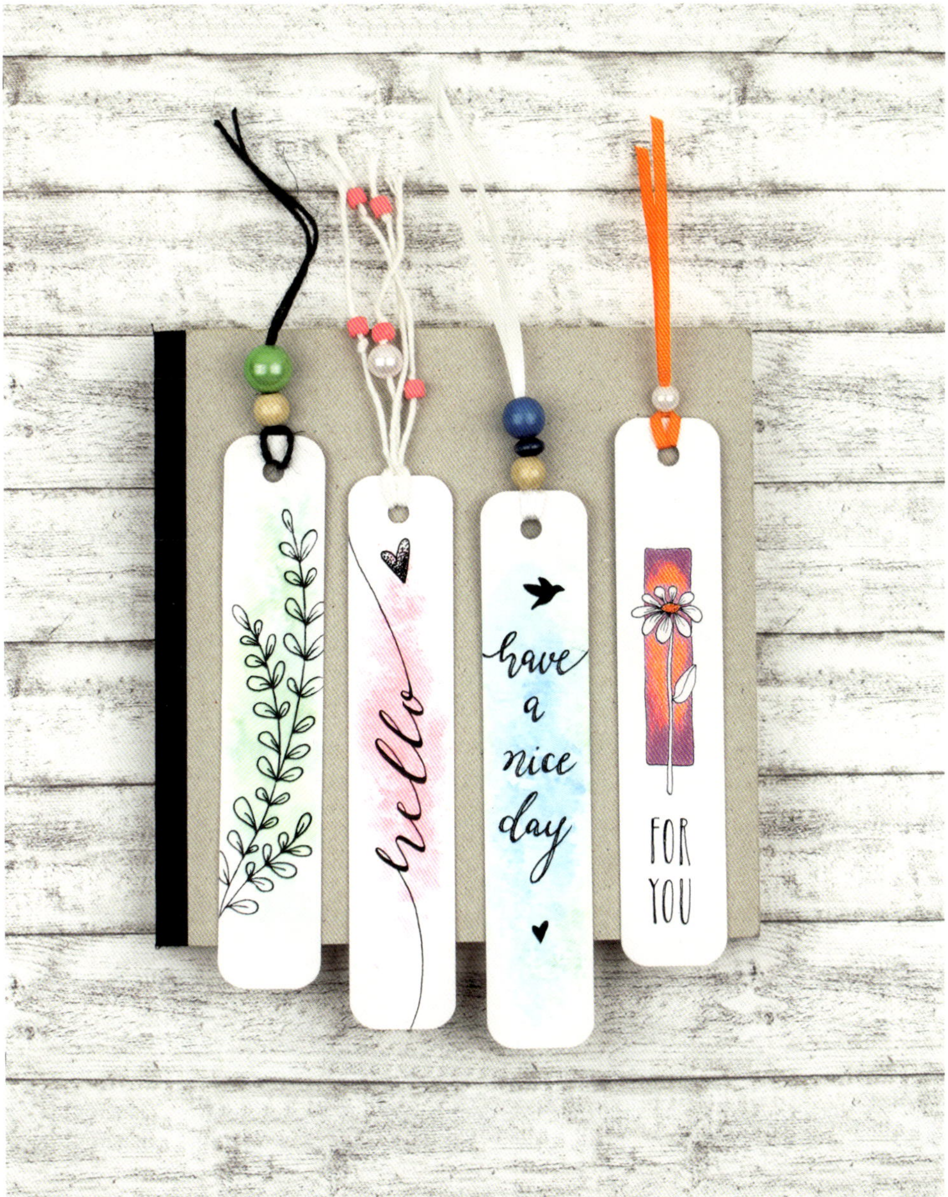

Verschenkst du ein Buch? Dann leg doch ein handgefertigtes Lesezeichen dazu.

Index

K

L

M

N

O

P

R

S

T

U

V

W

Z